Manfred Gerspach

Psychoanalytische Heilpädagogik

Ein systematischer Überblick

W0295351

Verlag W. Kohlhammer

Alle Rechte vorbehalten
© 2009 W. Kohlhammer GmbH Stuttgart
Gesamtherstellung:
W. Kohlhammer Druckerei GmbH + Co. KG, Stuttgart

ISBN 978-3-17-020617-5

Kohlhammer

Inhaltsverzeichnis

1 Zu Geschichte und Aktualität der Heilpädagogik

1.1 Ein kurzer Blick in die Vergangenheit

Im Folgenden möchte ich mich der Liaison zweier Disziplinen zuwenden, die beide ein ähnliches Schicksal mangelnder Reputation von Seiten ihrer übergeordneten erziehungs- bzw. humanwissenschaftlichen *Scientific Community* erleiden: der Heilpädagogik und der Psychoanalyse. Eine Verknüpfung beider gibt es seit Alfred Aichhorns bahnbrechendem Werk „Verwahrloste Jugend" aus dem Jahre 1925. Im Geleitwort dazu verlangt Sigmund Freud zum einen nach einer psychoanalytischen Schulung des Erziehers, „weil ihm sonst das Objekt seiner Bemühung, das Kind, ein unzulängliches Rätsel bleibt" (vgl. Freud 1977, 8). Zum andern betont er die Eigenständigkeit der Erziehungsarbeit, die nicht mit einer psychoanalytischen Beeinflussung verwechselt werden dürfe. An anderer Stelle macht er das Interesse der Pädagogik für Psychoanalyse darüber kenntlich, dass ein Erzieher „nur sein kann, wer sich in das kindliche Seelenleben einfühlen kann, und wir Erwachsenen verstehen die Kinder nicht, weil wir unsere eigene Kindheit nicht mehr verstehen" (vgl. Freud 1970 a, 128).

Die Heilpädagogik hat im Laufe ihrer Geschichte eine tiefgreifende Wandlung erfahren, ob der Begriff des Paradigmenwechsels tatsächlich zutrifft, bleibt umstritten (vgl. Bürli 2005, Cloerkes 2001, Hillenbrandt 1999, Mand 2003). So lassen sich ideengeschichtlich die folgenden Modelle voneinander abheben:

- karitatives Paradigma – Behinderung als gottgewolltes Schicksal, das nach hingebungsvoller Liebestätigkeit verlangt;
- humanistisches Paradigma – Behinderung als Ausdruck von Menschsein, das nach erzieherischen Hilfen zur Selbstverwirklichung und Selbstbestimmung verlangt;
- exorzistisches Paradigma – Behinderung als Besessenheit, die nach *Austreibung* oder erfahrungswissenschaftlich basierter Beseitigung verlangt;
- Rehabilitations-Paradigma – Behinderung als Funktionsverlust oder Defekt, denen mit gezieltem Funktionstraining begegnet wird;
- personorientiertes Paradigma – Behinderung als individuelles Merkmal, welchem mit defektspezifischen Maßnahmen zu begegnen ist;
- interaktionistisches Paradigma – Behinderung als soziale Kategorie; Interventionen sind an Interaktion, Kommunikation und Bedürfnissen zu orientieren;
- systemorientiertes Paradigma – Behinderung als Produkt einer Systemrationalität;

- gesellschaftstheoretisches Paradigma – Behinderung als Produkt gesellschaftlicher Verhältnisse, dem mit Solidarisierung, Gesellschaftsveränderung und kritischer Aufklärung zu begegnen ist (vgl. Bürli 2005, 73f).

Einig ist man sich darin, dass die Veränderungen und Diskussionen zu mehr oder weniger großen Verunsicherungen geführt haben. Dennoch hat der emphatische Anspruch von Paul Moor, einem der großen Heilpädagogen seiner Zeit, bis heute für uns alle nichts von seiner Gültigkeit verloren: „Heilpädagogik ist diejenige Pädagogik, welche vor die Gesamtzahl der über das Durchschnittsmaß hinausgehenden Erziehungsschwierigkeiten gestellt ist." Seiner Frage: *„Was heißt Erziehung angesichts der eingeschränkten Lebensmöglichkeiten eines entwicklungsgehemmten Kindes?"* wird unter Einbeziehung aktueller Tendenzen nachzugehen sein (vgl. Moor 1969, 260ff).

Eingeführt wurde der Begriff in den wissenschaftlichen Sprachgebrauch bereits 1861, doch erst in den zwanziger Jahren des letzten Jahrhunderts sind Bemühungen zu ihrer Begründung als eigenständiger Wissenschaft zu beobachten. Und nicht vor den siebziger Jahren kam man überhaupt auf die Idee, die gesellschaftliche Einbettung des Phänomens einer Behinderung in den Blick zu nehmen (vgl. Gerspach 2008a). Inzwischen liegen in Abkehr von einer rein defizitorientierten Sicht eine Vielzahl neuerer Erkenntnisse vor, die die Selbstentwicklung unterstützende Perspektiven eröffnen. Der Begriff der *Menschenwürde* ist primär dadurch bestimmt, dass er den Menschen vor Diskriminierung schützt. Würde „als jene des nichtknechtischen Subjekts" setzt an der Überwindung des Defizitdenkens an, indem jene *„soziale Problemlagen"* in den Mittelpunkt gestellt werden, die defizitär sind. „Der Begriff des Defizits wird also in die soziale Situation verlagert, die Naturalisierung am Individuum als Defizit wird aufgebrochen (...) *Behinderung ist eine gesellschaftliche Konstruktion.* Das heißt keineswegs, dass es nicht gewisse Besonderheiten der Natur gäbe (...)" (vgl. Jantzen 2008, 230ff). Mit Speck und Bürli könnte man festhalten, dass die Heilpädagogik gekennzeichnet ist durch eine „anthropologisch *ganzheitliche Orientierung*, die einer drohenden personalen und sozialen Desintegration begegnet und Lebenssinn erschließt" (vgl. Bürli 2005, 68; Speck 2003, 32f).

Vor allem angestoßen durch Aloys Leber wurde seit den siebziger Jahren eine Reihe von theoretischen und praktischen Konzepten einer Psychoanalytischen Heilpädagogik vorgelegt, allerdings bis auf wenige Ausnahmen (vgl. etwa Fröhlich 1994) kaum in eine umfassende, konsistente Form gebracht. Leber kann als Begründer der Psychoanalytischen Heilpädagogik gelten. In Weiterführung wie Zusammenführung dieser Arbeiten und angeregt durch interessante Entwicklungen in Heilpädagogik *und* Psychoanalyse in jüngster Zeit soll nun diese Verbindung auf eine solide und konsistente Basis gestellt werden.

Zudem sei sogleich darauf hingewiesen, dass die Psychoanalytische Heilpädagogik seit ihren Anfängen auf einen großen Widerstand trifft. Von konservativer Seite wurde ihr gesellschaftskritischer Ansatz scharf attackiert, die Richtung der materialistischen Behindertenpädagogik warf ihr wiederum vor, die klassenspezifische Sozialisation zu vernachlässigen, so dass sie nur eine Spielart bürgerlicher Wissenschaft sei (vgl. Gerspach 1987, 135). Aktuell beharrt etwa Jantzen, dem ansonsten große Verdienste um eine kritische Aufarbeitung der Heilpädagogik zukommen, noch immer darauf, dass nur dreimal in der Geschichte der Behindertenpädagogik – nämlich durch Séguin, Vygotskij und ihn selbst – herausgearbeitet worden sei, dass nicht der so genannte Defekt der körperlichen Schädigung die Behinderung hervorbringt, sondern die dadurch hervorgebrachte *soziale Isolation* und unterschlägt damit u.a. die bahnbrechenden Leistungen von Aloys Leber oder Helmut Reiser (vgl. Jantzen 2008, 232). Auch die umfangreiche Prospektivstudie von Bürli verweist ein einziges Mal auf den tiefenpsychologischen Ansatz, nennt aber keine Vertreter/innen dieser Richtung (vgl. Bürli 2005, 53).

Der Psychoanalyse – jetzt mit Blick auf ihre Rolle als übergeordnete Referenztheorie wie -praxis einer Psychoanalytischen Heilpädagogik – erleidet seit alters her ein ähnliches Schicksal. War ihr zunächst bereits die bis dato strikt tabuierte Thematisierung der (infantilen) Sexualität beinahe zum Verhängnis geworden, so liegt ihr aktuelles Gefährdungspotential darin, sich einer technokratischen Verwaltung des modernen Subjekts erfolgreich zu verweigern. Freuds schlichte Erkenntnis, dass Phantasien *psychische* Realität im Gegensatz zur *materiellen* besitzen und dass die *psychische Realität die maßgebliche ist* (vgl. Freud 1916–17, 383), schließt eine bewusst geplante und operationalisiert umgesetzte Einflussnahme auf die Einpassung des Individuums in bestehende Strukturen aus. Die Psychoanalyse nimmt das Primat im Seelenleben für die Affektvorgänge in Anspruch *und* führt „den Nachweis eines ungeahnten Ausmaßes von affektiver Störung und Verblendung des Intellekts bei den normalen nicht anders als bei den kranken Menschen" (vgl. Freud 1970a, 123). Dies desavouiert herrschende kognitivistische Ideologien ebenso wie es zudem zu einer tiefen narzisstischen Kränkung auf der Subjektseite führt.

Es ist also nicht eine „intellektuelle Schwierigkeit", die die Psychoanalyse für manche unzugänglich macht, sondern eine „affektive Schwierigkeit: etwas, wodurch sich die Psychoanalyse die Gefühle des Empfängers entfremdet. So dass er weniger geneigt wird, ihr Interesse oder Glauben zu schenken (...) Wer für eine Sache nicht genug Sympathie aufbringen kann, wird sie auch nicht so leicht verstehen" (vgl. Freud 1970b, 130). Zudem öffnet Freud ein weites Tor für die Nutzbarkeit der Psychoanalyse jenseits der Medizin: „Dann lassen Sie sich mahnen, dass es noch ein anderes Anwendungsgebiet der Psychoanalyse gibt, das dem Bereich der Kurpfuscher entzogen ist und auf das die Ärzte keinen Anspruch erheben werden. Ich meine ihre Verwendung in der Pädagogik" (vgl. Freud 1926e, 284f). Etwas skeptischer klingt allerdings jene spätere Formulierung: „Es hat doch beinahe den Anschein, als wäre das Analysieren der Dritte jener ‚unmöglichen' Berufe, in denen man des ungenügenden Erfolgs von vornherein sicher sein kann. Die beiden anderen, weit länger bekannten, sind das Erziehen und das Regieren" (vgl. Freud 1937c, 95).

Inzwischen haben sich die wissenschaftstheoretischen Fronten in den Humanwissenschaften in aller Breite weiter verhärtet. Heute lautet der Vorwurf beinahe unisono, Psychoanalyse sei veraltet, was ich so zu lesen verstehe, dass ein sperriges Denken, welches

- sich dialektisch seiner objektiv-gesellschaftlichen wie subjektiv-individuellen Widersprüche versichert,
- darüber hinaus dem latenten Sinn hinter dem manifesten Verhalten nachgeht
- und keine sogleich griffigen Patentrezepte parat hält,

als zu mühsam erachtet wird. Die globalisierte Wirtschaft verlangt unmittelbare Leistung und kurzfristige, auf die Bilanz durchschlagende Resultate und schafft damit Entgrenzung als massen- und individualpsychologische Dimension. Abwarten-Können und Triebaufschub-Leisten sind nicht mehr marktgängig. Es verwundert nicht, dass auch die Wissenschaft in diesen Sog geraten ist. Die Zeit verlangt nach schlichten Konzepten.

Häufig ist auch zu hören, dass sich kaum mehr eine Einrichtung an der Psychoanalyse als ernstzunehmendem Wissensfundus orientiere. Hier wäre sogleich einzuwenden, dass es nicht um eine bestimmte psychoanalytische Technik geht, die vor Ort ein zu eins umzusetzen wäre, sondern um eine innere Haltung, wie und wo ich den Anderen stehen sehe und vor allem zuzulassen und zu reflektieren, wie und wo er mich stehen sieht. Es geht um die Wahrnehmung der auch unbewussten Dimensionen wechselseitiger professioneller Beziehungsausgestaltung, mit der allein Entwicklungsblockaden und -irrungen zu erkennen und sinnhaft einzuordnen sind, was erst zu tiefgehenden und anhaltenden Veränderungen beizutragen vermag. Körner begegnet dem Vorwurf der Antiquiertheit der Psychoanalyse damit, dass sie

- als eine Kulturwissenschaft unmenschliche Lasten sichtbar macht, die „dem Einzelnen von einer auf Triebeinschränkung bauenden Kultur auferlegt werden“, und
- einen umfassenden Entwurf vom Menschen wagt und ihn „in all seinen Existenzweisen“ abbildet (vgl. Körner 2007, 29).

A la longue wird die theoretische Selbstamputierung, mit der man glaubt, auf Psychoanalyse verzichten zu können, fatale Konsequenzen für die Praxis nach sich ziehen. Noch verheerender wirkt sich eine populärwissenschaftliche Rezeption der Psychoanalyse aus. So werden dann lebensgeschichtliche *Daten* empathielos aneinandergereiht, die monokausal als Erklärung für deviantes Verhalten herhalten müssen. Einfühlbare *Motive*, die im Erleben einer signifikanten frühen Lebenssituation wurzeln und den Charakter von Einmaligkeit aufweisen, werden in einem hypothetischen Beweisverfahren durch *Ursachen* ersetzt, denen eine instrumentelle Wirkung unterstellt wird. Damit erachtet man Theorie und Praxis fälschlicherweise als abschließbar. Dagegen wendet Lorenzer ein: „Allgemeine Gesetzesaussagen lassen sich hier nicht als Ergebnis eines abgeschlossenen Erklärungsvorgangs gewinnen“ (vgl. Lorenzer 1974, 44). Die bloße Behauptung eines beschädigenden Zusammenhangs zwischen der individuellen Persönlichkeitsstruktur und gesellschaftlich bestimmten Sozialisationsprozessen muss durch den genauen Begriff ersetzt werden, „*wie* dieser Zusammenhang hergestellt wird und *wie* er sich in der individuellen Struktur äußert“ (vgl. Lorenzer 1977, 11). Nur über diesen präzisen Bezug zur

Psychoanalyse lässt sich Heilpädagogik als *sinnverstehende Wissenschaft* begründen (vgl. Gerspach 1981, 19).

Solange etwa Beobachten zur Grundlage von *objektiven* Aussagen über einen Menschen mit Behinderung gemacht wird, geht vergessen, dass dies immer eine *subjektive* Auswahl und Deutung beinhaltet. Der Beobachter bringt selber seine eigene Subjektivität ein, daher sind unbewusste Identifikationen niemals auszuschließen (vgl. Kron 1988, 61 f). Einer hermeneutischen Betrachtung indes erschließt sich Erkenntnis in einem anderen als einem derartigen Bezugssystem technischer Verfügung, wie Habermas zeigt: „Sinnverstehen bahnt anstelle der Beobachtung den Zugang zu den Tatsachen“ (vgl. Habermas 1973, 157).

Damit zurück zum Thema. Wenngleich der Begriff *Heil*pädagogik eine enge Verwandtschaft zur Medizin und zu medizinischen Heilungsansprüchen vermuten lässt, hat es im strengen Sinne nie eine medizinische Fassung der Heilpädagogik gegeben (vgl. Bleidick 1971, 56). Bereits Moor betonte, dass es um Pädagogik und nicht um Medizin gehe und wandte sich damit gegen jede biologische Verkürzung (vgl. Moor 1969, 260 ff).

Dennoch führte dieses Missverständnis zu einer Abkehr von der Bezeichnung Heilpädagogik. Hanselmann schlug vor, sie durch Sonderpädagogik zu ersetzen (vgl. Hanselmann 1941, 7). Dieser Begriff bürgerte sich vor allem auf dem schulischen Sektor ein – man denke nur an die *Sonder*schulen –, offenbarte aber eine eher noch größere Schwierigkeit: Aus der Zuständigkeit der Sonderpädagogik für Kinder mit Behinderungen ergab sich fast wie von selbst die Legitimation für ihre Überstellung an Sondereinrichtungen, kurz: ihre Aus*sonderung*. Aus diesem Grund wurde im Zuge einer gesellschaftskritischen Aufarbeitung der Standortbestimmung der eigenen Profession von Kollegen wie Feuser oder Jantzen der Begriff *Behindertenpädagogik* ins Spiel gebracht, der aber auch nicht unumstritten blieb. Denn Behindertenpädagogik ist zu nahe mit einer gesellschaftlichen Stigmatisierungspraxis assoziiert (vgl. Iben 1975, 68).

Zuletzt wird der *Förder*aspekt herausgestrichen – so in der neuen Begriffswahl Förder- anstelle von Sonderschulen. Allerdings erscheint auch dieser Wechsel nicht unproblematisch, suggeriert er doch einen erhöhten Förderbedarf behinderter Kinder, der dann schnell in instrumentelle Lernprogramme gegossen wird. Schließt man sich der Auffassung von Haupt an, dass es beim grundlegenden Lernen nicht darum gehen kann, einem Kind etwas beizubringen, sondern ihm behilflich zu sein, sich in emotionaler und sozialer Sicherheit mit der Lebenswelt vertraut zu machen, wäre dieser Befürchtung vorgebeugt (vgl. Haupt 2006, 133). Mit Bürli könnte man zusammenfassend sagen: „*Förderung* ist nicht infolge Defizite, sondern infolge Förderbedarf legitimiert“ (vgl. Bürli 2005, 54).

Die Namensänderung des Verbandes Deutscher Sonderschulen (VDS) in Verband Sonderpädagogik e. V. löste ebenfalls Kontroversen aus (vgl. Mattner 2000, 15). Anderseits trägt sein Verbandorgan noch immer den Titel „Zeitschrift für Heilpädagogik“, und auch die „Vierteljahresschrift für Heilpädagogik und ihre Nachbargebiete“ ist uns erhalten geblieben. Allerdings wurde im universitären Bereich die Kombination Heil- und Sonderpädagogik gänzlich aufgegeben und die Bezeichnung von Instituten auf Sonderpädagogik reduziert. Zuweilen ist, zum Beispiel bei Studiengängen, auch der vor allem in der DDR gebräuchliche Begriff der Rehabilitationspädagogik zu finden, der insofern nicht unproblematisch erscheint, als er sehr deutlich den physischen Aspekt nahe legt. Dies alles ist in erster Linie dem Vorbehalt gegenüber dem Vorsatz *Heil* geschuldet, der Assoziationen an (nicht einlösbare) medizinische Ansprüche weckt.

Ich plädiere dennoch für eine Beibehaltung der Bezeichnung Heilpädagogik, auch wenn sie in der fachinternen Diskussion unpopulär geworden ist. Mir will die Bevorzugung von Sonderpädagogik bzw. Behindertenpädagogik nicht recht einleuchten. Heilpädagogik legitimiert keine gesellschaftliche Aussonderung, während Sonderpädagogik dahingehend stets gerne falsche Assoziationen geweckt hat. Auch Behindertenpädagogik kann sich dem Moment von Diskriminierung nicht entziehen.

Wird aber der Blick vom Gebrechen, welches dem Individuum als scheinbar naturalistisches anhaftet, auf problematische Sozialisations- und Interaktionsprozesse verlagert und auf diese Weise die negative gesellschaftliche Wertung offenkundig, erscheint Heilpädagogik noch am ehesten brauchbar, wie es schon Leber und Speck formuliert haben (vgl. Leber 1984, 478; Speck 1988, 12). Kobi nahm einmal *heil* im Sinne von *ganz* auf, womit er einen ganzheitlichen Ansatz vertrat, der nichts von seiner Aktualität eingebüßt hat (vgl. Kobi 1988, 32 ff; Bürli 2005, 60). In ähnlicher Absicht umschrieb Möckel Behinderung als Stocken des geistigen Stromes zwischen Eltern und Kindern, zwischen Lehrern und Schülern und folgerte: „Neue Perspektiven für Erzieher in einer als aussichtslos empfundenen Erziehungssituation – das ist Heilpädagogik“ (vgl. Möckel 1988, 245). Gröschke kürzte seinerzeit die Diskussion ab mit den Worten: „Heilpädagogik ist und bleibt Pädagogik“, und er begründete dies wie folgt: „Die Dialektik von Allgemeinem und Besonderen muss zukünftig innerhalb einer Pädagogik für alle ausgehalten werden, ohne Abspaltung einer ‚Sonderpädagogik‘, aber auch ohne gleichmacherische Einebnung und Standardisierung der gesellschaftlich gängigen Erziehungs- und Bildungsformen“ (vgl. Gröschke 1992, 20).

Falls wir der falschen Verknüpfung zum medizinischen Heilen nicht aufsitzen – die es nach Häußler nie gegeben hat (vgl. Häußler 2000, 34) –, erscheint mir hernach die Beibehaltung des ursprünglichen Begriffs der Heilpädagogik durchaus am plausibelsten, denn: „Es ist die Frage, ob es für eine Wissenschaft, die sich mit der Überwindung von gestörten und beeinträchtigten Bildungs- und Erziehungsverhältnissen befasst, ein besseres Wort als Heilpädagogik gibt“ (vgl. Leber 1984, 478).

Dennoch muss die Heilpädagogik (oder welches Synonym ich auch immer verwende) bei genauerem Hinsehen bis heute als Stiefkind der Allgemeinen Pädagogik betrachtet werden. In den einschlägigen Publikationen sind Hinweise darauf kaum zu finden. Nicht zuletzt unter dem Einfluss der Quantifizierung und Standardisierung von schulischen Bildungserfolgen über Systeme wie Pisa, Iglu oder Timms wird vor allem den gymnasialen Werdegängen die Aufmerksamkeit der Öffentlichkeit zuteil. Die Entwicklungs- und Lernverläufe von behinderten und benachteiligten Kindern und Jugendlichen sind da marginal, ganz zu schweigen vom Tabuthema einer geistigen Behinderung.

Der erziehungswissenschaftliche Mainstream fokussiert eine Zielgruppe, die ihre Bildungschancen zu nutzen weiß – oder in diesem Streben zumindest die nötige Unterstützung erhalten soll –, womit auch der Konsens unter den Wissenschaftler/innen offensichtlich wird, welches Feld der empirischen Bildungs- und Erziehungsforschung zu bestellen sei.

Da tritt der entscheidende Unterschied zur Heilpädagogik zutage, die es mit Menschen zu tun hat, die ihr in erster Linie als Bildungsversager überstellt werden und damit aus dem Blick einer noch stets – wenn auch womöglich nicht einmal mehr expressis verbis formuliert – an traditionellen humanistischen Perspektiven orientierten Erziehungswissenschaft verschwinden. Die Heilpädagog/innen beklagen seit längerem diese Geringschätzung (vgl. Speck 1990, Gröschke 1992) oder weisen darauf hin, dass auch und vor allem der Rückzug vom Terrain sozialpolitischer Überlegungen auf eine reine „Schulpädagogik" diese Ausgrenzung noch zementiert hat (vgl. Ellger-Rüttgardt 1990, 11).

Darüber hinaus ist man sich nicht einig, wie das (Nicht)Verhältnis zur Allgemeinen Pädagogik zu definieren sei. Die einen, die Exponenten der Sonderpädagogik bestehen auf der Eigenständigkeit einer eigenen Wissenschaftsdisziplin, die anderen plädieren für ihre Auflösung als prinzipiell falschem oder gar inhumanem Ansatz (vgl. Bürli 2005, 56; Eberwein 1994b).

Sollte man nun aber meinen, dass diese Erfahrung von Ausgrenzung eine denkbar ungünstige Voraussetzung für eine eigenständige und ernstzunehmende wissenschaftliche Entwicklung der Heilpädagogik abgäbe, würde man sich gründlich täuschen. Schon Baier hat auf den beinahe paradoxen und dennoch gedeihlichen Umstand hingewiesen, dass die Heilpädagogik auf Grund ihrer geringen Bedeutung als (sonder-)schulform-bezogener Disziplin weitgehend unberücksichtigt blieb und deshalb ihre pädagogischen Freiräume zu nutzen wusste (vgl. Baier 1990, 255). In dem Maße, wie sich die Heilpädagogik nicht länger mit ihrer Entlastungsfunktion für die Regel(schul)pädagogik zufrieden gab, sondern über das von ihr vorgetragene Paradigma der Schaffung gemeinsamer Lern- und Lebensumfelder Ansprüche anmeldete und damit ein autonomes Selbstverständnis zu formulieren begann, welches *nicht* in der Separierung von jeglicher anderer Pädagogik liegt, erfolgte ihre wissenschaftstheoretische Aufwertung.

Meines Erachtens sind es drei Tendenzen der letzten Jahre, die der Heilpädagogik durchaus gut getan haben und die ich jetzt kurz in den Blick nehmen möchte.

1. Da der dynamische Kontext von Behinderung, Störung oder Benachteiligung mittlerweile im Schnittpunkt objektiver gesellschaftlicher wie subjektiver somatopsychischer Strukturen hinreichend präzise zu lesen ist – und zwar relativ unabhängig vom jeweils verwendeten Entwicklungskonzept –, hält die Erkenntnisgewinnung in der Heilpädagogik inzwischen auch anspruchsvollen metatheoretischen Betrachtungen stand. Vor allem der gesellschaftspolitisch eingefärbte Zugang zur sozialen Genese wie Bedeutung von Beeinträchtigungen des Subjekts, wie er in der Tradition

der Kritischen Theorie gelegt wurde, hat eine wissenschaftstheoretische Neubewertung möglich gemacht. Im Zuge dieses Diskurses wurde jedes heilpädagogische Bemühen um gestörte und behinderte Adressat/innen vor dem Hintergrund bildungsökonomischer Interessen und sozial ausgrenzender Tendenzen problematisiert.

Damit sind nun alle personalen Abweichungen in einen strukturell begriffenen Zusammenhang gestellt, in welchem gesellschaftlich vorgeformten Interaktionsmerkmalen der Charakter eines sie determinierenden Moments zugesprochen wird. Jetzt wird vorab das in einer basalen Beeinträchtigung des Subjekts gesellschaftlich Geronnene thematisiert, ohne den Betroffenen isoliert auf sich selbst zurückzuwerfen. Allerdings bleibt noch zu klären, wie diese Erkenntnis, etwa in Bezug auf die notwendige Förderung beschädigter Identität, *heilpädagogisch* umzumünzen sei.

2. Um eben diese Lücke zu schließen, musste der Anschluss an Überlegungen aus der Richtung von Psychoanalyse und Psychoanalytischer Pädagogik erfolgen. Damit sollte es gelingen, eine Störung oder Behinderung im Kontext einer problematischen, indes individuell zu identifizierenden Lebensgeschichte aufzufassen und sinnverstehend intervenieren zu können. Welchen unbewussten Sinn verfolgt also die irritierende Auffälligkeit?

Das Konzept einer Psychoanalytischen Heilpädagogik geht auf Aloys Leber zurück, der uns praktisch wie in seinen Schriften einen gangbaren Weg aufgezeigt hat, die Bedeutung einer Behinderung theoretisch zu erfassen und so darauf einen fördernden Dialog aufzubauen, dass eine ins Stocken geratene individuelle Entwicklung aus ihrer Erstarrung gelöst werden kann (vgl. Leber 1977, 1979, 1988, 1989a, 1989b). Dies meint etwas völlig anderes als ein technizistisch gewirktes Förderverständnis. Der fördernde Dialog sucht nach Antworten auf die Frage, was für den Betroffenen „das Symptom, die Behinderung für ihn und seine Bezugsgruppe (Familie) darstellt“. Es geht nicht um die Mobilisation von ‚Restfunktionen‘ oder die Kompensation für nicht zu gewinnende Fähigkeiten auf dem Wege mechanistischen Antrainierens. Es geht darum, ob sich der Betroffene aus jenen „widersprüchlichen, zuerst äußeren und dann auch inneren Verstrickungen befreit, relative Unabhängigkeit und Selbständigkeit als erstrebenswertes Ziel anvisieren kann“ (vgl. Leber 1984, 482).

Lebers Verdienst ist es, eine psychodynamische Betrachtungsweise nicht nur auf nicht-organische Beeinträchtigungen des Subjekts zu beschränken, wie sie sich vor allem in Lernblockaden und Verhaltensauffälligkeiten dartun, sondern auf den heilpädagogischen Gegenstandsbereich insgesamt auszuweiten, der auch Körper-, Sinnes- und geistige Behinderungen einschließt.

3. Schließlich sei auf die durch Heilpädagog/innen initiierte Reformbewegung verwiesen, sich nicht länger mit einer inhaltlich ebenso fadenscheinigen wie falschen Begründung auf eine aussondernde Praxis ‚ihrer‘ Kinder zufrieden geben zu wollen, sondern mit der integrativen bzw. inklusiven Pädagogik eine Öffnung der Allgemeinen (Schul-)Pädagogik einzufordern. Diese theoretische Wendung hat eine fundamentale Reflexion des der pädagogischen Praxis vorgeordneten impliziten Men-

schenbildes nötig gemacht und den Begriff der Behinderung seines ontologischen Scheins beraubt (vgl. Eberwein 1994 b, Jantzen 2008, Klein u. a. 1987, Muth 1986).

Da es hierbei sowohl um Kinder mit als auch ohne Behinderungen geht, kann diese Paradigmendiskussion nicht auf die Heilpädagogik begrenzt bleiben. Sie lehrt uns vermittels des Aufeinandertreffens unterschiedlicher kindlicher Charaktere, dass jedes Kind zunächst und vor allem Subjekt ist, worauf jedes individualisierte Förderkonzept Rücksicht zu nehmen hat. Es verlangt, aus der Beziehung zum Kind heraus jene Schritte zu konzipieren und ihm anzubieten, die seiner weiteren Entwicklung am besten entsprechen.

Im Gegensatz dazu hat Feuser jene statischen pädagogischen Modelle kritisiert, die von einem fertigen Produkt ausgehen, weil sie die interaktiv hergestellten Selbstorganisationsprozesse des Individuums unterschlagen (vgl. Feuser 1991, 429). Allerdings wäre zu prüfen, wie das Verhältnis von Allgemeiner und Heilpädagogik vor dem Hintergrund unterschiedlicher Entwicklungsbedingungen dialektisch so zu gestalten wäre, dass die bislang geübte Ausgrenzung nicht unter der Hand beibehalten wird. Der gesellschaftspolitische Anspruch auf Integration bzw. Inklusion kassiert ja weder die besonderen didaktischen und methodischen Kenntnisse der Heilpädagogik, noch kann er der Verleugnung des Unterschieds das Wort reden.

Thimm hat vor längerer Zeit die Richtung der weiteren Diskussion abgesteckt. Er sprach davon, dass die Konstitutionsprobleme der Heilpädagogik angegangen wurden, was zu einem Paradigmenwechsel geführt hat, der durch die Notwendigkeit metatheoretischer Anstrengungen um den Begriff der Behinderung gekennzeichnet war. Darüber hinaus verwies er auf den zweiten zentralen Diskussionsbereich um die Integration behinderter Kinder. Vor allem durch die dadurch aufgeworfene Frage der ethischen Verantwortung im Schnittpunkt von Euthanasie und Lebensrecht sah er eine historische Chance, eine medizinische Domäne zu pädagogisieren, denn die Heilpädagogik liefere mit ihrer „ethisch unproblematischen Lösung“, für das geschädigte Leben einzutreten, eine überzeugende Legitimation (vgl. Thimm 1990, 272 ff).

Wir wissen inzwischen allerdings, dass diese Hoffnung durch die faktische Macht der Pränataldiagnostik stark eingetrübt wurde. Zum einen wurde dadurch in den Industrienationen das Lebensrecht von Menschen mit Behinderung erneut aufgeweicht. Kinder mit geistiger Behinderung wie dem Down-Syndrom oder Mehrfachschädigungen werden durch Spätabtreibung oder Liegenlassen nach der Geburt getötet, oder man praktiziert bereits an „Menschen mit geistiger oder schwerer Behinderung aktive Sterbehilfe (. . .) Die Frankfurter Allgemeine Zeitung berichtet über eine neue Al-Qaida-Taktik im Irak, die zwei Frauen mit Down-Syndrom als Selbstmordattentäterinnen eingesetzt und damit eine Vielzahl von Menschen getötet und verletzt hat“ (vgl. Fornefeld 2009, 10).

Zum andern hat uns die Pränataldiagnostik einen Machbarkeitsglauben beschert, „der zu der Annahme verleitet, durch genügende Vorsorge die Garantie für ein gesundes Kind zu haben. Eltern, die mit einer schweren Behinderung ihres Kindes konfrontiert werden, sind daher in ihrem Selbstvertrauen und ihrer Kontrollüberzeugung erschüttert“ (vgl. Hackenberg 2008, 46).

Gleichwohl kann nach übereinstimmender Meinung der Fachvertreter/innen das herausragende ethische Moment von Pädagogik, welches sich um den dialogischen Aspekt eines humanen Miteinanders zentriert, durch solche skandalöse biomedizinische Tendenzen nicht kontaminiert werden. Noch immer gilt die Auffassung Thimms, dass nicht eine vom betroffenen Individuum losgelöste Betrachtung, die sich auf die Vorhersage bestimmter Schäden verlässt, Richtschnur für praktische Interventionen sein kann, da sie soweit vom Subjekt abstrahiert, bis es gänzlich unkenntlich geworden ist (vgl. Thimm 1990, 281).

1.2 Zur Bedeutung des Dialogs für die Menschwerdung

Fortfahren möchte ich mit einem Goethe-Zitat: „Überhaupt lernt man nur von dem, den man liebt" (vgl. Eckermann, Gespräche mit Goethe 1981). Freud wiederum spricht davon, dass sich der Erzieher bei seinem schwierigen Unterfangen, das Lustprinzip durch das Realitätsprinzip zu ersetzen, „Liebesprämien bediene" (vgl. Freud 1911b, 236).

Hier wird jeweils in ebenso eingängigen wie schlichten Worten *die* anthropologische Grundwahrheit, nämlich die Beziehungsgerichtetheit des Menschen, zum Ausdruck gebracht. Ein anderes Wort wäre vielleicht: die *Dialogbedürftigkeit* des Menschen. Martin Buber hat darauf aufmerksam gemacht, dass erst der Mensch mit dem Menschen menschliche Existenz begründet und daher Subjektivität stets als Intersubjektivität aufscheint (vgl. Mattner, Gerspach 1997, 122). Der Einzelne ist niemals als Ganzheit vorstellbar. Ganzheit stellt sich *zwischen* Menschen her, sie ist auf Interdependenz, auf gegenseitige Abhängigkeit angewiesen.

Nach Bubers Verständnis begründet und vervollständigt sich allein in der Gegenseitigkeit mit anderen menschliche Existenz. Er umschreibt die notwendige Bezogenheit auf ein Gegenüber an einem uns allen geläufigen Beispiel: Vergleichbar mit der Betrachtung des Einzelnen sei die des Mondes. Man entdeckt dort nur die beleuchtete Oberfläche. Erst der Mensch mit dem Menschen ergibt das runde Bild (vgl. Buber 1947, 485). Mit Bezug auf Martin Bubers prägnante Erkenntnis, dass das Ich am Du werde (vgl. Buber 1923), lässt sich konkretisieren: „In der unmittelbaren Erfahrung des Sich-Gegenüber-Seins, ohne sich einander Objekt zu sein, sehe ich die Chance der Befreiung der Subjekte aus der Entfremdung durch innere und äußere Herrschaft" (vgl. Reiser 1988, 25). Die Bedeutung des Angewiesensein auf den Andern, die erst Selbständigkeit möglich macht, wird uns am Axiom von Autonomie und Interdependenz besonders gegenwärtig, wie das Reiser für den Kontext der Themenzentrierten Interaktion formuliert hat (vgl. Reiser 1993, 259). Auch für die Psychoanalyse als einer Objektbeziehungspsychologie ist der Dialog ein wesentliches strukturbildendes Element der Persönlichkeit.

Leber weist darauf hin, dass der frühe Dialog, in dem Ich und Nicht-Ich vom ganz jungen Kind noch nicht als geschieden erfahren werden, die basale Voraussetzung für ein erfülltes menschliches Miteinander abgibt (vgl. Leber 1981, 37).

Jene Hervorhebung der Einmaligkeit subjektiver Figuren anstelle objektivistisch begriffener Interventionstechniken verspielt eben nicht, wie oft provokant unterstellt, Wissen, sondern wertet es im Gegenteil auf, weil sie nicht der Versuchung nachgibt, vom Einzelnen ohne Not abstrahieren zu wollen. Der dialogische Beziehungsaspekt generiert Wissen auf seine eigene, subjektorientierte methodische Weise, gleichwohl in deutlicher Abgrenzung zu schematischem Antrainieren und verzichtet beileibe nicht auf die Berücksichtigung der Einbindung des Einzelschicksals in die tendenziell beschädigende Totalität des gesellschaftlichen Kontextes.

Einzig in der Verbundenheit ist der Mensch, und also auch der behinderte, lebensfähig. Aus dieser Erkenntnis, aufeinander bezogen zu sein, lebt jede Pädagogik. Es wäre fatal, wollte man hier Allgemeine und Heilpädagogik systematisch auseinanderdividieren. Die dialogische Bedeutsamkeit des professionellen Arrangements ist *generell* als ausschlaggebend für jede pädagogische Bemühung anzusehen. Noch jedes Therapieangebot, etwa bei der Krankengymnastik, kann seine Erfolge oder Misserfolge nur im Zusammenspiel der jeweiligen Technik mit der Interaktion von Therapeut und Kind verifizieren (vgl. Höhne 1985, 211).

Nach Devereux liegt die Hauptaufgabe der Humanwissenschaft darin, dass sie die Analyse der Auffassung des Menschen von sich selbst sei (vgl. Devereux 1967, 25). Leber hat diesen Anspruch für die Heilpädagogik dahingehend präzisiert, dass der Forscher damit selbst Gegenstand der Forschung ist und er mithin der Wahrnehmung der eigenen Gefühlsreaktionen Beachtung zu schenken hat – „Selbstwahrnehmung ist so Medium des Fremdverständnisses“ (vgl. Leber 1985, 154). Er wird vom Andern nur soviel verstehen, wie er von sich selbst versteht. Die Zweiererfahrung gibt mir eine Vorstellung vom *Ich*. Alle sagen „ich“, aber den, der es sagt, gibt es nur einmal. Alle sagen „ich“ und meinen damit sowohl etwas exklusiv Individuelles wie schlechterdings Allgemeines. Nur wer „ich“ ist, kann mit dem „du“ in Beziehung treten. Dazu noch einmal Martin Buber. Er begründet Verantwortung primär auf „Antwort“ im Dialogischen: „Echte Verantwortung gibt es nur, wo es wirkliches Antworten gibt. Antworten worauf? Auf das, was einem widerfährt, was man zu sehen, zu hören, zu spüren bekommt“ (Buber 1984, 161).

In der Konfrontation mit dem Anderen als dem Bedürftigen fallen Sein und Sollen als Hilfe zum weiteren Werden zusammen. Der Anspruch auf Hilfe ist damit evident, d.h. im bloßen Dasein ontisch begründet, wie es Mattner formuliert hat (vgl. Mattner 1997, 100ff). Es geht also um die Annäherung an das Unnahbare im Anderen. Gerade in der Arbeit mit geistig Behinderten müssen Verstehen und Verstehbarkeit über gängige Vorstellungen hinaus ausgeweitet werden (vgl. Kleinbach 1994, 13). So wäre etwa das Sprechen *über* das geistig behinderte Kind als „Wut des Verstehens“ zu kritisieren. Einer rational-wissenschaftlichen Betrachtung erscheint das Andere einer als geistig behinderten Welterfassung per se als das Un-Sinnige. Dagegen muss geistige Behinderung als soziale Kategorie begriffen werden (vgl. Mattner 1997, 13 ff; 2008; Kleinbach 1990). Die Verwirrung, die durch den Anderen geschieht, ist aber nicht in Kategorien zu fassen. „Es bleibt ein Abgrund der Trennung“ (Rösner 1997, 50). Oder mit den Worten Kobis: Unser heilpädagogischer Anspruch muss ansetzen an der „schlechthinigen Personalität, die ‚vor und hinter‘ dem empirisch Zugänglichen liegt“ (vgl. Kobi 1985, 277).

Das Miteinander der Menschen ist nur denen möglich, die die Würde der Person im Anderen anzuerkennen vermögen. Dieser Personstatus wird nicht erworben, sondern ist ein unverbrüchliches Wesenselement *aller* Menschen, ganz gleich, wie sie beschaffen sind. Der Mensch als Person ist Selbststand und Beziehungsstand in einem. Die Individualität der Person als Freiheitswesen zeigt sich radikal im Streben des „Über-sich-Hinaus“, nur der Einzelne allein kann seine Selbstverwirklichung bewerkstelligen. In diesem Tun aber liegt sogleich ein „Von-sich-Weg“, was nichts anderes meint als „Zum-andern-Hin“ (vgl. Badry 1994, 130 f).

Mit Bezug auf Lévinas wird deshalb explizit nach einer pädagogischen Argumentation verlangt, die die Bedeutung des Dialogischen für das Werden des Menschen unterstreicht. Lévinas spricht vom „Antlitz des Anderen“. Er meint damit eine prälogische Bedeutungssphäre des Menschen, die dem rationalen Erkenntnisakt vorgegeben ist und in der das jeweilige Antlitz unmittelbar sinnstiftend erscheint. Die Gegenwart des Anderen ist Aufforderung zur Antwort. Von daher bedeutet Ichsein, sich der Verantwortung nicht entziehen zu können (vgl. Lévinas 1983, 198 ff; Kleinbach 1994; Rösner 1996, 1997). Aus der Ethik von Lévinas ist nach Gröschke eine ontologische Begründung für heilpädagogisches Handeln ableitbar, „das dieses normativ vorschreibt, ohne sich egoistischer Motive (...) verdächtig zu machen, die den Behinderten dann doch für meine eigenen Zwecke instrumentalisieren würden“ (vgl. Gröschke 1989, 46; vgl. 1993, 29 ff). In ähnlicher Absicht entwirft Kleinbach einen interaktiven Erziehungsbegriff, der intentionale Ausdrücke wie Bewirken und Absicht hinter sich lässt und an ihrer Stelle kommunikatives Handeln und Intersubjektivität in den Blick nimmt (vgl. 1993, 25).

Damit auch wird die Vorstellung überwunden, als ob der eine etwas zielgerichtet mit dem anderen mache. An die Stelle absichtsvoller Erziehungshandlungen tritt eine asymmetrische Form der Beziehung, an der beide auf unterschiedlicher Ebene teilhaben und sich selbst wie ihre Zielstellungen verändern. Mit welchem heilpädagogischen Konzept ich auch operiere, immer tritt mir menschlicher Entwicklung als ein Beziehungsgewebe gegenüber. Darum ist die Kritik an der Illusion individueller Autonomie frühzeitig anzusetzen. Wir sollten uns vor der Illusion hüten, als gehe der Andere in unserem Erkenntnisprozess gleichsam ohne Rest auf. In Anlehnung an Bollnow muss sich die (Selbst-)Kritik gegen ein geschlossenes Bild vom Menschen richten, welches kategorisch eine allgemeingültige Erziehungsnorm unterstellt (vgl. Mattner 1997, 46; Bollnow 1975). Vorschnell werden Begrifflichkeiten über Wirklichkeit konstruiert. Das Verstehen ist daher selbst zu verstehen (vgl. von Foerster 1994, 135). Es gilt, das Dafürhalten einer objektiven Realität zu hinterfragen und auf ihre intersubjektive Gestalt zu schauen.

Nehmen wir die Situation, dass sich ein Jugendlicher mit autistischen Zügen beständig den Kopf anschlägt, bis er blutet. Wir unterbinden dieses Tun, weil wir es für stereotype Selbstschädigung erklären. Warum sind Stereotypien schlecht für einen Autisten? Vielleicht erleichtert ihm die immerfort wiederholte Handlung eine Orientierung in Zeit und Raum. Trifft der Begriff Selbstschädigung den wahren Sachverhalt? Vielleicht kann er sich erst spüren, wenn es weh tut. Was wissen wir überhaupt vom Erleben eines Autisten? Vielleicht wird es uns nie gelingen, uns in seine Welt einzufühlen. Wir sollten vorsichtig sein mit allzu schnellen Urteilen über andere.

Hier scheinen wir also in einen unauslöschlichen Widerspruch hineinzugeraten. Wie kann ein Plädoyer, sich dem Fremdverstehen sensibel zu öffnen, überzeugen, wenn der Andere im letzten unergründlich ist? Dieser Widerspruch lässt sich nicht auflösen, aber doch aushalten. Zum einen begründet erst der Vorbehalt, den Anderen nicht vollends verstehen zu können, den Respekt vor ihm. Zum zweiten haben wir die Grenzen des Fremd- wie Selbstverstehens zu erkennen und damit die Grenzen unserer pädagogischen Bemühungen. Zum dritten beinhaltet Verstehen, sich anzunähern und dabei das Trennende erfahren wie akzeptieren zu lernen. Das Fremdverstehen muss bereits auf einer präreflexiven Ebene angesiedelt werden, d. h. schon den leiblichen Äußerungen ist eine Mitteilungsbedeutung zuzubilligen (vgl. Mattner 1997). Neben dem gesprochenen Wort vervollständigt die tonische Basis von Körpersprache, Gestik, Mimik oder Tonfall den artikulierten Gesamtsinn von Gesprochenem und leiblich Vermitteltem. Obgleich der Andere unergründlich bleibt, geht von der Begegnung mit ihm ein unaufhebbarer ethischer Anspruch aus (vgl. Lévinas 1983, 209 ff). Der subjektive Sinngehalt, wie er uns im Dialog erfahrbar wird, ist in jenem vorwissenschaftlichen Erlebensbereich angesiedelt, wo der Mensch sich selbst und seiner Welt präreflexiv bewusst wird. Es genügt nicht einfach, sich anrühren zu lassen.

1.3 Anmerkungen zum Begriff der Behinderung

Wie man sieht, ist es beileibe nicht die Psychoanalytische Heilpädagogik allein, die den Versuch einer Konzeptionalisierung jederzeit operationalisierbarer Fördermaßnahmen problematisiert. Es erscheint mir eher vonnöten, all jene Richtungen zu vereinen, um sich gemeinsam gegen diese krakenhaft umgreifende Unsitte zur Wehr zu setzen.

Bereits die Formulierung „individuelle Förder*planung*" offenbart eine Bürokratisierung der Sprache, die jener der Praxis vorauseilt (vgl. Jakobs 2004, 30). Allerdings unterstreicht sie in besonderer Weise die Bedeutung der Interaktion für die Entstehung von Subjektstrukturen und definiert damit die pädagogische Aufgabe als eine wechselseitig begründete. Mit der psychoanalytisch unterfütterten Betonung der jeweils einmaligen und nicht beliebig wiederholbaren Beziehungserfahrungen erscheint der dialogische Anspruch als das unabdingbare Medium professioneller Kompetenz.

Gerade das Beziehungsgeflecht der heterogenen heilpädagogischen Praxisfelder ist durch intensive und zugleich schwierige Interaktionsstrukturen wie -muster gekennzeichnet, was dem einzelnen Pädagogen ein hohes Maß an Kompetenz abverlangt. Er muss erstens emotional mehr aushalten, zweitens mehr wahrnehmen an bedeutenden Interaktionszeichen, um drittens in der Lage zu sein, für seine Beziehungspartner verstehbar und förderlich zu reagieren. Die Sinnhaftigkeit unserer heilpädagogischen Bemühungen ist dabei zur Disposition gestellt, weil all unsere Interventionsangebote einer eigenen Bildhaftigkeit entspringen, wie wir uns einen behinderten Menschen vorstellen und in welchem Ausmaß wir seine Einschränkung phantasieren.

Folglich muss geklärt werden, was wir unter jenen Einschränkungen verstehen, die einen Menschen zum Adressaten der Heilpädagogik machen. Für Bleidick war diese Aufgabenstellung noch überschaubar: „Als behindert gelten Personen, welche infolge einer Schädigung ihrer körperlichen, seelischen oder geistigen Funktionen soweit beeinträchtigt sind, dass ihre unmittelbaren Lebensverrichtungen oder die Teilnahme am Leben der Gesellschaft erschwert wird“ (vgl. Bleidick 1977, 9).

Hier wird noch klar zwischen einer organischen Schädigung und deren Folgen unterschieden. Die gesellschaftliche Definitionsmacht von Normalität und Behinderung bleibt unberücksichtigt. Bei Haeberlin finden sich erste Hinweise auf diesen Hintergrund: „Behinderung kann als Beeinträchtigung des Funktionierens einer gesellschaftlichen Einrichtung durch ein Individuum verstanden werden. Beispielsweise beeinträchtigt der Rollstuhlfahrer das Funktionieren von öffentlichen Verkehrsbetrieben oder der Lernbehinderte stört den Betrieb der Normalklasse“ (vgl. Haeberlin 1985, 32).

Kobi präzisiert: „Behinderungszustände – verstanden als Verzerrungen und Erschütterungen intrapersonaler (sich selbst als behindert erleben) und interpersonaler (bei anderen als behindert gelten) Austausch- und Kommunikationsprozesse – werden nicht kausal-linear verursacht, sondern in kreisförmigen Definitions (= ‚Ausgrenzungs‘)-prozessen *erzeugt*“ (vgl. Kobi 1988, 63).

Lindmeier schließlich fasst die Vorbehalte dahingehend zusammen, „dass weniger die auf der Objektebene feststellbaren Auffälligkeiten für eine heilpädagogisch bedeutsame Behinderung ausschlaggebend sind, als die auf der Normebene vorgenommenen Definitionen und die auf der Subjektebene erlebte Abweichung“ (vgl. Lindmeier 1993, 231). Die sozialen Auswirkungen einer Funktionseinschränkung sind immer relativ und kontextabhängig: „Die Situation zeichnet Behinderung vor“ (S. 244).

Der klassische, an ein organmedizinisches Menschenmodell angelehnte Begriff von Behinderung wurde spätestens zu jenem Zeitpunkt unhaltbar, als Jantzen zu dem Schluss gelangte, dass Behinderungen als die extremsten Formen der Verhinderung von Sozialisation und Individuation im Rahmen der gesamtgesellschaftlichen Möglichkeiten zu gelten haben (vgl. Jantzen 1977, 191). Bezogen auf den Ausschluss aus dem kapitalistischen Produktionsprozess folgert er, dass „behindert vor allem der wird, der arm ist, und der, der behindert ist, wird arm“ (vgl. Jantzen 1974, 127).

Wenngleich diese Aussage – etwa vor dem Hintergrund der sozialen Zusammensetzung der Schülerpopulationen an Förderschulen – noch immer Gültigkeit beanspruchen darf, so wäre doch zu prüfen, inwieweit sich die ‚Pathologie‘ des Einzelfalls so ohne weiteres gesamtgesellschaftlich erschließen lassen will, letzten Endes finden viele Kinder aus gesellschaftlichen Risikoräumen nicht den direkten Weg dorthin.

Unter psychoanalytischen Gesichtspunkten wäre dagegen zu untersuchen, auf welche Weise das Subjekt mit seiner Behinderung unbewusst einen Teil seines frühen Lebensdramas realisiert. Damit sind wir gehalten, Behinderung als eine in Szene gesetzte Erlebensfigur und nicht allein als verdinglichte Zuweisung eines ausgegrenzten gesellschaftlichen Status zu fassen, die dem Subjekt fremd und äußerlich bleiben müsste.

Zudem muss die Frage gestellt werden, ob es methodisch überhaupt zulässig ist, ein umfassendes Konzept für alle Behinderungen entwerfen zu wollen (vgl. Aab u. a. 1974, 11). Stellen wir zum Beispiel die unterschiedlichen Entstehungs- und Entwicklungsgänge bei einer organischen Körperbehinderung und bei einer sozialen Verhaltensstörung in einen übergreifenden gesellschaftlichen Zusammenhang, so erscheinen die gängigen Klassifizierungsmodelle äußerst ungenügend. Schon bei Horkheimer und Adorno heißt es treffend: „Klassifikation ist Bedingung von Erkenntnis, nicht sie selbst, und Erkenntnis löst die Klassifikation wiederum auf“ (Horkheimer, Adorno 1969, 231).

Es erscheint nicht angebracht, körperliche, geistige, seelische oder soziale Behinderungen gleichwertig nebeneinander zu stellen. Darüber hinaus kann nicht einmal von Gleichwertigkeit die Rede sein, denn die Orientierung an einem Behinderungsbegriff, der auf Körper-, Sinnes- und vor allem geistige Schädigungen zugeschnitten ist, hat entscheidend zur Ausblendung der gesellschaftlichen Zuschreibungen beigetragen und dem Vorurteil Vorschub geleistet, Behinderung ohne Not mit geistigem Defekt gleichzusetzen.

Behinderung ist hernach ein sowohl *relativer* wie *relationaler* Begriff. Was als Mangel, Beeinträchtigung oder Benachteiligung angesehen wird, ist relativ in Bezug auf

- das Gebiet des Behindertseins (körperlich, schulisch usw.)
- die Art der Behinderung (Hör-, Seh-, usw.-Behinderung)
- das subjektive Leiden
- das Ausmaß der Behinderung (leicht, schwer usw.),

wobei es keine logische Objektivität gibt.

Das Bezogensein, die Relationalität von Behinderung macht deutlich, dass es sich nicht nur um eine Eigenschaft des Individuums, sondern einen sozialen Sachverhalt dreht. Behinderung ist ebenso vom zweckbestimmten Messsystem wie von den sozialen Erwartungen abhängig und nur in Situationen denkbar. Zum einen wird ein genereller Verzicht auf den Behinderungsbegriff bzw. eine vollständige Dekategorisierung gefordert, zum andern wird dies als Illusion bezeichnet.

Der Kompromiss liegt wohl eher darin, einen ressourcenorientierten Behinderungsbegriff zu verwenden, um „die speziellen, individuellen pädagogischen Lernhilfen zu bestimmen". Eine aktuelle pädagogisch-positive Ausrichtung wird in der Anlehnung an den anglo-amerikanischen Begriff der *special educational needs* gesehen. Dieses SEN-Konzept ist absichtlich extensiv und umfassend gehalten und schließt eine große Bandbreite von Behinderungen und Lernschwierigkeiten ein, die auch auf sozio-kulturelle wie auf gesundheitliche Kriterien zurückgehen können. Danach findet ein Wechsel von der institutionellen zur personalen Orientierung statt, die zum Beispiel weder Förderort noch Schulart von vornherein festlegt. Der Besondere Bildungsbedarf wird nicht von einer abstrakten Behinderungskategorie, sondern vom spezifischen Kontext individueller Faktoren und der sozialen Lebenswelt her abgeleitet. Der Fokus liegt nicht auf einem Defekt, sondern auf dem persönlichen Bedürfnis und auf der Interaktion von Person und Umgebung. Kritik an diesem Konzept entzündet sich an der Frage vager und damit unpraktikabler Begrifflichkeiten ebenso wie an der Erweiterung des Personenkreises, was eine Abgrenzung der Heilpädagogik etwa von der Sozialpädagogik erschwere (vgl. Bürli 2005, 79 ff; Bleidick 2000, 129; Cloerkes 2001, 8; Speck 1997, 264).

Viele Modifikationen im Sprachgebrauch der Heilpädagogik sind der *Political Correctness* geschuldet. Zum einen waren sie nötig, um Diskriminierungen möglichst vermeiden oder rückgängig machen zu können. Auch konnte so mit dem Mythos aufgeräumt werden, Kinder mit unterschiedlichen Beeinträchtigungen benötigten einen jeweils besonderen Lehrplan (vgl. Sturny-Bossart 2005, 25). Zum anderen hat dies auch zu „grotesken Blüten" geführt, denke man nur daran, dass gefordert wurde, nicht mehr „geistig behindert" zu sagen, sondern von Menschen zu sprechen, „die wir geistig behindert zu nennen dürfen glauben". So seien auch substantivische Ausdruckweisen wie „der Behinderte" zu vermeiden und Formulierungen wie „Menschen mit einer Behinderung" vorzuziehen (vgl. Bürli 2005, 98). Man sehe mir nach, wenn ich mich daran nicht sklavisch halte. Jedenfalls kann als gesichert gelten, dass die Kontextabhängigkeit einer Behinderung inzwischen weltweit anerkannt ist. Ging noch die traditionelle Definition der Weltgesundheitsorganisation (WHO) von 1980 vom Dreiklang

- Schädigung (körperlicher oder mentaler Defekt)
- Funktionsbeeinträchtigung (individuelle Auswirkungen der Schädigung)
- soziale Beeinträchtigung (gesellschaftliche Benachteiligung)

aus, so hat die Neufassung von 2004 die folgende Gestalt:

- Schädigung (Beeinträchtigung einer Körperfunktion oder -struktur)
- Aktivitätsbeeinträchtigung (Einschränkung der Möglichkeiten zur persönlichen Verwirklichung)

- Partizipationsbeeinträchtigung (Einschränkung der Teilhabe an gesellschaftlichen, kulturellen, öffentlichen Angelegenheiten).

Diese Formel stellt einen Kompromiss zwischen dem medizinischen und dem sozialen Modell dar, wobei kritisch anzumerken ist, „dass sowohl die körperliche Funktionsfähigkeit als auch die gesellschaftliche Teilhabe immer an der Norm des Menschen ohne Beeinträchtigung gemessen wird" (vgl. Puschke 2005). In diesem Zusammenhang sei auf das 2008 in Kraft getretene Übereinkommen der Vereinten Nationen über die Rechte von Menschen mit Behinderungen verwiesen, welches den Schutz und die Stärkung der Rechte und Möglichkeiten einer von weltweit auf 650 Millionen geschätzten Zahl von Betroffenen verbessern möchte. Alle Länder, die diese Konvention unterzeichneten, verpflichteten sich, diese in nationales Recht umzusetzen (vgl. www.beb-ev.de; www.bmas.de). Es sei allerdings auch nicht unterschlagen, dass sich im Verwaltungsdenken, welches dem praktischen Handeln vorgelagert ist, die Vorstellung einer personalisierten Defektivität noch immer mystisch um den Begriff der Behinderung rankt. Ihm ist ein bereits von Kornmann beklagtes mechanistisches Menschenbild zu eigen, so als könne man menschliches Verhalten umstandslos kontrollieren und vorhersagen (vgl. Kornmann 1987, 94f). Auf diesem Wege wird das Subjekt seiner eigenen Geschichte enteignet und seine aktive Rolle im Prozess der bio-psycho-sozialen Entwicklung geht vergessen.

Klein u.a. konnten dagegen an Hand von praktischen Beispielen aus integrativen Einrichtungen sehr differenziert aufzeigen, dass jede Beeinträchtigung im sprachlichen, emotionalen, sensorischen und motorischen Bereich gleichzeitig die Kommunikationsmöglichkeiten betrifft (vgl. Klein u.a. 1984, 40). Es wäre ein folgenschwerer Irrtum, wollte man von einem objektiv feststellbaren Ausmaß der Behinderung eines Kindes ausgehen, denn: „selbstverständlich kann zum Beispiel die Sehkraft quantifiziert werden; natürlich kann ein Herzfehler mehr oder weniger akut sein. Nur: Das Ausmaß der organischen Beeinträchtigung ist nicht identisch mit der Betroffenheit eines Kindes als Gesamtperson" (vgl. Klein u.a. 1987, 344). Die alte biologistische Aufspaltung des Menschen in verschiedene beeinträchtigte, zudem hierarchisch geordnete Funktionsbereiche wird durch solche Erkenntnisse zwar theoretisch suspendiert, praktisch indes feiert sie fröhliche Urständ. Unter psychoanalytischen Gesichtspunkten ist danach zu fragen, in welchem Verhältnis organische Beeinträchtigung und Kommunikationseinschränkungen stehen und wie sich die Schwierigkeiten des behinderten Subjekts auf der Ebene unterschiedlicher emotionaler Beziehungsstörungen darstellen.

Hier stellen sich uns aber mannigfaltige Widerstände in den Weg. Vielleicht vor allem deshalb, weil sich unsere Wahrnehmung und Erwartung aus einem Gemisch aus Wissen, Nichtwissen, Ratlosigkeit und Projektionen zusammensetzt. Erst dessen selbstkritische Betrachtung wird uns die Behinderung als etwas deutlich machen, das einer aktiven, wenngleich womöglich ungeeigneten Anpassungsleistung entspricht. Es nimmt ihr sogleich den schalen Geschmack der *Andersartigkeit*, ohne sie paternalistisch zu vereinnahmen. Die Begegnung mit dem „Anderen der

Normalität" (vgl. Mattner 1997, 16) macht eben Angst, und, indem wir zu scheinbar objektiven Begriffen wie Behinderung oder Störung greifen, versuchen wir uns davon so schnell es geht wieder zu distanzieren.

Wie Leber festgestellt hat, zerstörten zur Zeit der nationalsozialistischen Herrschaft die behinderten Menschen mit ihren angeblich ererbten ‚Minderwertigkeiten' die rauschhaften, aber labilen Allmachtsillusionen und mussten darum ausgerottet werden. „Der Behinderte erinnerte an die eigene Ohnmacht. Ihm wurde sie projektiv angehängt. Indem man ihn als ‚lebensunwertes Leben' beseitigte, wollte man die eigene Ohnmacht loswerden. Am Beispiel der Behandlung Behinderter im Nationalsozialismus sehen wir im Extrem, welche Provokation der Behinderte in der Gesellschaft darstellen kann" (vgl. Leber 1984, 480). Diese Provokation kann tendenziell nicht überwunden sein, wo eine Gesellschaft auf die systematische Fähigkeit zur Selbstreflexion meint verzichten zu können. Sie allein gereicht aber zum Durchschauen einer deformierten eigenen Wahrnehmung wie Bewusstheit.

Das der Psychoanalyse abgewonnene Verstehen *normaler* Pathologie muss allerdings auf dem heilpädagogischen Feld um stimmige Interpretationsmuster ergänzt werden. Es gilt womöglich, basale Bedingungen massiv gestörter Identitätsentwicklung, welche etwa im Begriff der Schwerstmehrfachbehinderung geronnen sind, auszumachen, die andernorts völlig unbekannt sind. Somit stellt sich in und mit der Heilpädagogik ganz grundsätzlich die Frage nach unserem methodischen Vermögen wie Spielraum. Vielleicht aber eröffnet uns das selbstreflexiv angeleitete Arbeiten unter ‚verschärften' Bedingungen den Blick für Möglichkeiten des Dialogs, die wir bisher auf Grund unser aus innerer Abwehr geborenen intellektuellen Selbstbeschränkung gar nicht sehen konnten.

Wie also mit dem Thema Behinderung umgehen? Deutlich wende ich mich gegen eine fragwürdig gewordene Praxis, die in objektive Kategorien gießt, was scheinbar messbarer Faktizität entspricht und noch immer zu einer defizitären Zustandsbeschreibung gereicht. Es kann nicht darum gehen, Beobachtungs*daten* analog naturwissenschaftlich gewonnener Erkenntnisse einer allgemeinen Theorie menschlicher Verhaltensgesetzlichkeiten unterzuordnen und damit wahre Aussagen über einen anderen treffen zu wollen. Das Verhalten eines Menschen muss in seiner lebensgeschichtlich-individuellen Eigenart erkannt und damit auch in seiner gruppentypischen und epochenübergreifenden Charakteristik identifiziert werden (vgl. Lorenzer 1977, 112f). Aussagen über ihn können nicht den Anspruch allgemeiner Gesetzesaussagen im Rahmen eines geschlossenen Theoriegebäudes erheben. Es gilt vielmehr, die Bedeutung des Praxiszusammenhangs für das darin eingeschlossene Subjekt aufzufinden. Methodisch ist dies nicht über „Exaktheit" zu gewinnen, sondern allein über die Reflexion der lebenspraktischen Unmittelbarkeit, die das Subjekt einholt.

Auffälligkeiten werden damit unter der Fragestellung nach ihrem unbewussten *Sinn* behandelt, d.h. als Merkmale einer bestimmten Beziehungssituation des Subjekts mit seinen jeweiligen Beziehungspartnern betrachtet. Wir wenden uns explizit der Interaktion des Subjekts mit seiner Mit- und Umwelt zu. *Sinn* meint, nicht ein vom Subjekt abgelöstes Objektives – die Behinderung – zu suchen. Der Blick gilt allein der Verwirklichung des Subjekts in seinem Beziehungsfeld (vgl. Lorenzer 1973, 141 f). Behinderung und Störung wird somit eine subjektive Erlebensqualität zuerkannt, sie werden als eine in Handlung umgesetzte, *agierte* Selbstäußerung aufgefasst. Ich kann sie nur verstehen, wenn ich meine eigene Irritation, die von ihr ausgehen, selbstreflexiv in den Blick nehme.

Dabei gilt es deutlich zu differenzieren zwischen einer angeborenen oder erworbenen körperlichen bzw. geistigen Schädigung und einer sozial verursachten Lern- und Verhaltensauffälligkeit. Ersteres gehört zur menschlichen Ausstattung dazu und dem muss mit Achtung und Akzeptanz begegnet werden. Letzteres steht für eine gesellschaftlich bedingte seelische Deformation, auf die ebenfalls mit der gebotenen Empathie zu reagieren ist, ohne diesen Umstand zu einer ontologischen bzw. biologischen Größe zu verfremden. In der Heilpädagogik kommt es darauf an, einen sittlich-moralischen Impetus mit einer gründlichen Perspektivenerweiterung zu legieren. Je mehr auf dem Wege der Auseinandersetzung mit dem behinderten Mitmenschen – schlussendlich als der längst überfälligen Annäherung an den eigenen Mangel – das sozial Verachtete, das Tabu der eigenen Schwäche in den Mittelpunkt unserer Überlegungen rückt, umso eher werden wir imstande sein, argumentativ Humanität zu verteidigen (vgl. Speck 1990, 47).

1.4 Zum Gegenstandsbereich der Heilpädagogik

Ich möchte nun kurz innehalten und den Gegenstandsbereich der Heilpädagogik umreißen, um die Notwendigkeit einer mehrdimensionalen Betrachtung nahe zu legen, die nicht mehr unisono vom handlungsleitenden Bild einer organisch feststehenden Schädigung ausgeht. Die klassische Ausdifferenzierung nimmt sich wie folgt aus (vgl. Gerspach 2008 a):

Die Pädagogik der *Körperbehinderten* umfasst in erster Linie Kinder mit Behinderungen infolge von Schäden des Stütz- und Bewegungsapparates und des zentralen und des peripheren Nervensystems. Hierzu zählen vor allem infantile Cerebralparesen (Bewegungsstörungen auf Grund frühkindlicher Schädigungen des unreifen Gehirns), Querschnittslähmungen (meist durch angeborene Fehlbildungen des Rückenmarks verursacht) und progressive Muskeldystrophien (genetisch bedingte fortschreitende Muskellähmung).

Die Pädagogik der *Sinnesbehinderten* richtet sich auf Kinder, deren Seh- oder Hörvermögen mehr oder weniger vollständig geschädigt ist. Von ihrer pädagogischen Aufgabenstellung her unterscheiden sich die Blinden- bzw. Gehörlosenpädagogik deutlich von den anderen Disziplinen, da zum Beispiel Blindenschrift und Gebärdensprache nach einer eigenständigen Kompetenzvermittlung verlangen.

Die Pädagogik der *Sprachbehinderten* fokussiert Kinder, die aus unterschiedlichen Gründen Sprachstörungen aufweisen. Hierzu sind Beeinträchtigungen und Verzögerungen in der Sprachentwicklung und Rede- bzw. Sprechstörungen wie Stottern und Stammeln zu zählen. Es ist zu berücksichtigen, dass Sprachstörungen stets vor dem Hintergrund herrschender Sprachnormen zu betrachten sind. Da eine gestörte oder defizitäre Sprache auf die sozial bedingten Lebens- und Entwicklungsbedingungen eines Kindes verweist, wird vielfach der Begriff *Sprachheilpädagogik* vorgezogen.

Die Pädagogik der *Geistigbehinderten* befasst sich mit Kindern, die gemessen an der Altersnorm einen erheblichen Intelligenzmangel, meist verbunden mit einer mangelhaften Differenzierung der Persönlichkeit aufweisen. Hierzu zählen insbesondere Kinder mit frühkindlichen hirnorganischen Schädigungen, Kinder mit einer abweichenden Zahl von Chromosomensätzen (meist dem sogenannten Langdon-Down-Syndrom bzw. der Trisomie 21) und Kinder mit autistischen Zügen. Allerdings macht die Forschung der letzten Jahre auf diesem Gebiet klar, dass auch und gerade eine geistige Behinderung als etwas sozial Gewordenes zu verstehen ist. Dieser Begriff kennzeichnet allein die Begrenztheit der intellektuellen Möglichkeiten eines Menschen, die sich in den sozialen Raum ausdehnt.

Die Pädagogik der *Lernbehinderten* konzentriert sich auf Kinder, die bezogen auf die Altersnorm einen erheblichen Entwicklungs- und/oder Leistungsrückstand aufweisen. Diese Problematik ist eine ausschließlich schulbezogene. Kinder, die Schwierigkeiten haben, dem Unterricht zu folgen, wurden bis in die 1980er Jahre, ohne dass es eine Alternative gegeben hätte, auf eine Lernbehindertenschule überwiesen. Da es sich auch hier in der Regel keinesfalls um einen angeborenen Defekt handelt, spricht man heute von Kindern, die eine *Schule für Lernhilfe* besuchen. Gleichzeitig wurden seither in bescheidenem Maße Möglichkeiten des sogenannten gemeinsamen Unterrichts eingerichtet, was bedeutet, dass die Sonderschullehrer/innen an der Regelschule eingesetzt werden. Angesichts der institutionellen Diskriminierung *lernbehinderter* Kinder spricht man seit 1994 vom „*sonderpädagogischen Förderbedarf im Förderschwerpunkt Lernen*" (vgl. Katzenbach 2006, 90).

Die Pädagogik der *Verhaltensgestörten* zielt auf Kinder, deren Sozialverhalten als nicht mehr tragbar eingestuft wird und die zum Beispiel den Unterricht massiv stören. Allerdings gibt es keine objektiven Kriterien für eine eindeutige Festlegung, was eine Verhaltensstörung sei. Meist bestimmt die Toleranz bzw. der Belastungsgrad der Regelschule, ob ein solches Kind auf eine *Schule für Erziehungshilfe* überwiesen wird. Die beiden letztgenannten Gruppen sind nicht trennscharf voneinander zu unterscheiden, und es ist auffällig, dass es eine hohe Korrelation zwischen der Zuordnung zu einer dieser Gruppen bzw. Schultypen und dem sozialen Status dieser Kinder gibt. 90 % der Schüler einer Lernhilfeschule stammen aus der sogenannten Unterschicht, obwohl ihr Anteil, rein statistisch gesehen, 50 % nicht übersteigen dürfte. Weil eben Kinder aus sozial benachteiligten Herkunftsfamilien in dieser Schulform deutlich überrepräsentiert sind, kann sie zu Recht als Schule der Armen, Arbeitslosen und Migranten bezeichnet werden. Da hier aber umgekehrt nur ein Bruchteil der Kinder aus randständigen Familie zu finden ist, müssen noch andere Faktoren hinzutreten, um aus einer Benachteiligungslage eine Lern- und Verhaltensstörung zu machen (vgl. Katzenbach 2006, 91; Schumann 2007, 14).

Entwicklungs- und Lernstörungen stellen den weitaus größten Teil an Behinderungen dar. Laut einer KMK-Statistik wurden im Jahre 2002 rund 500 000 Schülerinnen und Schüler mit sonderpädagogischem Förderbedarf unterrichtet, mehr als die Hälfte war dabei dem Förderschwerpunkt Lernen zugeordnet (vgl. Verband Bildung und Erziehung 2004). Wenngleich verlässliche Zahlen fehlen, muss, je nach verwendetem Parameter, davon ausgegangen werden, dass 5–10 % eines Jahrganges Auffälligkeiten in dieser Hinsicht aufweisen (vgl. Amft u. a. 2004, 61 ff). Allerdings handelt es sich hier eher um eine mehr oder weniger ausgeprägte Form seelischer Deformation, die mit dem Begriff der Behinderung nur schlecht abzudecken ist.

Dieser Vorbehalt schließt an die wissenschaftstheoretische Debatte an, die mit dem Begriff der Behinderung verknüpften Beeinträchtigungen nicht mehr vordringlich als individuelle Funktionseinschränkungen zu betrachten, welche es bestmöglich auszugleichen gelte. Vielmehr wird die ganze Thematik eingeschränkter Teilhabe nun in ein gesellschaftspolitisches Feld erschwerter Lebens- und Entfaltungsmöglichkeiten gestellt. *Behinderung* und *Störung* sind kein nur äußerlich-naturhaftes Ereignis, sondern erhalten ihre Bedeutung erst vor dem Hintergrund psychosozialer Lebensbedingungen. Den Perspektivwechsel fasst Leber wie folgt zusammen: „Die Auseinandersetzung konzentriert sich heute mehr und mehr darauf, ob man weiterhin den Behinderten als ‚Objekt' der wissenschaftlichen Forschung und des heilpädagogischen Handelns sieht und herausfinden möchte, wie gut er ‚geheilt' oder rehabilitiert, das heißt funktionabel gemacht werden kann – oder ob wir uns auf den Dialog mit ihm einlassen, um mit ihm herauszufinden, was seine Behinderung im gesellschaftlichen Zusammenleben bedeutet, wozu er sie selbst braucht und wozu sie von anderen benutzt wird" (Leber 1984, 478).

Allerdings zeigt sich ein hartnäckiges, bis zum heutigen Tage nicht wirklich überwundenes Problem des wissenschaftstheoretischen und methodologischen Selbstverständnisses, das einer solchen Betrachtungsweise entgegensteht. Dem Begriff der Behinderung wird nach wie vor ein biologistisches Grundverständnis unterlegt, wonach es im Prinzip noch immer nur darum gehen kann, eine anlagemäßig verursachte Entwicklungshemmung (Hanselmann 1941, 163) so weit wie möglich zu kompensieren. Zum einen wurden und werden nicht reversible Behinderungsarten (bei Körper- und Sinnesschädigungen) als Muster zur Verallgemeinerung genommen, so dass stets von naturgegebenen Interpretationen ausgegangen wird. Zum anderen wurde die Verklammerung an die sogenannte Schwachsinnshypothese nie wirklich aufgegeben. Ausgehend von einem sehr verdinglichten Intelligenzbegriff wird dabei eine genetische Disposition zur kognitiven Minderleistung unterstellt, wie sie am Beispiel der geistigen Behinderung gewonnen wird – und selbst da greift diese Vorstellung zu kurz (vgl. Gerspach 2004 d; Jantzen, Mertens 2003; Niedecken 1997, 1998; Sinason 2000).

Das Unterfangen, für alle Behinderungen ein umfassendes heilpädagogisches Konzept entwickeln zu wollen, wird lange schon angezweifelt. Die Kritik kulminierte früh in dem Vorwurf, die unterschiedlichen Entstehungs- und Entwicklungsgänge einer organischen Körperbehinderung und einer sozialen Verhaltensstörung aus ihrer historisch-gesellschaftlichen Fassung zu brechen und ins eins zu setzen (vgl. Aab u. a. 1974, 11). Insbesondere der Bezug auf die Psychoanalyse hat dazu beigetragen, persönliches Leiden in einem lebensgeschichtlichen Kontext als ein konflikthaft oder defizitär erlebtes und fortan auf dem Subjekt lastendes Drama sichtbar werden zu lassen. Selbst eine organische Beschädigung steht nicht additiv neben einer emotionalen Beeinträchtigung oder hat diese als komorbiden Auswuchs zur Folge.

Organische, emotionale, soziale und kognitive Prozesse stehen in einer überaus komplexen wechselseitigen Abhängigkeit, die mit solchen ‚multifaktoriellen', aber im letzten in ihrer Wirkmächtigkeit isoliert begriffenen Hypothesenbildungen nicht erfasst werden kann. Diese Wechselwirkung kulminiert schließlich auf der manifesten Ebene in auffälligem Verhalten. Darin offenbart sich die Kapitulation des Subjekts vor einem überstarken psychodynamischen Druck, denn es greift jetzt zu unbewussten Verschleierungen und Ausblendungen.

Wahrscheinlich ist es nicht wirklich möglich, die Komplexität dieser Wechselwirkungen vollständig zu erfassen. Vielleicht könnte dies nur unter Zuhilfenahme von Formeln der Quantenphysik gelingen, was aber eine komplette Unübersichtlichkeit produzierte und hernach für die Erkenntnisgewinnung vollkommen kontraproduktiv wäre. Und die Quantenphysik zeigt uns, dass es keine objektiven Befunde, also keine *harten Fakten* gibt, sondern dass jede Messung methoden- und beobachterabhängig ist (vgl. von Lüpke 2000, 69).

Selbst in den Neurowissenschaften wird bei der Vorstellung, wie Zellen miteinander kommunizieren, nicht die Gesamtzahl der Milliarden von möglichen Verbindungen berücksichtigt, sondern man beschränkt sich auf einen mikroskopisch kleinen Ausschnitt und ignoriert, dass damit entscheidende Daten verloren gehen. So findet man isolierte Stoffwechselprozesse unter Beteiligung von Enzymen und Neurotransmittern, man erhält durch elektrische Spannungsveränderungen *feuernder* Nervenzellen ausgelöste Amplitudenbewegungen und Membranpotentialveränderungen – aber keine Gefühle.

Modelle zeitlicher Abfolge (primär) biologischer Schädigung und (sekundär) psychosozial beeinträchtigender Einflussfaktoren herzunehmen, so wie es allzu lange bei der Debatte um das Verhältnis von Anlage und Umwelt geschah, wäre aber wie die Frage nach Henne und Ei. Und dennoch wird noch immer – zum Beispiel mit Bezug auf Familien-, Adoptions- und Zwillingsstudien – so getan, als sei bis zum Zeitpunkt der Geburt bzw. kurz danach nur die Genetik entscheidend und danach hauptsächlich die Umwelt. In der Tat sprachen z. B. die Häufung hyperkinetischer Auffälligkeiten in Familien, die Tatsache, dass hyperkinetische Adoptivkinder diesbezüglich mehr Ähnlichkeit mit den leiblichen als mit den Adoptiveltern aufwiesen, sowie die bis achtzigprozentige Konkordanz unter eineiigen Zwillingen zunächst für den methodischen Beleg einer angenommenen Erbanlage.

Allerdings hat sich diese Beweiskraft weitgehend verflüchtigt. Die inzwischen durch die psychoanalytische und systemische Familienforschung gut dokumentierten psychodynamischen Verflechtungen zwischen den Generationen lassen die dominante Interpretation von Erblichkeit naiv erscheinen. Auch die Vernachlässigung der Erfahrungen vor und kurz nach der Geburt ist nicht mehr vertretbar. Nicht einmal die neuronalen Netzwerkstrukturen bei neugeborenen Zwillingen stimmen überein (vgl. von Lüpke 2004 a, 107 ff).

Pränatale Erfahrungen hinterlassen Spuren, wie zahlreiche Übersichtarbeiten zeigen. Die Wechselseitigkeit einer gegenseitigen Abstimmung (*attunement*) entwickelt sich bereits in der Fetalzeit, lange bevor dieser Prozess bewusst wahrgenommen werden kann. Die Maxima der fetalen Bewegung wechseln sich zum Beispiel mit Traumphasen der Mutter in einem rhythmischen Muster ab. Zahlreiche Studien belegen den Zusammenhang zwischen Angst und Stress der Mutter und der späteren Entwicklung von Überaktivität, Unaufmerksamkeit und anderen emotionalen Problemen mit gestörtem Sozialverhalten ab dem 4. bis zum 15. Lebensjahr (vgl. von Lüpke 2007, 118 ff).

Es gibt keinen Zeitpunkt, an dem eine bestimmte Verhaltensweise lediglich Ausdruck eines isoliert zu betrachtenden Menschen ist. „Der Mensch lebt nie außerhalb einer Beziehung und jede Beziehung ergibt sich erst im Kontext von Beziehungen (. . .) Wird pränatale Entwicklung unter dem Aspekt der Beziehung gesehen, so ist das Kind immer schon ein Gegenüber, ein anderer Mensch, der seinen Anteil am Zusammenspiel und damit an Chancen oder Risiken für die weitere Entwicklung beisteuert" (vgl. von Lüpke 2003, 134 ff). Zwischenmenschliche Bindungen haben nachhaltig positive Auswirkungen auf neurobiologische und andere biologische Parameter. Eine vertrauensvolle Beziehung hat einen günstigen Einfluss auf die Regulation zahlreicher Gene, wobei auch Gene aktiviert werden, die für das Nervenwachstum verantwortlich sind. Umgekehrt belegen empirische Befunde, dass Angst und Stress – insbesondere im Zusammenhang mit dem Verlust bedeutsamer Bindungen – Neurotransmitter freisetzen und Gene aktivieren, deren Produkte den Stoffwechsel gravierend verändern und einen negativen Einfluss auf die biologischen Strukturen von Körper und Gehirn nach sich ziehen können (vgl. Bauer 2003, 17).

In ähnlicher Absicht wendet sich von Lüpke gegen einen naiven Biologismus, der ignoriert, dass Lern- und Beziehungserfahrungen mit Veränderungen einhergehen, die das ganze Hirn und nicht einzelne Arreale oder Funktionen betreffen. An Hand von EEG-Mustern bei Kaninchen nach der Zufuhr unterschiedlicher Gerüche konnte gezeigt werden, dass zu jedem Geruch zunächst ein charakteristisches Muster in der zuständigen Hirnregion existierte. Eine neu hinzu kommende Geruchsqualität führt jedoch nicht allein zur Entwicklung eines neuen Musters, sondern veränderte auch die bereits bestehenden. Zudem ergab sich, dass die neuen Muster nicht allein durch die chemischen Eigenschaften der Gerüche bestimmt waren, sondern auch durch die jeweilige Verfassung des Kaninchens. Bei Hunger oder erhöhter Erregung veränderten sich die räumlichen Muster, obwohl die Gerüche gleich blieben. Dabei stellten die Veränderungen Modifikationen des früheren Musters dar – es gab also eine *Erinnerung* (vgl. von Lüpke 2004 b, 406 ff). „Zusammenfassend kann gesagt werden, dass Neurobiologie, Säuglingsforschung und die Erfahrungen aus Therapien vielfältige Hinweise auf die

Bedeutsamkeit früher Einflüsse erbracht haben. Die erwähnte Ähnlichkeit zwischen Adoptivkindern und ihren leiblichen Eltern sagt daher ebensowenig über ein Vorwiegen genetischer Einflüsse wie die erhöhte Konkordanz von Verhaltensauffälligkeiten bei Zwillingen" (vgl. von Lüpke 2004 a, 109).

Auch die noch immer retrospektiv geäußerte Behauptung, ein frühkindlicher Hirnschaden sei Ursache einer geistigen Behinderung, entbehrt einer überzeugenden Argumentation. Denn jenseits der Frage, ob wir auf diesem Wege in Erfahrung bringen können, wie weitreichend ein ganz junges Gehirn durch Blutungen oder Sauerstoffmangel geschädigt wurde, wird so getan, als ob das Gehirn ein ein für alle Mal feststehendes Organ sei, obwohl wir inzwischen sehr genaue Kenntnis davon haben, dass es einem dynamischen Wachsen, Vernetzen und Absterben von Nervenzellen unterliegt.

Es sind noch weitere gravierende Einwände vorzubringen. Zunächst einmal müssen wir ernüchtert zur Kenntnis nehmen, dass weder eine philosophische Gesamtdeutung noch eine alles erklärende positive Wissenschaft mehr möglich sind. In den „großen Erzählungen der Heilpädagogik" lag das Versprechen begründet, man könne die als unbefriedigend und ungerecht empfundene Situation behinderter Menschen in eine festgelegte Richtung dauerhaft verbessern. In diesem Bild einer Außenperspektive wurde die Innenperspektive – nämlich die Auseinandersetzung mit sich selbst – vernachlässigt, ganz zu schweigen vom mangelnden Spielraum in der bis ins Detail geregelten Welt der sonderpädagogischen Institutionen mit ihrer ungebrochenen Politik von oben nach unten. Der Verzicht auf einen solchen absoluten Standpunkt lehnt sich an Skepsis gegenüber Ideologien, Meta-Erzählungen und Letztbegründungen als einer *möglichen heilpädagogischen Lebensform* an. Er begründet Offenheit als erste skeptische Grundhaltung. Diese Haltung verhilft uns zu einer „Deutlichkeit, Verbindlichkeit und Eindeutigkeit" und enthebt uns der „Gefahr der Beliebigkeit und Orientierungslosigkeit". Sie gibt uns Kraft, schwierige Aufgaben anzugehen und Rückschläge auszuhalten, ohne sich und seine Überzeugungen in Frage zu stellen (vgl. Häußler 2000, 157 ff; Fischer 1990).

Es bleibt nichts, als von der realen Lebensnot konkreter Menschen auszugehen. Mit Bezug auf Adorno plädiert Jakobs daher für einen *mikrologischen* Blick aufs Einzelne, jenseits einer Subsumtion unter Oberbegriffe. Die Mikrologie setzt nicht mit dem Gestus des Bemächtigens an, sondern entspricht einer „selbstkritisch-reflektierenden, empathisch-kontemplativen Haltung", mit der es gelingen soll, auch das *Fremde* der Behinderung auszuhalten. „*Heilpädagogische Mikrologie* (. . .) ist *induktives* Vorgehen und zunächst *subjektiv* und *situativ*". Gerade mit der von Freud formulierten gleichschwebenden Aufmerksamkeit sollen noch die leisesten Befindlichkeiten, Äußerungen und Intentionen eines behinderten Menschen wahrgenommen werden können. Es geht um die „Anerkennung seines Andersseins" (vgl. Jakobs 2004, 32 ff).

Dies setzt eine doppelte Erkenntnisweise voraus, die neben der Rationalität auch die nicht-sprachgebundene leiblich-sinnliche und emotionale Erfahrung einschließt, also in ein gewaltloses mimetisches „Sich-Anschmiegen" einmündet.

Das In-Beziehung-Treten ist durch ein einfühlendes Verhältnis zwischen Individuen charakterisiert, und erst auf der nächsten Stufe tritt die *Vernunft* auf den Plan (vgl. Jakobs 2004, 40 f). Das Paradigma der Vernunft mit seiner Überbewertung der Rationalität hat für die Heilpädagogik eine zweifache Bedeutung: „Zum einen hat es zum heutigen Bildungsverständnis geführt, zum anderen wird es unter der vorherrschenden ökonomischen Druck zu einem Ausschlusskriterium für einen größer werdenden Teil behinderter Menschen, besonders wenn es sich um Menschen mit kognitiven Beeinträchtigungen handelt" (vgl. Fornefeld 2009, 10 f).

Jakobs unterstreicht, dass die Differenz die Voraussetzung für die soziale und moralische Dimension des Menschseins im Sinne der Intersubjektivität und umgekehrt diese Intersubjektivität Voraussetzung für Subjektwerdung ist. Allein die Existenz behinderter Menschen verlangt nach praktizierter Intersubjektivität. Die Ambivalenz begründet sich darin, dass die typische soziale Insuffizienz im problematischen Diktum Hengstenbergs (1966) somit nicht mehr einseitig das Defizit des behinderten Individuums, sondern das Versagen eines intersubjektiven Zusammenhangs offenbart (vgl. Jakobs 2004, 41 f).

1.5 Das Verhältnis von Integration und Inklusion

Im Folgenden soll nun der Begriffswandel von der Integration zur Inklusion näher beleuchtet werden, da er seit längerem wie kein anderes Thema die aktuelle Debatte bestimmt.

Beginnen möchte ich mit einigen bemerkenswerten Betrachtungen von Emil Kobi zum Thema Integration. Er bemängelt an der Behändigung dieses ursprünglich polaren Strukturbegriffs durch die Heilpädagogik, dass er zu einem „*unilateralen* Wertebegriff" gemacht wurde, „der das schlechthinnig Gute und einzige Richtige fasst, während Differenzierung und Individualisierung – als Separation und Diskriminierung denunziert – als Menschen verachtendes Inhumanum gelten". Historisch gesehen habe die Heilpädagogik schon immer einen karitativ-missionarischen Agitationscharakter und eine ausgeprägte Affinität zu „Überredungsbegriffen", zu einer „im kategorischen Imperativ säkularisierten Stimme Gottes" und zu einer strikten Trennung zwischen guten und bösen Wörtern.

Auf den gemeinsamen Unterricht bezogen argumentiert Kobi, es bedürfe variantenreicher Schulen, die gerade für behinderte Kinder Wahl- und Wechselmöglichkeiten bereitstellen müssten. „Ein Inklusions-Konzept", so fährt er fort, „das nicht in den Ruch einer ‚Totalen Institution' geraten will, hat zumindest die Möglichkeit zur Selbst-Exklusion offen zu halten". Integration und Inklusion erscheinen ihm da ideologieverdächtig, wo sie zu einem „Wert an sich" hinaufstilisiert und -sterilisiert werden. Dagegen setzt Kobi eine dialogfähige Integration als „gelebte *bleibende* Inkongruenz und von zwei Seiten her identitätsbestätigend:

indem ich mich dem Anderen verwandt fühlen, *als auch* mich von ihm abheben kann“ (vgl. Kobi 2008, 14ff).

Gleichzeitig aber hebt Kobi den Auftrag der Heilpädagogik hervor, sich mit sozial Un*er*wünschtem und personal Un*ge*wünschtem zu beschäftigen. Damit erschließt sich ihm Integration *per se* über das existentielle Da- und So-Sein einer Person – und zwar unabhängig von sozietär geforderten Anpassungsleistungen- und -möglichkeiten – in einem das konventionelle Dasein gesellschaftskultureller Pässlichkeiten überspannenden *Sinn*horizont. Der personale Faktor stellt eine Wirkgröße dar und ist nicht ein zum bloßen Fakt versächlichtes Ding. Damit schützt Heilpädagogik Imperfektes vor Perfektionismus, Ganzes vor dem Totalitären und versucht beides zu kultivieren (vgl. Kobi 2008, 19f).

An anderer Stelle erscheint seine Kritik noch eine Spur verschärfter. Hier brandmarkt er den Begriff der Inklusion als einen modernen Mythos, der sich „appellativ an den Beginn eines angeblich Neuen Denkens eines Neuen Menschen“ stelle und in ihm klaustrophobische Gefühle auslöse. Seine Befürchtung gipfelt in der Überlegung, Inklusion könne sämtliche Partial-Pädagogiken in sich aufsaugen und, obwohl einem demokratischen Bewusstsein verpflichtet, das demokratische Recht der Anderen auf Freiheit und Eigenwilligkeit brechen (vgl. Kobi 2006, 31ff).

Kobi geht auf den Begriffswechsel nur am Rande ein – so spricht er von Inklusion als einem vorrangigen Konzept im Unterschied zum nachrangig integrativen (vgl. Kobi 2006, 33) –, seine Kritik richtet sich da auf beide Vorstellungen gleichermaßen, wo sie ihm sowohl totalitär als auch beschönigend erscheinen. Am Ende bekennt er sich allerdings wieder zum alten Verständnis von Integration, welches sich auf der gesellschaftlichen und institutionellen Ebene sozialethisch herleiten lässt bzw. auf der inner- und interpersonellen Ebene den psychodynamischen Prozess des Abgleichs von Annäherung *und* Abgrenzung markiert.

Nun könnte man einerseits einwenden, dass sich der Begriff der Inklusion viel deutlicher einem sozialethischen Anspruch verpflichtet zeigt, weil er zum Ausdruck bringt, dass jeder Mensch in seiner Individualität zu akzeptieren und ihm die Möglichkeit zu bieten sei, in vollem Umfang an der Gesellschaft teilzuhaben. Unterschiede und Abweichungen werden hier wahrgenommen, aber in ihrer Bedeutung sind sie einzuschränken oder aufzuheben. Ihr Vorhandensein sei weder in Frage zu stellen noch als Besonderheit zu sehen. Das Recht zur Teilhabe sei auf alle Lebensbereiche zu beziehen, wobei die Gleichwertigkeit eines Menschen ohne die Voraussetzung von *Normalität* zu gelten habe.

Die einzelne Person sehe sich nicht mehr gezwungen, unerreichbare Normen zu erfüllen, vielmehr seien gesellschaftliche Strukturen zu schaffen, in denen auch jene mit Besonderheiten einzubeziehen seien und sie auf ihre eigene Art wertvolle Leistungen erbringen können sollen. Gerade dieser letztgenannte Anspruch sei vom Begriff der Integration nur bedingt abgedeckt worden. Die Rede geht dann davon, dass Inklusion die soziale Exklusion (am Arbeitsmarkt, auf institutioneller Ebene, durch soziale Isolierung sowie kulturelle und räumliche Ausgrenzung) aufhebe. Andererseits ist mit Rösner zu fragen, ob es wirklich Sinn macht, immer wieder neue Begriff einzuführen und sie mit Deutungsmacht zu versehen und ob es sich nicht bei der Einführung des Begriffs Inklusion um einen problematischen Vorgang der Simulation handelt, mit dem Begriffe zuerst aktualisiert, anschließend entwertet und schließlich durch andere ersetzt werden (vgl. Rösner 2006, 127).

Die Debatte um Inklusion ist mehr oder weniger explizit eingebettet in die Rezeption der Systemtheorie Luhmanns als leitende Referenztheorie. Die Kernthese Luhmannscher Theorie sozialer Systeme geht davon aus, dass die sozialen Systeme nach dem Funktionsmuster Inklusion/Exklusion funktionieren und damit Individuen nach systemeigenen Gesichtspunkten aus- bzw. einschließen (vgl. Scherr 1999, 46). Dies lässt sich am Beispiel von Migrant/innen verdeutlichen, deren Benachteiligung im Erziehungssystem und auf dem Arbeitsmarkt aus der Perspektive der Menschenrechte einen Skandal darstellt.

Dederich weist darauf hin, dass Inklusion und Exklusion in einem komplexen gegenseitigen Abhängigkeitsverhältnis stehen. In der Pädagogik wird die Inklusionsdebatte auf normativ-konzeptueller Ebene geführt und hat zum Inhalt, dass die (schulische) Separation bis heute nicht überwunden ist. In den Sozialwissenschaften ist dagegen das Thema Exklusion an der Tagesordnung. Wie dem auch sei, die Inklusion Behinderter in die Gesellschaft hat statt Integration eine Welt der Besonderung geschaffen. Ihr paradoxer Effekt liegt in der Tatsache begründet, dass das moralische Inklusionsgebot gegenüber Behinderten ein ausdifferenziertes System von spezialisierten Hilfsangeboten und Institutionen geschaffen hat.

Demzufolge ist Inklusion de facto Inklusion in Exklusionsbereiche, sie ist Simulation von Inklusion. Inklusion hebt eben die gesellschaftliche Ungleichheit nicht auf. In Anlehnung an Luhmanns frühe systemtheoretische Position bedeutet Inklusion auch die Wahrnehmung und Bezeichnung von marginalisierten Menschen (zum Beispiel als Arbeits- oder Obdachlose). In diesem Sinne ist der Besuch einer Sonderschule *funktionale Inklusion*, wird die Exklusion aus dem ersten Arbeitsmarkt durch die Inklusion in ein – zunehmend ausgedünntes – System der sozialen Hilfen notdürftig kompensiert.

Dabei gilt es zu erkennen, dass der Exklusionsbegriff nicht den Rand der Gesellschaft fokussiert, sondern sich mehr und mehr ihrem Innern zuwendet: Massenarbeitslosigkeit und Neue Armut sind just dort angesiedelt. Denn die eine Logik der Exklusion verfährt über Diskriminierung, die andere über Destabilisierung. Aus diesem Grund hat Luhmann seine Theorie dahingehend revidiert, dass sich inzwischen massenhaft Exklusionseffekte einstellen, die zu einer *negativen Inklusion* in die Gesellschaft führen. Dies kann sich als schleichender, aber kumulativ wirkender Prozess auf der Ebene der Teilinklusion in Teilsysteme auf Grund der Mehrfachabhängigkeiten von unterschiedlichen Funktionssystemen – bezüglich des Ausschlusses aus bestimmten Sparten des Bildungswesens, der wohnmäßigen Separierung, der medizinischen Unterversorgung usw. – darstellen und zur wechselseitigen, aber kaum mehr sichtbar werdenden Verstärkung von Exklusionen führen.

An die Stelle von Ausbeutung und Unterdrückung tritt die funktionale Irrelevanz. Die heutigen Armen sind nicht mehr die Ausgebeuteten und bilden auch keine stille Arbeitsreserve mehr. Hier geht es um Menschen, die überflüssig sind, ohne irgendeinen Nutzen für gesellschaftliche Funktionssysteme. Vor allem sich zuspitzende Entsolidarisierungsprozesse und Bestrebungen zum Abbau sozialer Sicherungssysteme verhindern zunehmend Integrations- oder zumindest Teilintegrationsbemühungen (vgl. Dederich 2006, 12 ff).

Der Begriff Inklusion ist in Deutschland spät angekommen (vgl. Hinz, Boban 2008, 204). Namhafte Autoren wie Sander (2002) oder Boban und Hinz (2003) haben von Anfang an dezidiert die Auffassung vertreten, dass mit der Abwandlung von „Integration" in „Inklusion" ein entscheidender Paradigmenwechsel stattgefunden hat. Mit Bezug auf die weltweite Salamanca-Konferenz über das Thema „Special Needs Education: Access and Quality" von 1995, auf welcher das englische Wort *inclusion* im Mittelpunkt der Debatte stand, plädiert Sander (2002) für einen Wechsel der deutschen Begrifflichkeit, wobei er allerdings anmerkt, dass in der Übersetzung der sogenannten Salamanca-Erklärung nach wie vor das Wort „Integration" Verwendung fand und „Inklusion" kein einziges Mal vorkam. Seiner Auffassung nach ist eine aufsteigende historische Reihenfolge von Exklusion über Separation – Integration – Inklusion bis zur „Vielfalt als Normalfall" zu verzeichnen. Danach ist eine inklusive Schule jene, die völlig aussonderungsfrei all ihren Kindern und Jugendlichen die individuell optimale Bildung und Erziehung vermitteln will.

Nach Boban und Hinz stellen *gute Schulen* guten Unterricht in den Mittelpunkt, lassen Vielfalt in den Lernvoraussetzungen und Lerninteressen zu, öffnen sich zur lokalen Kultur, erörtern schulöffentlich, was gelernt wird, überprüfen ihr Profil, haben ein Konzept für Fortbildung, beziehen Eltern aktiv ein, vermitteln ein Gefühl der Sicherheit und Klarheit. Damit seien sowohl strukturelle als auch prozessurale Merkmale beschrieben. Dies alles münde ein in den qualitativen Sprung von der Integration zur Inklusion.

Denn im Vordergrund stehe nicht die Zusammenführung von Personen und Gruppen, sondern die generelle Anerkennung von Individualität in der Gemeinschaft. Umgekehrt werde mit der Auffassung von Integration die tradierte Sichtweise nur wenig revidiert, gehe es nach wie vor um das ‚andere' Kind mit Problemen und also sonderpädagogischem Förderbedarf. Diese Zwei-Gruppen-Theorie berge die Gefahr einer „Schäferhundpädagogik", wie es Feuser einmal ausdrückte, und lasse ein Leben und Lernen aller Kinder in der allgemeinen Schule nicht zu. Am anderer Stelle fasst Hinz die beiden Praxen in einer tabellarischen Übersicht anschaulich zusammen (vgl. Hinz 2004, 45 f).

Andere, nicht weniger namhafte Autoren wie Reiser (2003, 2007) und Mattner (2004) bringen Vorbehalte ins Spiel. Nach Reiser ist der Begriff Integration auf einer theoretischen Ebene umfassender und tiefer als der Begriff der Inklusion, auch wenn er – und da sind sich alle einig – auf der Ebene gesellschaftlicher Praxis nachhaltig deformiert wurde. Vor allem aber ist ein ganz entscheidendes Moment durch den Begriffswechsel unsichtbar geworden. Das Konzept der Integration war von Anfang an eng mit jenem *der integrativen Prozesse* verbunden. In Anlehnung an die Psychoanalyse ist damit der innerpsychische Vorgang gemeint, Widerstände in der Wahrnehmung von Fremdartigkeit zu erleben, zu reflektieren, auszuhalten und wenn möglich überwinden zu lernen. Nur auf diese Weise einer allmählichen Annäherung, das Anders-sein weder bekämpfen noch verleugnen zu müssen, sondern im Gleichklang mit der eigenen Entwicklung zu respektieren, lässt sich eine frühzeitige Ausgrenzung vermeiden (vgl. Klein u. a. 1984, 36 f).

Die Einigungsvorgänge in der konflikthaften Dynamik von Annäherung und Abgrenzung in der Auseinandersetzung mit dem Anderen spielen sich auf der innerpsychischen, der interaktionellen, der institutionellen und der kulturell-gesellschaftlichen Ebene ab. Auf die pädagogische Praxis bezogen heißt dies, dass zwischen den Pädagog/innen und dem Kind Einigungen zustande kommen sollen, bei welchen keiner den anderen dominiert oder von diesem dominiert wird. Diese Einigungen beziehen sich auf das, was als zuträglich für das soziale Klima einer Einrichtung zu erachten ist; aber auch auf Einigungen zwischen den eigenen widersprüchlichen innerpsychischen Anteilen (Kron 1994, 124; Klein u. a. 1987). Das Lernziel ist, die Differenz als Teil menschlicher Realität anzuerkennen, ohne auf die Verfolgung der Andersartigkeit zurückzufallen. Wechselseitige Annäherung und Abgrenzung sind den integrativen Prozessen konstitutiv. Damit sind pädagogische Prozesse im letzten als *innere* gekennzeichnet. Genau dieser Aspekt wird vom Inklusionsbegriff nicht mehr erfasst.

In den Inklusionskonzepten taucht dies alles nicht auf. Im Gegenteil sieht Reiser die Gefahr, dass dort durch eine positive Umdeutung von Behinderungen und Störungen gesellschaftlich bedingte Differenzen verharmlost werden und sich eine Tendenz zur manischen Abwehr von Bedrohungsgefühlen und Abgrenzungsphantasien zeigt (vgl. Reiser 2007, 104). Mattner steht dem Begriff der Inklusion, wie er sich nach amerikanischem Vorbild präsentiert, skeptisch gegenüber, da hier die Dynamik spätmoderner Gesellschaften keine Berücksichtigung finde und insgesamt nicht erkennbar werde, wodurch sich die Inklusion inhaltlich vom universellen Anspruch der Integrativen Pädagogik im Sinne einer „Pädagogik der Vielfalt" nach Prengel (vgl. Prengel 1995, 2006) unterscheide. In Anlehnung an Luhmann müsse man davon ausgehen, dass mit dem funktionalen Differenzierungssystem spätmoderner Gesellschaften eine Entwicklung von der Inklusionsindividualität zur Exklusionsindividualität einhergehe, womit den Individuen generell keine Orte mehr zugewiesen würden, die ihre Identitätsbildung festlegen könnten (vgl. Mattner 2004, 44 f).

Zur Klärung der Frage nach den Mechanismen sozialer Ausgrenzung zieht Mattner gesellschaftstheoretisch fundierte Analysen heran, die ebenfalls auf der oben skizzierten soziologischen Theorie funktionaler Differenzierung und der Unterscheidung von Inklusion und Exklusion basieren. In modernen Gesellschaften ist es danach immer weniger möglich, die Vollinklusion aller Individuen in die Funktionssysteme der Gesellschaft zu bewerkstelligen (vgl. Scherr 1999, 47). Bei nüchterner Betrachtung entpuppt sich dies für das bestehende politische System als ein Aspekt der Machterhaltung im Sinne einer staatlich erwünschten „Exklusionsverdichtung" mit einer zunehmenden reinen „Exklusionsverwaltung", die offenbar zunehmend Hauptauftrag der Sozialen Arbeit wird. Vor dem Hintergrund nach wie vor bestehender *realer* Ausgrenzung, die ja immer schon auf gesellschaftliche als Herrschaftsformen verwiesen hat, müssen doch Zweifel aufkommen, ob der Begriff der Inklusion nicht deshalb kontraproduktiv wird, weil er anderes suggeriert (vgl. Mattner 2004, 45).

Schließlich weisen Liesen und Felder (2004) darauf hin, dass die US-amerikanische Geschichte der *inclusive education* keine Geschichte der Theoriebildung, der geglückten Einführung neuer pädagogischer Konzepte oder der Institutionalisierung sei, sondern einzig eine Geschichte von Gerichtsurteilen. Zudem sei in den USA die Zwei-Gruppen-Theorie nach wie vor gängig. Und auch in Europa seien die Bildungssysteme so unterschiedlich, dass von einer gemeinsamen Praxis der Inklusion beileibe nicht gesprochen werden könne.

Selbstredend gibt es auch genügend Vorbehalte gegenüber dem Integrationsbegriff. Faktisch diente das Integrationsparadigma eher der Legitimation von Ein- oder Wiedereingliederungsprozessen in bestehende gesellschaftliche Strukturen denn der Verhinderung von Aussonderung – weil eben das bestehende Bildungssystem keine inklusiven Qualitäten bereit stellt (vgl. Dannenbeck 2008, 197 ff). Allerdings ging es immer auch über das Normalisierungskonzept hinaus, da die Heterogenität von Kindern explizit im Mittelpunkt aller theoretischen Überlegungen und praktischen Vorhaben stand (vgl. Prengel 2006, 158). Dennoch bleibt im Rahmen der gesamten Integrations- bzw. Inklusionsdebatte als Aufgabe bestehen, den Stellenwert der Heilpädagogik im Kanon der Erziehungswissenschaft(en) zu umreißen. Moser hat dieser zum Beispiel vorgeworfen, ihre zentrale Differenz zur Allgemeinen Pädagogik anthropologisch begründet zu haben. Dagegen setzt sie auf die Aufgabe, die soziale Inklusion innerhalb des Erziehungssystems dadurch aufrecht zu erhalten, dass der Bezug zur Heterogenität als zwangsläufiger Bestandteil des Systems selbst herzustellen sei. Bildung dient danach nicht mehr exklusiv der Produktion „Gebildeter", sondern der Bewerkstelligung von Inklusion als vorrangig gesellschaftlicher Aufgabe (vgl. Moser 2003, 145 ff).

Zunächst ist festzuhalten, dass mit der Ausgrenzung ‚bildungsferner' Kinder und Jugendliche sogleich die Ausgrenzung der Heilpädagogik aus der Scientific Community der Erziehungswissenschaftler zementiert wurde (vgl. Gerspach 1998, 15 ff). Insofern ist es nicht verwunderlich, dass konzeptionelle Überlegungen zum Umgang mit auffälligen Kindern und Jugendlichen ein eher dürftiges Bild abgeben. Nach dem Motto „Sie gehören nicht zu uns" wurden und werden sie bereitwillig aus den Regeleinrichtungen ausgesondert. Die Bereitschaft dazu hat nach einer kurzzeitigen Reformphase in den 1980 Jahren inzwischen sogar wieder zugenommen. Gleichzeitig mit der Abwertung der Heilpädagogik als der Disziplin jener drop outs, die keine gesellschaftliche Reputation erfahren, kam es zu einer mystifizierten Überhöhung ihrer (unbekannten) Konzepte. Reiser spricht vom sonderpädagogischen Mythos der besonderen Fördermethoden (vgl. Reiser 1997, 273), mit dessen Hilfe sich die Überstellung von Störern an diese *Sonder*pädagogik leicht rationalisieren lässt.

Mit dem pädagogisch begründeten Festhalten an traditionellen, weil normativen und damit defizitären Klassifikationsmodellen abweichender Entwicklung haben wir uns selbst eine Falle gestellt, wie sich am Beispiel der sonderpädagogischen Förderung eines behinderten Kindes zeigen lässt. Indem auf dieses Kind, über die Bereitstellung von personellen und pädagogischen oder therapeutischen Ressourcen, intensive Bemühungen um seine individuelle Förderung zugeschnitten werden, erhält es einen Sonderstatus, der daher rührt, dass es sich in einem Gruppenverband bewegt. Individualisierte Maßnahmen trennen den Gruppenkontext aber methodisch wieder auf.

Das Problem stellt sich für jedes als ‚anders' definierte Kind. Entgegen der allgemeinen erzieherischen Praxis, Hilfen nur für individualdiagnostisch ‚durchgecheckte' Kinder vorzusehen, wäre nach indirekter Förderung und nach nicht oder zumindest nachrangig kategorisierenden Hilfen zu verlangen (vgl. Reiser 1995). Hilfen sind viel wirksamer, wenn sie nicht kind-, sondern einrichtungsbezogen zur Verfügung gestellt werden. In diese Forderung eingeschlossen ist aber der eigenständige Beitrag der Sonder- bzw. hier wirklich angebrachter: *Heil*pädagogik, und zwar dergestalt, dass die Behinderung weder – als instrumentell-funktionalistisch zu kompensierender Defekt – dämonisiert noch – als einer unbewussten Verleugnung geschuldeter Verzicht auf jegliche diagnostische und methodische Annäherung – bagatellisiert wird.

Mit den Worten von Katzenbach und Schroeder wäre jenseits des Gelehrtenstreits über Inklusion – Weiterentwicklung oder konsequente Umsetzung des Integrationsgedankens – die Frage neu zu justieren, was unter sonder- bzw. heilpädagogischem Unterstützungsbedarf zu verstehen sei, denn: „Sonderpädagogik definiert sich danach nicht mehr über eine irgendwie als besonders auszuweisende Klientel, sondern über spezifische Wissens- und Könnensbestände zu krisenhaften Lern- und Entwicklungsprozessen" (vgl. Katzenbach, Schröder 2007, 208). Prinzipiell ist auch zu garantieren, dass der kategorische Unterschied zwischen einer auf Grund psychosozialer Verelendung produzierten Verhaltensauffälligkeit und einer ontologisch existenten geistigen bzw. körperlichen Beschädigung nicht verwischt wird. Daraus ergeben sich völlig andere pädagogische Herausforderungen, die nicht zuletzt die gemeinsame Erziehung ins Mark treffen.

Und: der Inklusionsbegriff bildet diese Differenz nicht mehr ab. Umgekehrt wäre zu fordern, dass der reflektierte und subjektiv verantwortete Umgang mit Paradoxien und Widersprüchen an oberster Stelle integrativer Kompetenz stehen muss.

Die Argumentation von Helmut Reiser geht also in die gleiche Richtung wie jene von Vera Moser. Beide haben aber seit jeher – also auch schon vor Einführung des Inklusionsgedankens – ihren Anspruch an ein austariertes Verhältnis von Sonder- und Regelpädagogik auf eben diese Weise begründet, so dass der Begriffswechsel an diesem Punkt nicht einleuchten will.

Boban und Hinz dagegen wenden sich – durchaus berechtigt – gegen die Begrenzung der Inklusions-Debatte auf das Umfeld der Sonderpädagogik, weil damit die tradierten Kategorisierungen in verschiedene Gruppen nicht durch die „Idee eines untrennbaren Spektrums individueller Unterschiedlichkeit" ersetzt würden (vgl. Hinz, Boban 2008, 206). Dadurch aber wird die notwendige Dialektik, auf sonder- bzw. heilpädagogische Kompetenzen zu setzen, ohne zugleich eine strikte Abtrennung von der Regelpädagogik zu vollziehen, aufgegeben. So droht die Gefahr einer Orwell'schen Sprachversäuberung, die Denkformen neu formatiert und euphemistisch geschönte Wortungeheuer wie: „Behindertsein ist schön!", „Geistige Behinderung gibt es nicht!", „Wir alle sind behindert!" gebiert (vgl. Kobi 2008, 19). Am Rande sei erwähnt, dass auch Boban und Hinz die Gefahren erkannt haben und neuerlich davor warnen, dass Inklusion als neuer Modebegriff in den sonderpädagogischen Diskurs Einzug hält (vgl. Hinz, Boban 2008, 205).

Zwar wird allgemein das Recht auf volle Inklusion (the right to be fully included) eingefordert (vgl. Theunissen 2006a, 19), was aber ursprünglich einem *außerhalb* geführten Diskurs entstammt. Nicht zuletzt deshalb atmet Inklusion einen Hauch von *Einsperren* oder *Eingesperrtsein* – und zwar für alle. Unter der Hand vermag dies gar eine verschärfte Exklusionspolitik heraufbeschwören. Das Befremden ist dem Begriff nicht mehr inhärent. Die Begegnung mit Menschen mit einer extensiven Verhaltensstörung und jenen mit einer geistigen Behinderung löst unterschiedliche Abgrenzungswünsche aus, die jeweils bearbeitet werden müssen. Allein ein sozialräumliches Zusammensein im Zeichen egalistischen Denkens erscheint unter dem Aspekt einer nachhaltigen Wirkung des Ausgleichs von Gemeinsamkeit und Differenz nicht hinreichend. Da, wo das Fremde angst macht, muss auch um Unterschiede getrauert werden. *Inklusion* wirkt solange einschließend und verschlingend, wie Differenz und Trauern-müssen verleugnet werden. So schreibt Mannoni: „Wird einer nicht ausgeschlossen, so wird er, koste es was es wolle, in die ‚Normalität' integriert – ohne dass je nach dem Sinn gefragt wird, den der Wahnsinn oder die Zurückhaltung für manche Menschen haben kann" (vgl. Mannoni 1972, 10; Niedecken 1998, 20).

Unter psychoanalytischen Gesichtpunkten kommt dem Ganzen eine weitere Bedeutung zu. Jedes Kind ist aus der (sexuellen) Beziehung seiner Eltern ausgeschlossen, was ebenfalls, im Sinne der eigenen Autonomieentwicklung, einen Trauerprozess nötig macht. Ohne ihn bleiben die ödipalen Inzestphantasien erhalten. Für diese Weigerung steht die Rede von der Inklusion *auch*. Selbst auf der präödipalen Stufe ist ihr mit dem assoziativen Wunsch nach symbiotischer Verschmelzung mit der Mutter eine unbewusste Konnotation zu eigen. Die Phantasie von der Symbiose mit der Mutter ist aber nicht nur eine paradiesische, denn hier schwingt unterschwellig auch die Angst vor der Verschlingung durch die bedrohliche Medea-Mutter mit. Insofern der Vater die Aufgabe der Symbiose und des Inzestwunsches und deren Ersetzung durch ein reifes triadisches Beziehungsmodell einfordert, ist er *Böser* und *Erretter* in einem. Der damit einsetzende Prozess der Triangulierung realisiert das Ausgeschlossensein aus der elterlichen Paarbeziehung. *Exklusion* ist damit als eine Vorwärtsbewegung gekennzeichnet, *Inklusion* steht dagegen für Regression. Die Dialektik ist unaufhebbar.

Nach Abwägen von allem Für und Wider schaue man es mir daher nach, dass ich beim alten Begriff der Integration verweile.

1.6 Anerkennung als Qualitätsmerkmal

Dieses Kapitel abschließend möchte ich mich nun noch der Qualitätsdebatte zuwenden. Qualitätssicherung ist in aller Munde. Gemeint damit sind die Versuche einer operationalisierten Betrachtung der Qualität der geleisteten Arbeit, wie er vor allem für den ambulanten und stationären Bereich aufgelegt wird (vgl. Gerspach, Mattner 2004).

Die qualitätsorientierte Überprüfung der staatlich subventionierten Leistungen von Trägern und Institutionen sozialer und pädagogischer Arbeit erscheint durchaus sinnvoll und hat fast zu lange auf sich warten lassen. So waren auf Grund der klassischen sozialstaatlichen Versorgung bis etwa 1992 Versorgungsmonopole entstanden, deren Arbeitsqualität eher durch weltanschauliche Bindungen als durch die Überprüfbarkeit der Arbeitsergebnisse gewährleistet war (vgl. Johnson 1999). Eine weitere Steigerung des Inputs in Form personeller Aufrüstung war ab da finanziell nicht mehr möglich, zumal man einzusehen begann, dass Menge und Qualifikation des Personals nicht automatisch zu einem guten Arbeitsergebnis, also Output führt.

Über die Abstimmung des Preis-Leistungsverhältnisses, an welchem die Qualitätsanforderungen auszurichten sind, werden jetzt fachliche und Budgetverantwortung miteinander verbunden (vgl. Engelhardt 1999). Zuschussgeber und soziale Einrichtung verhandeln nun über die zu erbringende Leistung und die dafür zu leistenden Entgelte. Das setzt voraus, dass die Träger ihre Leistungen plausibel bestimmen können und dass umgekehrt die Zuschussgeber bei der Mittelvergabe den Besonderheiten der vor Ort geleisteten Arbeit Rechnung tragen – vor allem bezüglich der Ethik und der professionellen Interaktionsgestaltung. Beides ist nicht hinreichend gewährleistet. Gemäß der Ideologie der neuen Marktmodelle werden die am Gewinn orientierten Produktionsweisen – ausgewiesen über Stückzahlen – zum Prototyp der Bewertung. Unter dem Diktat einer bilanzierenden Vergleichbarkeit von Erfolg bzw. Misserfolg müssen daher Qualitätsmaßstäbe zwangsläufig zu Quantifizierungsmaßstäben verfremdet werden.

Die Ökonomisierung des Sozialen hat zur Infiltration der Sprache geführt. Auch wenn z. B. mit der Einführung des Kundenbegriffs einer Emanzipation der Klientel gegenüber paternalistischen Überlegenheits- und Herrschaftsansprüchen das Wort geredet wird, so muss dennoch bedacht werden, dass Krankheiten und Behinderungen ein „Moment von Widerfahrnis“ innewohnt. Sie sind „nicht selbst gewählt, sondern stoßen den Menschen zu und werden von diesen erlitten. Das neoliberale Subjektkonzept jedoch blendet Abhängigkeit, Verletzbarkeit und Abgewiesensein ebenso aus wie das fundamentalethische Motiv einer nicht auf Reziprozität beruhenden Sorge für den anderen Menschen“ (vgl. Dederich 2008, 296).

Der Praxis der Sozialen Arbeit wird ein Warencharakter beigegeben, demzufolge lediglich noch lukrative Marktsegmente interessieren (vgl. Wilken 2002, 62). Offensichtlich will man nicht mehr davon ausgehen, dass es außerökonomische

Gründe dafür geben könnte, anderen Menschen, die darauf angewiesen sind, Hilfestellung zu geben. Im Sinne des regierenden Tauschprinzips wird unterstellt, dass ein reziprokes Geben und Nehmen, bei dem man sein *Netto* macht, in jedem Falle Motor professioneller Interaktionen sei. In diesem marktgängigen Menschenmodell wird nicht mehr zwischen Lebenslagen oder physischen und psychischen Möglichkeiten und Begrenzungen unterschieden. Der Preis dafür ist hoch: Wir bezahlen mit einer Eliminierung derer, die den neuen Leistungsnormen nicht gewachsen sind (vgl. Stinkes 2002, 206f).

Wenn nur noch das zählt, was sich rechnet, ist abzusehen, dass soziale Entstandardisierung und Deregulierung die Folge sein werden, mit dem bitteren Beigeschmack einer allgemeinen Entsolidarisierung gegenüber all jenen, die von umspannenden gesellschaftlichen Ausschließungsprozessen bedroht sind (vgl. Wilken 2002, 57ff). Dann gilt: „Zwischen Fürsorge und Unterdrückung ist nur eine feine Linie gezogen" (vgl. Baumann 1995, 141; Jantzen 2002, 119).

Pädagogische Prozesse sind aber diskursive Prozesse, die sich nur unter Zuhilfenahme einer substantiellen Amputation von Inhalten und Reduktion auf schematisierte Organisationsabläufe und Dokumentationsverfahren quantifizieren lassen. In seinem bemerkenswerten Text über den Unterschied zwischen Sportwagen und sozialen Dienstleistungen bringt es Hartmann-Kreis auf den Punkt: Wo man sich analog zu Fertigungsabläufen in der Marktwirtschaft auf Normen und Produkte statt Prozesse konzentriert, kann man nur zu auszählbaren, aber scheinobjektiven Kriterien und Checklisten kommen. „Dieser Ansatz missachtet, dass Qualität im pädagogischen Bereich nicht objektiv fassbar ist, sondern erst in der Interaktion zwischen dem Nutzer und der Umwelt entsteht. Qualität muss daher immer interpretativ bestimmt werden" (vgl. Hartmann-Kreis 2000, 28).

Mit diesen Kabinettsstückchen einer perfide Qualitätssicherung genannten tatsächlichen *Dequalifizierung* wird die Heilpädagogik ins Mark getroffen. So haben mit Bezug auf Honneths Anerkennungstheorie (vgl. Honneth 1994) eine Reihe namhafter Autoren wie Jakobs (2004), Jantzen (2002), Katzenbach (2004), Rösner (2002), Schmid Noerr (2008) oder Stinkes (2002) die Frage der Selbstbestimmung in der heilpädagogischen Arbeit beleuchtet und – mehr implizit als explizit – aufgezeigt, dass diesem Anspruch nicht über Messverfahren beizukommen ist. In der Arbeit mit Menschen mit geistiger Behinderung geraten wir unversehens in eine Aporie hinein, lässt sich doch das Angewiesensein auf Fürsorge meist nur tendenziell überwinden. Doch „Selbstbestimmung hebt nicht die Notwendigkeit von bzw. das Bedürfnis nach sozialer Bezogenheit auf und schließt auch (nicht nur im Falle von Behinderung) eine Abhängigkeit von Hilfe nicht aus" (vgl. Jakobs 2004, 40).

Jakobs resümiert, dass die Heilpädagogik zwar kein exklusives ethisches Begründungsmodell oder gar eine Spezial-Ethik zur Verfügung habe, dennoch fasst er ihr Ethos wie folgt: „als *Mitleid und Empathie*; als *Achtung und Anerkennung*, als *Solidarität*". Wenngleich er das Mitleids-Phänomen als zwiespältig erlebt, wird das Ambivalente daran seiner Auffassung nach mit der Kritischen Theorie gesellschaftskritisch aufgeklärt: Mitleid ist immer zu wenig, es bestätigt die Regel der Unmenschlichkeit durch die Ausnahme, die es praktiziert. Mit dem Interesse an einer gerechten Gesellschaft und der Anerkennung des Verschiedenen können die Mitleidsimpulse ihrer Zufälligkeit wieder enthoben werden. Jakobs folgert: „In ihrer höchsten Form, der *Solidarität*, zielt Anerkennung auf eine *Wertgemeinschaft als konkrete Lebens- und Arbeitsgemeinschaft*, in der jedem/r sein/ihr Platz zukommt. Dies zu ermöglichen, bezeichnet auch Aufgabe und Ziel von Heilpädagogik" (vgl. Jakobs 2004, 43 f).

Katzenbach hat das unauflösbare Spannungsverhältnis zwischen dem Prinzip der Selbstbestimmung und jenem der Fürsorge beleuchtet, welches in seiner Ausgestaltung unabdingbar an die Klärung des heilpädagogischen Subjektbegriffs (von Menschen mit geistiger Behinderung) gebunden ist (vgl. Katzenbach 2004 a, 127). Ausgangspunkt sind die drei Honnethschen Formen der Anerkennung – Liebe, Recht und Solidarität –, denen zunächst die drei Grundformen der Missachtung – physische Demütigung, Entrechtung und Entwertung der Lebensform – voran gehen. Aus den Anerkennungsformen entwickeln sich dann moralische Orientierungen, die sich in den Paaren Liebe – Mitleid/Fürsorge, Recht – Gleichbehandlung, Solidarität – Gemeinwohl abbilden, wobei ein immerwährendes Spannungsverhältnis bleibt.

Katzenbach fügt für unseren Diskurs eine dritte Kategorie hinzu: das sonderpädagogische Paradigma, so dass wir am Ende jeweils eine Trias aus

- Liebe – Mitleid – Fürsorge
- Recht – Gleichbehandlung – Selbstbestimmung
- Solidarität – Gemeinwohl – Empowerment

erhalten. Fürsorge möchte er nicht im traditionellen Sinne paternalistischer Übergriffe missverstanden wissen. Den in der Sonderpädagogik unpräzise bleibenden Begriff der Selbstbestimmung verortet er im Kontext eines gesellschaftlich eingeforderten neoliberalen Pflichtprogramms, welches der Selbstbestimmt-leben-Bewegung der Menschen mit geistiger Behinderung und ihrem Prozess einer nachholenden Befreiung diametral gegenüber steht. Schließlich warnt er vor der Gefahr, das Empowerment-Konzept auf den Selbstbestimmungsgedanken zu reduzieren: „Während der Kern des Selbsbestimmungsgedankens letztlich darin liegt, das Subjekt – verstanden als freier Bürger, d. h. ausgestattet mit unveräußerlichen Rechten – vor den Übergriffen des Staates und seiner Institutionen zu schützen, so wird aus das Empowerment-Perspektive gerade die Einbindung des Subjektes in das Gemeinwesen thematisiert" (vgl. Katzenbach 2004 a, 138).

Selbstbestimmte Lebensentwürfe und beschädigte Subjektivität stellen also kein Gegensatzpaar, sondern ein Zusammenhängendes dar, und zwar deshalb, weil sie zwingend auf die genuin soziale Dimension der Selbstbestimmung und damit auf die zumeist vernachlässigte Konzeption eines Gegenübers verweisen. Insofern diese Dialogik über das Schicksal der Selbstbestimmung entscheidet, kann die Kategorie der Fürsorge nicht als obsolet erachtet werden. Der Andere ist für ihre Verwirklichung verantwortlich bzw. ist in der Praxis eher das Gegenteil der Fall, wo das Bedürfnis nach Anerkennung durch entmündigende Lebensverhältnisse – der „‚Preis' für das Fürsorgeprinzip" – mit Füßen getreten wird. Beziehungsarbeit verkommt allzu oft zum subtilen Unterwerfungsritual (vgl. Katzenbach 2004 a, 141).

Dies nicht zuletzt, weil unter marktwirtschaftlichen Nützlichkeitsansprüchen Selbstbestimmung zur Pflicht für Menschen mit Behinderung wird. In der Vorstellung von Behindertenpolitikern ist die Fähigkeit zur Selbstbestimmung an die Fähigkeit zu „vernünftigem Handeln" gebunden. Gerade dadurch entsteht eine höchst problematische Grenzziehung zu Menschen mit einer sogenannten *Komplexen Behinderung*, die auf Grund ihrer physischen, psychischen und/oder kognitiven Beeinträchtigung den Selbstbestimmungs- und Integrationserwartungen des Systems nicht entsprechen und denen daher ‚vernünftiges Handeln' weitgehend abgesprochen wird. „Mit der Überbetonung der Selbstbestimmung verbinden sich neue Selektionsstrategien und Exklusionspraktiken, die die ‚Unvernünftigen' und die ‚Leistungsschwächsten', die Menschen mit Komplexer Behinderung am stärksten trifft" (vgl. Fornefeld 2009, 9 ff).

Alle genannten Autoren haben es sich zur Aufgabe gemacht, den Honnethschen Ansatz auf das Gebiet der Heilpädagogik zu übertragen, wobei Rösner kritisch anmerkt: „Letztlich kann Honneth nicht begründen, inwieweit Solidarität auch jenen Menschen zuteil werden kann, die nicht über kulturell anerkannte Eigenschaften und Fähigkeiten verfügen, sondern aufgrund ihrer besonderen Lebenssituation verantwortliche Fürsorge benötigen" (vgl. Rösner 2002, 123). Dies wird wohl erst verstehbar, wenn als Anerkennungsgründe jene hervorgehoben werden, die sich auf Leistung durch sozial nützliche und akzeptierte Arbeit gründen, was in der postindustriellen Massengesellschaft nur noch durch die wenigsten Berufstätigkeiten zu erlangen ist. Haben aber schon viele Gruppen der normal Arbeitenden keine Chance mehr auf Verwirklichung einer unverkürzt geltenden Leistungsgerechtigkeit, so gilt dies umso mehr für Menschen mit Behinderungen. Man kann sich unschwer ausmalen, wie damit einer neuen Behindertenfeindlichkeit Tor und Tür geöffnet werden. Ja es fragt sich, ob in der praktischen Arbeit mit Dienstleistungsbegriffen wie „Betreuung", dem Solidarität völlig fremd ist, nicht das alte „Moment der Gewaltsamkeit" zurückgekehrt ist (vgl. Schmid Noerr 2008, 84 ff).

Die Kritische Theorie hat deutlich gemacht, wie die Subjektwerdung durchdrungen ist von Prozessen der Entfremdung, der Verdinglichung, der Entmenschlichung und der Identitätsverhinderung. Zunehmend drohen unter dem Diktat des kapitalistischen Tauschverhältnisses die Menschen zu nur noch warenförmigen Karikaturen ihrer selbst zu werden. „Schon die Tatsache, dass *Tausch* begriffsgeschichtlich sich von *täuschen* ableitet, deutet das Falsche der Tauschgesellschaft an." Infolge des Widerspruchs zwischen gesellschaftlichem Charakter der Produktion und der privaten Aneignung des in der Arbeit produzierten materiellen Reichtums haben sich gesellschaftliche Formen sozialer Ungleichheit herausgebildet, die „die demokratische Partizipation der Menschen an der Gestaltung der Lebensverhältnisse unterlaufen (. . .). Wo die Profitmaximierung und die Konkurrenz aller gegen alle das gesellschaftliche Leben beherrschen, werden fast alle gesellschaftlichen Beziehungsverhältnisse durch die wechselseitige Instrumentalisierung der Menschen und in der Folge durch eine Erkaltung der menschlichen Beziehungsverhältnisse organisiert" (vgl. Bernhard 2008, 246 ff).

Insofern greift die rein pädagogische Analyse zu kurz, um Phänomene von Erziehung und Bildung begreifen zu können. Wenngleich es Maßstab von Pädagogik ist, die höchstmögliche Mündigkeit der Menschen, die sich in Erziehungs- und Bildungsprozessen befinden – also *„emanzipative Subjektwerdung"* – zu erreichen, so bleibt zu fragen, warum in der bürgerlichen Gesellschaft eben jene Ideale *der* bürgerlichen Gesellschaft nicht zu verwirklichen sind bzw. warum sie dem Postulat nicht gerecht wird, die Bedingungen für humane Selbstwerdung und Selbstbestimmung zur Verfügung zu stellen. Daher plädiert Bernhard für ein Wiederaufleben der inzwischen unter modernistischen Vorzeichen als verpönt geltenden Ideologiekritik, um die verbreitete Unwahrheit über soziale Tatbestände – wie etwa, dass nur die Liberalisierung der ökonomischen Handelsbedingungen den gesellschaftlichen Wohlstand sichern könnte – aufzudecken. „Erst über eine Wiederaufnahme der Ideologiekritik ist Erziehungswissenschaft in den Stand gesetzt, die gesellschaftlichen Interessen im Feld der Erziehung und Bildung zu identifizieren" (vgl. Bernhard 2008, 250 f).

So trägt die Pisa-Studie „verdeckt die Wahrheit über den Zustand von Bildung und Gesellschaft in sich, sie enthält Partikel instrumenteller Rationalität, Elemente von Wahrheit, die eine Kritische Pädagogik zu einer am Menschen orientierten, humanen, reflexiven und emanzipativen Rationalität hin öffnen muss (zum Beispiel ein funktionaler Kompetenzbegriff, der zu einem emanzipativen Begriff von Bildung hin erweitert werden muss)". Solange sich Menschen nicht als Personen, sondern als Träger/innen käuflicher Waren gegenübertreten – wozu auch und zuerst ihre Arbeitskraft zählt – sind ihre Interaktionen von *wechselseitiger Instrumentalisierung* durchherrscht – unser kulturelles Kapital, unsere persönlichen Ressourcen, unsere Zertifikate sind allein Investitionen in die individuelle Überlebensstrategie. Die Folge sind Identitätsbeschädigungen als Zeichen allgemeiner Entfremdung. Daher verlangt eine Kritische Pädagogik nach dem Projekt einer permanenten Emanzipation, die die Vermittlung von „Kritik als einer *Eigenschaft des Subjekts*, als *einer zu habitualisierenden Lebenshaltung*" ausweist, die erst die Verfügung des Menschen über sich selbst sichert, als sie sich gegen irrationale Herrschaft wendet. Dabei ist das Vernunftvermögen an die affektiv-sozialen Grundlagen der Subjektwerdung zu binden, ohne die Kritikfähigkeit nicht habituell werden kann (vgl. Bernhard 2008, 252 ff).

Jantzen zeigt auf, das diese Ansprüche erst recht für Menschen mit Behinderung zu formulieren sind, eben weil in ihrem Fall Normalitätsmaßstabe als *Abwertungsmaßstäbe* wirken, die die Anerkennung menschlicher Subjektivität außer Kraft setzen. Seine Kritik zielt auf eine Praxis mit ihren „verdinglichten Techniken der Be-Handlung behinderter Menschen". Terror ist seiner Auffassung nach, für die er zahlreiche empirische Belege zur Verfügung hat, in allen Psychiatrie- und Behinderteneinrichtungen die Regel und nicht die Ausnahme. Im Sinne der „Redemokratisierung einer entdemokratisierten Gesellschaft" möchte er diejenigen dagegen „ermächtigen, sich wieder in ihrem Sein zu entwickeln, denen dies zuvor vorenthalten wurde". Dies kann allerdings bedeuten, dass sie, die bis dahin keine Stimme hatten, durch das, was wir tun, „ihrer Sprache mächtig werden und sich gegen uns verbünden (...) Natürlich ist es nicht immer angenehm, wenn jemand, dem wir helfen wollen, sich gegen uns wendet, aber dann hat es Gründe und die sind herauszufinden (...) Das ist eine grundsätzliche Figur der Anerkennung" (vgl. Jantzen 2008, 234 ff). Gleichzeitig spricht er von der Ambivalenz, die in der Haltung der Anerkennung mitschwingt und die aus der Heilpädagogik nicht zu löschen ist. Indem ich denke, in dieser Anerkennung die Interessen des Anderen wahrzunehmen, mache ich ihn zum Gegenstand meiner Interessen: „Hier unterliege ich immer der Gefahr, von Berührung in Betroffenheit, von Anerkennung in wohltäterhafte Fürsorge zu verfallen" (vgl. Jantzen 2002, 119). Schon bei Adorno heißt es: „Güte selber ist die Deformation des Guten. Indem sie das moralische Prinzip vom gesellschaftlichen abtrennt und in die private Gesinnung verlegt, beschränkt sie es im doppelten Sinne" (vgl. Adorno 1994, 117).

Schlussendlich hat sich viel entwickelt in der Heilpädagogik, aber nicht immer in die richtige Richtung.

2 Relevante Erkenntnisse der Psychoanalyse für die Heilpädagogik

2.1 Lorenzers Beitrag zur Psychoanalytischen Pädagogik

Begonnen hat also alles mit Alfred Lorenzers Symbolisierungstheorie, die so aktuell wie nie ist (vgl. Mitzlaff 2009). Sie hat uns implizit einen Zugang zur Behinderung geliefert, welcher frei ist von einer naturalistischen Verkürzung, und Aloys Leber hat als erster den Transfer dieses psychoanalytischen Konzepts in die Heilpädagogik geleistet.

Bevor ich weitere Grundlagen der psychoanalytischen Theoriebildung heranziehe, möchte ich mich daher zunächst etwas eingehender mit Lorenzer befassen. Seit sich die Pädagogik in den 1970er Jahren wieder dem psychoanalytischen Verstehen zuwandte, galt vor allem seine materialistische Sozialisationstheorie als einer der wichtigsten Bezugspunkte. Lorenzer war einer der markantesten Vertreter der Psychoanalyse als einer gesellschaftskritischen wie tiefenhermeneutischen Erfahrungswissenschaft. Pointiert bezog er Stellung gegen eine behaviouristische Verengung der Betrachtung des Subjekts, welche die Konfrontation von Tatsachen und Theorie vom Feld gesellschaftlicher Praxis abzuschirmen suchte (vgl. Gerspach 2007).

Radikal wie kaum ein anderer Psychoanalytiker schenkte Lorenzer dem Grundmerkmal der herrschenden Produktionsweise, dem Widerspruch zwischen den besonderen Beziehungen der Mitglieder der Gesellschaft und der Natur auf der einen und den Bedingungen und Formen der Aneignung und Kontrolle der Produktivkräfte und des Sozialprodukts auf der anderen Seite seine ganze Aufmerksamkeit. Er hielt daran fest, dass die Aufhebung von Reflexions-, Diskussions- und Handlungsblockaden in den Individuen Voraussetzung politischer Solidarität ist, was ihn bewog, die Freilegung des politisch fruchtbaren Kerns der Psychoanalyse für eine systematische emanzipative Diskussion einzufordern (vgl. Lorenzer 1974, 276).

Vor kurzem haben Naumann, Busch und Schlücker noch einmal auf die nach wie vor aktuelle Leistung Lorenzers für die Analyse krisenhafter gesellschaftlicher Transformationsprozesse hingewiesen, mit deren Hilfe ein sich wandelnder Sozialcharakter auszuleuchten ist. Gerade Lorenzer war es, der mit seiner tiefenhermeneutischen Kulturanalyse dazu beitrug, dass sich die Psychoanalyse ihrer eigenen gesellschaftskritischen Methode bewusst wurde (vgl. Naumann 2003, 275 ff; Busch 2007, 20 ff; Schlücker 2008, 337 ff).

Für Lorenzer lag die Kontrolle hermeneutischer Prozesse nicht innerhalb des eigenen Verfahrensfeldes, sondern musste auf die Lebenssituation „draußen" bezogen werden. Damit bleiben Theorie wie Praxis nicht auf sich selbst bezogen, stattdessen wird nach einem *typischen Praxiszusammenhang* gesucht. Verhaltensweisen des Subjekts werden als „hergestellte" erachtet, deren Bedeutung nur über Interpretation aufzufinden ist (vgl. Lorenzer 1974, 44 ff). Diese Selbstauffassung der Psychoanalyse ist für eine subjektorientierte Pädagogik von hoher Relevanz, denn sie verlangt danach, die in der Persönlichkeitsstruktur geronnenen Beziehungserfahrungen in ihrer gesellschaftsspezifischen Ausprägung zu verstehen.

Lorenzers Analyse beschädigter individueller Struktur reicht weit über beobachtungswissenschaftlich-erklärende Erkenntnisbildung hinaus. Görlich hat die besondere Bedeutung seiner „Hermeneutik des Leibes" (vgl. Lorenzer 2002) herausgestrichen. Darin wird die Biologie auf den sozialen Sinn im eigenen Gegenstand der Natur, die Hermeneutik wiederum auf ihre Grenze im biologisch-organischen Fundament des Erlebens und Verstehens verwiesen (vgl. Görlich 2003, 31). Die Plausibilität dieser dialektischen Sicht wird durch die neueren Forschungsergebnisse der Neurobiologie bestätigt, die offenbaren, dass die Funktionalität des Gehirns zu großen Teilen von der psychosozialen Umwelt bestimmt wird.

Die psychoanalytische Herangehensweise an Problemlagen weist eine ganz besondere methodologische Eigenheit auf, die sich von allen anderen wissenschaftstheoretischen Zugängen unterscheidet. Das, was der Psychoanalytiker macht, lässt sich nicht mit der Begrifflichkeit des *Erklärens*, aber auch nicht mit jener des *Verstehens* fassen: „es gehört gewiss in den Bereich des Verstehens, enthält dabei aber offensichtlich Elemente beider Verstehensarten auf eine Weise, die ich mit dem Begriff des ‚szenischen Verstehens' gekennzeichnet habe" (vgl. Lorenzer 1977, 8).

Lorenzer geht von einem spezifischen Symbolkonzept aus. Die Symbolbildung ist eine Ich-Leistung, um die unbewussten Abkömmlinge der somatischen Reizquellen zu organisieren. Seinem Verständnis nach verläuft dieser Prozess wie folgt: Unbewusste Inhalte werden unter bestimmten Bedingungen vom Unbewussten „freigegeben", um vom erkennenden Ich aufgenommen und verarbeitet zu werden (vgl. Lorenzer 1973, 110). Er erachtet die Einführung von Sprache als das Wesentliche menschlicher Identitätsentwicklung. Da der Mensch von Anbeginn seines Lebens notwendig auf den Anderen angewiesen ist, muss er frühzeitig seine Interaktionsfähigkeit ausbilden. Weil Sprache gemeinhin die Grundvoraussetzung jeder sozialen Rollenfindung darstellt, ist die Verfügungsgewalt darüber so wichtig.

Zunächst werden in der frühkindlichen Sozialisation mit der Einführung von Sprache die bis dahin vorsprachlichen Interaktionsformen (von Mutter und Kind) benannt. Mit der Einführung von Sprache in den frühen Dialog mit den primären Objekten erhalten diese *bestimmten* Interaktionsformen einen Namen und werden zu *symbolischen* Interaktionsformen. Damit wird ein Symbolsystem errichtet, welches von der konkreten Interaktionserfahrung fortschreitet zu ihrer Abstraktion. Denn die Mutter ist nicht primär als Person für das junge Kind bedeutsam, sondern über die an sie gebundene Interaktion, die Befriedigung von Bedürfnissen und Regulation von Affektzuständen verheißt.

Hier werden Sprache und Symbol zum ersten Mal verknüpft: „So ist es nicht zufällig, dass das erste Wort eines Kindes meist Mama heißt. Mit ihm kann es der

Freude über die Befriedigung und Sicherheit vermittelnde Beziehung zur Mutter (...) Ausdruck verleihen. Durch Mama-Rufe kann es sich diese begehrte Beziehung real herstellen. Es kann sich aber auch mit dem Wort jenes Mama-Erlebnis vergegenwärtigen und damit deren vorübergehende Abwesenheit immer besser ertragen“ (vgl. Leber 1981, 36). Nach und nach entwickeln sich daraus immer reifere symbolische Interaktionsformen.

Umgekehrt sticht eine Verdrängungsleistung dadurch hervor, dass dem Bewusstsein wieder die Verfügung über die seelischen Repräsentanzen entzogen wird. Ist der Prozess der Anbindung von Interaktion an Sprache von einer heftigen Konfrontation von Konfliktpotentialen begleitet, macht diese eine psychische Abwehrarbeit nötig, was dazu führt, dass die bereits erworbenen symbolischen Interaktionsformen nicht beibehalten werden. Unter dem Druck dieser Konflikte wird den nicht bewusstseinsfähigen Interaktionsformen gleichsam die Sprache wieder entzogen, sie werden *desymbolisiert*. Dabei markiert das *Gefälle von desymbolisierten zu symbolischen Interaktionsformen* die Momente der problematisch erlebten Sozialisation (vgl. Lorenzer 1974, 275). In diesen Fällen handelt es sich um „nicht symbolische Strukturen“, auch als *Klischee* oder *Zeichen* identifiziert (vgl. Lorenzer 1973, 113).

Als herausragende Form der Desymbolisierung nimmt Lorenzer das unbewusste Drama des ödipalen Konflikts her, in welchem der Inzestwunsch auf Grund der Angst aufgegeben wird, vom Vater als dem Rivalen um die Gunst der Mutter kastriert zu werden. Eine realitätsgerechte Erledigung der dazugehörigen Affekte und Phantasien führt zum Untergang des Ödipuskomplexes. Der Verzicht auf das infantile Liebesobjekt befördert dabei die allmähliche Loslösung aus der kindlichen Abhängigkeit und lässt wichtige Individuationsschritte in Richtung auf eine stabile Selbstidentität zu (vgl. Kohut 1973; Mahler u.a. 1980). Der begonnene Symbolisierungsprozess kommt jetzt voran.

Lorenzer sieht in der Symbolbildung das Merkmal einer gelungenen Strukturbildung des Subjekts. Wenn aber die Kastrationsangst zu groß ist, um noch symptomfrei bewältigt werden zu können, müssen die ödipalen Wünsche verdrängt werden. Das Kind bleibt an die infantilen Interaktionsmuster und mitschwingenden Phantasien fixiert, ohne davon bewusst zu wissen und wird in seiner psychischen Mobilität eingeschränkt: „Die Verdrängung mündet aus in eine Desymbolisierung (...), wobei anstelle des symbolvermittelten Verhaltens (...) ein klischeebestimmtes blindes Agieren und Reagieren einsetzt.“ Lorenzer legt hier eine *Privatsprache* mit ihren pathogenen Verfälschungen von Wortbedeutungen frei, wo der subjektive Sinngehalt aus dem öffentlichen Kontext ausgeschlossen ist. Die Privatsprache tritt in Widerspruch zu den allgemeinen Wortbedeutungen der Umgangssprache (vgl. Lorenzer 1973, 120ff).

An diesem Punkt wird der sprachlichen Organisation der erlebten Realität mit Hilfe symbolischer Interaktionsformen bereits eine vorsprachliche Regulierung in der frühen Mutter-Kind-Beziehung vorangestellt. Damit öffnet sich uns ein Tor zum Verständnis eines Sozialisationsprozesses, in welchem schon vorsprachliche Störungen angelegt werden, was eine weitgehende Symbolisierungsunfähigkeit hinterlässt (vgl. Lorenzer 1977, 79ff). Die subjektive Struktur wird beschädigt hergestellt, sie gerät gar zur Struktur verhinderter Subjektivität (vgl. Finger 1977, 156), indem die Symbolisierungspotenz des Kindes basal behindert wird (vgl. Trescher 1979, 130).

Setzte noch die klassische psychoanalytische Methodik an einer sprachregulierten Konfliktfähigkeit an, wie sie in der Regel erst mit Erreichen der ödipalen Stufe gegeben ist, so wird nun bereits den vorsprachlichen Deformationen die nötige Aufmerksamkeit zuteil. Lorenzer spricht von einer symbolbildenden, unmittelbaren Sinnlichkeit, die unabhängig von der Einführung von Sprache existiert. Die sinnlich-symbolischen Interaktionsformen, wie sie uns z.B. in der Musik begegnen, bezeichnet er als erste Schritte menschlicher Subjektivität (vgl. Lorenzer 1983, 106; 1981, 31ff).

Jenseits der Sprache gibt es eine „präsentative Symbolik" – etwa bei Traumsymbolen als einer Art innerer Wahrnehmung –, in der eine größere Nähe zu den Affekten deutlich wird (vgl. Lorenzer 1973, 110). In die präsentativen Symbole fließen noch sehr viel körper- und erlebensnähere Empfindungen ein. Sie entsprechen jenen affektgetragenen Beziehungsformen, die *vor* der Einführung von Sprache handlungsleitend sind. Zwar wird der sprachlich organisierten Interaktion eine entscheidende Bedeutung eingeräumt. Neben der sprachlichen Kommunikation existiert eine dieser entwicklungspsychologisch vorgeordnete.

Daher hat sich Lorenzer auch den nichtverbalen Darstellungsweisen von Erlebnissen zugewandt, die sich nicht nur im verbalen Begreifen, sondern auch in „sinnlich greifbaren Gestalten" artikulieren. Er schließt: „Symbole sind also nicht nur die diskursiv geordneten Zeichen der Sprache (...), sondern alle Produkte menschlicher Praxis, insoweit sie ‚Bedeutungen' vermitteln". Diese präsentativen Symbole bringen diejenigen Erlebnisse zum Ausdruck, die der diskursiven Sprache unzugänglich sind und den vorsprachlichen sinnlich-symbolischen Interaktionsformen entsprechen (vgl. Lorenzer 1981, 30ff; Langer 1965). Also fragt Lorenzer: „Wie kommt man mit Sprache in das Terrain der Sprachlosigkeit?" Anders formuliert lautet die Aufgabenstellung, mit Mitteln der Sprache das Nichtverständliche zu verstehen (vgl. Lorenzer 1983, 98f).

Scheitern die vorsprachlichen Einigungsversuche von Mutter und Kind, misslingt auch die Einführung von Sprache als symbolischer Interaktionsform. Wenn hernach keine inneren symbolischen Repräsentanzen gebildet sind und damit Sprache nicht zur Verfügung steht, um die eigene Befindlichkeit im Dialog mit anderen zu thematisieren, bleibt nichts als die reduzierte Darstellungsform extensiver, meist aggressiv getönter Verhaltensmetaphern. Sie stehen für die Flucht aus einstmals bedrohlich erlebten Beziehungskonstellationen, welche im aktuellen pädagogischen Interaktionsfeld reaktiviert werden. Die assoziativ wachgerufenen Empfindungen tauchen als verschleierte in inszenierten Bildern auf, welche auf frühe elementare Frustrationen zurückgehen.

Die *Sprachzerstörung* im Sinne Lorenzers markiert, dass bestimmte affektive Impulse aus dem bewussten Kommunikationsrepertoire ausgeschlossen sind, was gleichbedeutend ist mit der Sinnverfälschung der Umgangssprache. Die Heimtücke solch privatsprachlicher Kapriolen liegt darin, dass sie infolge ihrer allgemeinsprachlichen Einkleidung nur indirekt aus den Verhaltensabweichungen als privatisiert ermittelt werden können (vgl. Lorenzer 1973, 131). Wird nun auf dem Wege tiefenhermeneutischen Verstehens der originale Bedeutungsgehalt rekonstruiert, kommt es zur Auflösung der Privatsprache. Jetzt fallen wieder alle Handlungsmotive mit dem Sinn zusammen, an dem sich der Handelnde selbst orientiert (vgl. Habermas 1971, 303).

Schmid Noerr hat vor nicht allzu langer Zeit noch einmal Lorenzers Beitrag zur psychoanalytischen Symboltheorie gewürdigt (vgl. Schmid Noerr 2000). Bei Jones war noch zu lesen, dass das, was verdrängt wird, zur symbolischen Darstellung kommt. Symbole sind gleichsam indirekte Repräsentanten der verdrängten Inhalte. Lorenzer dagegen wertet sie vornehmlich im Sinne einer Ich-Leistung zu einer Wahrnehmungs- und Erkenntnisleistung auf. „In dieser Auffassung *begründete* Verdrängung nicht mehr die Symbolleistung, sondern wurde begriffen als *Störung* innerhalb deren und als Moment eines ihrer Sonderfälle“. Insbesondere mit der Einführung der Symbolform der Sprache wird die Interaktionspraxis systematisch geordnet. Dabei kann Sprache sowohl diskursiven Charakters – im Sinne einer tendenziell eindeutigen Beziehung von Zeichen und Bezeichnetem – als auch präsentativen Charakters – im Sinne der Freisetzung einer konnotativen Bedeutung – sein.

Um diese Doppelgesichtigkeit zu unterstreichen, hat Lorenzer die Unterscheidung von sinnlich-symbolischen und daraus hervorgehenden sprachsymbolischen Interaktionsformen gewählt. Aus heutiger Sicht wäre vielleicht einzuwenden, dass nichts dafür spricht, „dass der sprachlichen Symbolisierung eine nicht sprachliche zeitlich vorhergehe (...) Bild und Sprache sind demnach je besondere Verwirklichungen einer allgemeinen Symbolbildung“ (vgl. Schmid Noerr 2000, 471).

Freud hat aufgezeigt, wie psychische Prozesse nicht allein auf das Bewusstsein reduzierbar sind und dass bestimmte Inhalte erst nach Überwindung von Widerständen dem Bewusstsein zugänglich werden (vgl. Laplanche, Pontalis 1972, 563). Unser Seelenleben ist „erfüllt mit wirksamen, aber unbewussten Gedanken“, die eine lange Geschichte haben. Diese unbewussten Gedanken sind Motor jeder Verhaltensauffälligkeit, und diese selbst lässt sich dann als „Symptom“ (vgl. Freud 1912 g, 433) bzw. „Klischee“ (vgl. Lorenzer 1973,113) verstehen. Die Störung repräsentiert jenen Teil am eigenen Schicksal, der sich einem bewussten Umgang entzieht. Sie ist Ausdruck einer unbewussten Vorstellung, die eigentlich in einen anderen Zusammenhang gehört und damit den aktuellen Beziehungskontext verfälscht.

Unter szenischem Verstehen fasst Lorenzer die Reinszenierung früher Interaktionsmuster, die sich vor dem Hintergrund eines unbewussten situativen Sinnzusammenhangs entfalten (vgl. Lorenzer 1973, 142f). Der Psychoanalytiker lässt sich nun auf das „unmittelbare Zusammenspiel“ (vgl. Lorenzer 1977, 126) mit seinem Patienten ein und schließt aus den privatsprachlich verfälschten auf die „‚wirklichen‘ Bedeutungen“, indem er die aktuelle Szene als „Doublette einer infantilen Situation“ nimmt. Mit Hilfe seiner Deutungen soll der Zusammenhang von szenischer Darstellung heute und historischer Situation damals ins Bewusstsein gehoben werden. Ziel ist die Aufhebung des Gefälles von privatsprachlicher Verfälschung und wirklicher Bedeutung, mit anderen Worten: „die Rekonstruktion des ‚Originalvorfalls'" (vgl. Lorenzer 1973, 150 ff).

Lorenzer geht noch umstandslos von der Rekonstruierbarkeit des Originalvorfalls aus, was nicht generell Akzeptanz fand. Angeregt durch eine intensive innerpsychoanalytische Debatte um ihren rekonstruktiven bzw. konstruktiven klinischen Charakter sind in letzter Zeit jedoch neue Sichtweisen entstanden, die die Bedeutung des Originalvorfalls in einem anderen Licht erscheinen lassen. Dies ist nicht zuletzt durch die Erkenntnisse der Säuglingsforschung angestoßen worden, wonach es einen Unterschied zwischen dem *realen* und dem in der klinischen Situation *rekonstruierten* Kind gibt. Dabei ist es allerdings noch nie Gegenstand der psychoanalytischen Entwicklungspsychologie gewesen zu erforschen, „wie es damals wirklich gewesen ist, sondern wie das damals Gewesene dem Patienten heute erscheint – mit allen Erinnerungstäuschungen, Verzerrungen und Lücken" (vgl. Dornes 1997, 19). Dezidiert hebt Lorenzer Ereignis und Erleben voneinander ab: „Psychoanalyse hat keine kausalgenetische Aussagekraft, kann sie doch an keiner Stelle ihre Aussagen an Ereignissen festmachen; sie muss vielmehr (. . .) ausschließlich im Bereich ‚subjektiver' Erlebnisfiguren bleiben" (vgl. Lorenzer 1974, 196).

Psychoanalyse generiert eine Sammlung *subjektiv wahrer* Geschichten, deren *objektive* Überprüfung entbehrlich ist. So könnte ein imaginärer Direktbeobachter der Vergangenheit zu ganz anderen Ergebnissen über krankheitsrelevante Ursachen kommen als ein Rekonstrukteur. Vom Standpunkt des Klinikers aus ist diese Unterscheidung recht unerheblich, denn Deutungen und Rekonstruktionen sind wahr, wenn sie therapeutisch effektiv sind. Dornes spricht davon, dass die Deutung erst den Sinn und die Realität schafft (vgl. Dornes 1997, 20). „Was zählt, ist allein die glaubwürdige Begründung des praktisch-therapeutischen Handelns in Anlehnung an wissenschaftliche Kriterien, die sich ihrerseits im Fluss befinden" (vgl. Thomä 1999, 825).

Die Revision der Betrachtung bezieht sich zum einen auf das, was im Patienten geschieht, und zum andern auf die Beziehung zwischen dem Analytiker und ihm. Hinsichtlich des ersten Aspekts folgert Dornes: „Die Behauptung, das Gedächtnis ‚konstruiere' eine Vergangenheit unter dem Einfluss der Gegenwart ist mittlerweile zu einem geläufigen Topos sowohl innerhalb der akademischen Psychologie als auch in der Psychoanalyse geworden". Es geht nicht mehr um die exakte Rekonstruktion des Originalvorfalles, sondern nur noch um die Erhellung der Bedeutung, die der Erwachsene ihm jetzt verleiht (vgl. Dornes 1999 a, 545 ff).

Hinsichtlich des zweiten Aspekts ist von *Modellszenen* die Rede, die Analytiker und Patient gemeinsam erarbeiten, in denen eine unbewusste Phantasie zwischen beiden geschaffen wird, welche weit über das gesprochene Wort hinausgeht (vgl. Lichtenberg u.a. 2000, 21 ff). Analysand und Analytiker organisieren nun Konstruktionen aus Gedanken, Gefühlen und Bildern, die von der Motivation getragen sind, den anderen auf gewisse Wünsche einzustimmen – „zum Beispiel auf den Wunsch nach Zustimmung, nach Sympathie oder Widerspruch" (vgl. Lichtenberg u.a. 2000, 97).

Mittlerweile wird von Vertreter/innen der verschiedenen psychoanalytischen Schulen hervorgehoben, dass der Analytiker seine eigenen emotionalen Reaktionen auf den Patienten niemals restlos zugunsten einer ‚objektiven' dynamischen und genetischen Erklärung ausschalten kann. Erst seine aktive Reaktion auf die freien Assoziationen des Patienten setzt den therapeutischen Dialog in Gang (vgl. Ornstein, Ornstein 2001, 14f). So spricht Treurniet davon, dass der Analytiker mit einem affektiven Lasso in die innere Objektwelt seines Patienten gezerrt werde und er dabei gar nicht anders könne, als in der Gegenübertragung partiell mitzuagieren. „Partielles Agieren bedeutet ja, dass ein Patient sehen kann, dass sein Analytiker durch seine Projektionen beeinflusst wird, sich bemüht, diese zu ertragen und ausreichend (‚good enough') Erfolg hat, seine analytische Haltung zu wahren" (vgl. Treurniet 1996, 17).

Erst diese affektive Verstrickung lässt die analytische Bearbeitung der Hintergrundsstörung zu. Denn Deutungen geben nicht nur Informationen über das psychische Funktionieren des Patienten, sondern sie geben ihm auch Einblick in das, was der Analytiker denkt, und besonders auch, wie er denkt. Der Analytiker wird zu einem neuen Objekt, mit dem „das Trauma *in einem neuen Kontext*" erlebt wird. Demnach hat das psychische Heute einen aktivierenden Einfluss auf die psychische Vergangenheit (vgl. Treurniet 1995, 120ff). Der Patient erfährt die unzerstörbare, nicht auf seine Projektionen zurückzuführende eigene Subjektivität des Analytikers, und diese Erkenntnis ist die Grundlage für das gemeinsame Hervorbringen der Bedeutung (vgl. Treurniet 1996, 27). Das Konzept des szenischen Verstehens wird jetzt in etwa wie folgt beurteilt: „Statt des Originaltextes aus der Vergangenheit fand und findet die Psychoanalyse bis heute nur Erinnerungen an die Vergangenheit. Statt von Rekonstruktion lässt sich eher von Konstruktion sprechen" (vgl. Haas 2000, 46).

Damit hat sich die Psychoanalyse von der Vorstellung einer originalgetreu zu rekonstruierenden Vergangenheit gelöst. Dagegen geht man davon aus, dass über deren gemeinsame Neubewertung im Sinne einer klinischen *Konstruktion* wichtige Voraussetzungen für eine symptomfreiere Zukunft hergestellt werden. Um das szenische Verstehen in der Pädagogik anzuwenden, sind dies alles bahnbrechende Erkenntnisse. Wenn es nicht länger um die Rekonstruktion des unbewusst gewordenen Originalvorfalls geht, sondern um das Erleben neu gewonnener Perspektiven im gemeinsamen Dialog, verliert die Technik der verbalen Deutung, wie sie noch im Mittelpunkt der klassischen psychoanalytischen Therapie stand, theoretisch wie praktisch an Bedeutung. Fürs Gelingen pädagogisch gestalteter Entwicklungsprozesse ist sie jedenfalls keine Voraussetzung mehr.

2.2 Zur Kritik der Kritik an der Psychoanalyse

Mit der Psychoanalyse haben wir verstanden, dass die Entwicklung des Subjekts eingebettet ist in das Zusammenspiel von affektiven, kognitiven und Beziehungskomponenten. Deshalb möchte ich im Fortgang meiner Erörterung diesbezüglich wesentliche Aspekte der Psychoanalyse, hier insbesondere der Affekt-, Säuglings- und Bindungsforschung, der Objektbeziehungs- und Selbstpsychologie, und der neueren Hirnforschung in die Überlegungen einbeziehen.

Vor ein paar Jahren habe ich einmal in einem Aufsatz formuliert: „Ein Gespenst geht um – nicht nur in Europa: das Gespenst der Psychoanalyse. Alle Mächte der alten und neuen Welt haben sich zu einer heiligen Hetzjagd gegen dies Gespenst verbündet, der Klerus und die new economy, Systemtheoretiker und Psychotherapeuten, amerikanische Mediziner und deutsche Soziologen. So etwa könnte man in einer Abwandlung eines bekannten Marx-Zitats (1848) die heutige Entwicklung in den Human- und Sozialwissenschaften umreißen“ (vgl. Gerspach 2002, 125).

Es war die Zeit, da „Freud-Klatschen“ en vogue war, entstanden in Amerika in einem sozialen Klima aus fundamentalistischem Konservativismus, neuer Prüderie und wissenschaftsgläubigem Puritanismus. Dabei kam es zu einer desaströsen Allianz von Vertreter/innen einer Auffassung vom unschuldigen asexuellen Kind und jenen, die unter dem Einfluss der Massenhysterie vom sexuellen Missbrauch Freuds Abkehr vom realen Inzest wider besseres Wissen für unverzeihlich hielten. Dieses Zusammentreffen von Feindseligkeit mit einem verkürzten Freud-Verständnis hat auch bei uns in Deutschland zu ähnlich irrationalen Reaktionen geführt, was bis heute nicht abgeklungen ist (vgl. Bohleber 1996).

Man braucht nicht einmal einwenden, dass damit eine inzwischen über hundertjährige, höchst differenzierte und in sich völlig widersprüchliche Entwicklung psychoanalytischen Denkens und Handelns beharrlich ignoriert wird. Das Problem liegt weit tiefer: Man möchte eine theoretische Auseinandersetzung, ja Fundierung der eigenen Anthropologie vermeiden, die unbewusste, weil unkontrollierbare Aspekte der Menschwerdung und des Menschseins beinhalten müsste.

Danach, was die Entstehung von Subjektivität ausmacht, wird gar nicht mehr gefragt. Viel lieber hält man es mit einer Psychologie ohne Psyche – der Mensch interessiert nicht in seinen seelischen Prozessen, nicht einmal in seinen kognitiven Prozessen. Er interessiert nur insofern, als er ein Ergebnis vorzuweisen hat. Wie dies zustande kommt, welche innerseelischen Persönlichkeitsstrukturen unter welchen beziehungsdynamischen und gesellschaftlichen Bedingungen dafür entwickelt sein müssen, erscheint unerheblich. Und wenn dann ein kognitiv und sozial unerwünschtes Resultat dabei herauskommt, dann besitzt man kein Kategorialsystem mehr, mit dessen Hilfe sich dieses Phänomen plausibel erklären ließe, außer, man greift vielleicht auf eine biologistische Betrachtungsweise menschlichen Verhaltens zurück.

Die gesamte Humanwissenschaft ist von diesem positivistischen Denken durchdrungen. Allein das Reale im Sinne eines effizienten Output zählt, nicht mehr sein Zustandekommen noch die Umstände, die dazu führten. Ein wie immer gewirktes Verwertungsinteresse der menschlichen Ressourcen wird ebenso wenig bedacht. Insbesondere die Psychoanalyse sah sich in ihrer langen Geschichte stets denunzierender Angriffe derer ausgesetzt, denen sie den Spiegel einer rationalisierten, technokratischen Vernunft vors Gesicht hielt. In dieser als kränkend erlebten Spiegelung liegt die Wut gegen die vermeintliche Deutungsmacht der Psychoanalyse begründet (vgl. Nitzschke 1996). Anders ausgedrückt: „Das eigentliche Objekt des Angriffs – für das Freud nur ein Vorwand ist – ist im Grunde der Gedanke, dass die Menschen unbewusste Motive haben" (vgl. Lear 1996, 611).

Freud sprach von der schweren Kränkung, die die Psychoanalyse dem menschlichen Narzissmus dadurch zufüge, dass sie ihm offenbarte, das Ich sei nicht Herr im eigenen Haus. Schließlich geht in unserem Seelenleben beständig mehr vor sich, als unserem Bewusstsein bekannt werden kann (vgl. Freud 1917a). Zehn Jahre später sinnierte er über eben jene *vernünftige* Kraft zur Bewusstmachung des Irrationalen, die in ihr ruht und die bis heute nicht recht verstanden werden will: „Die Stimme des Intellekts ist leise, aber sie ruht nicht, ehe sie sich Gehör geschafft hat" (vgl. Freud 1927c, 377).

Dass sich die *Weltmeinung* gegen die Psychoanalyse richtet, ist also beileibe nicht neu. Neu ist die subtile Art der Argumentation, ihr jedwede Dignität abzusprechen. „Es sieht so aus, als ob die Psychoanalyse heute einer einseitigen Kritik ausgesetzt wäre: Sie ist nicht ‚wissenschaftlich', lässt sich weder statistisch noch experimentell fassen, verleugnet die Wirklichkeit der Grausamkeit an Kindern; kurz, sie widerspricht dem technisch-mathematischen Fortschritt, der ‚alles' in den Griff kriegt, repariert, kontrolliert" (vgl. Parin, Parin-Matthèy 2000, 248). Dabei erfüllt bei genauerem Hinsehen die naturwissenschaftlich gewirkte ‚Objektivität' diesen selbst formulierten Anspruch insofern noch weit weniger, als diese einem Alleinvertretungs- und Wahrheitsdogmatismus frönt, der nicht über reine Tatsachen*behauptungen* hinausgeht.

An dieser Stelle sei mir daher ein genauerer Blick auf unsere eigene Gilde erlaubt. Vieles spricht dafür, dass das Infantile seinen Einfluss auf die wissenschaftliche Erkenntnisbildung behält. Oder noch pointierter: Unbemerkt kommt es zur *Sexualisierung der Wissenschaft.*

Wissenschaftliches Interesse ist sicherlich als eine sublimierte Form infantiler sexueller Neugier aufzufassen. Wenn heute etwa in der elementarpädagogischen Bildungslandschaft so getan wird, als seien Vier- und Fünfjährige allein darauf erpicht, mit einem quasi proto-akademischen Impetus durch ein Mikroskop zu schauen, so würde ich dem entgegenhalten, dass sie stattdessen wahrscheinlich lieber durchs Schlüsselloch des elterlichen Schlafzimmers schauen möchten. Dass es eine infantile Sexualität gibt, wird erneut verleugnet. Das mag daran liegen, dass wohl kein Thema wie die (eigene) Sexualität – und allem voran die infantile sexuelle Neugier in Kombination mit ödipalen Gelüsten – so dauerhaft mit Schuld und Schuldgefühlen verbunden ist, was aber allesamt bekanntlich dem Bewusstsein zu entziehen gesucht wird (vgl. Hirsch 2007, 196ff). Da es zudem nicht mehr en vogue erscheint, sich mit den eigenen verpönten Regungen zu konfrontieren, um einen Weg zu finden, damit auf sublime Weise umzugehen, spalten wir sie als quasi nichtexistent ab.

Freud hat es ganz einfach gesagt: „Nicht nur das Tiefste, auch das Höchste am Ich kann unbewusst sein" (vgl. Freud 1923b, 254). Wenn wir aber kein Wissen mehr davon haben wollen, dass am Anfang jeden Forschens eben jene kindliche sexuelle Neugier steht, werden wir nicht erkennen, dass diese Assoziation in unserem impliziten Gedächtnis aufrechterhalten und somit die Umwandlung von affektiv getönter in sachlich-distanzierte Energie zeitlebens fragil bleiben wird. Auch sei darauf hingewiesen, dass wir als ‚vernünftige' Erwachsene nicht gerne an die eigene Kindheit gemahnt werden wollen, als wir selber noch nicht all das sogleich befolgten, was uns aufgetan. Es wurde damals allerdings nicht oppositionelles Trotzverhalten genannt, sondern war tatsächlich Trotz und Aufsässigkeit gegen die Autorität des Vaters und wurde darum bestraft oder man begann sich zu unterwerfen bzw. zu arrangieren.

Leber spricht davon, dass es auf Seiten des Pädagogen eine Reihe von inneren Widerständen gibt, die ihm die gefühlsmäßige Offenheit gegenüber seinen Klienten erschweren (vgl. Leber 1985, 160). Dabei weist er auf Bernfelds Erkenntnis hin, dass der Erzieher immer vor zwei Kindern steht: „dem zu erziehenden vor ihm und dem verdrängten in ihm. Er kann gar nicht anders, als jenes zu behandeln wie er dieses erlebte" (vgl. Bernfeld 1973, 141). Leidvolle Erfahrungen wie beängstigende Phantasien, die assoziativ an das verdrängte Kind in ihm erinnern, werden in der Begegnung mit auffälligen oder behinderten Kindern aktualisiert und können nun bei ihm massive *Sperren gegen die Empathie* auslösen und zu einer sinnentleerten, verdinglichten Krankheitszuschreibung gereichen.

In diesen Textstellen finden wir wichtige Hinweise auf die nachhaltige wie Realität verfälschende Wirkung früher Erfahrungen, was selbstredend nicht vor der wissenschaftlichen Erkenntnisbildung Halt macht. Diese Triebkräfte sind umso mächtiger, je mehr sie assoziativ mit heiklen Themen in Verbindung stehen. Es ist also zu erwarten, dass nicht mehr gewusste Erinnerungen – seien sie verdrängt oder in einer frühen Lebensphase entstanden, an die keine kognitiv verfügbare, wohl aber eine affektive Bindung besteht – unser momentanes (Forscher-)Verhalten dominieren, ohne dass wir uns darüber weitestgehend im Klaren sind. Dieser nicht eingestandene Aspekt weist eine weitere Schwachstelle der Erkenntnisgewinnung auf.

Ein großes Problem unserer Vorstellungen von der frühen Lebenszeit des Menschen ist, dass wir nicht mehr wissen bzw. auf Grund unserer frühkindlichen Amnesie nicht mehr wissen wollen, wie es uns selbst damals erging (vgl. Gerspach 2008b, 25). Daher sind diese Vorstellungen angefüllt mit sogenannten adultomorphistischen Phantasien, wie sich Erwachsene aus ihrer Sicht der Dinge einbilden, dass auch Kinder in gleicher Weise wahrnehmen und erleben. Diese Vorstellungen bergen die Gefahr, das Sprach- und Symbolisierungsniveau des Erwachsenen auf eine Entwicklungsstufe zu übertragen, die nach wohl ganz anderen Prinzipien organisiert ist (vgl. Paulsen 1992, 36). Wir vergessen dabei, dass sich in unsere Art der Erinnerung vergangener und der Bearbeitung aktueller Realität eine mehr oder weniger ausgeprägte Wahrnehmungsverzerrung einschleicht, die auch vor der Wissenschaft nicht halt macht.

Übrigens auch nicht vor der Psychoanalyse. Jeder Wissenschaftler besitzt ein bestimmtes Bild, ein Präkonzept vom Menschen bzw. hier vom Kind, womit sein erkenntnistheoretisches Vorgehen gesteuert wird. Allerdings wäre ohne diese Form von Rêverie Erkenntnisgewinn überhaupt nicht möglich. Naumann-Lenzen befindet dazu wie folgt: „An der Wiege des Babys sehen wir an der einen Seite gleich vier Adoptiveltern: Freud, Melanie Klein, Kernberg und Mahler. Sie betrachten den Sprössling mit besorgtem Blick, da er als ausgemachter Tunichtgut gilt, von schier unwiderstehlichen, aggressiven Impulsen getrieben, unsozial, unersättlich, unangepasst, auf Kollisionskurs mit seiner Umgebung (. . .) Die Umstehenden sind sich einig, hier ist Einschränkung vonnöten.

Auf der gegenüberliegenden Seite der Wiege bietet sich dem Betrachter ein völlig anderes Bild; dort erkennen wir Kohut and Daniel Stern. Freundlich ruht ihr Blick auf dem erhebenden Schauspiel, das sich ihnen bietet: welch ein optimal vorangepasstes Geschöpf! Wie bildungsbeflissen, sozial aufgeschlossen und kontaktfreudig, aktiv, neugierig und ganz ohne Arg (. . .) letztlich nur dem einen Ziel verschrieben: dem Zugewinn an Kompetenz im Dienste der Regulierung eines optimalen, narzisstischen Wasserstandes!“ (vgl. Naumann-Lenzen 1994, 243).

So wie manche „Schulmediziner und Hardcore-Biologen“ ihre intellektuellen Sperren haben, den Schritt nicht gehen, der sie in den „Geist der Hermeneutik“ führen würde, und sie mittels ihrer hart zuschlagenden Abwehrmechanismen dem anderen Paradigma einfach die Wissenschaftlichkeit absprechen, ebenso wehren sich „in der Regel auch die reflexiven Wissenschaften gegen die offenkundige Bedrohung“ aus dieser Richtung (vgl. Krauß 2008, 84). Erinnert sei an die einst favorisierte psychosomatische Erklärung des Zwölffingerdarmgeschwürs. Trotz intensiver psychotherapeutischer Interventionen konnte das Geschwür in der Regel nicht zum Verschwinden gebracht werden. Erst die Entdeckung des Helicobacter pylori und eine dementsprechende medizinische Maßnahme zur Ausrottung der Bakterienstämme führte zu einer therapeutischen Wende (vgl. Gerspach 2004a, 181).

Allein eine selbstreflexive Überprüfung der eigenen Gewissheiten, die hilft, gegen den Widerstand des so leicht kränkbaren Narzissmus derlei Verblendungen zu erkennen, wird uns vor einer Verhärtung im Denken schützen. Ich meine zudem, dass wir die Linie vom frühkindlichen Aufbau des Denkens hin zur formal-operativen Logik nicht aus dem Auge verlieren sollten, um das nachbleibende prä-rationale Element in dieser ‚höchsten‘ Stufe des Denkens nicht zu unterschätzen.

Zu Beginn ist das kindliche Denken sehr aufs eigene Selbst konzentriert. Die Formen kindlicher Kausalität, also logische Verknüpfungen zwischen zwei Wesen oder Phänomenen herzustellen, sind noch sehr stark von einem magischen Verständnis bestimmt, so als gebe es eine starke Einwirkung des einen auf das andere, obwohl sich weder ein räumlicher Kontakt noch eine einsichtige kausale Verkettung zeigt. Bis etwa zum Alter von sechs Jahren gehen Kinder davon aus, dass man mit dem Mund denkt. Man geht mit den Füßen, also – das ist der Analogieschluss – denkt man mit dem Mund, mit dem man spricht. Und sie glauben zuweilen, dass Menschen aufhörten zu denken, wenn sie den Mund schlössen. Das Wort Denken hat für sie noch einen sehr restriktiven Sinn: „Denken bedeutet für sie nachdenken, ein mit Anstrengung verbundenes Denken" (vgl. Piaget 1988, 51).

Diese magische Erwartung der Einflussnahme ähnelt jener von Naturvölkern, die sich bestimmte Ereignisse wie Regen oder Krankheit auf diese einfache Weise zu erklären suchen. So unterstellen Kinder in dieser Entwicklungsphase zwischen fünf und sieben Jahren, dass ihnen Sonne und Wolken folgen. Hier zeigt sich ein weiteres Moment des frühen Denkens, nämlich jener kindliche Animismus, der unbelebten Dingen Leben und Bewusstsein zuschreibt. Piaget beschreibt, wie sich ein Kind die Verpflichtung auferlegt, einen zufällig weggestoßenen Stein an den früheren Ort zurückzulegen, damit er nicht darunter leide, verschoben worden zu sein. Ein anderes Kind fragt sich, ob der Wind weiß, dass er unsere Blätter umdreht. So führen Kinder auch Handlungen in Gedanken aus und glauben, dies würde einen Einfluss auf bestimmte gewünschte oder gefürchtete Ereignisse ausüben. Sie nehmen an, ein Gedanke könne die Wirklichkeit verändern (vgl. Piaget 1988, 125 ff).

Es wäre vermessen, davon ausgehen zu wollen, dass wir uns vom magischen Denken völlig emanzipieren könnten. Noch immer will mir diesbezüglich Balints nachfolgende Überlegung einleuchten: „Die meisten Ärzte scheinen den unwiderstehlichen Drang zu haben, die Klagen ihrer Patienten zu einer Krankheit zu ‚organisieren', die einen Namen hat und die man einordnen kann." Mit der Namensgebung hofft man, die Angst vor der Krankheit magisch bannen zu können. Wie dankbar und erleichtert sind doch Eltern und Fachleute, wenn ihr auffälliges Kind das Etikett *ADHS* bekommt. Dieser Impuls steht für einen archaischen Abwehrmechanismus. Übrigens nimmt Balint seine Psychoanalytiker-Zunft nicht von dieser Kritik aus: „Zwar haben wir – mehr oder weniger – die Vorstellung von Krankheitseinheiten aufgegeben, aber wir scheinen nichtsdestoweniger unter dem Zwang zu stehen, die Klagen und Symptome des Patienten zu einem ‚Konflikt' oder einer ‚Position' zu organisieren, ihnen einen Namen und Platz zu geben, der so ‚früh' oder so ‚tief' auf unserer chronologisch-hierarchischen Stufenleiter eingeordnet wird, wie nur irgend möglich" (vgl. Balint 1970, 131 f). Offensichtlich ist niemand per se gegen magisches Denken gefeit.

Dass sich ein Kind der Verunsicherung durch eine neue, unbekannte Lernsituation zu stellen wagt und sich damit vom magischen Denken zu lösen beginnt, hängt ab vom Kontinuum seiner *genügend guten* Beziehungserfahrungen. Katzenbach spricht davon, dass eine solche Situation insofern eine neue Erfahrung darstellt, als sie eine Erwartung durchkreuzt. Lernen besteht eben nicht nur aus einem kumulativen *Dazu-Lernen*, sondern verlangt auch nach strukturellem *Um-Lernen*. Hier weisen Kinder mit Lernschwierigkeiten Probleme auf, und zwar weniger in Bezug darauf, kognitive Konzepte zu generieren, als vielmehr damit, diese Konzepte systematisch zu prüfen und nötigenfalls wieder zu revidieren. Kognitive Weiterentwicklung setzt ein, wenn sich ein Konzept konsolidiert hat. Emotionale Probleme beeinträchtigen diesen Prozess, wenn Kinder mit der Reorganisation ihres Wissens konfrontiert sind. Ihnen fehlt die Fähigkeit, auf frühere Gewissheiten verzichten und Verunsicherung aushalten zu können. „Ob die Verunsicherung und Irritation im Kind eher Neugierde und Anstrengungsbereitschaft weckt oder aber zu Angst und Vermeidungsverhalten führt, hängt offenbar in hohem Maße von seiner Fähigkeit zur Affektregulation und diese wiederum von frühen Beziehungserfahrungen (...) ab“ (vgl. Katzenbach 2004, 91 f).

Diesbezüglich lassen sich zwei Stressreaktionsmuster unterscheiden, je nachdem, ob die psychosoziale Belastungssituation als kontrollierbar oder nicht eingeschätzt wird. Insbesondere unkontrollierbarer Stress birgt die Gefahr einer Dekompensation. Die Beurteilung eines Stressors als kontrollierbar oder unkontrollierbar erfolgt im Rahmen der Interpretation dieser Situation. „(...) nur wer die wiederholte Erfahrung der Meisterung von Herausforderungssituationen gemacht hat, wird in neuen Belastungssituationen diese wiederum als kontrollierbar erleben“. Die Aktivierung der Stressreaktion ist für Lernprozesse unverzichtbar, und wenn diese wiederum nur in Folge der Aktivierung des Angstaffekts stattfindet, dann besteht ein direkter Zusammenhang zwischen Angst und Lernen (vgl. Katzenbach 2004, 95 ff).

Ich denke allerdings, dass diese Schwierigkeit potentiell uns alle betrifft. Wissen macht Angst, und wir werden nie vollkommen frei davon sein. Die Notwendigkeit, sich einem kategorischen Umdenken zu öffnen, hielt einst eine fundamentale Verunsicherung bereit, von der wir uns wohl nie mehr ganz erholen können. Insofern verwundert es nicht, dass ein regressiver Wunsch erhalten bleibt, zu den einfacheren Formen der Erkenntnisbildung zurückkehren zu dürfen, wie es für die – phylogenetisch wie ontogenetisch – frühe Zeit des magischen bzw. animistischen Denkens noch charakteristisch war. Nach Freud ist der Animismus ein Denksystem, welches es gestattet, „das Ganze der Welt als einen einzigen Zusammenhang, aus einem Punkt zu begreifen“. Diese Überlegung hat er in „Totem und Tabu“ entworfen. Und er fährt fort: „Die Magie muss den mannigfaltigen Absichten dienen, die Naturvorgänge dem Willen des Menschen (zu) unterwerfen“ (vgl. Freud 1912–13, 96 f). Eine aktuelle Analogie zu diesem magischen Denken entdecke ich in dem Versuch, über Konsenserklärungen zu bestimmten Störungsbildern, wie etwa bei ADHS, partout Einigkeit herzustellen und alle möglichen Zweifel zu zerstreuen. Es erinnert an die Reaktion des von Freud in der gleichen Arbeit beschriebenen verschworenen Bruderclans, der aus einem Schuldgefühl nach der Tötung des Vaters heraus bestimmte (Denk-)Verbote errichtet hat (vgl. Freud 1912–13, 175 f).

So finden im Mainstream der Humanwissenschaften allein auf evidenzbasierten Leitlinien beruhende Forschungs- und Wirkungsergebnisse Akzeptanz. Den Ausgangspunkt dafür bildet die sogenannte Evidenzbasierte Medizin (EBM). „EBM ist der gewissenhafte, ausdrückliche und vernünftige Gebrauch der gegenwärtig besten, externen, wissenschaftlichen Evidenz für Entscheidungen in der medizinischen Versorgung individueller Patienten" (vgl. Sackett u. a. 2009, 1). Im Mittelpunkt stehen Prognose und Wirksamkeit therapeutischer, rehabilitativer und präventiver Maßnahmen, wobei nicht vergessen werden darf, dass dieser Anspruch dominiert wird durch die neoliberale Doktrin ökonomischer Effizienz. In erster Linie geht es um Kosteneinsparungen (vgl. Poscheschnik 2009, 350).

Die Grundannahme dieser nomologischen, auf die Formulierung einer Einheitswissenschaft zielenden Methodologie sieht wie folgt aus: Zunächst wird eine Hypothese aufgestellt wie: *Wenn* menschliche Individuen mit einem klar umgrenzten Störungsbild nach einem bestimmten Psychotherapieverfahren behandelt werden, *dann* bessert sich dieses Störungsbild. Bereits hier wäre kritisch anzumerken, dass es bei den Wirklichkeitssaussagen nur noch um *Störungsbilder* und *Besserung* geht.

Die experimentelle Untersuchung soll nun zeigen, ob die beobachtete Variation des Wenn-Teils der Hypothese – die unabhängige Variable – die Variation des Ereignis-Teils – die abhängige Variable – bewirkt hat, wobei alle möglichen relevanten Störbedingungen zu kontrollieren sind. Mit der Bedingungsanalyse des Untersuchungsergebnisses will man nun eine Entscheidung darüber ermöglichen, ob der in dieser Hypothese behauptete Zusammenhang trotz der Wirksamkeit von Störbedingungen aufrechterhalten werden kann. Sie hat zum Ziel, die Wirkung der unabhängigen Variablen auf die abhängige Variable des Ereignis-Teils der Hypothese von anderen Variablen, den Störungsbedingungen, zu isolieren. Vorbehalte gegen dieses Verfahren richten sich vor allem gegen die Reduzierung bzw. Verleugnung intrapsychischer wie interpersoneller und gesellschaftlicher Wirkfaktoren. In diesen „unbewiesenen und unbeweisbaren Vorannahmen" werden die konkreten Individuen allein als Schnittpunkt der Wirkung verschiedener invarianter Gesetzmäßigkeiten aufgefasst und finden sich als „bloßer Spielball allgemeiner, sich ohne ihr Wissen durchsetzender Gesetze wieder" (vgl. Zepf 2005, 79 ff).

Gerade der Psychoanalyse, die vor allem mit ihren hochfrequenten Psychotherapien ins Zentrum der Kritik geraten ist, ist der einzelne Mensch aber kein Schnittpunkt der Wirkung solcher invarianter Zusammenhänge, die ihn in seiner Besonderheit begründen und sich an ihm zwangsläufig durchsetzen. „Ihm wird nicht der Status eines bewusstlosen, passiven Objekts, sondern der eines hergestellten, aktiven und bewussten Bestandteils der Welt zugeschrieben." Die Psychoanalyse sucht nicht nach Gesetzen, sondern versucht, die vorfindliche Form des Einzelnen als Produkt seiner einmaligen Geschichte zu enträtseln, denn „Behandlungen verlaufen mithin so einmalig, wie es die Patienten sind" (vgl. Zepf 2005, 91 ff).

Ausgangspunkt aller psychoanalytischen Forschungsbemühungen war sicherlich Freuds Postulat vom „Junktim zwischen Heilen und Forschen, die Erkenntnis brachte den Erfolg, man konnte nicht behandeln, ohne etwas Neues zu erfahren, man gewann keine Aufklärung, ohne ihre wohltätige Wirkung zu erleben" (vgl. Freud 1927 a, 293). Meines Erachtens ist es heute noch gültig, obgleich die Erkenntnisgewinnung inzwischen weit fortgeschritten ist. So belegen zahlreiche Autoren in umfangreichen, systematisch aufgebauten Arbeiten sowohl die lange Forschungstradition der Psychoanalyse als auch deren nachgewiesene Wirksamkeit. Psychoanalytisch-klinische, Konzept- sowie empirische und experimentelle Forschung über Psychoanalyse ergänzen sich dabei. Auch der Vorwurf der Unterlegenheit gegenüber kognitiv-behaviouralen Therapieformen muss als eindeutig entkräftet gelten: „Psychoanalytische Langzeittherapie führt sowohl im symptomatischen als auch im interpersonellen Bereich zu hochsignifikanten Verbesserungen und großen Effektstärken, die auch zum Katamnesezeitpunkt von einem Jahr stabil waren und sich sogar weiter erhöhten" (vgl. Poscheschnik 2009, 353; Leuzinger-Bohleber 2007; Nissen 2009; Poscheschnik 2005).

Im Gegensatz zu positivistischen Positionen wird immer wieder darauf hingewiesen, dass es – gerade in der Begegnung mit neuen Patienten – vor allem darum geht, das „Nicht-Wissen" auszuhalten und ihm mit einer Grundhaltung von *Anfängergeist* und *Expertengeist* zu begegnen (vgl. Leuzinger-Bohleber 2007, 968). „Im Verstehen, Halten, auch Containen wird die Bedingung geschaffen, die es dem Analysanden ermöglicht, sein dynamisches Unbewusstes zu lösen und zu entfalten." Dabei führt die interpersonale, „tief unbewusst verbundene zweite Psyche" jene Differenzen ein, die den Patienten nötigen, „Unbekanntes zu entdecken und Bekanntes als Unbekanntes erneut zu denken" (vgl. Nissen 2009, 373).

Dies sind Formulierungen, die mittlerweile beinahe irritierend unwissenschaftlich klingen. „Was heute fast ausschließlich zählt, sind harte Daten, durch möglichst wenig theoretische Komplikationen verstellte Befunde (. . .) Übersehen wird dabei allerdings leicht, dass die evidenzbasierte Forschung häufig Komplexitätsreduktionen vornimmt, die von einem erheblichen Mut zur Vergröberung zeugen" (vgl. Ahrbeck 2007, 38 f). Es werden Ein- und Ausschlusskriterien für gefundene Evidenz formuliert, naturalistische, d. h. praxisnahe Studien erfahren gegenüber randomisierten Kontrollstudien eine Abwertung, schließlich steht der Begriff efficacy (Effizienz) für die Messung der Wirksamkeit unter kontrollierten Bedingungen bei Einhaltung von Behandlungsmanualen, effectiveness (Effektivität) für die Wirksamkeit unter Praxisbedingungen (vgl. Künzli 2007, 43 ff).

Wer darauf beharrt, dass das empirische Paradigma nur ein Teil wissenschaftlicher Bemühungen ist und „nicht *über*, sondern *neben* anderen" steht, der erlebt nicht selten eine massive Beschimpfung (vgl. Buchholz 2006, 430 f). Hier wird deutlich, dass wissenschaftliches Arbeiten eine starke narzisstische Komponente aufweist. Über diesen Zusammenhang von Wissenschaft und Narzissmus müssten wir selbstkritisch viel intensiver nachdenken. Freud selbst hat ja auf die drei großen narzisstischen Kränkungen der Wissenschaftsgeschichte hingewiesen: die kosmologische durch Kopernikus, die biologische durch Darwin und die psychologische durch ihn selbst (vgl. Freud 1917 a). In fundamentalistischen Religionsgruppierungen ist übrigens weder das ptolemäische Weltbild noch der Anti-Darwinismus verschwunden, und die Kritik gegen die bzw. Angst vor der Psychoanalyse ist stärker denn je.

Damit noch einmal zurück zur kindlichen Entwicklung. Kinder müssen zunächst einmal die erworbenen kognitiven Prozeduren festigen, bevor sie weiter voranschreiten. Und das bedeutet auch, irritierende neue Entdeckungen, die mit den bisherigen Erkenntnissen nicht in Einklang zu bringen sind, erst einmal zu negieren. Diese neuen Entdeckungen werden durch einen Referenzrahmen gefiltert, selbst wenn dieser falsch ist. „Die Kinder bewahren ihre spezifische Art des Denkens gegen den Druck der Umwelt und gegen die Belehrungsversuche der Erwachsenen“ (vgl. Katzenbach 1999, 127). Aus Angst vor Kontrollverlust, der eine emotionale Erschütterung bedeuten würde, weigern sich die Kinder eine Zeit lang gegen eine Reorganisation ihres Wissens und Könnens. So ignorieren sie auch aktiv bestimmte Gegenbeweise, die ihre Weltauffassung widerlegten. Das In-Frage-Stellen einer einmal gewonnen Einsicht wird offenbar als zu starke narzisstische Kränkung erfahren.

Dazu ein Beispiel, das auf Piaget zurückgeht: Eine Knetkugel wird zu einer Rolle ausgewalzt. Die Kinder sollen nun erklären, ob die Rolle mehr oder gleich viel Knetmasse enthalte wie die ursprüngliche Kugel. Um das Konzept der Mengeninvarianz zu entwickeln, müssen sie verstehen, dass das Länger-Werden der Rolle durch ihr gleichzeitiges Dünner-Werden aufgehoben wird. Das Dünner-Werden wird aber schlichtweg übersehen. „Lang ist viel“ bringt sie in einen kognitiven Konflikt, denn „dünn ist wenig“. Eines der beiden Konzepte muss also unbewusst unterdrückt werden. Erst auf einer späteren Entwicklungsstufe kann das alte Schema aufgegeben und durch ein neues ersetzt werden. Fazit: Den Widerspruch muss man nicht nur sehen, sondern auch anerkennen (vgl. Katzenbach 1999, 132 f).

Hier finden wir auch eine plausible Erklärung, warum Kinder in ihren infantilen Sexualtheorien dem weiblichen Geschlecht weniger Wert beimessen. Ohne falsch verstanden zu werden: Für die Schlichtheit der kindlichen Evidenz ist das „lang ist viel“ bedeutsam. Wider besseres Wissen wird damit der deutlich sichtbare Penis als uniforme ‚Größe‘ anerkannt und verleugnet, dass es zwei Geschlechter gibt (vgl. Freud 1908 c, 220). Auf dieser Stufe infantiler Genitalorganisation herrscht ein *phallischer Monismus* vor. Es gibt „zwar ein männlich, aber kein weiblich; der Gegensatz lautet hier: männliches Genitale oder kastriert“ (vgl. Freud 1923 e, 297; Heinemann, Hopf 2008, 27). Offenbar fällt es – katapultiert von den damit einhergehenden Affekten, Phantasien und Ängsten – zunächst leichter, ein Mädchen als kastrierten Jungen anzusehen, als zwei Geschlechter-Konzepte gleichwertig nebeneinander gelten zu lassen. Je mehr Affekte und Phantasien im Spiel sind, umso mühsamer gestaltet sich die kognitive Umstrukturierung.

Im Alter zwischen vier und sechs tritt der Unterschied von Jungen und Mädchen – und seine anfängliche Verleugnung – deutlich zutage und wird emotional interessant. Obwohl beide schon mit zwei Jahren die Frage nach der Geschlechtszugehörigkeit richtig beantworten können, so *wissen* sie noch nicht, was dies wirklich bedeutet. Wunsch und magisches Denken lassen sie glauben, man könne sich wahlweise entscheiden und dies auch noch ändern. Erst im Kindergartenalter wird ihnen bewusst, dass Jungen zu Männern heranreifen und Mädchen zu Frauen, die allein Kinder gebären können. Diese Einsicht schmerzt, weil sie eine weitere Kränkung der Allmachtsphantasie bewirkt, zu allem, was man sich wünscht, fähig zu sein. Gleichzeitig rückt mit diesen Themen der unterschiedliche gesellschaftliche Stellenwert von männlichem und weiblichem Geschlecht ins Bewusstsein, verbunden mit Anfragen an das jeweils eigene Selbstgefühl.

Allerdings wäre zu überlegen, ob die Tatsache, dass Jungen die Existenz des weiblichen Geschlechts anzuerkennen haben, diese in ihrer ‚Einmaligkeit' nicht tief kränkt und sie damit mehr für rigide Widerstände empfänglich macht als im umgekehrten Fall, da Mädchen endlich entdecken dürfen, keine kastrierten Jungen zu sein, was ihrem Narzissmus gut tut und ihre in der Regel größere Flexibilität im Denken erklären würde.

An diesem Punkt nun möchte ich einen weiteren Analogieschluss zur Situation des erwachsenen Forschers und der augenblicklichen Debatte um die wissenschaftliche *Wahrheit* wagen. Das „lang ist viel" ist 1. *evidenzbasiert* und steht 2. für eine *monistische* Auffassung von sich und der Welt. Dies ist wohlgemerkt die Position eines Kindes, welches Abweichungen von diesem gesetzmäßigen Denken affektiv noch zu sehr erschüttern würde und es sie darum verleugnen muss. Das Nicht-so-*offen-Sichtliche* (des weiblichen Geschlechts) und die Existenz anderer Wahrheiten können erst später – und unter Schmerzen – realisiert werden.

Die unbewusste Erinnerung an diese ‚Irrtümer' bleibt sicherlich ebenso lebendig wie das Festhalten an den infantilen Sexualtheorien nie ganz überwunden wird. Dass nur das wissenschaftlich valide sei, was evidenzbasiert beweisbar und empirisch (sic!) messbar sei, und der mehr oder weniger rigide Wunsch nach einer Rückkehr zur Einheitswissenschaft – und sei es, dass am Ende die Mehrheit darüber bestimme, was richtig sei – stehen meines Erachtens in enger Nachbarschaft zu diesen frühen Erkenntnisprozessen, die ebenso angstbesetzt wie narzisstisch kränkend waren.

Ich folgere:

1. Die infantilen Sexualtheorien bleiben über die Kinderzeit hinaus erhalten und üben ihren unbewussten Einfluss auf die Erkenntnisbildung in den Wissenschaften aus.
2. Männliche Wissenschaftler fixieren sich gerne auf harte Fakten und neigen zur Verächtlichmachung davon abweichender weicher Positionen. Dies steht für eine Sexualisierung der Wissenschaft. Vielleicht kommt dieser akademische Konflikt der Wiederkehr des Erkenntnistraumas gleich und reaktiviert die *Angst vor dem dunklen Kontinent.* Schon Freuds Haltung dem Weiblichen gegenüber war von Misstrauen geprägt (vgl. Freud 1931 b; Salber 2006).
3. Auch Vertreter weicher Positionen wie etwa jene der Psychoanalyse sind nicht gegen die Aktivierung dieser Abwehrmechanismen gefeit, wenn sie nach klinischen Beobachtungen und verifizierbarer Wahrheit in der Tradition des neopositivistischen Wiener Kreises rufen (vgl. z. B. Hanly 2008). Dieser Kreis um Carnap verlangte nach der Entwicklung einer Einheitswissenschaft, die dem naturwissenschaftlichen Primat mathematischer Genauigkeit und logischer Strenge zu entsprechen habe und damit ein uneinlösbares Versprechen gab, „da jede Beobachtung bereits (. . .) von theoretischen Voreinnahmen eingefärbt ist" (vgl. Poscheschnik 2005, 24 f). Der Positivismus erkennt eben nur das sichtbar Gegebene (siehe oben!) als wahr an und ist damit eigentlich der Antipode zur Psychoanalyse und ihrem Konzept vom Unbewussten.

Es geht mir beileibe nicht um eine plumpe Kollegenschelte. Ich verstehe selbstredend auch die Situation jener Kliniker, die sich mit einer Heerschar schwieriger Patienten konfrontiert sehen, die in kürzester Zeit durch ihre Institution durchgeschleust werden. Es nimmt wahrlich nicht wunder, sich dort bevorzugt an evidenzbasierten Methoden und rigiden Verhaltenstrainingsprogrammen zu orientieren und Beziehung eher als marginal zu erachten. Alles andere – die Hereinnahme von psycho- und beziehungsdynamischen Kontexten, von Konfliktthemen, von bedeutungsgeleiteten Symptomen, von komplexen und nicht monokausal-linearen Wechselwirkungen – erschiene wohl wie das Öffnen der Büchse der Pandora. Diese Haltung hilft aber nicht dem Problem ab, dass mit instrumentellen Techniken kaum ein Weg gefunden wird, um Selbstwirksamkeit erfahrbar zu machen bzw. den Aufbau reifer Ich-Funktion anzustoßen, die bislang ungelösten Probleme und Konflikte auf bessere Art zu bewältigen.

Da indes jedes wissenschaftliche Bemühen mit narzisstischen Gratifikationen verknüpft ist, die man zu erringen hofft, sind auch die Vertreter weicher Positionen nicht gegen einen projektiven Impuls immun, im rigiden und entwertenden Gegenüber einen persönlichen Feind auszumachen. Unsere schwierige Aufgabe besteht in einer Integration beider Positionen unter Beibehaltung ihrer Unvereinbarkeit. Dem positivistischen Postulat vom Verlangen nach Widerspruchsfreiheit einer Theorie läuft dies diametral zuwider, einem hermeneutisch-dialektischen Ansatz, der nach Ambiguitätstoleranz verlangt, nicht zwangsläufig. Es erscheint mir notwendig, die Bekämpfung des jeweils Anderen der eigenen Normativität zu überwinden und zu ertragen, dass beide Ansätze sich notwendig ergänzen, aber wohl niemals kongruent sein werden. Weder ein Abgleiten in eine Art wissenschaftlicher Esoterik noch das rigide Beharren auf Fliegenbeinzählerei sind die Lösung. Allein die Akzeptanz der Gegenposition als dem alter ego schafft Abhilfe. Es ist das Schwerste im Wissenschaftsbetrieb.

Wenn wir die hoch affektiv besetzten Prozesse der Zeit der infantilen Sexualität in Rechnung stellen, so kommen wir folglich nicht umhin, ihren nachhaltigen Einfluss auf das aktuelle Geschehen des Erwachsenenalters anzuerkennen. Das ist eigentlich eine Binsenweisheit, wir scheuen uns aber, diese Erkenntnis auf das Erleben ‚nüchterner' Wissenschaftler – und in letzter Konsequenz auf den Weg der Erkenntnisbildung schlechthin – zu beziehen. Das Aushalten- wie Anerkennen-Können von Widersprüchen – explizit durch die Existenz zweier Geschlechter als *die* notwendige Bedingung menschlichen Seins ausgewiesen – wäre der Grundauftrag an die Riege der Wissenschaftler/innen, die Kenntnis des infantilen und angstgeleiteten Anteils jeden Forschens eingeschlossen. Das Beharren auf der Evidenz der Fakten und ihrer scheinbaren Eindeutigkeit ist problematisch zu nennen. Es ist dann verantwortungslos zu nennen, wenn zur Vorsicht mahnende Einwände mit Vehemenz verworfen werden.

2.3 Die Berücksichtigung zentraler Erkenntnisse der Psychoanalyse

Ich will es dabei belassen und nun Gründe anführen, warum mir psychoanalytische Zugänge zum Menschen für ein besseres Verstehen seiner Entwicklung und deren Störungen so hilfreich erscheinen.

Nicht verhehlen mag ich, dass es auch von Seiten der etablierten Psychoanalyse selbst immer Vorbehalte gab, sie für unser heilpädagogisches Gebiet nutzbar zu machen. „Unterhalb eines gewissen Niveaus von Intelligenz ist das Verfahren überhaupt nicht anwendbar, durch jede Beimengung von Schwachsinn wird es außerordentlich erschwert" (vgl. Freud 1895 d, 264). Auch später bekräftigte er, wie Preiß belegt, diese Auffassung, schließlich müsse man „ein gewisses Maß natürlicher Intelligenz und ethischer Entwicklung fordern; bei wertlosen Personen lässt den Arzt bald das Interesse im Stiche, welches ihn zur Vertiefung in das Seelenleben des Kranken befähigt" (vgl. Freud 1904 a, 9; Preiß 2008, 159). Datler weist darauf hin, dass auch Alfred Adler eher geringschätzig argumentiert, man könne sich in die „Gedankenfolge eines Schwachsinnigen nicht einfühlen", sondern diese „höchstens von außen erraten" (vgl. Datler 1984, 48; Adler 1977).

Zur Entlastung führt Preiß an, dass Psychoanalyse zu jener Zeit noch im klassischen Sessel-Couch-Setting besteht (vgl. Preiß 2008, 159). So ganz einleuchten will es mir nicht. Im ersten Zitat Freuds schließt allerdings unmittelbar der folgende Satz an, der inzwischen in der Arbeit mit geistig behinderten Menschen auf breiter empirischer Basis validiert wurde und den Freud selbst in seiner weitreichenden Dimension für die Heilpädagogik noch nicht verstehen konnte: „Man braucht die volle Einwilligung, die volle Aufmerksamkeit der Kranken, vor allem aber ihr Zutrauen, da die Analyse regelmäßig auf die intimsten und geheimstgehaltenen psychischen Vorgänge führt" (vgl. Freud 1895 d, 264; Gaedt 1987, 1992, Gaedt, Gärtner 1990, Gaedt u. a. 1993; Heinemann 1991, 1992; Heinemann, de Groef 1997; Mesdag, Pforr 2008; Niedecken 1997, 1998; Schaab 1997, Sinason 2000, Weber 2003; Werkstattgruppe Frühförderung 1994).

Vor dem Hintergrund einer gewandelten Auffassung von Behinderung und Störung tritt der bio-psycho-soziale Kontext kindlicher Entwicklung und ihrer möglichen Beeinträchtigung immer mehr in den Mittelpunkt des Interesses. Um diesen Kontext besser ausloten zu können, erscheint der Bezug zur modernen psychoanalytischen Entwicklungstheorie, die u. a. Erkenntnisse aus Säuglings-, Bindungs-, Affekt- und Hirnforschung einbezieht, hilfreich, aber auch lange bekannte Konzepte zu Übertragung und Gegenübertragung können uns bei einer schwierigen Praxisgestaltung gute Dienste leisten. Sie zeigen *im Allgemeinen* auf, von welchen Bedingungen eine gedeihliche Entwicklung abhängt, welche Risikofaktoren wir zu berücksichtigen haben und weisen damit einen Weg zum Verstehen *des Besonderen*. Gerade diese neueren Befunde sind ihres dialogischen Charakters wegen für (heil-)pädagogische Fragestellungen von höchster Bedeutung.

Die erste Lebenszeit des Menschen verläuft völlig im Zeichen von Nähe zu seinen primären Objekten. Um physisch wie psychisch zu überleben zu können, ist das Kind auf affektive Resonanz aus seiner Umgebung angewiesen. Der ursprüngliche somatische Mangel, sich selbst überhaupt nicht behelfen zu können, macht es fast völlig von seiner primären Umgebung abhängig. Vor allem auf Grund seiner physiologischen Unreife konzentriert es sein Bindungsbedürfnis in erster Linie auf die Mutter. In dieser „biotraumatischen Situation" entsteht schnell Angst vor dem Verlust des mütterlichen Objekts (vgl. M. Stern 1972, 1974).

Gerade für uns Heilpädagog/innen ist es von eminenter Wichtigkeit, die Tiefenstrukturen des Erlebens bei der Frage von beeinträchtigten Entwicklungsvorgängen bei Kindern aus beziehungsdynamisch und/oder sozial schwierigen Verhältnissen zu erkennen. Solche psychischen Aspekte von Lern- und Verhaltensproblemen werden deshalb wohl gerne vernachlässigt, weil sie sich einem „schnellen diagnostischen (und therapeutischen) Zugriff mit kausalen Erklärungsmustern entziehen. Sie bedürfen vielmehr behutsamer, oft auch langwieriger *sinn*verstehender Interpretationsversuche" (vgl. Fries, Weiß 1995, 146).

Indem ich mich auf die psychoanalytische Methode stütze, wird es mir möglich, die Dramatik im Erleben des jungen Kindes nachvollziehen zu können. Mit Hilfe einer *Konflikttheorie*, die sie mir liefert, vermag ich die Eingebundenheit des Subjekts in äußere wie innere Spannungsfelder angemessen zu erfassen. Diese Konflikttheorie bildet den Ursprung des psychoanalytischen Denkens. Sie basiert auf einem Trieb oder Antrieb, die als Wunsch erlebt werden, und deren Hemmung oder Abwehr (vgl. Stemmer-Lück 2004, 65 ff). Abwehr ist ein dynamischer Vorgang, der das Bewusstsein vor den gefährlichen, konflikthaften, inneren wie auch äußeren Reizen schützen soll (vgl. Ehlers 2000, 12). Konflikte entstehen, wenn die innere Balance zum Austarieren der inneren oder äußeren Bedrohungen nicht mehr gegeben ist und in der Folge ein unangenehmes Gefühl entsteht. Nun setzt unbewusst die Verarbeitung des inneren Konflikts zwischen Impuls und Abwehr ein, wobei die Abwehr eine zentrale Position einnimmt. So kann einem Wunsch nach erotischer Annäherung eine unbewusste Hemmung entgegenstehen, weil die Verletzung eines Tabus droht. „Dieses wäre ein Konflikt zwischen dem Es und dem Über-Ich, wobei das Ich heftig gefordert wäre" (vgl. Stemmer-Lück 2004, 70). Deshalb ist die psychoanalytische Konflikttheorie untrennbar mit dem psychoanalytischen Strukturmodell verbunden, welches diese drei Segmente umfasst – das Es als Triebsystem, Ich und Über-Ich als Steuerungssysteme.

Ein anderer bedeutsamer intrapsychischer unbewusster Konflikt ist jener zwischen den Wünschen nach Abhängigkeit und denen nach Autonomie. Eine selbstsichere und liebend zugewandte Mutter wird ihr Kind darin unterstützen, sich selbständig zu bewegen und zu entfalten. Eine unsichere und beherrschende Mutter wird ihm diese Gelegenheit nicht geben, sondern ihm eher ein Schuldgefühl vermitteln, sollte es in seiner Tendenz zur Unabhängigkeit fortfahren wollen. Gerade hier sieht man, dass Konflikte entwicklungspsychologisch gesehen völlig normal sind, nur wenn eine Lösung nicht gelingt, kommt es zu einer seelischen Fehlentwicklung mit der Ausbildung von Symptomen. Symptome sind nicht gelungene Kompromissbildungen, für die es immer eine auslösende Situation gibt (vgl. Stemmer-Lück 2004, 71).

Einen wichtigen Zugang zu den frühen Entwicklungsprozessen liefert uns die *Affektforschung*. Affekte wie zum Beispiel Freude, Interesse, Furcht, Überraschung, Schmerz oder Wut sind die zentralen Organisatoren der Psyche. Sie sind die primäre Sinnesmodalität, um die innere wie äußere Wirklichkeit zu erkunden (vgl. Laplanche, Pontalis 1972, Ciompi 1997). Man kann sie definieren als „psychische Strukturen, die sich aus motivationalen, somatischen, expressiven, kommunikativen sowie emotionalen Komponenten zusammensetzen und an eine bestimmte Vorstellung oder einen bestimmten kognitiven Inhalt gebunden sind" (vgl. Tyson, Tyson 1997, 141). Von Anfang an bilden sie die Grundlage der Entwicklung von Objektbeziehungen eines Kindes mit seinen primären Beziehungspartnern. Die Art und Weise, wie ein Kind sich und seine Umgebung wahrnimmt, wird in einem wechselseitigen affektiven Dialog entfaltet (vgl. Moré 1998, 237). Dieser Dialog bildet das Fundament seines Persönlichkeitsaufbaus.

Inzwischen liegen eine Vielzahl ausdifferenzierter Affekttheorien und -konzepte vor, auf die ich hier nicht näher eingehen kann (vgl. Tyson, Tyson 1997, 141 ff; Zepf 2000, 135 ff). Unbestritten gibt es jedenfalls einen engen Zusammenhang von affektivem Klima des Beziehungsarrangements mit der individuellen Entwicklung bzw. Entwicklungshemmung eines Kindes. Diesbezüglich hat sich in der psychoanalytischen Betrachtungsweise in den letzten Jahren eine kleine Revolution ereignet: „Affekte, und nicht die Triebe, sind die uranfänglichen Bausteine des psychischen Lebens" (vgl. Mertens 1996, 83 f). So zeigt uns etwa die moderne Säuglingsforschung, dass sich der Mensch zu Beginn seines Lebens vor allem über affektive Wahrnehmungskanäle orientiert und dabei sehr stark auf eine gelingende Regulation seiner Affekte durch seine primären Beziehungspartner, in der Regel die Mutter, angewiesen ist (vgl. Gerspach 2006, 41 ff).

Nach wie vor interessant erscheint diesbezüglich die Theorie der sogenannten *Objektkonstanz* (vgl. Mahler u. a. 1980). Objekt meint im psychoanalytischen Sinne „das dem Subjekt Entgegenstehende, vom Selbst Getrennte, aber immer in der Beziehung zum Selbst stehende" und hat nichts mit der umgangssprachlichen Rede, den Andern zum Objekt zu machen zu tun. Resultierend aus den erfahrenen Interaktionen mit den primären Objekten kommt es zu Erlebnisniederschlägen, die als *Objektrepräsentanzen* bezeichnet werden. Objektrepräsentanz meint die innere Abbildung des äußeren Objekts. Dieses innere Bild mag dem realen äußeren entsprechen, meist kommt es auf Grund von Phantasien oder Idealisierungen zu unbewussten Verzerrungen. Die Erfahrung mit den Objekten führt darüber hinaus zu Erlebnisniederschlägen über sich selbst, „d. h. wie man sich selbst oder am Objekt gespiegelt wahrnimmt. Wenn man den Glanz in den Augen der Mutter wahrnimmt, fühlt man sich besser als wenn Ekel oder Ablehnung aus ihren Augen ‚spricht'". Diese Vorstellung wird *Selbstrepräsentanz* genannt (vgl. Stemmer-Lück 2004, 60 f).

Die affektive Objektkonstanz stellt sich gemeinhin im dritten Lebensjahr ein und wird möglich, wenn dem Kind die gedankliche Konstruktion des permanenten Gegenstandes gelungen ist. Dieses Konzept geht auf Piaget zurück, der mit *Objektpermanenz* den Vorgang umschreibt, dass ein Gegenstand auch dann in Gedanken vorhanden, wenn man ihn nicht sieht. Das Kind hat begonnen nachzuvollziehen, dass das, was verschwunden ist, an einem anderen Ort weiterexistiert. Um die Fähigkeit zum selbständigen Denken und Handeln zu erlangen, muss das Kind die Illusion aufgeben, selbst im Mittelpunkt des Interesses seiner Umgebung zu stehen. Piaget nennt diesen Vorgang *Dezentrierung* (vgl. Piaget 1970, 35). Seiner Auffassung nach kommt es gegen Ende des ersten Lebensjahres zu dieser „kopernikanischen Wende", weil das Kind jetzt seine ganze Welt neu konstruiert (vgl. Piaget 1975, 82 ff). Es ist fortan imstande, zu erkennen wie anzuerkennen, dass Regungen und Absichten seiner Bezugspersonen nicht allein seiner Existenz gelten, sondern dass diese ein Eigenleben führen. Es beginnt zu akzeptieren, dass Personen und Gegenstände auch dann existieren, wenn sie seiner unmittelbaren Wahrnehmung entzogen sind.

Entscheidend ist, dass das Kind nun von seinen kognitiven Möglichkeiten her in der Lage ist, das Bild seiner wichtigsten Bezugspersonen in Erinnerung zu behalten, und dies bewirkt ein wachsendes Vertrauen in ihre dauernde affektive Verfügbarkeit (vgl. Piaget 1975; Leber 1989 a, 1990). Mit dieser intelligenten Leistung hat die Entwicklung des eigenständigen Denkens begonnen. Das Kind kann jetzt Erinnerungen speichern und bewusst mit ihnen umgehen: Es kann sich ein Objekt vorstellen, mit ihm in Gedanken operieren bzw. kommunizieren oder es an einen anderen Platz setzen. Voraussetzung für ein Gelingen dieses Prozesses sind genügend gute Beziehungserfahrungen mit den primären Objekten, die dem Kind helfen, ihre zeitweise Abwesenheit zu ertragen.

Nur wer die damit gesetzte affektive Objektkonstanz in genügendem Ausmaß erfahren hat, kann sich ohne übergroße Angst affektiv und kognitiv dezentrieren und seine Eigenständigkeit entwickeln. Bezüglich der Bewältigung neuer Herausforderungen macht Piaget deutlich, dass es nur dann zu einem Fortschritt in den Denkoperationen kommt, wenn das Kind die Möglichkeit hat, der durch die aufgegebenen Rätsel aufbrechenden Verunsicherung standzuhalten und sein Gleichgewicht auf höherer Ebene immer wieder neue herzustellen. Ein anderes Wort für dieses Gleichgewicht, das Piaget verwendet, ist *Äquilibration.* Gelingt sie, so kommt es allmählich zu aufeinander aufbauenden, aber auch völligen Neukonstruktionen, d. h. der Weiterentwicklung der inneren Strukturen als Voraussetzung von intelligentem Handeln und Erkennen (vgl. Piaget 1975, 1976). Wer dagegen emotional nicht reif für die Akzeptanz der Trennung vom geliebten Objekt ist – etwa weil er nie genügend Beistand erfuhr, das Leben auch alleine zu meistern –, der wird auch die kognitive Getrenntheit von der Welt der Objekte nur schwer realisieren (vgl. Leber 1995; Piaget 1995).

Die Objektkonstanz ist wie alles eine relative Größe. Denn das Kind sortiert und bewertet die Interaktionen mit seiner Mutter. Wiederholte Erfahrungen liefern ihm eine Art Datenbank mit einer gewissen Toleranzbreite. Falls alle weitere Erfahrung von der bisher gemachten nicht allzu sehr abweicht, wird langsam ein bestimmtes, zum Beispiel positiv gestimmtes Erwartungsmuster aufgebaut.

Die mit diesen wiederholten Erfahrungen verknüpften Reizdarbietungen führen zu einem strukturierten Lernen, d.h. das Kind reagiert auf diese Reize zunehmend gezielt und differenziert: Je eindeutiger der Reiz, umso sicherer die Reaktion. Dadurch lässt sich die Abwesenheit der Mutter auch immer besser ertragen. Einzig krasse Abweichungen vom internen Konzept, zumal in chronifizierter Form, lassen den Lerneifer erstarren. Wem die Erfahrung eines konstant verfügbaren und empathischen frühen Objekts fehlt, der bleibt in seiner eigenständigen Entwicklung beeinträchtigt (vgl. Gehde, Emrich 1998).

In bezug auf das Verhältnis von Objektpermanenz und Objektkonstanz vermute ich, dass ihr Aufbau eher miteinander verkoppelt ist, als dass beides nacheinander verläuft. Das Wissen über die Verwobenheit und gegenseitige Abhängigkeit von affektiver und kognitiver Entwicklung in Abhängigkeit von der Güte der frühen Beziehungserfahrungen lässt jedenfalls diesen Schluss zu. Aus meiner Zeit der Arbeit in einem sozialen Brennpunkt erinnere ich mich eines kleinen Jungen von vier Jahren, der beständig seine Sachen verräumte und mit einem verzweifelten „Is‘ weg“ reagierte, wenn man ihn danach fragte. Er machte allerdings keinerlei Anstalten, an anderen Orten danach zu suchen. Heute denke ich, dass er sicher war, dass alles nicht mehr existierte. Genauso verzweifelt, resigniert und desorganisiert erlebte ich ihn bezüglich seiner Erwartungen an uns Betreuer. Soviel ich weiß, hatte er in seinen Eltern nie wirklich konstante und verlässliche Beziehungspersonen kennen gelernt. Auf alle Fälle möchte ich nicht entscheiden, ob das Ausbleiben der Objektpermanenz oder die Erfahrung mangelnden Objektkonstanz genetisch früher lagen.

Auf alle Fälle haben die affektiven Erfahrungen des Kindes im Umgang mit seinen nächsten Bezugspersonen entscheidenden Einfluss auf die Entwicklung seines Denkens. Erst die wachsende Fähigkeit des Kindes, sein Getrenntsein von den frühen Bezugspersonen zu akzeptieren, gibt ihm eine Gefühl der Sicherheit, die nötig ist, um mit den äußeren Bedingungen ohne deren Hilfe zurande zu kommen. Die zentrale Aufgabe der Kindheit liegt in dem Umstand begründet, die Getrenntheit zu erfassen, zu akzeptieren und eigene Kräfte zu mobilisieren, mit den Verhältnissen, draußen‘ allein zurande zu kommen (vgl. Leber 1995).

Zum besseren Verständnis sei noch eingefügt, dass sich Affekte und Gefühle gegeneinander abheben. Zur genaueren Bestimmung dessen gibt es verschiedene Vorschläge. Krause unterscheidet Affekt – als körperliche Reaktionen ohne bewusste Repräsentanz und Erleben – vom Gefühl – als bewusstem Erleben einer situativen Bedeutungsstruktur. Er verweist zudem auf den Vorschlag Daniel Sterns, den Begriff Affekt durch den des Gefühls zu ersetzen, um den Empfindungsaspekt zu beschreiben, der mit Erfahrungen verbunden ist (vgl. Krause 1998, 27ff). Fonagy und Target wiederum bezeichnen Emotionen als spezifische mentale Verfassungen, die sich in bemerkenswerter Weise von anderen mentalen Verfassungen wie Überzeugungen und Wünschen abheben. Sie halten Emotionen für den Kristallisationspunkt, von dem aus sich die reflexive Fähigkeit des Menschen entwickelt (vgl. Fonagy, Target 2002a, 844). Schließlich spricht Böhme-Bloem davon, dass Affekte einfach geschehen, es sind „occuring emotions“. Gefühle dagegen liegen dann vor, wenn der geschehene Anteil im Sinne von „experienced emotions“ wahrgenommen, verstanden und benannt werden kann (vgl. Böhme-Bloem 2002, 378 ff).

Im Zuge der Affektabstimmung zwischen Mutter und Kind werden unsymbolisierte Affekte zu Gefühlen. Schiebt etwa ein zehn Monate altes Kind mit viel Anstrengung und Hingabe einen Bauklotz, und die Mutter beobachtet dies und verspürt Lust, mitzutun, dann kann sie das Tun ihres Kindes mit einem langgezogenen „Uuuh“ lautlich untermalen. Mit ihrem Kommentar zeigt sie ihm damit, dass sie seine Anstrengung verstanden hat. Das Kind erfährt auf diese Weise, dass die motorische Lust, die es sensomotorisch wahrgenommen hat, in einer anderen Form, nämlich einer Lautmetapher, ausgedrückt werden kann. Seine körperliche Wahrnehmung wird direkt übersetzt und zum „psychosozialen Zeichen“ (vgl. Böhme-Bloem 2002, 380). Die lautliche Äußerung der Mutter führt eine Differenz in das Geschehen ein und veranlasst das Kind, Differenz und Gemeinsamkeit zu verbinden. Der Affekt (occuring emotion) des Kindes wird von der Mutter verwandelt, und das Kind bekommt ein erlebbares Gefühl (experienced emotion) zurück. Welcher Unterscheidung von Affekt und Gefühl bzw. Emotion wir auch immer zuneigen, so wird eines klar: Der Mensch orientiert sich zunächst hauptsächlich über diese Kanäle. Der frühe Dialog ist ein gefühlsgesteuerter. Er begründet das emotionale Erfahrungsgedächtnis, das einmal all unsere Handlungen bestimmen wird, und zwar je nachdem, ob sie in unsere bisherigen Erfahrungen hineinpassen oder nicht (vgl. Roth 2003).

Dem emotionalen Gedächtnis kommt bei der Konstruktion der gegenwärtigen subjektiven Erfahrungen ein enormes Gewicht zu. Da dort von frühester Zeit an alle Beziehungserfahrungen aufbewahrt sind, kann es als Kern unseres Erkennens angesehen werden. Ohne Gefühle gibt es keine Bewertung einer Situation. „Gefühle sind nicht kognitivistisch zu reduzieren (etwa auf Verstandesdeutungen [...]), sondern sind eigenständige Verarbeitungsformen der sozialen Wahrnehmung, zugleich aber mit der Verstandestätigkeit derart verflochten, dass Gefühle ohne Vernunft (Intentionalität, Analysieren, Schlussfolgern) unmöglich sind wie Vernunft ohne Gefühle (Wertungen, Entscheidungsfindungen)“ (vgl. Schmid Noerr 2003, 48). Das emotionale Gedächtnis ist offenbar weniger kognitiv und organisiert, dafür eher sensomotorisch aufgebaut und besteht aus „prä-repräsentativen Verschlüsselungen relationaler Erfahrung“. Als Kern unseres Erkennens ist es weit mehr als ein Vorläufer symbolischer Kognition (vgl. Orange 2004, 151 f).

Damit komme ich nun zur *Objektbeziehungstheorie*, schließlich ist das Schicksal der Affekte eng mit den Erfahrungen mit den primären Objekten verbunden. Das Grundmuster der psychoanalytischen *Objektivbeziehungspsychologie* basiert auf der Vorstellung einer internalisierten Welt früher Objektbeziehungen und deren Bedeutung für die Ausbildung der psychischen Struktur, während noch im klassischen psychoanalytischen Modell das Subjekt im Mittelpunkt der Betrachtung steht, nicht aber die wechselseitige Beziehung zwischen dem Kind und seinen Bezugspersonen (vgl. Stemmer-Lück 2004, 94). Winnicott ist einer der prominentesten Vertreter der Richtung der Objektbeziehungstheorie. Er hat bahnbrechende

Arbeiten über die sehr frühe Beziehungsentwicklung vorgelegt und dabei der elterlichen Fürsorge, die mit der Haltephase (*holding function*) beginnt, seine ganze Aufmerksamkeit gewidmet. Halten bedeutet zunächst tatsächlich das physische Halten des Säuglings. Indem ihn die Mutter auf ihrem Arm hält, vermittelt sie ihm Sicherheit, Geborgenheit, Zärtlichkeit, Zuverlässigkeit, Schutz und Trost und garantiert ihm damit sein physisches und psychisches Überleben (vgl. Winnicott 1990, 317; Trescher; Finger-Trescher 1992, 94 ff; Seiffge-Krenke 2009, 54 ff).

Ohne die mütterliche Pflege wäre der Mensch am Anfang überhaupt nicht lebensfähig. Eigentlich gibt es den Säugling gar nicht, weil er die Mutter braucht, um nicht zugrunde zu gehen (vgl. Winnicott 1990, 50). Winnicott spricht von der Besorgnis der Mutter für ihr Kind, und er nennt diese Haltung „primäre Mütterlichkeit" (vgl. Winnicott 1976, 157). Die „genügend gute Mutter" versucht, den Bedürfnissen ihres Kindes gerecht zu werden, womit sie seine Ängste bannt und seine Bemühungen um Individuation und Selbst-Werden unterstützt. Je besser das Kind die Mutter als gutes Objekt verinnerlicht, desto eher kann es ohne sie alleine sein (vgl. Winnicott 1990, 40 ff). Im gelungenen Wechselspiel beider kommt es zu einer „Einigungssituation", in der sich befriedigende und versagende Momente die Waage halten und sich keiner vom andern dominiert sieht (vgl. Lorenzer 1972, 45).

Gleichzeitig ist aber dieser frühe Dialog anfällig für mancherlei Fehlabstimmung. Gut abgestimmte Interaktionsprozesse gelingen nicht immer, zumal der Dialog offensichtlich nur innerhalb der Grenzen eines optimalen Erregungsniveaus ablaufen kann (vgl. Schnoor 1997, 70). Bei Unter- oder Überschreiten dieser Grenze sowie mangelnder Einigungsprozesse, die mit dem Erleben eines *Nicht-zueinander-Passens* (vgl. Balint 1970, 33) zusammenfallen, stellt sich ein Trauma als Folge starker, nicht mehr konstruktiv bewältigbarer Krisen ein. In späteren Lebensphasen wird dieses Trauma beständig neu belebt (vgl. Schnoor 1997, 73).

Winnicotts Unterscheidung in das *wahre* und das *falsche* Selbst bezieht sich auf die Verwerfungen des frühen Dialogs. Das falsche Selbst entsteht auf dem Höhepunkt der kindlichen Illusion von Omnipotenz, wenn die Mutter der Omnipotenz des Säuglings nicht begegnet. Die genügend gute Mutter begreift sie in gewissem Maße, die ungenügend gute Mutter unterlässt es wiederholt, auf seine Gesten einzugehen, sondern setzt stattdessen ihre eigenen Gesten ein. Das führt dazu, dass sich der Säugling zu fügen beginnt (vgl. Seiffge-Krenke 2009, 57). Das falsche Selbst schützt also das wahre Selbst, es hat Abwehrcharakter, um dem wahren Selbst zu seinem Recht zu verhelfen, wobei Winnicott präzisiert, „dass es besser ist zu sagen, das falsche Selbst verbirgt die innere Realität des Säuglings, anstatt zu sagen, es verberge das wahre Selbst". Bei schizoiden Menschen und solchen mit Borderline-Störungen führt es zu schweren Regressionen mit starker Abhängigkeit. Beim Gesunden wird es dagegen abgemildert durch die ganze Organisation der höflichen und gesitteten gesellschaftlichen Haltung repräsentiert (vgl. Winnicott 1990, 186 ff).

Winnicott stellte sich die frühe Entwicklungsphase als eine Mutter-Kind-Einheit vor, und zwar als einen *intermediären* bzw. *potentiellen Raum* an der fließenden Grenze zwischen diesen beiden Akteuren. Es ist ein zeitlicher und örtlicher Raum, der – etwa im Spiel – zusammen vom Kind und seiner Mutter gebildet wird (vgl. Crain 2005, 111). Das Kleinkind kann sich nur aus der Illusion der Verschmelzung mit der Mutter befreien und damit in eine Phase der Autonomieentwicklung eintreten, wenn ihm die Trennung von Objektwelt und Selbst gelingt. Dies wird möglich, weil es zwischen beiden keinen leeren Raum gibt. Der potentielle Raum ist ein Oberbegriff, eine Metapher für einen Zwischenbereich der Erfahrung zwischen drinnen und draußen, Phantasie und Realität, der dem Kind, etwa wenn es spielt, zugestanden wird. Hier darf es zwischen seiner primären Kreativität und einer auf Realitätsprüfung basierender Wahrnehmung wandeln. Dabei entsteht allmählich der Aufbau von Symbolbildungen, etwa wenn das Kind mit dem Zipfel seiner Decke spielt, die nicht die Brust der Mutter ist, sie aber *bedeutet*. Mit Hilfe solcher Symbolbildungen, die im potentiellen Raum zu wachsen beginnen, sind die Anforderungen der Realität – zum Beispiel die Trennung von der Mutter – nach und nach zu bewältigen. Beginnend etwa zwischen dem vierten und zwölften Lebensmonat erhält dieser Zipfel zunächst die Bedeutung eines *Übergangsobjektes*: Das Kind wird zunehmend selbständig, aber es braucht anfangs noch die Illusion der Einheit mit der Mutter, repräsentiert über den Zipfel.

Das Übergangsobjekt ist der Vorläufer eines inneren Objektes. Erst der Vorgang der Verinnerlichung bringt eine Gewissheit mit sich, die den Besitz überflüssig macht. Das Übergangsobjekt geht der gesicherten Realitätsprüfung voraus. Ihm kommt im potentiellen Raum eine zentrale Rolle zu, und Winnicott spricht davon, dass es sich hierbei um ein Paradoxon *und* die Annahme dieses Paradoxon handelt: „Das Kleinkind erschafft das Objekt, aber das Objekt war bereits vorher da“ (vgl. Winnicott 1993, 104 ff). Das heißt: „Kind und Mutter sind eins und Kind und Mutter sind zwei.“

Das „Ich-Sein“ des Kindes wird durch den Anderen, die Mutter, ermöglicht. Die Entdeckung seines Selbst geschieht, indem es sich in den Augen der Mutter spiegeln sieht. Damit wird eine interpersonelle Dialektik gestaltet, in der das „Ich-Sein“ und „ein-Anderer-Sein“ einander erzeugen und sich gegenseitig aufrechterhalten. „Die Mutter erschafft den Säugling, und der Säugling erschafft die Mutter“ (vgl. Ogden 1997, 5). Allmählich führt diese Dialektik von Einssein und Getrenntsein zu einer Umwandlung der Einheit in ein „Dreisein“. Das Kind als Subjekt wird zum Beobachter von Mutter und Kind als symbolischen Objekten. Anlass dafür ist die Erkenntnis, dass eine ungestörte, harmonisch funktionierende Mutter-Kind-Einheit auf Grund der unvermeidlichen Unvollkommenheit der Anpassung zwischen beiden lediglich hypothetischer Natur sein kann. Die „richtig dosierte Frustration“ bietet nun Gelegenheit, sich des Getrenntseins bewusst zu werden. Alle Bedeutungen, die im kindlichen Denken entstehen, erwachsen aus diesem Unterschied. In einem völlig homogenen Bereich könnte es keine Bedeutung geben. Bedeutungen und Symbole haben ihre Wurzeln im potentiellen Raum – es ist ein Raum, der Potenzen hervorbringt. Mangelt es an dieser Erfahrung, gibt es nur Phantasie, aber keine angemessene Realitätsprüfung (vgl. Ogden 1997, 3 ff).

Man geht heute davon aus, dass die frühen Objektbeziehungen später in spezifischen Situationen wiederholt bzw. in Szene gesetzt werden, und zwar umso vehementer, je problematischer, d.h. massiv konflikthaft oder unzureichend, sie erlebt wurden. In der unbewussten Gleichsetzung der Person des Pädagogen/der Pädagogin mit dem primären Objekt werden die ungelösten Lebensthemen wieder aufgelegt und an ihm/ihr stellvertretend abgehandelt. Dabei sind neben der Reaktivierung negativer Aspekte wie Angst, Wut, Ohnmacht, Kränkung auch positive Aspekte wie Idealisierung oder der Wunsch nach Errettung denkbar. Je massiver dies geschieht, umso mehr wird der Pädagoge/die Pädagogin geneigt sein, mit Abwehr und Aggression oder auch einem Gefühl narzisstischen Hochgefühls zu reagieren, was jeweils zu einer Wahrnehmungsverfälschung analog der alten verinnerlichten Beziehungsmuster beiträgt. Erst die Reflexion der eigenen Gefühlsreaktionen, die wachgerufen werden, kann in dem Sinne zu einer Veränderung beitragen, als damit wieder eine Distanz möglich wird, aus der heraus *korrigierende emotionale Erfahrungen* (vgl. Alexander 1949) erwachsen können.

Eine weitere für unser Gebiet wichtige Richtung der Psychoanalyse stellt die *Selbstpsychologie* dar. Sie geht vornehmlich auf Kohut zurück und beschäftigt sich hauptsächlich mit der Bedeutung der Schicksale des Selbst und der damit verbundenen subjektiven, bewussten und unbewussten Kindheitserfahrungen (vgl. Milch, Hartmann 2000, 658). Das Selbst wird als jener Teil der Persönlichkeit konzeptionalisiert, welcher dem Subjekt das Gefühl verleiht, es sei es selbst, habe ein gesundes Empfinden von sich, ein Gefühl der Selbstachtung, des Wohlbefindens und des Vertrauens. Damit ein solches Gefühl entstehen kann, ist das junge Kind auf andere Personen angewiesen. Diese üben *Selbstobjektfunktionen* aus. Selbstobjekte sind mit narzisstischer Libido besetzte Objekte, die in enger Beziehung zum archaischen Selbst stehen und noch nicht als getrennt und unabhängig erlebt werden (vgl. Crain 2005, 134f).

Wenn nun aber diese frühe Zeit von negativen Erfahrungen geprägt ist, die zu keinem narzisstischen Wohlbefinden beitragen, sondern Gefühle von Demütigung, Kränkung, Ohnmacht und Wertlosigkeit hinterlassen, dann wird die Phantasie des Kindes vom grandiosen Selbst massiv beschädigt. Das Ich des Kindes fühlt sich gelähmt und empfindet intensive Scham und Wut. Zurück bleibt eine verkapselte und anhaltende Anfälligkeit für neue Kränkungen, die in anderen Beziehungszusammenhängen aufkommen können. Um sich vor dem Zerfall seines Selbst zu schützen, bleibt scheinbar einzig die Möglichkeit, mit massiver *narzisstischer Wut* zu reagieren. „Die menschliche Aggression ist dann am gefährlichsten, wenn sie an die zwei großen absolutistischen psychologischen Konstellationen geknüpft ist: das grandiose Selbst und das archaische allmächtige Objekt" (vgl. Kohut 1975, 205ff). Der Rachedurst soll die narzisstische Kränkung ungeschehen machen. Oder man zieht sich schamerfüllt zurück bzw. wendet, um das Objekt zu schützen, von dem man existentiell abhängig ist, die Wut autoaggressiv gegen das eigene Selbst. Diese Variante ist bei Menschen mit geistiger Behinderung häufig zu beobachten.

Die neuere Entwicklungspsychologie in der Psychoanalyse ist stark von empirischen Befunden durchzogen, wie sie vor allem von der Direktbeobachtung der *Säuglings- und Kleinkindforschung* geliefert wurden (vgl. Seiffge-Krenke 2009, 23).

Dort wurden in speziellen Experimenten Säuglinge „gefragt" und das beobachtete Verhalten als „Antwort" verstanden (vgl. Stemmer-Lück 2004, 21). Die moderne Säuglingsforschung der letzten 20 Jahre hat uns immenses Wissen über die biopsychischen Regulationen und die präverbale Feinabstimmung zwischen Mutter und Kind beschert. Dazu zählt auch, wie sich die Repräsentanzen von Mutter und Vater – also das *imaginäre* Kind bzw. *phantasmatische Baby* in ihrem Kopf – auf den frühen Eltern-Kind-Dialog auswirken (vgl. Fuchs 2000, 373).

Daniel Stern hat an Hand seiner eigenen Studien wie jener zahlreichen seiner Kolleg/innen zwei Entwicklungskonzepte entwickelt. Im ersten wird festgehalten, dass es nicht einzelne Objekte sind, die in der Erinnerung haften bleiben, sondern ganze Episoden, die dann generalisiert werden, und er verwendet daher den Begriff des *Episodengedächtnisses.* Nicht allein separate zentrale Vorgänge, wie etwa beim Stillen, sondern die gesamte Szene mit ihren Gerüchen, Farben, Tönen und Gefühlen geht in die Erinnerung ein (vgl. Stern 1992, 138 ff). Entscheidend ist dabei ihre Einfärbung durch die jeweilige Beziehungserfahrung, in welcher Mutter und Kind zusammenwirken (vgl. von Lüpke 2000, 70). Die Episoden umfassen interpersonale Interaktionen. Diese Erfahrungen werden aggregiert und aus ihnen ein durchschnittlicher Prototyp herausdestilliert, was Stern mit dem Begriff der „generalisierten Interaktionsrepräsentanzen" (Representations of Interactions that have been Generalized ‚RIGs') umschreibt (vgl. Stern 1992, 142 ff). An anderer Stelle spricht er von den „Schemata des Zusammenseins" und unterstreicht, dass es sich hier um eine gelebte wie phantasierte Interaktionserfahrung handeln kann (vgl. Stern 1998, 28).

Das zweite Konzept vervollständigt diese Vorstellung. Hier geht es um das *Empfinden des Kern-Selbst.* Mahler, Winnicott und andere Autor/innen waren noch überzeugt, dass die frühen Erfahrungen des Säuglings von dem Umstand dominiert sind, noch nicht zwischen Selbst und Anderem unterscheiden zu können und beider Fusion der ursprüngliche Zustand sei, in den das Kind immer wieder zurückkehrt. Stern dagegen geht davon aus, dass es die Säuglingsbeobachtungen nahe legen, dass „die Fähigkeit zu verschmelzungs- oder fusionsartigen Erfahrungen (...) von einem bereits vorhandenen Empfinden des Selbst und des Anderen abhängig und ihm gegenüber sekundär ist". Zunächst erfolge „die Herausbildung des Selbst und des Anderen, danach erst werden verschmelzungsartige Erfahrungen möglich" (vgl. Stern 1992, 105 ff).

Vier untrennbare Elemente bilden nun dieses Empfinden des Kern-Selbst:

- das Gefühl der *Urheberschaft,* „also das Empfinden, der Urheber eigener Handlungen und Nicht-Urheber der Handlungen anderer Menschen zu sein",
- das Gefühl der *Selbstkohärenz,* „d. h. das Empfinden, ein vollständiges körperliches Ganzes zu sein und sowohl in der Bewegung (Verhalten) als auch im Ruhezustand über Grenzen und ein körperliches Handlungszentrum zu verfügen", also die Wahrnehmungsfähigkeit der Urheberschaft,
- die *Selbst-Affektivität,* „d. h. das Erleben regelmäßiger innerer Gefühlsqualitäten (Affekte), die Teil der Selbsterfahrung sind",

- die *Selbst-Geschichtlichkeit*, „also das Gefühl der Dauer, der Einbindung in die eigene Vergangenheit, das Gefühl eines ‚fortwährenden Seins', so dass man sich durchaus verändern kann und doch dieselbe Person bleibt" (vgl. Stern 1992, 106).

Somit schreiben sich die frühen psychosozialen Erfahrungen in der Persönlichkeit als Vorstellungen von sich und der Welt ein. Vor allem zeigt die Säuglingsbeobachtung, dass das unreife und sich entwickelnde innere Homöostase- also Gleichgewichtssystem des Säuglings von dem reiferen und differenzierteren Nervensystem seiner Mutter mitreguliert wird. In diesem symbiotischen, angenehmen Zustand sind die homöostatischen Systeme von Mutter und Kind offenbar in einer *einzigen* übergeordneten Organisation zusammengeschlossen, die eine wechselseitige Regulierung ihrer beiden Nervensysteme über die gemeinsame Interaktion ermöglicht. So aktiviert der intime Kontakt zwischen ihnen ihre Opiatsysteme: „Die erhöhte Ausschüttung von Beta-Endorphinen während der spielerischen Interaktion intensiviert die Lustwahrnehmung im Gehirn des Babys wie auch der Mutter" (vgl. Davies 2002, 332 f).

Der größte Teil dieser kommunikativen Abstimmung verläuft ungeplant und automatisch (vgl. Stern 1992, 207). Für den Säugling ist es wichtig, dass der Erwachsene mit Empathie auf seinen inneren Zustand reagiert. Dabei zeigt sich die Schwierigkeit, dass dies für den Erwachsenen nur begrenzt möglich ist, da er bereits reife symbolische, d. h. kognitive Wahrnehmungsmodi verwendet. Würde er also bloß versuchen, den Kopf des Säuglings mit Gedanken zu füllen, verfehlte er das nichtsymbolische Wesen des inneren Zustands des Säuglings (vgl. Lichtenberg 1991, 156).

Das ganz junge Kind ist elementar auf eine überwiegend harmonische Beziehung zu seiner primären Umwelt angewiesen. Ohne dass es um deren Bedeutung weiß, garantiert sie die Kontinuität seines Seinsgefühls (vgl. Winnicott 1990, 110; Balint 1970, 82). Spiegelung, Kommunikation, Affektaustausch und Körperkontakt spielen eine entscheidende Rolle, damit das Kind ein Gefühl von Sicherheit aufbauen kann (vgl. Dornes 1998 a, 330). Die Qualität der frühen Beziehung entscheidet darüber, ob dem Kind Hilfe zuteil wird, mit den störenden Einflüssen der Umgebung zurande zu kommen oder nicht. Nicht mehr ein bestimmtes Ausmaß der Bedürfnisbefriedigung entscheidet aus heutiger Sicht über die Qualität der frühen Versorgung, sondern die Antwort auf Initiativen des Kindes im Sinne einer Wechselseitigkeit des Dialogs.

So geht es auch nicht um beständige Aktivität oder Förderung. Wichtiger als ein dauerhaft bedürfnisbefriedigender Zustand ist vor allem die Wiederherstellung der Unterbrechung im Zusammenspiel zwischen Kind und Erwachsenen (vgl. von Lüpke 2006, 1). Für eine gelingende Entwicklung zählen also die Pausen, und wie bei der Koordination der Muskelbewegung des Armes, bei dem die beiden Antipoden Beuge- und Streckmuskel zusammenwirken müssen – die Aktivität des einen setzt die Hemmung des anderen voraus –, fußt Entwicklung nicht nur auf Aktivität.

Unter positiven Vorzeichen wird sich auf diese Weise die Tendenz des Kindes, eine integrierte Einheit – d. h. ein kontinuierliches Selbst mit Vergangenheit, Gegenwart und Zukunft – zu werden, festigen: „Wenn Reaktionen auf störende Einflüsse relativ selten sind, stellen die Körperfunktionen des Säuglings eine gute Grundlage für den Aufbau eines Körper-Ichs dar. Auf diese Weise wird der Grundstein gelegt für zukünftige geistig-seelische Gesundheit“ (vgl. Winnicott 1990, 111). Damit wird die Entwicklung eines kohärenten Selbst unterstützt.

Die Säuglingsforschung hat uns hier viele interessante Überlegungen zur frühen Lebenszeit geliefert. Allerdings hat sich die Psychoanalyse lange beharrlich geweigert, Erkenntnisse der empirischen Säuglingsforschung zur Kenntnis zu nehmen und mit ihren Konzepten abzugleichen. Vor allem Dornes hat die empirische Direktbeobachtung und die psychoanalytische rekonstruktive Methode von Lebensgeschichte sehr differenziert mit einander in Beziehung gesetzt (vgl. Dornes 1993 a, 1993 b, 1994, 1996).

Über die Einschätzung der Bedeutung dieser empirischen Forschung lässt sich dagegen weiter trefflich streiten, wie die Debatten zwischen Stern (2000) und Green (2000) oder Ahrbeck (2007) und Dornes (2007) zeigen. So fragt Michaelis beinahe süffisant: „Was hat man nun aber mit dem quantitativ geprüften ‚neuen‘ Säugling kreiert? Der polymorph-perverse kleine ‚Schmutzfink‘ (...) ist offensichtlich zu einem kleinen Beamten oder Angestellten mutiert, der kompetent und gewitzt in den ersten Tagen für Ordnung zu sorgen weiß, seiner Umgebung mitteilt, wo es langgeht und ebenfalls in dieser Zeit über nahezu all jene intellektuellen Fähigkeiten verfügt, die für den Erwachsenen typisch sind“ (vgl. Michaelis 1995, 163). Übrigens hat bereits Winnicott die Kontroverse auf den Punkt gebracht: „Der Direkt-Beobachter von Säuglingen muss bereit sein, dem Analytiker die Formulierung von Gedanken über das sehr frühe Säuglingsalter zu gestatten, die psychisch wahr sein mögen und doch nicht nachzuweisen sind“ (vgl. Winnicott 1990, 145).

Des Weiteren sind Ergebnisse der *Bindungsforschung* als für unser Gebiet von großer Relevanz zu nennen. Dort wird seit den Arbeiten von John Bowlby das Interaktionsverhalten zwischen Kind und Mutter in seiner Auswirkung auf die Ausbildung der inneren Repräsentanzen beim Kind untersucht, um festzustellen, was sich davon in seinem späteren Bindungs- und Sozialverhalten zeigen wird. Es sei darauf hingewiesen, dass dies in Abhängigkeit von den bestehenden inneren Repräsentanzen der Mutter geschieht, denn ihr Verhalten ist immer von den eigenen früheren Erfahrungen und den damit verknüpften Erwartungen, Phantasien und Ängsten abhängig. Für die Bindungsqualität ist das Bindungsverhalten der mütterlichen Bezugsperson bedeutsam. Bedingung für eine gute Bindungsqualität ist deren kontinuierliche Verfügbarkeit. Außerdem ist wichtig, *wie* die Mutter die Signale des Kindes beantwortet: „feinfühlig, einfühlsam oder uneinfühlsam bis hin zur Misshandlung und zum Missbrauch“ (vgl. Stemmer-Lück 2004, 111 ff). Die resonante, emotionale Reaktion der Bezugsperson kann als wichtiges Einstimmen (*attunement*) erachtet werden, das dem Kind die so dringend benötigte Sicherheit gewährt. „Fehlen die Fähigkeiten zum ‚attunement‘,

‚containing' und ‚holding' (...) ist auch das Kind nicht in der Lage, durch Identifikation mit dem ‚genügend guten' Objekt (...) eine eigene innere Impuls- und Affektregulierung zu entwickeln" (vgl. Leuzinger-Bohleber u.a. 2008, 627).

Mary Ainsworth und ihre Mitarbeiter/innen haben mit dem sogenannten Fremde-Situation-Test, bei dem die Kinder kurzzeitig von ihrer Mutter getrennt werden und sich einem unbekannten Menschen gegenüber sehen, ein einfaches Beobachtungsverfahren entwickelt, mit dem die Bindungsqualität bei Kindern im Alter von 1–2 Jahren gemessen werden kann. Ihre Systematik einer Einteilung in drei Basisgruppen unterscheidet

- sicher gebundene Kinder – sie zeigen Trennungsschmerz und können sich bei Rückkehr der Mutter den nötigen Trost holen (Typ B)
- unsicher-vermeidend gebundene Kinder – sie scheinen von der Trennung wenig beeindruckt zu sein, vermeiden bei Rückkehr der Mutter den Kontakt zu ihr und unterdrücken Bindungsgefühle (Typ A)
- unsicher-ambivalent gebundene Kinder – sie wirken durch die Trennung enorm beunruhigt, sind jedoch gleichzeitig nach Rückkehr der Mutter nicht in der Lage, aus der Nähe zu ihr Sicherheit zu schöpfen (Typ C)

Später wurde eine weitere Gruppierung hinzugefügt, nämlich

- desorientiert/desorganisierte Kinder – sie zeigen einen Mangel an Strategie und können die Mutter nicht als *sichere Basis* nutzen (Typ D)

(vgl. Seiffge-Krenke 2009, 69ff).

Bindungserfahrung umschließt also die besondere Art einer zugewandten Beziehung der Mutter zu ihrem Kind. Dadurch wird beim Kind eine Fähigkeit hergestellt, bei Bedrohung Sicherheit und bei Kummer Trost durch die Nähe zur Mutter zu suchen (vgl. Cohen u.a. 2003, 62f). Das Kind erlebt von Seiten der Mutter eine bestimmte emotionale Reaktionsbereitschaft. Mit Bindungssicherheit ist gemeint, dass die Mutter imstande ist, die emotionalen Signale des Kindes genau zu erfassen und sensibel darauf zu reagieren, Zärtlichkeit zu zeigen, das Kind mit seinen Gefühlen und seinem Verhalten akzeptieren zu können und physisch und psychisch verfügbar zu sein, wenn es in Not ist. Der Effekt ist, dass sich das Kind unter diesen Vorzeichen in seelischer, sozialer und kognitiver Hinsicht günstig entwickelt. Es lernt, seine Gefühle selbst zu regulieren, und erwirbt Selbstvertrauen und Selbstsicherheit. Ein solches Kind äußert Neugierde und beginnt seine Umwelt eifrig zu erkunden. Die Fähigkeit der Mutter, die Bedürfnisse, Stimmungslagen und Absichten ihres Kindes wahrzunehmen und einfühlsam zu reflektieren, fördert dessen sichere Bindung. Diese Idee steht für eine anthropologisch völlig konträre Position zu Descartes' „*Ich* denke, also bin ich". Aber sie begründet das sicher gebundene Selbst (vgl. Fonagy 1998).

Eine Mutter mit Bindungsunsicherheit wird dagegen Schwierigkeiten haben, Zugang zu den Aktivitäten und Interaktionsangeboten ihres Kindes zu finden. Sie interpretiert diese Eigenschaften eher als negativ und erzeugt damit beim Kind selbst eine emotionale Unsicherheit. Ein solches Kind reagiert dann häufig leicht verstimmt, oder es zieht sich zurück. Dieses Kind wird sein Hauptaugenmerk darauf richten, seine Bindungsbedürfnisse befriedigt zu bekommen – was nicht wirklich gelingen will –, so dass es weniger Neugierde und Erkundungsinteresse zeigt.

Wir gehen heute davon aus, dass die wiederholte Erfahrung mit den Bindungsfiguren dazu führen, dass das Kind seelische Repräsentanzen, also *innere Arbeitmodelle* ausbildet, die sein Selbst in Beziehung zu anderen Menschen und zu seiner Umgebung zu steuern beginnen und für viele spätere Situationen wegweisend sind, sich neu zu orientieren. Man weiß heute sogar, dass in 80 % der Fälle das jeweilige Bindungsmuster von der Mutter an ihr Kind weitergereicht wird (vgl. Köhler 1995, 1998). Kinder, die über sichere Bindungen verfügen, entwickeln innere Arbeitsmodelle von ihren Müttern als sensible, reaktionsbereite und zugängliche Figuren, und von sich selbst als liebenswert und der Zuwendung würdig. Kinder mit unsicheren Bindungsmustern erleben dagegen ihre Betreuer als abweisend und unzuverlässig und sich selbst als der Betreuung nicht wirklich würdig. Offensichtlich spielen also jene frühen Interaktionserfahrungen eine wichtige Rolle, in denen über die empathische Nähe der Mutter beim Kind ein elementares Gefühl von Sicherheit entstehen kann (vgl. Cohen u. a. 2003, 64).

Empirisch nachgewiesen wurde der langfristige Effekt früher Bindungsmuster. Typ-B-Kinder zeigten im Kindergarten- und mittleren Schulalter das angemessenste Sozialverhalten (vgl. Dornes 1998 a). Sie können Konflikte selbständig lösen, während unsicher vermeidende Kinder vom Typ A Konflikten eher aus dem Weg gehen oder die Erzieherin zur Lösung einspannen. Wir können auch davon ausgehen, dass es einen Zusammenhang gibt zwischen mütterlicher Feinfühligkeit während des ersten Lebensjahres und einer sicheren Bindung mit zwölf Monaten.

In Spielsituationen während des zweiten und dritten Lebensjahres zeigen sichere Kinder mehr Phantasie, mehr Ausdauer und mehr positive Affekte. Sie sind konzentrierter, erfindungsreicher und gehen toleranter mit Einschränkungen um. Unsichere Kinder reagieren dagegen in unangenehmen Gruppensituationen häufig verärgert oder resigniert. Bei schwierigen Aufgaben suchen die sicheren Kinder nach einer Probierphase, in der sie sich an einer Lösung versuchten, die Hilfe der Mutter. Vermeidende Kinder geben schnell verärgert auf. Mit zehn Jahren haben ambivalente Kinder die wenigsten Freunde und die meisten Probleme mit ihnen. Häufig nennen sie eine phantastische Zahl bester Freunde. Sicher gebundene Kinder sind da realistischer. Vermeidenden Kindern macht es in diesem Alter bereits erhebliche Mühe, Gefühle wie Trauer und Kummer zu thematisieren.

Desorganisiert-desorientiert gebundene Kinder zeigen im Alter von 2–6 Jahren eine erhöhte Feindseligkeit, sind weniger einfühlsam und reagieren auf den Kummer anderer mit Aggression statt mit Einfühlung (vgl. Stemmer-Lück 2004, 116). Allerdings stellen, wie Langzeituntersuchungen zeigen, alle nicht sicheren Bindungstypen keine per se pathologischen Fälle dar. Diese Kinder haben nur ein größeres Risiko, psychopathologisch relevante Probleme zu entwickeln, wenn weitere Belastungsfaktoren hinzutreten. Auch muss man nicht davon ausgehen, dass Eltern ihr Kind grob vernachlässigen und sogleich unwiderruflich traumatisieren, wenn sie das Bindungsbedürfnis ihres Kindes nicht vollauf zufrieden stellen können; sie sind dafür bloß weniger ansprechbar als Eltern sicher gebundener Kinder (vgl. Dornes 1998 a).

Abschließend sei auf ein ähnliches Phänomen wie beim Verhältnis der Psychoanalyse zur Säuglingsforschung verwiesen, dass es nämlich unterschiedliche Konzepte von Bindungstheorie und Psychoanalyse gibt. Während erstere eher behavioural orientiert ist und am beobachtbaren Bindungs*verhalten* ansetzt, geht es letzterer um eine sinnverstehende Annäherung an die unbewussten Phantasien, die aufs engste mit dem *Erleben* verbunden sind. Fonagy hat hierzu eine interessante vermittelnde Position bezogen, die es mir erleichtert, auf eben diese Unterscheidung nicht explizit eingehen zu müssen (vgl. Fonagy 2003; Dornes 2003).

2.4 Kurzer Exkurs in die Neurowissenschaften

Nun sei noch ein kleiner Exkurs in die *Neurowissenschaften* unternommen. Keine Humanwissenschaft scheint heute mehr etwas wert zu sein, die dort keine Anleihen nimmt bzw. sich ihre eigenen Ergebnisse nicht dort bestätigen lassen möchte. Dadurch kann das pädagogische Wissen über wichtige Lernbedingungen erweitert werden. Es gibt aber auch Grund zur Skepsis, zumal aus den Befunden nur sehr allgemeine Folgerungen gezogen werden können (vgl. Speck 2008, 176). Zu bedenken ist, dass „auch die Neurowissenschaften nicht ‚Wahrheiten an sich' darlegen, sondern – wie alle Wissenschaften – Modelle und Konzepte formuliert haben" (vgl. Leuzinger-Bohleber, Pfeifer 2002, 243).

Mich interessiert vor allem die Bedeutung der neuronal kodierten frühen Erfahrungen für den weiteren Werdegang des Subjekts. Hüther hat nachgewiesen, dass die Hirnentwicklung eines Kindes in hohem Ausmaß von der emotionalen, sozialen und intellektuellen Kompetenz seiner erwachsenen Bezugspersonen abhängt. Die bereits gebildeten und noch zu bildenden neuronalen Verschaltungen und Erregungsmuster werden über die sensorischen Eingänge zunehmend von außen beeinflussbar (vgl. Hüther 2002, 462 ff). Damit erteilt er eine klare Absage an alle deterministischen Vorstellungen einer Hirnentwicklung, die primär durch genetische Programme gesteuert wird. Die schrittweise Anpassung der sich herausformenden synaptischen Verschaltungsmuster während der Hirnreifung an die immer komplexer werdenden Anforderungen macht die Nutzungsabhängigkeit deutlich. Das genetische Programm versetzt die sich entwickelnden Nervenzellen lediglich in die Lage, sich zu teilen, solange die äußeren und inneren Bedingungen dafür günstig sind, „entlang bestimmter Signalstoffgradienten zu wandern und Fortsätze auszuwachsen (. . .) Es handelt sich also um ein Programm von Optionen, das lediglich festlegt, was unter gewissen Bedingungen möglich ist" (vgl. Hüther 2006, 225).

Unter dem Einfluss dieser Umweltfaktoren kommt es darauf an, wann und wie ein Gen aktiviert wird. „Beinahe alles, was das Immunsystem zur Infekt- und Krebsabwehr leistet, hängt nicht vom ‚Text', sondern von der Regulation von Genen ab (...) Der Aspekt der Genregulation ist größtenteils *nicht* genetisch vererbbar" (vgl. Bauer 2005a, 222f). Die innerhalb der ersten Lebensjahre stattfindende Ausdifferenzierung des Gehirns ist also nicht nur von genetischen Informationen, sondern auch von der adäquaten Stimulierung durch einen anderen Menschen, das heißt von adäquaten Erfahrungen abhängig. Diese Erfahrung aktiviert spezifische neuronale Verbindungen, so dass darüber neue Synapsen gebildet und bereits vorhandene verstärkt werden. Umgekehrt macht Davies geltend, dass es in der psychotherapeutischen Arbeit mit früh deprivierten Kindern, denen eine empathische Interaktionserfahrung von Anfang an verwehrt war, möglich ist, zur nachträglichen Bildung ihrer neuronalen Leitungsbahnen im Frontalcortex beizutragen. Voraussetzung dafür ist, ihnen über eine liebevolle Beziehung den Weg zu den unentwickelten Dimensionen ihrer inneren Welten zugänglich zu machen (vgl. Davies 2002, 322ff).

Nach wie vor passen sich solche Erkenntnisse nur schlecht ein ins organische Krankheitsmodell, obwohl als gesichert gelten kann: „Genetische Dispositionen und die durch sie beeinflussten organischen Prozesse zeigen eine ständige Wechselwirkung mit den interpersonellen Beziehungserfahrungen sowie mit dem Erleben und Verhalten des Individuums und schreiben so dessen individuelle Gesundheits- bzw. Krankheitsgeschichte" (vgl. Bauer, Kächele 2005, 1).

Bauer macht an der Entdeckung eines im Gehirn vorhandenen Systems von Spiegelneuronen deutlich, dass die menschlichen Gehirnstrukturen spezialisierte Systeme besitzen, die auf Beziehungsaufnahme und -gestaltung angelegt sind. „Zwischenmenschliche Belastungssituationen (...) oder pure seelische Anspannung (...) haben also die Aktivierung von Genen und somit zahlreiche biologische Effekte zur Folge" (vgl. Bauer 2005a, 28). Die Beziehungserfahrungen hinterlassen demnach biologische Spuren. Das menschliche Gehirn hält spezialisierte neurobiologische Systeme bereit, um sie zu dekodieren, zu regulieren und in biologische Signale zu konvertieren. Die Spiegelneuronen können neurobiologische Mechanismen unterstützen, die das Lesen der Gedanken, Gefühle und Intentionen anderer Menschen ermöglichen. Eine Resonanz entsteht, die Empfindungen anderer in uns selbst wecken, ein Miterleben dessen, was ein anderer erlebt, und auch die Fähigkeit, „eine beobachtete Aktivität zu erfassen, dass man sie imitieren kann – kurz, die Empathie mit einem anderen Menschen und die Herstellung eines intersubjektiven Kontakts" (vgl. Stern 2005, 91).

Kinder, die an Autismus leiden, weisen eine Störung der Spiegelsysteme auf. Bereits im zweiten Lebensjahr zeigen sie eine verminderte Fähigkeit, spontane Gesichtsausdrücke oder Gesten zu imitieren, wobei unklar ist, ob es sich um eine primäre Dysfunktion im Bereich der biologischen Grundausstattung oder um fehlende Gelegenheiten zu wechselseitiger spiegelnder Kommunikation in den Monaten nach der Geburt handelt (vgl. Bauer 2005b, 72ff).

In der Regel sind biologische Veränderungen weniger *Ausgangspunkt* als *Folge* eines Krankheitsgeschehens. Gerade für die Pädagogik ist die aus der Hirnforschung hergeleitete Vorstellung von unschätzbarem Wert, dass zwischenmenschliche Bindungen nachhaltige Auswirkungen auf die neurobiologischen Parameter haben und Lern- und Beziehungserfahrungen mit Veränderungen einhergehen, die das ganze Gehirn betreffen (vgl. von Lüpke 2004 b, 404 ff). Hirnstoffwechsel, Verbindungen zwischen den Hirnzellen und ganze Zellstrukturen ändern sich ständig *in Abhängigkeit von Umwelteinflüssen* (vgl. von Lüpke 2005 a, 23).

Wenn etwas Neues wahrgenommen wird, so breitet sich eine unspezifische Erregung aus, die auf die emotionalen Zentren übergreift und zu einer vermehrten Ausschüttung von Botenstoffen führt, die wiederum als Trigger für neuroplastische Umbruchprozesse in nachgeschalteten Neuronenverbänden wirken. „Auf diese Weise wirkt die emotionale Aktivierung als Instrument zur adaptiven Modifikation und Reorganisation neuronaler und synaptischer Verschaltungsmuster in den assoziativen Bereichen der Hirnrinde (...). Gelernt wird also mit einem solchen Gehirn immer dann besonders gut und besonders nachhaltig, wenn es ‚unter die Haut geht'". Schon im Mutterleib gemachte Erfahrungen werden als Verschaltungsmuster abgespeichert. Zunächst existiert auf Grund eines durch genetische Programme gesteuerten Prozesses ein riesiges Überangebot an Nervenzellenverbindungen. Das kindliche Gehirn kann schließlich noch nicht wissen, worauf es im späteren Leben einmal ankommen wird. Stabilisiert und erhalten bleiben davon aber nur diejenigen, die auch wirklich benutzt und gebraucht werden (vgl. Hüther 2004, 19 ff).

Hirnstoffwechselprozesse stehen also in einer komplexen Beziehung zum bio-psycho-sozialen Kontinuum. Es kommt zu jeweils wechselseitig bedingter Einflussnahme und Veränderung, ohne dass dies mit einem einfachen Reiz-Reaktions-Schema zu erklären wäre. Dauerhafter Stress auf der Ebene der Beziehungserfahrungen kann Veränderungen der Hirnstoffwechselparameter wie auch Verhaltensauffälligkeiten auslösen. Dies sind aber bedeutungsgebundene Prozesse, auf die auch zunächst bedeutungsgebundene und keine pharmakologischen Reaktionen zu erwarten wären. Wird nämlich der Stress durch geeignete pädagogische und/oder psychotherapeutische Interventionen vermindert, so kann dies Auswirkungen auf die neurobiologischen Korrelate nach sich ziehen.

Seelische Erlebnisse werden vom Gehirn in bioelektrische Impulse und in die Freisetzung von Nerven-Botenstoffen verwandelt. Das Gehirn macht aus jedem psychischen also einen biologischen Vorgang (vgl. Bauer 2005 a, 21). Nach Hüther werden neue Situationen auf der Grundlage bereits etablierter Interaktionsmuster bewertet. Bei psychisch traumatisierten Kindern kommt es dann zu einer überstarken Aktivierung der emotionalen Hirnzentren, so dass sie mit einer Art Notfallreaktion von Erstarrung und Hilflosigkeit reagieren. Zum einen wird auf diese Weise Lernen im Sinne der eigenständigen Entwicklung neuer Problemlösungs- und Anpassungsmuster erschwert oder ganz unmöglich gemacht. Zum anderen muss man erkennen, dass das damit erlöschende Wachstum des Gehirns zu einer Verringerung des Volumens und zu Defiziten der Ausreifung der Frontalregionen führt, von gestörter Affektregulation und psychopathologischen Störungsbildern ganz abgesehen (vgl. Hüther 2002, 466 ff). Inzwischen richtet die Traumaforschung ihr Interesse nicht allein auf die Wirkung somatischer Faktoren auf die psychische Entwicklung, sondern stellt umgekehrt die Frage, welche Auswirkungen psychischer Stress auf die Hirnbiologie und -chemie hat (vgl. Müller 2000, 637).

Selbst bei eingeschränkter Aufnahme- und Verarbeitungskapazität, wie wir sie in heilpädagogischen Arbeitsfeldern antreffen, bemisst sich jeder Informationsgehalt also an der Wichtigkeit, die das individuelle Subjekt ihm zuerkennt. Das emotional regierte Vorwissen bestimmt im obigen Sinne den semantischen Kontext, in dem eine Information empfangen wird. Wahrnehmung wird durch Erfahrung strukturiert (vgl. von Lüpke 1996). Insofern müssen wir streng zwischen Signalen, also zum Beispiel den von den Sinnesorganen erzeugten neuronalen Erregungszuständen, und ihren Bedeutungen unterscheiden. Wahrnehmung offenbart sich als subjektiv geprägte Wahrnehmung: Vor dem Hintergrund lebensgeschichtlich bedeutsamer Erfahrungen werden Wahrnehmungsinhalte in emotional bewertete Zusammenhänge eingeordnet. Die Interaktion mit der Umwelt erzeugt in jedem Menschen einen selbst organisierenden Prozess der assoziativen Verknüpfung von Erfahrenem und subjektiv Sinnvollem. Gehirne sind keine „datenverarbeitenden Systeme", sondern müssen die Frage beantworten helfen „Was tue ich jetzt?" Die Fähigkeit, darauf eine angemessene Antwort zu finden, beruht auf dem Zusammenspiel von Bewertungs- und Gedächtnissystem, *„denn Gedächtnis ist nicht ohne Bewertung möglich, und jede Bewertung geschieht aufgrund des Gedächtnisses, d. h. früherer Erfahrungen und Bewertungen"* (vgl. Roth 1997, 197 f). Gerade bei der Bewertung spielen emotionale Faktoren eine entscheidende Rolle.

Wahrnehmung meint eine bedeutungsgeleitete Erkenntnis von Dingen und Vorgängen, die mehr beinhaltet als das, was sie *tatsächlich* sind. Sie reicht daher weit über die sinnesphysiologische Dimension hinaus (vgl. Roth 1997, 78 ff). Zwar ist die psychoanalytische Gedächtnisforschung noch nicht sehr differenziert ausgearbeitet. Es gibt aber aus Einzelarbeiten wichtige Hinweise darauf, dass Wahrnehmung kein passiver Vorgang ist, sondern ein kreativer Prozess, der im Gedächtnis bewahrte Informationsmuster aus komplexen aktuellen Sinnesempfindungen herausfiltert und mit früheren in Zusammenhang bringt. Die Abhängigkeit aktueller innerseelischer Informationsverarbeitungsprozesse von zurückliegenden Beziehungserfahrungen ist ja das Kernstück der Psychoanalyse (vgl. Leuzinger-Bohleber 2000, 224).

Wendet man das Konzept vom so genannten *Episodengedächtnis* auf die vorgeburtliche Zeit an, so wird die Bedeutung der pränatalen biographischen Dimension für die Arbeit mit auffälligen Kindern deutlich (vgl. von Lüpke 2003, 136 ff). Zusammenhänge zwischen Auffälligkeiten im Säuglingsalter und späteren Hyperaktivitäts- und Aufmerksamkeitsstörungsmerkmalen sind seit längerem bekannt, vor allem, wenn die Eltern ein eindringendes und überstimulierendes Verhalten an den Tag legten. Die Auffälligkeiten können dann als Reaktion auf eine massive Ohnmachtserfahrung in erzwungener Passivität gelesen werden (vgl. von Lüpke 2007, 119 ff).

Wir wissen inzwischen auch, dass der Gedächtnisinhalt nicht als isoliert speicherbare Substanz vorzustellen ist, sondern als Verknüpfungsmodus in einem Neuronen-Netzwerk, das mehr oder weniger veränderbar ist. „Durch wiederholtes Evozieren ganz alter Inhalte mit neuen Konnotationen werden diese alten Inhalte neue und andere Färbung bekommen“ (vgl. Berner 2002, 194). Mit Hilfe des Speichermodells kann nicht erklärt werden, wie adäquates Verhalten in einer neuen Situation auf dem gespeicherten Wissen früherer Erfahrungen möglich sein sollte. Hier handelt es sich um einen aktiven Vorgang und nicht um ein „‚automatisches Abrufen‘ einer gespeicherten Informationsgestalt“, was ohne Bezug auf die handlungsleitende Bedeutung von Symbolen nicht verstehbar wird (vgl. Leuzinger-Bohleber, Pfeifer 2002, 250).

An dieser Stelle bietet sich die Unterscheidung von deklarativem bzw. explizitem und implizitem Gedächtnis an. Im expliziten Gedächtnis ist alles Wissen versammelt, das wir bewusst reproduzieren können. Es speichert Ereignisse und Tatsachen und beinhaltet die bewussten Erinnerungen unserer Autobiographie, wobei einschränkend anzumerken ist, dass wir damit keine genaue Wiedergabe der ursprünglichen Ereignisse erhalten, sondern es zu nachträglichen Bearbeitungen kommt. Ein großer Teil der Erlebnisse aus unserer Kindheit bleibt der bewussten Erinnerung verschlossen, ohne allerdings zu verblassen – diese Erfahrungen sind im impliziten Gedächtnis niedergelegt. Das implizite Gedächtnis umfasst Vorgänge, die einmal gelernt oder erfahren wurden, von denen man aber nicht mehr weiß oder wissen muss, wie es geht (vgl. Deneke 1999, 77). Stern u. a. sprechen vom „*impliziten Beziehungswissen*“, welches sich durch interaktionale, intersubjektive Prozesse entwickle und nicht-symbolisch repräsentiert sei. Danach internalisiert der Säugling nicht das Objekt selbst, sondern den Prozess der wechselseitigen Regulation (vgl. Stern u. a. 2002, 977 ff).

Eine weitere Unterscheidung nimmt Dornes vor, indem er in deklaratives und prozedurales Wissen – „ein Wissen, das bestimmten Fähigkeiten unterliegt, zu dem aber kein bewusster Zugang besteht“ – differenziert (vgl. Dornes 1998 b, 25). Das prozedurale Gedächtnis existiert von Geburt an, das deklarative wird später erworben. Zum Beispiel kann ein Kind auch dann ein gutes Bild von sich und seinem Objekt aufrechterhalten kann, wenn das Objekt verschwindet oder sich frustrierend verhält. In gleicher Absicht spricht Stern von explizitem und implizitem Wissen und befindet, dass das explizite Wissen sprachlich und symbolisch, das implizite Wissen dagegen nicht-sprachlich und nicht-symbolisch sei (vgl. Stern 2000, 481 f). Er schlussfolgert, dass sich das ganz junge Kind, das noch nicht über Sprache verfügt, mit einem impliziten Wissen über das Erleben des Anderen, das sich von seinem ich-zentrierten Erleben unterscheidet, entwickelt. Was als wichtig eingestuft wird und welche Möglichkeiten ein Mensch hat, sich damit aktiv auseinander zu setzen, hängt davon ab, auf welche Weise es in der Vergangenheit positiv oder negativ als bedeutsam hervortrat.

Das implizite Wissen wirkt im Hintergrund und kann, wenn eine reale oder vermeintliche Gefahr droht, die weiteren Reaktionen bestimmen, ohne dass der wahre Grund dafür deutlich würde. Ladan nennt diese Muster, die sich dem bewussten Gedächtnis entziehen, das „Selbstschweigende“ (vgl. Ladan 2003, 18). So wird jemand, der sich beständig im Beisein anderer unsicher fühlt, nicht mehr erinnern, wie er als Kind immerfort ignoriert wurde und man nicht auf seine Gefühle und Bedürfnisse einging. Stattdessen hat er all diese Erfahrungen zu seiner implizit erinnerten Überzeugung zusammengefügt, er sei nichts wert. Und den anderen vermittelt er laufend die Botschaft, dass er sich selbst nicht ernst nimmt und dass man seinen Gefühlen keine Beachtung schenken muss. Diese Überzeugung, dieses *Wissen*, es sei unmöglich, ernst genommen und geachtet zu werden, ist zu einem Muster geworden, welches als selbstschweigendes zur Grundlage dieser Persönlichkeit geworden ist.

Für die Entstehung aller Bedeutungen im Gehirn muss zwar zunächst eine Aufnahme von Informationen durch die Sinne erfolgen, dieser Vorgang ist aber nicht als mimetische Angleichung, als bloße Widerspiegelung oder Abbildung der Umwelt misszuverstehen ist, sondern „immer als individuelle Aktivität, bei der das Kind die in der Interaktion erlebte Bedeutung verarbeitet“ (vgl. Wilken 1999, 110). Es bietet sich an, die vom impliziten Gedächtnis vorgeformte Art unserer Wahrnehmung aus der Perspektive einer Konfliktpsychologie zu betrachten und quasi als eine Psychologie des Unbewussten zu lesen (vgl. Plänkers 1995, 130 ff). Die Konfliktgebundenheit eines Kindes – in Bezug auf sein Verhältnis zu den Eltern, zu den Lehrern, zu seinen Mitschülern usf. – gibt eine affektive Folie ab, auf der sich seine kognitive oder verhaltensmäßige ‚Indisponiertheit‘ einschleift; den kindlichen Reaktionen käme demnach eine tiefere Bedeutung zu. Reduzierten wir das Ganze etwa aber auf eine cerebrale Unfähigkeit, einlaufende Informationen richtig wahrzunehmen, wäre der Antagonismus zwischen dem biophysischen Nährboden der menschlichen Ausstattung und den zivilisatorischen Ansprüchen (der Schule) aus der Betrachtung gelöscht.

Anders gesagt: Würden wir den Sinnbegriff durch den Informationsbegriff ersetzen, verkürzten wir das Problem eindimensional und kognitivistisch (vgl. Plänkers 1995, 132). Damit würde jede Sinnlichkeit als Basis des Sinns einer Handlung verloren gehen. Biologie und kulturelle Bearbeitung aller Lebensthemen sind aber eng miteinander verflochten, was sich nach keiner Seite aufheben lässt. Phasen des Aufmerksamwerdens oder -seins laufen zum Beispiel stets kontextbezogen ab, und zwar in Abhängigkeit von der emotionalen Bewertung einer augenblicklichen Situation. Emotional bedeutsame Ereignisse gehen mit registrierbaren physiologischen Veränderungen, wie zum Beispiel der Aktivität des vegetativen Nervensystems, einher, „welche als Marker fungieren, d. h. bei Auftreten aktuell ähnlicher physiologischer Reaktionen wieder ansprechen und dann auf den erlernten emotionalen Kontext dieser vegetativen Reaktionen verweisen“ (vgl. Huber 2004, 47).

Hier findet sich eine neurobiologische Bestätigung des psychoanalytischen Konzepte des Unbewussten: „Im Vorgang des ‚Kategorisierens‘ zum Beispiel einer neuen Situation, also der (buchstäblichen) ‚Gestaltung‘ eines neuen Ausschnitts der Erfahrungswelt werden Gestalten (bildlich) aus früheren Erfahrungszusammenhängen gelöst und benötigt als Bausteine, Passformen und ‚Handelnde‘ eines imaginären Plots, sie werden aus anderen Zusammenhängen (metaphorisch) freigesetzt, belebt, ‚suchen Anschluss‘, werden ‚in Szene gesetzt‘, mutieren, erhalten neue Namen und Bedeutungen, bis eine Art ‚Sättigung‘ erreicht ist, eine (pseudo-)stabile ‚Deutung‘ des Wahrgenommenen, ein neues ‚So-ist-es‘, partiell automatisiert, unwillkürlich und mehr gefühlt als begriffen, unbewusst, manchmal vielleicht bewusst erlebt mit affektiver Beteiligung“ (vgl. Huber 2004, 50).

Zentrale Erkenntnisse aus den Neurowissenschaften lassen jedenfalls die strikte Trennung zwischen Gefühls- und Verstandesregionen nicht mehr zu, wie Schmid Noerr befindet. Schmid Noerr bezieht sich bei dieser Einsicht auf die Entdeckung einer zweistufigen Verarbeitungsweise der sensorischen Signale durch den Mandelkern durch LeDoux. Der Hauptstrom dieser Signale verläuft von den Sinnesorganen über den Thalamus und die sensorischen Zentren der Großhirnrinde zum Mandelkern. Hier erfolgt eine Koordination durch die kortikalen Präfrontallappen, was in der Folge motorische Körperreaktionen auslöst. Gleichzeitig werden aber auch kleinere, abkürzende Bahnungen zwischen Thalamus und Mandelkern unter Umgehung der Großhirnrinde gewählt. Das bedeutet, dass emotionale Reaktionen zunächst auch anatomisch unabhängig von der Großhirnrinde und psychologisch unabhängig von bewussten Wahrnehmungen erfolgen können (vgl. Schmid Noerr 2003, 115 f).

Man muss nun zwischen den Schichten des limbischen Systems – die weitgehend mit Freuds *Es* übereinstimmen – und den zusätzlichen kortikalen Verschaltungen – dem *Ich* und dem *Über-Ich* – unterscheiden. Das unbewusste Affektschema steuert die individuellen Reaktionen zum einen nach einem Lust-Unlust-Kriterium, enthält aber zum andern auch qualifizierte Verhaltensformeln von Nähe und Distanz, Flucht und Aggression oder Bindung und Ablehnung. Das emotionale Erfahrungsgedächtnis interpretiert die aktuellen Ereignisse an Hand des erworbenen Affektschemas und ordnet sie jeweils ein. Gleichzeitig beginnen sich die weiter differenzierenden und regulierenden kortikalen Vernetzungen darum herum zu lagern. Allerdings hat das bewusste Ich kaum Einsicht in die Antriebe des limbischen Erfahrungsgedächtnisses.

Hier tun sich eine Reihe von Querverbindungen zu Lorenzer auf. Denn seine Dialektik von natur- und sozialwissenschaftlichem Denken beharrt hartnäckig auf der Janusköpfigkeit menschlichen Seins: „Indem die Psychoanalyse in der Analyse der Interaktionsformen in diesen immer auch die darin dialektisch eingegangene Natur erfasst, bringt sie die Naturbestimmtheit menschlichen Handelns zum Vorschein“ (vgl. Lorenzer 1974, 197). Vor allem sein Begriff der „Erinnerungsspur“ erscheint an die neurowissenschaftlichen Entdeckungen überaus anschlussfähig. Lorenzer betont, dass Erinnerungsspuren nicht erst zentralnervös zu existieren beginnen, sondern sich schon in der Körperperipherie „‚einzeichnen‘, um als ‚Spur‘ anfangs von peripheren Eintragungen in den Sinnes- und Muskelapparat, über Reflexbögen, Stammhirnschaltungen nach ‚oben‘ zu laufen“. Er fragt danach, wie die Emotionen in den Erinnerungsspuren zu den szenischen Aufzeichnungen hinzutreten und kommt zu dem Schluss: „*Erlebbar* sind alle diese Erinnerungsspuren auch ohne Bewusstsein“ (vgl. Lorenzer 1983, 101 ff; Schmid Noerr 2003, 122). In dieser Passage macht Lorenzer implizit selbst auf die nötige physiologische Ergänzung des szenischen Verstehens aufmerksam.

Dezidiert sei an dieser Stelle auf Lorenzers Begriff der Evidenz Bezug genommen, der über das Wissen von zwei unabhängigen Wahrnehmungskanälen jetzt noch plausibler wird. „Das Evidenzerlebnis des Analytikers angesichts einer Szene (...) ist der wichtigste Sicherungspunkt der analytischen Arbeit", heißt es kurz und bündig (vgl. Lorenzer 1973, 155). Neben, genauer sogar: *vor* das kognitive Verstehen szenisch angeordneter Sinnzusammenhänge tritt jetzt ein aus dem aktuellen Beziehungskontext resultierendes, empathisch gewonnenes Aha-Erlebnis, wenn sich aus dem heterogenen Wahrnehmungsmaterial heraus plötzlich bestimmte Zusammenhänge als relevante dramatische Figuren präsentieren (vgl. Lorenzer 1974, 100). Erst wenn man auf beiden Wegen zu kongruenten Ergebnissen gelangt, stellt sich Evidenz ein. Zu erörtern bliebe, welchen Geltungsanspruch dieses Evidenzerleben beanspruchen darf. Ich möchte unterstreichen, dass es Ergebnis eines längeren dialogischen Prozesses ist und sich seine Bedeutung allein in diesem Kontext vermittelt.

Ähnlich wird dieses Phänomen bei Lichtenberg und Stern erörtert. Das Hineinspüren beruht auf einem affektiven Mitschwingen, welches aus einem tiefensensiblen Empfinden gespeist wird und dazu verhilft, die affektiv gefärbten Signale und Botschaften des Gegenübers aufzunehmen, sofern die einfühlsamen Reaktionen im Einklang mit den eigenen affektiven Kennungen stehen. Hinzu tritt eine kognitive Regung – das Verstehen – mit deren Hilfe dem, was aufgenommen wurde, eine Bedeutung verliehen wird. Das Verstehen organisiert die verspürten Empfindungen und gibt ihnen eine symbolische Ordnung (vgl. Lichtenberg 1991, 156; Stern 1992, 207). Es wird deutlich, dass ein reines Erklären ‚vom Kopf her' bzw. ein bloßes Verstehen ‚aus dem Bauch heraus' für die Erkenntnisgewinnung unzureichend sind. Als einzige Wissenschaft vom Menschen befreit uns da Psychoanalyse aus diesem Dilemma.

Ich fasse kurz zusammen: Ergebnisse der Hirn- und der Säuglingsforschung ergänzen sich bezüglich gelingender bzw. misslingender kindlicher Anpassungsprozesse vortrefflich, vorausgesetzt, dass die jeweilige Bedeutung von Gelingen oder Misslingen fürs Subjekt verstanden wird. Denn selbst die Erkenntnis, dass andauernder Stress zu dramatischen Veränderungen von Hirnstoffwechselprozessen führen kann – und vice versa –, ist zunächst nur eine *quantitative* Bestimmung. Welche *Qualität* für das Erleben damit verbunden ist, vermag nur eine von Einfühlung getragene Rekonstruktion aufzuklären. Stets muss die Bedeutung des störenden Verhaltens im Zusammenhang mit dem Beziehungskontext für uns handlungsleitend sein.

Die Erfahrung strukturiert das Gehirn und nicht umgekehrt. Deshalb muss gefragt werden, inwieweit Eigenheiten beim Hirnstoffwechsel – so sie überhaupt widerspruchsfrei nachweisbar sind – als auslösende oder Folgephänomene bestimmter unzureichender Umwelterfahrungen zu bewerten sind. Hier wäre anzumerken, dass sich die Stimmen mehren, die sich gegen eine allzu naive Verwendung der Ergebnisse aus den Neurowissenschaften wenden. Dies gilt auch und gerade für jene Forschungsbemühungen, die sich auf die Verbindung von Biologie und Psyche beziehen, die also eine allzu platte biologistisch-deterministische Sicht hinter sich gelassen haben.

Altmeyer betont, dass die Untersuchung, an welchen Orten, auf welchen Bahnen und unter welchen Kontextbedingungen Erinnerungen gespeichert werden, nichts darüber aussagt, was das für Erinnerungen sind. Zudem wird immer nur ein Kern des Geschehens gespeichert, der dann rekonstruiert, verdichtet oder reduziert usw. wird. Die Beseitigung von Mehrdeutigkeiten durch das Gehirn ist daher immer Quelle von Illusion, Fehlwahrnehmung und Fehlurteil. Das zentrale Problem aber bleibt, dass die Kluft zwischen subjektiver Ich-Perspektive und der objektiven Perspektive der dritten Person ignoriert wird. Wir haben es dementsprechend nicht mit der „unerbittlichen ‚Kausalität der Natur'", sondern mit einer „kontingenten ‚Kausalität des Schicksals'" zu tun (vgl. Altmeyer 2007, 730 ff).

Noch radikaler geht van Elst mit der Hirnforschung ins Gericht, der er methodologischen Dilettantismus vorwirft. Der mathematische Vergleich der gemessenen Signale der Ruhebedingung mit jenen im aktiven Zustand lässt nur die Bestimmung relativer Größen mit vielerlei Fehlerquellen zu. „Denn das Ergebnisbild ist (...) ein statistisches Bild und kein Abbild der tatsächlichen Gehirnaktivierung oder -durchblutung" (vgl. van Elst 2007, 30). Insofern erscheint die nachgerade mythenhafte Verehrung der Erkenntnisse der Neurowissenschaften – und dass man selbst nur etwas vorbringen darf, wenn es aus dieser Richtung bestätigt wird – durchaus reflexionsbedürftig.

Damit stoßen wir auf ein grundsätzliches Problem. Im Zuge der Medizinalisierung menschlichen Handelns konzentriert man sich zusehends auf neurophysiologische und biochemische Wirkmechanismen auf Kosten der Beachtung ihres Zusammenwirkens mit psychosozialen Faktoren. Nicht erst seit dem Entstehen einer bis heute sehr erfolgreichen Psychosomatik wissen wir aber, dass lebensgeschichtlichen Hintergründen ein nicht unerhebliches Gewicht bei der Entstehung und für den Verlauf von Krankheiten zukommt (vgl. Loch 1998; Bauer, Kächele 2005). Gesellschaftliche Krankheits- und Störungsmomente werden erst recht ausgeblendet und das Subjekt soll auf seine (zu therapierende) Körperlichkeit hin funktionalisiert bleiben.

Hierin zeigt sich der Wunsch nach einer Einheitswissenschaft unter der Vorherrschaft der Neurowissenschaften. Er zerbirst allerdings an der Unmöglichkeit, Geist und Gehirn kategorial zusammenzudenken. *Geist* steht für das Sinnverstehende und schließt auch ein, dass es Grenzen des Verstehens gibt, so wie es Adorno mit seinem Konzept des „Nichtidentischen" angedeutet hat (vgl. Adorno 1990 b, 149 ff). Stets sieht sich das Subjekt in innere wie äußere Widersprüche verstrickt, die die Gebrochenheit seiner Identität hervorbringen. Dieses von konfligierenden Kräften bestimmte Verhältnis des Subjekts zu seiner inneren Natur, zu seiner Leiblichkeit und seinen Mitmenschen nötigt uns auf, das Unbegriffliche daran in Begriffe zu fassen, ohne es dabei in Begriffe aufzulösen (vgl. Wiggershaus 1993, 673). Identität kennt die Steuerung durch ein festes Ich – aufgehoben im vernunftgeleiteten Handeln – wie den archaischen vor-ichlichen Impuls (vgl. Adorno 1990 b, 221) – nicht zuletzt aufgehoben in der *Verhaltensauffälligkeit.* Identität kann daher mit vernunftgeleitetem Handeln nicht in eins gesetzt werden. Demnach wäre es fatal, wollten wir das, was sich uns mehr oder weniger deutlich als eine Störung präsentiert, für etwas halten, das sich in exakte Kategorien einteilen ließe. Immer bleibt ein unauflösbarer Rest.

Der Mensch als im letzten unbestimmbares Wesen verlangt geradezu nach Erklärungen für etwas, das nicht erklärt werden kann (Brunkhorst 1990, 263). Das Irrationale ist nicht voreilig aus der Betrachtung zu eliminieren. Umgekehrt wird damit die naturwissenschaftliche Annäherung – etwa über bildgebende Verfahren – beileibe nicht diskreditiert. Empirische Forschung ist unabdingbar, sie darf aber nicht im Empirismus versanden. Es bleibt ein nicht aufgehender Rest: Interpretative Daten sind nicht mit Beobachtungsdaten in eine direkte Beziehung miteinander zu setzen (vgl. Plänkers 2006, 3). Ich erinnere hier an Freuds berühmte Definition der Psychoanalyse, die er als Verfahren zur „Untersuchung seelischer Vorgänge, die sonst kaum zugänglich sind", bezeichnet hat (vgl. Freud 1923a, 211). Anders ausgedrückt: „Wir müssen eingestehen, dass Psychologie und Hirnforschung mit *unterschiedlichen Sprachen dieselben Prozesse* untersuchen, von denen wir noch nicht viel wissen. (. . .) Die These der Identität psychischer und hirnphysiologischer Prozesse erfordert Frustrationstoleranz gegenüber dem Streben nach einer umfassenden widerspruchsfreien Theorie" (vgl. Reiser 2006, 69f).

2.5 Übertragung und Gegenübertragung

Damit sind wir wieder beim psychoanalytischen Verstehen gelandet. Seine hauptsächliche methodische Grundlage liegt nach heutiger Meinung im Erfassen des dialogischen Zusammenwirkens von Übertragungs- und Gegenübertragungsreaktionen, dem ich mich nun explizit zuwenden möchte. Ich werde mit einem Beispiel beginnen (vgl. Gerspach 2009a).

Stemmer-Lück beschreibt den Verlauf einer Jugendhilfemaßnahme in einem Projekt in Irland, die der Betreuung einer weiblichen Jugendlichen dient (vgl. Stemmer-Lück 2004, 140ff). Melanie lebte in der Familie ihrer Betreuerin gemeinsam mit deren Tochter und Lebenspartner. Ein weiterer männlicher Jugendlicher, Rainer, war ebenfalls dort untergebracht. Melanie war direkt aus der Kinder- und Jugendpsychiatrie dorthin geschickt worden. Hintergrund war der über Jahre andauernde sexuelle Missbrauch durch den Vater.

Melanie verspürte starkes Heimweh, wollte die Maßnahme verlassen und in ihre Herkunftsfamilie zurückkehren. Dies hätte die Rückkehr in die Missbrauchssituation bedeutet. Nach einem ihrer Urlaube dort hatte Melanie ihrer Betreuerin von neuerlichen Missbrauchshandlungen berichtet. Zudem kam es zu einer sexuellen Beziehung zu Rainer, der Melanie offenbar nur benutzte, während sie sich nach Liebe und Nähe sehnte. Als die Betreuerin für einige Zeit abwesend war, begann Melanie wieder zu „schnippeln". Daraufhin betreute deren Partner das Mädchen fürsorglich, was von Melanie als sexuelle Verführungssituation zu gestalten versucht wurde.

Melanie war seit ihrem fünften Lebensjahr vom Vater sexuell missbraucht worden, zudem war sie mit Pornographie und Alkohol aufgewachsen. Mit dreizehn Jahren lief sie von zu Hause fort zu einer befreundeten Familie, wo es ebenfalls zu einem Missbrauchsvorfall kam. Sie kam ins Heim, aus dem sie wiederholt fortlief. Wegen einer Überdosis Drogen wurde sie schließlich in die geschlossene Psychiatrie gebracht, danach in die Jugendhilfemaßnahme. Die Interaktion zwischen Melanie und ihrer Betreuerin war von heftigen emotionalen Unruhen gekennzeichnet. Sie beschimpfte die Betreuerin als Monster, beklagte sich beim Jugendamt über sie und wünschte sich gleichzeitig eine viel engere Beziehung. Es gab eine Vertrauensbasis, die es Melanie erlaubte, vom neuerlichen Missbrauch zu berichten.

Vor allem entwickelte sich ein massives Übertragungsgeschehen. Melanie suchte mütterliche Nähe und Wärme bei ihrer Betreuerin – etwas, das sie offensichtlich nie erlebt hatte. Schließlich hatte sie ihre leibliche Mutter nicht vor dem Vater beschützen können. Parallel dazu wurde aber die schlechte Mutterimago immer wieder virulent. Melanie konnte den Wunsch nach Nähe zu einer idealisierten Mutterfigur und die Enttäuschung darüber, dass diese sich nicht perfekt an ihre große emotionale Bedürftigkeit anzugleichen wusste, nicht unter der Vorherrschaft eines positiven Grundgefühls vereinen. Die Idealisierung schlug rasch um in Entwertung und Bekämpfung. So brach das „Böse“ wieder durch, als die versorgende Mutter nicht da war: Es kam zu autoaggressiven Verletzungen und einer sich anbietenden Haltung den Männern im Hause gegenüber. Gemäß ihrer bisherigen Erfahrungen meinte sie, sich als Sexualobjekt präsentieren zu müssen, um Intimität und Geborgenheit zu erhalten.

In der Gegenübertragung wurde die Betreuerin ebenfalls von heftigen ambivalenten Gefühlen geschüttelt. Sie spürte die starken Wünsche nach Nähe ebenso wie die Enttäuschungswut. Der Familie Melanies gegenüber empfand sie überwiegend Ablehnung und Verständnislosigkeit. Im Hinblick auf das nach den Ferien mitgeteilte Geheimnis des erneuten Missbrauchs hatte die Betreuerin das Gefühl, zur Verräterin zu werden, wenn sie es offen legen würde. Ich denke auch, dass darüber hinaus die Verführungssituation in ihrer Abwesenheit die Betreuerin in Bedrängnis brachte. Bedingt durch die Vermischung von privater Lebens- und professioneller Betreuungssituation war es sicherlich nicht leicht, eine abstinente Haltung zu bewahren, wenn dem eigenen Partner mit Koketterie begegnet wurde. An dieser Stelle bricht der Bericht ab. Auf alle Fälle haben wir es hier mit einem pädagogischen Beziehungsrahmen zu tun, der die Beteiligten emotional aufs heftigste berührt und viele Affekte und Phantasien auslöst. Ohne eingehende Reflexion, um wieder genügend Abstand zu finden, erscheint eine solche Betreuung kaum durchführbar. Ich halte es daher für notwendig, in der Arbeit mit schwierigen Kindern und Jugendlichen, die uns auf vielerlei Art in ihre unbewältigten Lebensthemen szenisch verstricken, die unbewusst sich gestaltende Psychodynamik verstehen zu lernen, um die damit verbundenen Prozesse von Übertragung und Gegenübertragung erkennen und bewältigen zu können.

Freud entdeckte die Übertragungsvorgänge bei seiner Suche nach Behandlungsmöglichkeiten von psychisch Kranken mit psychotherapeutischen Mitteln (vgl.

Herold, Weiß 2000). Seither werden darunter alle Phänomene der subjektiven Bedeutungszuschreibung innerhalb einer Begegnung von mindestens zwei Personen verstanden. Im Rahmen der Psychoanalytiker-Patienten-Beziehung wird eine unbewusste Objektbeziehung in Szene gesetzt. Jetzt kann die Übertragung, die diesem Prozess zu Grunde liegt, systematisch beobachtet werden. Es kann mit ihr gearbeitet und sie damit verändert werden. Freud stellte zwei Kriterien für die Definition von Übertragung heraus: die Wiederholung der Vergangenheit und die Verzerrung der Realität. Ihm begegnete die Übertragung in der klinischen Auseinandersetzung mit den hysterischen Neurosen (vgl. Freud 1985 d). Er sprach von falscher Verknüpfung und forderte, dass die Kranken einsehen lernen sollten, dass es sich bei ihren Übertragungen auf die Person des Arztes um einen Zwang und eine Täuschung handele. An anderer Stelle (vgl. Freud 1914 g) führte er das Konzept des Wiederholungszwanges ein, das den Patienten zwinge, die vergessene Vergangenheit in der Beziehung zu seinem Psychoanalytiker erneut aufleben zu lassen.

In weiterer Ausarbeitung der Übertragungstheorie unterschied Freud dann zwischen positiver und negativer, aber auch bewusstseinsfähiger und unbewusster Übertragung (vgl. Freud 1912 b). Letztere ist Kern des Widerstandes, während die bewusstseinsfähige Übertragungskomponente Trägerin des Behandlungserfolges ist. Insbesondere die Auflösung der Übertragungswiderstände, der *Übertragungsneurose*, steht im Mittelpunkt der psychoanalytischen Behandlung. Im Durcharbeiten der Übertragungsneurose geht es darum, dem Analysanden zu zeigen, dass seine Gefühle wiederholen, was bei ihm bereits früher vorgefallen ist. Dadurch soll es ihm möglich werden, seine Wiederholung in Erinnerung zu verwandeln. Das ursprüngliche Übertragungskonzept Freuds wurde durch die Weiterentwicklung der klinischen Theorie und den Erkenntniszuwachs über die frühe Entwicklung zunehmend ausformuliert. Hierunter fällt vor allem die aktive Einflussnahme des Analytikers auf die Übertragung seines Patienten. So unterstützt er den Aufbau einer tragfähigen therapeutischen Beziehung über dessen Identifikation mit ihm. Zu Beginn der 1980er Jahre kam es unter dem Einfluss des sozial-konstruktiven Paradigmas zu einer Neubewertung der Übertragung.

Der Beitrag des Patienten zur Übertragung fußt auf seinem neurotischen Wiederholungszwang, welcher ihn veranlasst, seine Konflikte auf einer Bühne interpersoneller Beziehungen zu inszenieren. Der Beitrag des Analytikers zur Übertragung fußt auf einer Behandlungstechnik, die durch seine implizite Theorie gesteuert wird, auf seiner Individualität und seinem latenten Menschenbild. Analytiker und Analysand sind jetzt Beobachter, „die sich gegenseitig beim Beobachten beobachten und sich fortwährend im Prozess der wechselseitigen Beschreibung verändern" (vgl. Herold, Weiß 2000, 767). Der situativ gefundenen Interpretation der Beziehung mittels der Übertragungsdeutung durch den Analytiker wird nun kein objektiv-deterministischer Realitätsgehalt mehr zuerkannt, sondern sie gilt als Wirklichkeitskonstruktion, die jederzeit zugunsten einer besser passenden „Konsens-Wirklichkeit" aufgegeben werden kann. Sieben Merkmale von Übertragungsreaktionen seien herausgestellt (vgl. Trescher 1993, 174):

1. Es handelt sich um ein intrapsychisches Geschehen.
2. Die Übertragung stellt eine wiederbelebte Objektbeziehung dar, die aktualisiert wird.
3. Übertragungen sind an Regression geknüpft und folgen unbewussten infantilen Beziehungsmustern.
4. Das zugrunde liegende Erleben wird nicht bewusst erinnert, sondern unbewusst in Handlung umgesetzt.
5. Übertragungsreaktionen basieren auf Ersetzungen des früheren Objekts durch Stellvertreter.
6. Weil Übertragung eine Wiederholung darstellt, ist sie der Realität des aktuellen Beziehungskontextes gegenüber unangemessen.
7. Die durch die Übertragung bedingten Wahrnehmungsverzerrungen – „Du machst mit mir dasselbe wie die primären Objekte" – können entsprechende Abwehrbewegungen auslösen und führen dann zu szenisch sich ergänzenden Gegenübertragungsreaktionen.

Das Konzept der Gegenübertragung betont ebenfalls den unbewussten Anteil der Interaktionen zwischen dem Analytiker und seinem Analysanden (vgl. Ermann 2000). Als Gegenstück zu den Übertragungen des Analysanden stellt es die korrespondierenden Prozesse im Analytiker heraus, mit denen dieser auf die Übertragungen reagiert. Die Gegenübertragung manifestiert sich in Phantasien, Stimmungen, Impulsen und Verhaltensweisen, die sich analog zu den Übertragungen verhalten können und so einen indirekten Indikator darstellen, der Rückschlüsse auf den Inhalt der Übertragungen zulässt. Es kann sich aber auch um defensive Phänomene handeln, mit denen die Wahrnehmung der Gegenübertragung abgewehrt wird. Dies entspräche einem Gegenübertragungswiderstand.

Bei Freud spielt die Gegenübertragung noch eine vergleichsweise geringe Rolle. Er hat sie als ein Phänomen beschrieben, das zwar unweigerlich mit der Übertragung zusammen hängt, das aber einer fruchtbaren Behandlung eher im Wege steht. Er definiert sie als Einfluss des Patienten auf das unbewusste Fühlen des Arztes (vgl. Freud 1910 d). In diesem Zusammenhang warnt er davor, dass ein Psychoanalytiker nur so weit komme, als es seine eigenen Komplexe und Widerstände ihm gestatten. Obgleich Freud später die analytische Beziehung als einen Kommunikationsprozess zwischen zwei Unbewussten bezeichnet (vgl. Freud 1913 i), behält bei ihm die Gegenübertragung explizit eine negative Konnotation.

Beginnend mit Ferenczi, der der Gegenübertragung zunehmend Aufmerksamkeit schenkte, was schließlich zu einem zunehmenden Dissens mit Freud führte, wurde das Konzept der Gegenübertragung immer deutlicher als konstruktives Element gesehen. Übertragung und Gegenübertragung werden zur funktionellen Einheit und sind sinn- und bedeutungsvoll aufeinander zu beziehen. Diese Umdeutung geht vor allem auf Paula Heimann (1950) zurück, die die Gegenübertragung als eine Inszenierung des Analysanden im Analytiker las und insofern als einen Spiegel des Inneren des Analysanden auffasste. Somit lassen sich Rückschlüsse aus der Gegenübertragung auf die Übertragung ziehen.

Heute wird die Gegenübertragung in einem ganzheitlichen Sinne einer gemeinsamen Schöpfung (vgl. Stemmer-Lück 2004, 100) verstanden und umfasst die Gesamtheit der Auffassungen des Analytikers gegenüber dem Analysanden, also die bewussten, unbewussten, reaktiven und genuinen Einstellungen, die Bezug zum Analysanden haben. Auch dem realen Verhalten der beiden am psychoanalytischen Prozess Beteiligten werden inzwischen wichtige Stimuli für die Beziehungsgestaltung zuerkannt. Grundsätzlich gilt, dass für das Gelingen einer psychoanalytischen Behandlung ein umfassendes Verstehen der Dynamik aus Übertragung und Gegenübertragung vorauszusetzen ist. Der Analytiker reagiert eben nicht nur im Sinne einer Gegenübertragung, sondern er gestaltet den analytischen Prozess durch viele subjektive Faktoren, darunter seine eigene Übertragung, aktiv mit.

Für den Umgang mit der Gegenübertragung ist mittlerweile das Konzept einer nicht-pathologischen Form der projektiven Identifizierung maßgeblich. Dieser Begriff markiert noch einmal sehr gut die Dynamik des unbewussten Beziehungsgeschehens. In diesem Konzept, welches auf Melanie Klein zurückgeht, verbinden sich der innere mit dem äußeren Bereich (vgl. Stemmer-Lück 2004, 101 ff):

1. Unerwünschte Selbstanteile werden in eine andere Person projiziert.
2. Über die konkrete Interaktion wird Druck auf diese Person ausgeübt, so zu fühlen und zu handeln, wie es der Projektion entspricht.
3. Die projizierten Phantasien und Gefühle werden durch die andere Person gehalten und verarbeitet, was zu einer Reintrojektion in modifizierter Form führt.

Die Verarbeitung der projektiven Identifikation beinhaltet einen Vorgang, durch den ein psychologischer dialektischer Prozess wiederhergestellt wird, in dem der induzierte Gefühlszustand erfahren, gedanklich nachvollzogen und durch das interpretierende Subjekt verstanden werden kann (vgl. Ogden 1997, 15). Die Gegenübertragung wird also als Manifestation dessen betrachtet, was im Analysanden nicht verarbeitet werden kann, in den Analytiker. Ähnlich der Mutter erhält er dadurch eine *Container-Funktion* (vgl. Bion 1992). Im Bionschen Modell vom Container-Contained bedeutet Containing, dass sich die Mutter zur Verfügung stellt, um „alle die noch nicht bewussten und (noch) unintegrierbaren Affekte und Empfindungen des Säuglings (zum Beispiel Wut und Angst) eine Zeitlang in sich zu bewahren, in sich stellvertretend zu verarbeiten, um so das Kind vor einem Überflutetwerden von seinen Affekten zu schützen und ihm ein Gefühl der Kontinuität seiner Existenz in Beziehung zu seiner Umwelt zu ermöglichen" (vgl. Trescher, Finger-Trescher 1992, 94).

Die Fähigkeit, das Getrenntsein von der Mutter zu ertragen, wird durch die Introjektion der guten Mutterbrust erreicht und entsteht mit Hilfe der Containing-Funktion der Mutter. Die primäre Mütterlichkeit versetzt sie in die Lage, sich mit dem emotionalen Zustand des Säuglings zu identifizieren. Die noch unverstandene emotionale Erfahrung des Kindes, die sogenannten Beta-Elemente, werde durch die einfühlende Alpha-Fähigkeit der Mutter in Verstehbares, in Alpha-Elemente verwandelt (vgl. Rustad 2007, 78 f; Beland 1997, 33).

Der komplexe Vorgang des Containments verläuft in vier Phasen:

- die mütterliche Wahrnehmung der Äußerungen des Säuglings,
- die emotionale Resonanz auf diese Wahrnehmung,
- die Aufnahme in die Psyche und das ‚Denken' darüber,
- die Reaktion der Mutter.

Dabei ist das *Denken* der Mutter in dieser Situation „überwiegend unbewusst-intuitiv, geschieht in einem Zustand, den Bion als ‚Rêverie', als das träumerische Ahnungsvermögen bezeichnet hat". Der Container/die Mutter selbst wird durch die Aufnahme des Contained/des Materials verändert. Deshalb liegt das Wesen der Container-Contained-Beziehung im Wechsel von Misslingen und Wiederherstellung von Containment. Die vom Kind ‚ausgeschiedenen' Empfindungen, Affekte und Wahrnehmungen, die vom mütterlichen Behälter aufgefangen werden sollen, können also auch „daneben fallen" und bleiben dann ohne Bearbeitung im Kind liegen. Nach einer immer möglichen gescheiterten Abstimmung muss der Dialog wiederhergestellt werden (vgl. Bovensiepen 2008, 15 ff).

Indem unbewusste Ängste und Zustände im Anderen wahrgenommen, miterlebt und ausgehalten werden, kommt ein Moment des Nachdenkens ins Spiel, eine *negative Kapazität*, ohne diese Zustände sogleich zu beurteilen oder nach schnellen Lösungen zu suchen. Eine genügend gute Mutter wird die projektiv vermittelten Gefühlszustände ihres Kindes nicht abwehren, sondern über dessen Erleben so lange emotional nachdenken, bis in ihr eine Ahnung über sein Befinden aufkommt (vgl. Hirschmüller 2000, 421). Insbesondere das Containen und das Teilen von emotionalen Erfahrungen begünstigen Denken und Lernen. Das Denken wird durch zugemutete Frustrationen aber nur dann gefördert, wenn diese die Grenzen des Tolerierbaren und des Denkbaren nicht übersteigen. Der Erwerb des Denkens resultiert aus einer essentiellen Verbindung von Emotion und Gedanken, die Gedanken erst denkbar macht (vgl. Alvarez 2001, 210 f).

Ein Kind wird allerdings keinen eigenen inneren Raum in sich ausbilden, der Selbstwert, Ich-Funktionen, aber auch Phantasie, Kreativität und die Fähigkeit zum Denken und Symbolisieren enthält, wenn es keinen Raum im Inneren der Mutter findet (vgl. Hirschmüller 2000, 421). Die interpretative Haltefunktion der Mutter muss dem Kind ausreichend Gelegenheit gegeben haben zur Entwicklung eines Apparates, der dann selbst psychische Arbeit vollbringen kann. Für das psychische und physische Überleben ist ein Rest gelingenden Containments nötig (vgl. Hinz 2001, 145). Versagt die Mutter in ihrer Container-Funktion, kommt es zu keiner Transformation von Affekten in Gefühle, die mit der Einführung von Bedeutungen einherginge (vgl. Böhme-Bloem 2002, 382).

Das Containing repräsentiert einen zentralen Teil früher strukturbildender Interaktionserfahrungen. Es ist einleuchtend, dass konflikthafte oder emotional unzureichende Erfahrungen aus diesem Lebensabschnitt in der Beziehung zum Psychoanalytiker wieder auftauchen und zunächst unbewusst agiert werden. Diese Übertragungsreaktionen betreffen ebenso die Enttäuschungswut über die nicht genügend empathische frühe Bezugsperson wie auch eine Idealisierung seiner

Person als dem so lange ersehnten guten Objekt. In der Gegenübertragung erspürt der Analytiker diese Zuschreibung, und es ist seine Aufgabe, mit dem auftauchenden Beziehungsmuster so zu arbeiten, dass bei seinem Patienten allmählich Einsicht an die Stelle des Wunsches nach unmittelbarer Bedürfnisbefriedigung treten kann.

Insbesondere Racker hat das Konzept der Gegenübertragung noch weiter ausdifferenziert (vgl. Racker 1993, 157 ff). Die Übertragung auf der Seite des Patienten ist danach das Ergebnis seiner Übertragungsdisposition und seiner aktuellen Erfahrungen mit dem Analytiker. Entsprechend gibt es beim Analytiker eine Gegenübertragungsdisposition und aktuelle Erfahrungen mit seinem Patienten. Dieses Verschmelzen von Gegenwart und Vergangenheit, von Wirklichkeit und Phantasie, von bewusst und unbewusst verlangt nach einem ausgeweiteten, umfassenden Begriff der Gegenübertragung. Der Analytiker bemüht sich, alles, was im Patienten vorgeht, zu verstehen sowie möglichst alle Regungen, Gefühle und Befürchtungen ihm gegenüber zu erleben. Die Absicht, den Patienten zu verstehen, fördert die Identifikation mit ihm, was die Voraussetzung für das Verstehen ist.

An dieser Stelle nimmt Racker eine wichtige Unterscheidung vor: Bei den konkordanten Identifizierungen kommt es zu einer Resonanz des Äußeren im Inneren, auf die Anerkennung des zum Anderen gehörigen Fremden als zum Eigenen gehörend („Ich bin dies, bin Du") und zur Gleichstellung des Eigenen mit dem, was zum Andern gehört („Du bist dies, bist ich"). Genauer gesagt beruhen konkordante Identifizierungen auf Introjektion und Projektion. Komplementäre Identifizierungen entstehen dadurch, dass der Patient den Analytiker wie ein inneres Objekt behandelt. Folglich fühlt sich der Analytiker auch so behandelt, d.h. er identifiziert sich mit diesem Objekt.

Gleichzeitig besteht ein enger Zusammenhang mit dem Schicksal der konkordanten Identifizierungen – in dem Maße, wie der Analytiker an ihnen scheitert und sie darob abwehrt, verstärken sich bestimmte komplementäre Identifizierungen. Die Abwehr eines Teiles seiner eigenen Person oder eines eigenen Impulses, etwa die eigene Aggressivität betreffend, bringt den Analytiker womöglich dazu, Aggressivität auch bei seinem Patienten abzulehnen, so dass die konkordante Identifizierung misslingt und es zu einer stärkeren komplementären Identifizierung mit dem zurückweisenden Objekt kommt, gegen welches sich der aggressive Impuls richtet. Racker kritisiert, dass im Allgemeinen der Begriff der Gegenübertragung nur für die komplementären Identifizierungen verwandt wird, also für solche psychischen Vorgänge im Analytiker, die ihn, weil er sich als ein Objekt behandelt fühlt, mit einem inneren Objekt des Patienten identifizieren, das jetzt wie ein eigenes inneres Objekt erlebt wird. Konkordante Identifizierungen, die auf Grund gelungener Einfühlung aufsteigen und das Erleben des Patienten spiegeln, werden häufig nicht als Gegenübertragung aufgefasst.

Gerade für die pädagogische Arbeit mit schwierigen Klienten, etwa von Verwahrlosung bedrohte Jugendliche, gilt, dass die Abwehr der konkordanten Identifizierungen bei gleichzeitiger Zurückweisung der Reflexion der komplementären Identifizierungen hochproblematische Ergebnisse zeitigen kann (vgl. Trescher

1985, 125 ff). Die Abwehr verhindert die Einfühlung und verführt den Pädagogen dazu, im Zusammenspiel mit dem vom Klienten unbewusst agierten Übertragungsmuster unreflektiert die angebotene konflikthafte Szene zu komplettieren und genau so rigide zu reagieren, wie es vom unempathischen primären Objekte her bekannt ist.

Einerseits unterstützt er beim Klienten durch diese Wiederholung einer kränkenden Erfahrung den Durchbruch seiner narzisstischen Wut, d. h. er missbraucht ihn stellvertretend für das Agieren eigener archaischer Rachebedürfnisse. Andererseits kann er auf diese Weise unbemerkt seine eigenen antisozialen Tendenzen in die Person des Klienten projizieren und dort stellvertretend bekämpfen. Je intensiver ihm die Bekämpfung eigener unliebsamer Regungen in der Gegenübertragung gelingt, umso eher bleibt er scheinbar unbehelligt davon. Damit stellen sich aber die frühen traumatisierenden Bedingungen, unter denen die „Verwahrlosung" des Klienten zustande kam, erneut wieder ein. Der Wiederholungszwang wird nicht durchbrochen, sondern verfestigt. Korrigierende Erfahrungen können unter diesen Voraussetzungen nicht ermöglicht werden (vgl. Trescher 1985, 125).

In Lorenzers Konzept vom szenischen Verstehen, welches vom subjektiven Anteil des Erkennenden ausgeht, stehen, ohne dass es explizit formuliert wäre, die Gegenübertragungsreaktionen im Mittelpunkt: „Es gilt, die Wirkung, die sich im ‚Leser' einstellt, zu verstehen" (vgl. Lorenzer 1986, 86; Schlücker 2008, 341). Nicht zuletzt die Erkenntnis von Muck (1978), dass es sich bei der Gegenübertragung um ein „ubiquitäres Phänomen" handelt, verdeutlicht, dass sie nicht auf das psychoanalytische Setting begrenzt ist, sondern in allen Segmenten des Alltagslebens auftaucht, und es gerade für eine professionelle Beziehungsgestaltung darauf ankommt, damit konstruktiv umzugehen. Insofern ist der Vorschlag Treschers nicht ganz von der Hand zu weisen, den genuin technischen Übertragungsbegriff aus der Psychoanalyse durch Beziehungsbereitschaften, die sich szenisch ergänzen, zu ersetzen (vgl. Trescher 1985, 205). In jedem Fall ermöglicht uns das szenische Verstehen ein Erkennen und Durcharbeiten von Übertragungsreaktionen.

2.6 Zum Konzept des Mentalisierens

Damit bin ich abschließend bei einem Thema gelandet, das in der aktuellen psychoanalytischen Debatte ganz oben steht. Ich meine den Begriff der Mentalisierung bzw. der reflexiven Funktion (vgl. Gerspach 2007). Die Gruppe um Peter Fonagy hat ihr Konzept inzwischen äußerst differenziert ausgearbeitet (vgl. Fonagy u. a. 2004; Fonagy, Target 2006; Allen, Fonagy 2009). Im Anschluss an die kognitionspsychologische *theory of mind* gehen sie der Frage nach, wie und wann Kinder entdecken, dass sie selbst und andere Wesen mit mentalen Zuständen sind (vgl. Dornes 2005, 72). Die Fähigkeit, den Anderen und die eigene Person als Wesen mit geistig-seelischen Zuständen zu verstehen, nennen sie Mentalisierung. Sie ist in hohem Maße von der Qualität der Primärbeziehung abhängig. So lässt sich inzwischen empirisch belegen, dass sicher gebundene Kinder bei der Lösung von theory-of-mind-Aufgaben früher erfolgreich sind als unsicher gebundene.

Die Mutter hat eine – zunächst unrealistische – Theorie von Geist und Seele (theory of mind) ihres Kindes, die es diesem ermöglicht, ein Bewusstsein seines eigenen Bewusstseins zu entwickeln. Die Mutter denkt ihr Kind als denkendes Wesen. Aus der Sicht des Kindes heißt dies: „Sie denkt mich, also bin ich." Von Klitzing weist auf den engen Zusammenhang der erworbenen Mentalisierungsfähigkeit eines Kindes mit der Fähigkeit seiner Mutter hin, seine psychischen Zustände und insbesondere (aggressiven) Affekte mittels projektiver Identifikation in sich wie in einen Container aufzunehmen, zu halten, in eine für das Kind erträgliche Form zu bringen und ihm dann als solche zurückzugeben (vgl. von Klitzing 2002, 883).

Mentalisieren steht für die menschliche Fähigkeit, eigene mentale Verfassungen in ursächlichen Zusammenhang mit der mentalen Verfassung anderer Personen zu bringen (vgl. Fonagy, Target 2002 a, 840). Deren Ausbildung hängt davon ab, inwieweit die Eltern ihrem Kind bereits eine solche Fähigkeit zuerkennen. Sind sie dazu in der Lage, gibt die Mentalisierung ihrem Kind die Möglichkeit, „anderer Leute Gedanken und Gefühle zu ‚lesen'" (vgl. Fonagy, Target 2001 b, 233). Können sie die mentale Verfassung ihres Kindes korrekt erfassen und also modifizieren, wird die Symbolisierung seiner inneren Verfassung bestärkt, was wiederum zu einer besseren Affektregulierung führt (vgl. Fonagy 2003, 176).

Unbewusst schreibt die Mutter dem Kind durch ihr Verhalten einen mentalen Zustand zu und behandelt es als mentalen Akteur. Dies nimmt das Kind schließlich wahr und beginnt, mentale Kausalitätsmodelle auszuarbeiten. So kann sich allmählich „ein Kerngewahrsein eines mentalistisch organisierten Selbstgefühls herausbilden" (vgl. Fonagy, Target 2006, 368). Die ursprüngliche Fähigkeit, eigene mentale Verfasstheiten in einen ursächlichen Zusammenhang mit der mentalen Verfasstheit anderer Menschen zu bringen, erlaubt es, das Verhalten anderer verlässlich vorherzusagen. Das Kind schreibt anderen Personen mentale Verfassung zu, gibt deren Verhalten Bedeutung und macht es damit vorhersagbar. Entfaltet also ein Kind im Rahmen seiner Entwicklung die Fähigkeit zum Mentalisieren, kann es nicht nur auf das Verhalten anderer Personen reagieren, sondern auch auf sein eigenes *Bild* anderer, d. h. auf deren Gefühle, Wissen, scheinbare und wirkliche Absichten usw. (vgl. Fonagy, Target 2002 a, 840).

Dieses neuere Konzept erweitert die Perspektive des Containings beträchtlich. So stellen Fonagy u. a. ein soziales Biofeedbackmodell der Affektspiegelung, aus dem allmählich symbolische Repräsentationen erwachsen, an den Anfang der Entwicklung. Zwar zeigt der Säugling Emotionen wie Freude, Ärger oder Traurigkeit, hat aber zunächst davon kein Bewusstsein. Die Eltern bemerken jedoch seinen jeweiligen Gefühlszustand und gehen intuitiv darauf ein. Wenn er lächelt, lächeln sie ebenfalls und sprechen dabei mit ihm. Die Affekte des Säuglings sind in seinem Gesicht zu lesen und werden nun im Gesicht seiner Eltern gespiegelt. In der Folge führt diese *Affektspiegelung* zu seiner Affektregulierung. Der Säugling lernt nach einiger Zeit, die gespiegelte Darstellung auf dem Gesicht der Mutter durch die Modulation seiner eigenen Gesichtsmuskelspannung zu beeinflussen. Gleichzeitig wird er dabei ruhiger oder gerät von einem Zustand der Langeweile in einen angenehmeren der Freude, denn die Reaktionen der Eltern haben seine Empfindungen moduliert (vgl. Dornes 2000, 194 ff).

In der gelungenen Interaktion mit den primären Objekten lernt das Kind, dass ihm seine eigene Befindlichkeit gespiegelt wird. Es entdeckt einen Kontingenzzusammenhang zwischen seinem eigenen unwillkürlichen Emotionsausdruck und der mimischen wie vokalen Antwort der Mutter. Kontingenz heißt dabei, gesetzmäßige Zusammenhänge, Bedingtheiten und Ähnlichkeiten zu entdecken. Das führt dazu, dass das Kind zum einen seine Kontrolle über den Spiegelungsausdruck der Mutter mit der durch ihn bewirkten Verbesserung seines emotionalen Zustandes zu assoziieren beginnt. Es nimmt sich selbst als Urheber dieses Prozesses wahr. Zum anderen schafft dies die Grundlage für „Affektregulierung und Impulskontrolle: Affekte können manipuliert und innerlich ebenso wie durch Aktion abgeführt werden" (vgl. Fonagy, Target 2006, 366). Die wiederholte zwischenmenschliche Erfahrung mit einem „selbstregulierenden Anderen" (vgl. Stern 1998) ist vor allem durch das mütterliche Spiegeln gekennzeichnet. Auf Grund der mentalisierenden Zuschreibung erlebt das Kind die Mutter so, als wäre es ihre wohlwollende Absicht, seinen negativen Affektzustand so zu verändern, dass er zu einer angenehmen Erfahrung wird (vgl. Gergely 2002, 833). Diese Erfahrungen von Affektregulierung machen das Kind sicher und setzen bei ihm das Vermögen zur Reflexion frei.

Kohut spricht davon, dass das Kind im Zuge seiner seelischen Ablösung „den Glanz in den Augen der Mutter braucht", damit seine sich bildenden mentalen Funktionen und Aktivitäten genügend Nahrung erhalten (vgl. Kohut 1975, 149). Dabei gibt es einen wichtigen Unterschied zwischen Spiegel und Spiegeln: Beim Spiegel wird immer nur das Gleiche, „beim Spiegeln aber auch etwas anderes ‚reflektiert'". Da die Mutter die kindlichen Regungen verstärkt *und* kommentiert, wird der Säugling nicht nur über das informiert, was er hat, sondern auch angeregt, etwas Neues zu entwickeln (vgl. Dornes 1999 b, 53). Gergely nennt dies *„markierte Affektspiegelung"*, die mit starker Kontingenz mit den mimischen und lautlichen Gefühlsausdrücken des Kindes einhergeht (vgl. Gergely 2002, 820 ff). Vor allem wird es dem Kind auf diesem Wege möglich, einen Zusammenhang zwischen seinen physischen Reaktionen und anschließenden Reizen herzustellen und hochsensibel auf diese Kontingenzbeziehung zu reagieren.

Die Markierung des empathischen Affektspiegelns bewirkt, dass ein Unterschied zum realistischen emotionalen Ausdruck der Mutter sichtbar wird, ähnlich wie beim so genannten *So-tun-als-ob*-Spiel. Das ist vor allem für die Spiegelung negativer Affekte wichtig, denn das Kind merkt, dass die markierte Wut der Mutter nicht *echt* ist, sie ist nicht wirklich böse (vgl. Gergely 2002, 820). Auf diese Weise erlebt sich das Kind bei der Regulierung seiner *schlimmen* Gefühlszustände als aktiver kausaler Akteur und kann lernen, diese Affekte in sein Selbst zu integrieren. Das soziale Biofeedback beinhaltet die Neigung der Mutter, den affektiven Ausdruck ihres kleinen Kindes mit Empathie *markiert* zurückzuspiegeln. In Verbindung mit der Entdeckung von Kontingenz durch den Säugling führt die wiederholte Erfahrung des markierten mütterlichen Affektspiegelns zum Aufbau sekundärer Repräsentationen. Diese werden benötigt, um sich symbolvermittelt in die Kommunikation mit anderen Menschen einbringen zu können. Emotionale Selbstkontrolle wird nur möglich, wenn sich „*sekundäre Regulations- oder Kontrollstrukturen über Repräsentationen*" gebildet haben (vgl. Fonagy, Target 2002 a, 841). Der Säugling stellt fest, dass seine Affekte „*durch seine eigenen Bemühungen* reguliert werden" (vgl. Dornes 2000, S. 200). Das Affektspiegeln begründet also die Erfahrung von Effizienz und Kontrolle gegenüber der Umwelt und kann als Grundlage der Entstehung innerer Repräsentanzen und symbolischen Handelns gewertet werden.

Wenn aber die Mutter auf Grund einer eigenen Schwierigkeit, ihre Affekte zu regulieren, nicht zu einer markierten Affektspiegelung fähig ist, kann dies zu signifikanten Entwicklungsproblemen auf Seiten des Kindes führen (vgl. Fonagy, Target 2002 a, 855). So ist es durchaus möglich, dass die Mutter dann von den negativen Affekten ihres kleinen Kindes regelrecht überwältigt wird und sich nur zum realistischen, d. h. kongruenten Affektspiegeln in der Lage fühlt. Das Kind erfährt den Affektausdruck seiner Mutter nicht als markiert, sondern als ihr tatsächliches Gefühl. Oder der Vater reagiert mit realem Ärger, wenn das Kind „Vater-Erschießen" spielt. Aus dem Spiel wird Ernst und „der Kommentar des Vaters hat nicht zur Regulierung des aggressiven Impulses beigetragen, sondern zu dessen Eskalation oder zu Angst und Verwirrung" (vgl. Dornes 2005, 74).

Im Alter von eineinhalb bis vier Jahren treten zwei Modi gleichzeitig auf, die sich eigentlich gegenseitig ausschließen. Zunächst gewinnt das „playing with reality" des symbolischen Spiels an Bedeutung (vgl. Dornes 2006, 528 ff). Ein Kind spielt jetzt zum Beispiel, dass die Tiere schlafen gehen, bezieht sich also auf die Realität und entkoppelt sich von ihr. Im Spiel kommt der Teufel aus der Wand, aber weil das Kind weiß, dass es kein realer Teufel ist, kann so etwas gespielt werden. Der Umgang der Eltern mit diesem *Als-ob-Modus* erfüllt dabei die gleiche Funktion wie zuvor das Affektspiegeln. Daneben erlebt das Kind seine Gedanken, als wären sie Realität: „Der Gedanke an ein Krokodil unter dem Bett hat eine ähnlich ängstigende Wirkung wie ein wirkliches Krokodil (. . .) Im Spiel werden Gedanken und Gefühle von der Wirklichkeit abgekoppelt und sind dann irreal, im Äquivalenzmodus sind sie überreal" (vgl. Dornes 2006, 530).

Unter geglückten Entwicklungsbedingungen findet mit vier bis fünf Jahren eine Integration von Als-ob- und Äquivalenzmodus statt. Sie ermöglicht eine neue Qualität im Erleben der eigenen Gedanken- und Gefühlswelt. Ab diesem Zeitpunkt kann man von einer ausgeprägten Fähigkeit zur Mentalisierung sprechen (vgl. Dornes 2006, 532). Zunächst erwartet das Kind, dass seine eigene innere Welt und die Innenwelt anderer Personen der äußeren Realität entsprechen, es weiß aber auch, dass sein inneres Erleben beim intensiven Spiel die äußere Realität nicht zwangsläufig widerspiegelt. Mit etwa vier Jahren beginnt es dann, diese beiden Modi zu integrieren und gelangt auf die Stufe der Mentalisierung – „das heißt es erwirbt den *Reflexionsmodus*" (vgl. Fonagy, Target 2006, 370). Das Kind kann nun die vermuteten mentalen Zustände selbst wieder zum Gegenstand des (Nach-)Denkens machen (vgl. Dornes 2006, 521) und auch über den Wahrheitsgehalt seiner eigenen Phantasien und Ängste nachsinnen.

Sind die Mentalisierungsfunktionen der Eltern aber dergestalt eingeschränkt, dass diese zu keinen angemessenen Kommentaren des kindlichen Als-ob- und Äquivalenzmodus fähig sind, kann beim Kind kein Nachdenken über seine Gefühle und Gedanken bzw. die der Eltern einsetzen. Mit einem verzerrten Erleben im Äquivalenzmodus (vgl. Dornes 2005, 75) wird beim Kind keine reflektierte Distanz zu seinen eigenen Empfindungen oder denen der Mutter oder des Vaters entstehen. Daraufhin wird es seine eigene Gefühlsreaktion als noch gefährlicher erleben, weil sie offenbar ansteckend wirkt. Es kommt zu einem Defizit in der Selbstwahrnehmung, d.h. zur „pathologisch *verzerrten Selbstrepräsentation*" (vgl. Fonagy, Target 2002a, 856f). In diesem Sinne wird die Entwicklung der Denkfunktionen blockiert und auf ein frühes Stadium fixiert. Schnoor weist darauf hin, dass Verhaltensstörungen als früh erlernte Anpassungsstrategien auf elterliches Verhalten zu verstehen sind, und es überrascht nicht, dass sowohl vermeidend als auch ambivalent gebundene Kinder ein größeres Risiko haben, psychische Störungen und auffällige Verhaltensweisen zu entwickeln (vgl. Schnoor 2005, 66).

Beim Aufbau der Mentalisierungsfunktion werden unterschiedliche Phasen durchlaufen. Sie reichen vom Affektspiegeln über das Mit-der-Realität-Spielen bis zum Nachdenken als einer intuitiven und habituellen Form des Umgangs mit den eigenen Gedanken und Gefühlen oder denen anderer (vgl. Dornes 2006, 523). Am Anfang gehen die Eltern gleichsam spielerisch-markiert mit den Affekten ihres Säuglings um. Sie beantworten sein Lächeln auf eine etwas künstlich und übertrieben wirkende Weise. Sie *spielen* in ihrer Antwort mit seinem Lächeln und konfrontieren ihn so mit einer „Als-ob-Freude". Mit der Horizonterweiterung des Kindes, das sich vermehrt explorativ der Welt zuwendet, werden die direkten Face-to-face-Interaktionen mit der Mutter weniger, es geschieht etwas Neues. Nun ist es nicht mehr das Gesicht der Eltern, das den Zustand des Kindes aufnimmt, modifiziert und zurückspiegelt, sondern es sind die Kommentare der Eltern zu den kindlichen Spielhandlungen (vgl. Dornes 2005, 73f). Ich möchte noch anfügen, dass sich hier eine interessante Querverbindung zur Funktion der Spiegelneuronen für die kindliche Entwicklung ergibt: „Die Spiegelresonanz ist die neurobiologische Basis für spontanes, intuitives Verstehen, die Basis dessen, was als ‚Theory of Mind' bezeichnet wird" (vgl. Bauer 2005b, 56).

Am Ende fassen Fonagy und Target ihre Mentalisierungsvorstellungen wie folgt zusammen: „Wir konzeptualisieren die Fähigkeit der Eltern, sich gegenüber dem Kind spielerisch empathisch zu verhalten, als wahrscheinlich unabdingbare Voraussetzung dafür, dass ein Kind seine Projektionen so erleben kann, dass sie aufgefangen (contained) werden. Wenn Eltern für das Kind affektiv unerreichbar sind, verhindern sie, dass das Kind in den Eltern eine mentale Abbildung seiner eigenen inneren Welt etabliert, die es dann wiederum internalisieren könnte als Kristallisationspunkt eines eigenen Kern-Selbst" (vgl. Fonagy, Target 2001a, 969).

An anderer Stelle heißt es: „Wenn Mentalisierung und sichere Bindung das Ergebnis erfolgreichen Containments sind, dann könnte man eine unsichere Bindung als Identifizierung des Säuglings mit dem Abwehrverhalten der Mutter betrachten" (vgl. Fonagy, Target 2006, 374).

Die aktuelle Theoriedebatte in der Psychoanalyse ist sehr stark auf das Thema Mentalisierung ausgerichtet. Über einige Aspekte sollte man nachdenken. So frage ich mich, ob das Kind am Anfang nicht eher eine authentische denn eine markierte Reaktion der Mutter braucht, um nicht (psychotisch) irritiert zu werden. Nach Auffassung von Dornes ist das Mentalisierungskonzept zudem ein stark dyadisch verkürztes (vgl. Dornes 2005, 80). In ähnlicher Absicht äußert sich von Klitzing: „Im Gegensatz zu Fonagy und Target sehen wir die Bildung mentalisierender Prozesse im Kind nicht nur als Konsequenz der Bindungssicherheit und Erfahrung mütterlicher Sensitivität an (. . .) Die Beziehungssituation in einer von den Eltern lebendig gelebten Triade scheint uns für die Entwicklung besonders stimulierend zu sein, weil das Kind in der triadischen Beziehung nicht nur die Abwesenheit der Beziehungsperson, sondern auch die Anwesenheit eines anderen Dritten erlebt" (vgl. von Klitzing 2002, 883).

Offenbar kommt dem Vater für gelingende Mentalisierungsprozesse eine bedeutende Rolle zu, wenngleich zu konstatieren bliebe, dass in der „zunehmend entödipalisierten Gesellschaft" – gekennzeichnet durch die symbolische soziale Entwertung der Vaterrolle wie den statistischen Trend wachsender konkreter Vaterlosigkeit – die klassische familiale Triade Mutter-Kind-Vater allmählich ihre Funktion als konstanter Rahmengeber kindlicher Entwicklung verliert (vgl. Dammasch 2001, 217). Die heutige Ferne der Väter begründet sich anders als zur Zeit des Patriarchats. „Sie ist eher ein Resultat der Verunsicherung, die oft einen unverbindlichen Rückzug, ein reales oder symbolisches Verschwinden der Väter zur Folge hat. Dadurch bleibt die Auseinandersetzung mit dem Vater unbestimmter und die Entwicklung triangulärer Strukturen unvollständig" (vgl. Metzger 2008, 9).

Die Auswirkungen dieses familiensoziologischen Wandels sind drastisch, wie nicht zuletzt das Ansteigen von Verhaltensauffälligkeiten bei Jungen, denen die Väter als Identifikationsfiguren abhanden kommen, zeigen. Kindern fällt es immer schwerer, sich an ihrem inneren Vater – als einer stabilen psychischen Repräsentanz, die sie brauchen, um sich kognitiv und sozial gedeihlich zu entwickeln – orientieren zu können. Bleibt auch unbestritten, dass die frühe emotionale Bindung des Kindes zur Mutter intensiver ist als die zum Vater, so kann doch als gesichert gelten, dass sich bereits im Kleinkindalter eine aktive Beziehung zum Vater einstellt. Neuere Forschungsergebnisse sprechen dafür, dass der Säugling viel früher als lange angenommen Differenzierungen in seiner Wahrnehmung vornehmen kann. Eine Sensitivität des Säuglings für väterliche Einflüsse dürfte daher auch schon ganz früh trotz des Primats der Mutter-Säugling-Dyade vorhanden sein.

Die Muster seiner Interaktion mit dem Vater unterscheiden sich bereits im ersten Lebensmonat deutlich von jenen mit der Mutter. Im Alter zwischen acht und neun Monaten suchen Kinder bei beiden gleichermaßen Schutz und Trost. Im Alter zwischen acht und zwölf Monaten verkraften sie belastende Verhältnisse besser, wenn sich der Vater an der Pflege beteiligt. Im Alter zwischen sechs und vierundzwanzig Monaten verfügen sie über um so weiter entwickelte kognitive und motorische Fähigkeiten, je aktiver sich der Vater mit ihnen beschäftigt hat (vgl. Mertens 1994, 78). Insofern ist die Vorstellung einer ausschließlich dyadischen Mutter-Kind-Beziehung in Frage zu stellen, zumal es das Kind als das Dritte bereits vor seiner Zeugung *in der Phantasie von Mann und Frau*, wo es Träger elterlicher Projektionen ist, gibt. Diese Projektionen müssen im Laufe der Schwangerschaft und nach der Geburt des realen Kindes „abgearbeitet" werden (vgl. Schon 1995, 27).

Das Kleinkind hat also schon eine Vorstellung von einem Vater als einem Objekt, das von der Mutter getrennt ist. Die Mutter gewährt als primäres Bindungsobjekt Schutz, während der Vater als darüber hinausgehendes Bezugsobjekt eminent wichtig ist. Vor allem für die allmähliche Loslösung des Kindes von der Mutter wird er bedeutungsvoll. Erst die Verinnerlichung eines weiteren Objektes neben der Mutter bewirkt, dass aus diesem Kontrast ein inneres Selbstbild aufgebaut werden kann. Das Kind benötigt diese *Kontrastrepräsentanz* des Vaters, um sich aus der verschmelzenden Einheit mit der Mutter lösen und allmählich eine eigene Identität aufbauen zu können. Unabhängig von diesen Aspekten erscheint es mir dennoch wesentlich, die Mutter-Kind-Beziehung eingehender zu betrachten, weil das ganz junge Kind am Anfang sein noch recht undifferenziertes, wenngleich auch waches Umweltinteresse hauptsächlich auf die versorgende und im wahrsten Sinne des Wortes haltende Mutter konzentriert (vgl. Winnicott 1990, 317 f). Für behinderte Kinder stellt sich allerdings sehr oft das Problem, dass sie in einer symbiotisch dualen Beziehung zur Mutter mit all ihren Ambivalenzen verhaftet bleiben. Durch die fehlende Auseinandersetzung mit dem Vater entfällt dann die Möglichkeit, sich als Subjekt zu erleben (vgl. Fröhlich 1994, 158).

3 Psychoanalytisches Verstehen in der Heilpädagogik

3.1 Unterschiedliche Auffassungen vom beschädigten Subjekt

Im Fortgang meiner Argumentation möchte ich nun die Erkenntnisse der Psychoanalyse für unser Gebiet der Heilpädagogik übernehmen. Allerdings ist die herrschende psychologische Lehrmeinung in der Heilpädagogik, sofern sie sich nicht ohnedies an behaviouristischen Modellen der Lerntheorie ausrichtet, an der so genannten Aneignungs- bzw. Tätigkeitstheorie orientiert, die stark von der ehemaligen sowjetischen Kulturhistorischen Schule um Vygotskij, Leont'ev und Luria beeinflusst ist. So haben Vertreter der materialistischen Behindertenpädagogik wie Wolfgang Jantzen oder Georg Feuser Behinderung immer als direkte Widerspiegelung gesellschaftlicher Entfremdung gesehen, sie argumentierten aber mit einem mechanistischen Selbstmissverständnis, so als geschehe diese Widerspiegelung ganz unmittelbar (vgl. Mattner, Gerspach 1997, 143 ff). Wenn Jantzen befindet: „Menschliches Lernen verläuft auf dem Wege der Aneignung objektiver Realität über Handlung, Sprache, verkürzte Sprache zum begrifflichen Denken" (vgl. Jantzen 1977, 155), so verschwindet hinter einer solchen rationalistischen Sichtweise, der die Einheit von Erleben und Denken verloren gegangen ist, die ganze Fülle subjektiver Brechungen, wie sie mit Lorenzer rekonstruierbar wird (vgl. Gerspach 1981, 19).

Nach Jantzen organisieren sich psychische Prozesse in unmittelbarer Abhängigkeit von der gesellschaftlichen Tätigkeit des Menschen. Danach wird der Mensch nur durch seine Tätigkeit zum Menschen. Die Entwicklung des Psychischen fasst er als einen Wahrnehmungsprozess auf, welcher auf der Aneignung der realen Eigenschaften der gegenständlichen Welt fußt. Jede Tätigkeit ist auf einen Gegenstand gerichtet, der darüber seine psychologische Dimension erhält. Folglich ist jeder innere Prozess als Abbild nach dem Muster der äußeren Tätigkeit aufgebaut: „Alle inneren Prozesse sind damit ihrer Form nach ebenfalls Tätigkeit." Bedeutungen, die in die Welt kommen, sind von den Gegenständen regiert, auch wenn sie sich auf dem Weg der Abstraktion von deren sinnlicher Form zu emanzipieren beginnen (vgl. Jantzen 1987, 109 ff).

Solche Sinngebung ist an geistige Operationen und bewusste Gedächtnisbildungsvorgänge auf physiologischer Basis geknüpft (vgl. Jantzen 1986, 33 ff). Menschliches Bewusstsein begreift Jantzen als materiellen biophysischen, biochemischen und psychobiologischen Vorgang der höheren Nerventätigkeit, der die gesetzmäßigen Zusammenhänge in Natur und Gesellschaft widerspiegelt und zur Entfaltung von Handlungsstrukturen führt (vgl. Jantzen 1978, 44). Psychische

Prozesse werden zum „Aufbau von Bedeutungen der eigenen Tätigkeit (...) auf der Ebene des Abbilds" verkleinert (vgl. Jantzen 1987, 167). Die Fixierung an ein lineares Denkmodell der Widerspiegelung äußerer in innere Vorgänge muss geradezu zwangsläufig zu der neuro(psycho)logischen Vorstellung der Vorherrschaft kortikaler Funktionen führen. So bezieht sich Jantzen auf das Konzept der sensorischen Integrationsstörung von Ayres (1984), in dem menschliches Verhalten monokausal auf (Fehl-)Steuerungen des Gehirns zurückgeführt wird.

Mit Bezug auf Erkenntnisse aus Säuglings- und Hirnforschung weist von Lüpke dagegen darauf hin, dass die Vorstellung einer zu leistenden Wahrnehmungsintegration der über die einzelnen Sinnesorgane zunächst getrennt einlaufenden Reize von Sehen, Hören, Fühlen, Schmecken usf. falsch ist. Der Input über die Sinnesorgane wird nicht nur in den jeweils zuständigen Assoziationszentren verarbeitet, sondern auch in die von anderen Sinnesorganen abgezweigt. Man spricht daher heute von *amodaler Wahrnehmung*. Erfahrungen über einen Sinneskanal sind auch im Erfahrungsbereich anderer Sinnesmodalitäten verfügbar (vgl. von Lüpke 2003, 134 ff).

Die Abbildungstheorie kann dieser Komplexität offenbar nicht gerecht werden. Und warum wird dort unterschlagen, dass lebensgeschichtlich betrachtet ein gemeinsames Sein *vor* einem gemeinsamen Tun liegt? Der Mensch begegnet seinen Mitmenschen doch auf zwei Ebenen: Zum einen sucht er nach emotionaler Übereinstimmung, zum andern möchte er zusammen mit ihnen Aktivität entfalten. Erlich und Blatt stellen in ihrem bimodalen Modell von Objekterleben heraus, dass *Handeln* zum Erleben von Aktivität gehört und auf funktionalen bzw. logischen Strukturen aufbaut, während *Sein* den frühesten Mutter-Kind-Erfahrungen des „Eins-Sein" verbunden ist. Insbesondere eine erste Kontaktaufnahme zu anderen Menschen basiert mehr auf dem Modus des Seins. Die Wirkung der Interaktion auf den anderen hängt weitgehend von der „Güte der Übereinstimmung" zwischen den Erfahrungen der beiden Personen ab. Die Erfahrung des Seins ist eine sehr persönliche, sie tritt weniger nach außen in Erscheinung, und wir sind mit den Mitteln unserer Sprache kaum in der Lage, sie mitteilen oder beschreiben zu können (vgl. Erlich, Blatt 1990, 1006 ff).

Der Fähigkeit zur kognitiven Steuerung von Handlungsvollzügen geht also die Orientierung über die Affekte voraus, wie bereits Spitz erkannte. Spitz hat die sensible Art der Wahrnehmung mit dem Begriff der „Tiefenempfindung" umschrieben. An Hand seiner umfangreichen Beobachtungen konnte er eindrücklich nachweisen, wie das ganz junge Kind von der passiven Rezeption sukzessive zu aktiven Objektbeziehungen voranschreitet. Auf der ersten Stufe der „coenästhetischen Organisation" liegt der Schwerpunkt der Wahrnehmung in extensiven Empfindungen, sie hat ihr Zentrum im autonomen Nervensystem und manifestiert sich in Affekten. Auf der zweiten Stufe der „diakritischen Organisation" findet die Wahrnehmung vermittels peripherer Sinnesorgane statt. Sie hat ihr Zentrum in der Hirnrinde und manifestiert sich in bewussten Denkprozessen. Die diakritische, nach draußen gerichtete, kognitive Wahrnehmung geht aus der coenästhetischen, nach innen gerichteten, emotionalen Wahrnehmung hervor, und je intensiver ein

Kind seine coenästhetische Rezeption ausbilden kann, desto günstiger sind die Voraussetzungen, dass die diakritische Perzeption differenziert gelingen kann (vgl. Spitz 1972, 61 ff). Leber macht ergänzend geltend, dass eine gelungene Affektabstimmung von Mutter und Kind einer gelungenen Anpassung an die äußere Welt vorangestellt sein muss, damit das Kind zu intelligenten Umstrukturierungen befähigt wird (vgl. Leber 1995, 171 f).

Die coenästhetische Rezeption tritt mehr und mehr hinter die diakritische Perzeption zurücktreten. Meist werden im Erwachsenenalter diejenigen Signale, die sensorischer, einfühlender Natur sind, von solchen bewusster und rationaler Art abgelöst. Spitz meint, dass wir die coenästhetische Organisation der Wahrnehmung fürchten und zu verleugnen oder rationalisieren suchen (vgl. Spitz 1972, 154 ff). Dabei spielt sie für unser Denken und Handeln nach wie vor eine große Rolle, gerade weil ihre Nähe zum Unbewussten eines ihrer Wesensmerkmale ist. Darauf hebt etwa Lorenzer ab, wenn er davon spricht, dass der Analytiker mit dem Analysanden über sein Unbewusstes korrespondiert. In den ersten Lebensphasen vermitteln sich die affektiven Prozesse hauptsächlich über sinnliche Reize des engen Kontaktes der Mutter zu ihrem Kind. Der Sinn aller *Begriffe*, über die der Mensch verfügt, beginnt sich demnach früh und ganz plastisch aus einer fassbaren Sinnlichkeit herauszukristallisieren (vgl. Lorenzer 1974, 185). Nach Kant ist uns ohne Sinnlichkeit „kein Gegenstand gegeben und ohne Verstand keiner gedacht" (vgl. Kant 1781, 120; Leber 1985, 162).

Wer aber ein frühes Stadium von affektiver Übereinstimmung nicht erleben durfte, dem fehlt die Fähigkeit, mit anderen entspannt sein zu können. Folglich kommt es mit ihnen auch nicht zu gemeinsamem Handeln. Dies trifft auf eine große Zahl unserer basal gestörten Adressat/innen zu (vgl. Gerspach 1998, 78 f). Die Begegnung mit ihnen lehrt uns, dass sie im Erleben ihres Selbst-Seins keine Stabilität gewinnen konnten, welche ihnen ein realitätsgerechtes Tun erlaubte. Sie haben von Anfang an nie eine ausreichende Erfahrung von Einmütigkeit mit anderen Menschen gemacht. Diese Grundstörung erschwert es ihnen, sich – vor allem unter Anspannung – angemessen im Lot zu halten. Ihr hektisches Tun ist nichts als die agierte Störung. Deshalb ist es unsere erste Aufgabe, mit ihnen zu sein und ihnen eine *dyadische*, haltende Beziehung anzubieten, die es ihnen gestattet, sich in ihrem Selbst-Sein spüren zu dürfen, ohne sich beständig von Vernichtung bedroht zu wähnen. Dann erst werden sie befähigt, sich den Zumutungen der Realität zu öffnen, sich selbst im Dialog mit anderen wahrzunehmen und darüber eigene Handlungsperspektiven zu denken. Jetzt wird *triadisch* organisiertes, auf ein Drittes – ein Thema, eine Aufgabe usf. – bezogenes Tun möglich.

Wenn Menschen auf Grund ihrer frühen existentiellen Entbehrungen aktuell vor beinahe jeder Anforderung kapitulieren, bedroht dies unsere eigenen Normen und verleitet uns zu übereiltem Handeln. Auf diese Weise trennen wir das dialogische Verhältnis von Subjekten auf zugunsten eines instrumentell gewirkten Handlungsdiktats. Es steht für die manische Abwehr der Leere. Jeglichen Anspruch, dem Einzelnen in seiner „Existenz (seinem Dasein) und nicht seiner Essenz (Sosein)" gerecht werden zu wollen, setzen wir damit leichtfertig aufs Spiel. Pädagogik ist inzwischen leider „primär ein Tun, nicht ein Philosophieren“ geworden (vgl. Kobi 1985, 281 f).

Hier werden fundamentale Differenzen auf der Ebene des jeweiligen Menschenbildes sichtbar. Bei Jantzen wird bereits die frühe Mutter-Kind-Dyade unter reinen Gebrauchswertaspekten thematisiert: „Das neugeborene Kind gewinnt seine Begriffe nicht abstrakt durch irgendwelche emotionale Stimmungen (...); es gewinnt seine Begriffe in der gegenständlichen Kooperation mit der Mutter“ (vgl. Jantzen 1978, 121 f). Spitz sieht es erfrischend einfacher, geht es doch eher um das Vergnügen der Mutter an der Beziehung zu ihrem Kind, welches ihm seine beginnende Orientierung in der Welt erleichtert: „Ich bin überzeugt, dass nicht die bewussten Handlungen der Mutter das größte Maß an Erleichterung für die Handlungen des Kindes bieten, sondern vielmehr ihre unbewusste Haltung“ (vgl. Spitz 1972, 141). Dessen ungeachtet bezieht sich Jantzen immer wieder auf Spitz. Doch auch dessen Acht-Monats-Angst, wenn sich Kinder in der Phase der allmählich einsetzenden Stabilisierung von Erinnerungen Fremden gegenüber zu fürchten beginnen, weil sie der Abweichung von der vertrauten Person der Mutter gewahr werden, wird sogleich umgeschrieben: „Acht-Monats-Angst tritt auf beim Verlust von Objekten. Solche Objekte, dies zeigt die Empirie, sind nicht nur Personen, sondern auch vertraute Gegenstände“ (vgl. Jantzen 1986, 76).

Mit Blick auf Piaget hat Leber darauf aufmerksam gemacht, dass die primäre Bezugsperson für das Kind auch der erste „permanente Gegenstand“ ist (vgl. Leber 1990, 282). Diese wichtigen Personen bilden den „Prototyp des ‚permanenten Objekts‘“ (vgl. Leber 1995, 165). Das Kind lernt, die reale Abwesenheit von seinem geliebten Objekt immer besser zu ertragen, indem es zunächst auf Übergangsobjekte wie den Zipfel einer Decke oder eines Kissens zurück*greift*, die probeweise für das Objekt eingesetzt werden. Diese Gegenstände erleichtern dem Kind die Ablösung von der Mutter, sind die ersten *materiellen* Objekte, aber viel entscheidender ist, dass sie eine symbolische *Bedeutung* erhalten (vgl. Winnicott 1993, 12 ff; Leber 1995, 166 ff), sie liegen auf halbem Wege zwischen dem Subjektiven und dem Objektiven (vgl. Laplanche, Pontalis 1972, 549). Die Anpassung an die Welt der materiellen Objekte setzt die Anpassung an die personellen Objekte voraus und nicht umgekehrt.

Die Abbilder gereichen zum „Bauen im Kopf“ (vgl. Jantzen 1987, 167 ff). Indem aber Abbildung, zu Gedächtnisleistung und „Planungsrealisation“ (vgl. Jantzen 1986, 33) verkürzt wird, bemisst sich die Jantzensche Bedeutungskategorie allein an ihrer instrumentalistischen Brauchbarkeit. Psychisches, all das was uns seit Freud als widerborstig, als konflikthaft im Spannungsfeld von Triebstruktur und Gesellschaft (vgl. Marcuse 1979) bekannt ist, wird, als „gedankliche Vorwegnahme“ (vgl. Jantzen 1986, 29 ff) wieder entschärft und einem peniblen Kontrollmechanismus anheim gegeben, dem dieses Spannungsfeld nicht mehr inhärent ist. Das Moment der Selbstreflexion, zu welchem wir greifen, um das Unverstandene verstehen zu lernen, erfährt eine Umdeutung zur „Benutzung der Werkzeug-Gegenstandsverhältnisse auf der Abbildebene“ (vgl. Jantzen 1986, 35). Konsequent an den Vergegenständlichungsprozessen orientiert, bindet Jantzen da, wo er sich auf Psychoanalyse bezieht, die Entstehung der Libido an die Entwicklung des Psychischen in der Tätigkeit (vgl. Jantzen 1987, 131) und verdinglicht dergestalt die hermeneutische Sinnfrage mit seiner Behauptung: „Jede Wissenschaft entwickelt sich vom Beschreibungswissen hin zum Erklärungswissen“ (vgl. Jantzen 1995, 373).

Noch schwerer wiegt die Umwidmung psychoanalytischer Kategorien. Mühsam zwängt er Freuds Persönlichkeitstheorie in sein eigenes „System ‚Subjekt – Tätigkeit – Objekt‘“ und möchte dessen Begriff der Libido durch jenen tätigkeitsorientierten eines intentionalen Sinns ersetzen (vgl. Jantzen 1987, 131 ff). Indem Jantzen von der Sinnhaftigkeit des Subjekts spricht, kommt er an anderer Stelle auf Lorenzers Ansatz tiefenhermeneutischer Bedeutungsanalyse zu sprechen. Die in Lorenzers Konzept fokussierte Verfälschung von Bedeutungen, die einem unbewussten, von heftig widerstreitenden Affekten begleiteten Abwehrprozess entspringt, wird umgemünzt in ein rationalistisches „Auseinanderfallen vom Motiv der Tätigkeit (. . .) und Zweck der Handlung“. Zurück bleibt die geistige Anstrengung, die „Sinngewinnung auf höherem Niveau“ (vgl. Jantzen 1992, 254 ff), Lorenzer dagegen ging es um die Rekonstruktion der affektiven Regentschaft des Unbewussten über menschliche Praxis.

Mit dieser Preisgabe des dialektischen Widerspruchs von Unbewusstem und kulturellen Anforderungen wird eine verstehende Annäherung an das Irrationale, welches sich als projektive Wendung gegen Menschen mit Behinderung richtet und gegen die sich Jantzen selbst vehement wendet, zunichte gemacht. Nicht die Psychoanalyse ist irrational, wie Jantzen räsoniert (vgl. Jantzen 1987, 129), sondern ihr Untersuchungsgegenstand. Das dialektisch begründete Insistieren auf dem unauflösbaren Widerspruch zwischen Innen und Außen, zwischen dem Subjekt und der Gesellschaft, welches uns dazu bringt, an seiner tendenziellen Überwindung zu arbeiten, ist einer solchen Betrachtungsweise fremd.

Adorno etwa hat die Trennung von Gesellschaft und Psyche im Sinne falschen Bewusstseins als kategoriale Entzweiung des Subjekts und der über ihm waltenden und doch von ihm herrührenden Objektivität gesehen. Als Ergebnis dieses Entfremdungsprozesses vermögen sich die Menschen in der Gesellschaft nicht selbst wieder zu erkennen und diese nicht in sich. Adorno folgert: „(. . .) so sehr die Individuen Produkte des gesellschaftlichen Ganzen sind, so sehr treten sie als solche Produkte notwendig zum Ganzen in Widerspruch“ (vgl. Adorno 1990 a, 49). Nach Brede ist diese von Adorno herausgestellte Dialektik von Individuum und Gesellschaft der Psychoanalyse noch immer Auftrag, sich in ihrer nicht-biologischen Gestalt dem Subjekt anzunehmen: „Im Leitmotiv des Leidens und des verborgenen, ohnmächtigen Widerstands gegen die falschen gesellschaftlichen Verhältnisse ist die Orientierung an einer hermeneutisch fundierten Forschungspraxis legitimiert.“ Aus der Kritik der falschen gesellschaftlichen Verhältnisse erfolgt die Selbstkritik des falschen Bewusstseins, wie es insbesondere in unbewussten Verfälschungen von Lebenspraxis, im Leiden als dem „subversiven Charakter des Widerstands gegen schwer erträgliche Lebensumstände“ offenbar wird (vgl. Brede 1995, 272 f).

Meine Vorbehalte richten sich gegen eine Position, der die Widerspiegelung äußerer in innere Realität als linear erscheint und in der die Brechung derselben im Vermittlungsprozess der Sozialisation keine Berücksichtigung findet. Bis heute sind die Vertreter/innen der Aneignungstheorie nicht davon abgerückt und haben auch meines Wissens nie derlei Kritik aufgenommen. Grundlegend für die Wechselbeziehung des Menschen mit der Welt ist nach wie vor die Tätigkeit, über die er diese „und gleichzeitig sich selbst verändert“. Menschliches Bewusstsein gilt noch immer als „aktiv im Tätigkeitsprozess konstruiert“ und diene „dem Subjekt zur Orientierung und zur Regulation der Tätigkeit“. Kommunikation ist dann die „Tätigkeitsform, in der die Vermittlung von Sinn und Bedeutung zwischen den Subjekten erfolgt“ (vgl. Stein 2008, 290 ff).

An analogen Auffassungen entzündete sich früh die Kritik am mechanistischen Menschenbild historisch-materialistischer Konzeptionen. Indem diese, so Adorno, unter dem dogmatischen Primat des Seins übers Bewusstsein (vgl. Adorno 1973, 52 f) die Bedeutung des Subjekts nicht mehr mitdenken, regredieren sie auf das „unreflektierte Mindere des herrschenden Zustandes“. Adorno moniert, dass die Abbildtheorie die Spontaneität des Subjekts verleugnet, woraus schließlich die „friedlose geistige Stille integraler Verwaltung“ resultiert (vgl. Adorno 1990 b, 204 f). So wird Menschsein verkürzt auf eine funktionell verdinglichte Reaktion auf objektive Realität. Dadurch verflüchtigen sich Widerspiegelung und Aneignung zu physiologischen Kategorien, die mit der Reduktion auf bedingte und unbedingte Reflexe ihren gesellschaftlichen, in je spezifische *symbolvermittelte* Interaktionsstrukturen eingebetteten Charakter verlieren. Wie und in welchem dialogischen Kontext Individualität *bedeutsam* hergestellt wird, kann auf diese Weise nicht aufgeklärt werden. Innerer Sinn steht nicht für die abgeglichene äußere Realität und geht vor allem weit über rationale Bewusstseinszustände hinaus.

Der psychoanalytischen Hermeneutik ist der gesellschaftliche Kontext dagegen nicht nur ein bloßes Gedankensystem. Vielmehr wird das Ganze, auf das hin die zu ermittelnden Einzelphänomene in ihrer Bedeutung für das Subjekt zu beziehen sind, „lebenspraktisch unmittelbar“ betrachtet. „Dementsprechend müssen im psychoanalytischen Erkenntnisprozess die Vorannahmen auf diese Lebenspraxis ausgerichtet sein, sie müssen *lebenspraktische Vorannahmen*, Momente der Lebenspraxis, sein“ (vgl. Lorenzer 1977, 115 f). Eine Behinderung oder Beeinträchtigung wird als das unbewusst in Handlung umgesetzte Moment eines spezifischen Erlebens eines konkreten Interaktionsrahmens erachtet. Über eine Systematisierung der eigenen lebenspraktischen Vorannahmen kann der darauf zielende Verstehensprozess unterstützt werden (vgl. Lorenzer 1974, 160). Damit dieser Schritt gelingen kann, muss die unmittelbare Teilhabe gewährleistet sein, die Verstehen erst möglich macht – darüber treten wir *„selbst als Akteur“* ins angebotene Drama ein (vgl. Lorenzer 1974, 138). An den Psychoanalytiker ergeht die Aufforderung, dass er sich aufs Spiel mit dem Patienten einlassen müsse, und Lorenzer folgert: „Nicht das Verstehen bildet das Zusammenspiel, sondern die Wirklichkeit des szenischen Zusammenspiels konstituiert das Verstehen“ (vgl. Lorenzer 1983, 113).

Diese Art der szenischen Betrachtung lässt sich unmittelbar im pädagogischen Feld anwenden. Jede Auffälligkeit wird als in Handlung umgesetzte Befindlichkeit gesehen, deren Bedeutung aus einer bestimmten Beziehungskonstellation resultiert. Agieren ist an die Stelle des Reflektierens getreten. Das Subjekt entäußert sich in einem unsinnig scheinenden Verhalten, dem aber eine konflikthaft oder defizitär erlebte Interaktionserfahrung zugrunde liegt. Sie kann nicht bewusst wahrgenommen und kommuniziert werden, weil dies zu schmerzhaft wäre, sondern wird in eine metaphorische Form gekleidet, die es zu entschlüsseln gilt.

Behinderung bietet sich uns dar in Erscheinungen am Körper sowie im Erleben und Verhalten (vgl. Leber 1972, 15). Unter Berücksichtigung der dynamischen Wechselwirkung von innerer Entwicklung und äußerer, fördernder bzw. hemmender Umwelt offenbart sich uns über die psychoanalytisch geprägte Reflexion das Moment der verfremdeten, weil unbewussten Selbstmitteilung. Hier nun gilt es, auf Lorenzers Symbolisierungstheorie zurückzukommen. Lorenzer hat uns die Augen dafür geöffnet, dass persönliche Identität wie ihre darin eingeschlossene Beschädigung sich auf dem Boden beziehungsdynamischer Interaktionen entfaltet. Dies weist weit über eine linear begriffene Abbildung äußerer in innere Realität hinaus, will man menschliches Sein nicht auf eine nackte, automatisierte Reaktion auf objektiv Gefügtes verkürzen. Horn hat vor diesem „naiven Abbildrealismus" gewarnt (vgl. Horn 1981, 82) und darauf hingewiesen, dass der Mensch nicht aufgeht in den Regeln der gesellschaftlichen Verhältnisse (vgl. Horn 1974, 162). Folglich sind wir gehalten, die gegeneinander stattfindende Verschiebung von objektiver und subjektiver Ebene, die auf dem Wege der Sozialisation stattfindet, verstehen zu lernen. Natur wie Gesellschaft sind immer ins Feld subjektiven Erlebens gestellt.

Lorenzer macht diesen Unterschied wie folgt deutlich: „Sozialisation kann nur entweder polit-ökonomisch als Produkt im Zuge objektiver Strukturanalyse oder kritisch-hermeneutisch als subjektive Strukturanalyse erkundet werden" (vgl. Lorenzer 1974, 218). Weil damit generell der subjektive Handlungsentwurf problematisiert wird, der zum großen Teil ein unbewusster ist, tritt die scheinbare Tatsachenfrage (in Bezug auf eine deskriptive Annäherung an Behinderung oder Störung) hinter die *Sinn*frage (in Bezug auf die Metaphorik der darin enthaltenen subjektiven Mitteilung) zurück. Lorenzer betont ausdrücklich die Unterscheidung des subjektiven Erkenntnisprozesses und der objektiv bedingten Herstellung individueller Struktur. Subjektive (persönliche) Erlebensstruktur erscheint als das Pendant objektiver (gesellschaftlicher) Struktur, ist aber nicht mit ihr identisch. Wirklichkeit ist im psychoanalytischen Sinne stets eine über seelische Repräsentanzen vermittelte innere Wirklichkeit. Das Erleben einschließlich der daran geknüpften unbewussten Phantasien wird als Kategorie gesellschaftlich bestimmter Natur begriffen, so dass wir mit Lorenzer zu einer hermeneutisch ausgelegten *Natur*wissenschaft des Seelischen gelangen (vgl. Lorenzer 1977, 39ff).

Indem Lorenzer eine kritische Theorie des Subjekts im Gesamtzusammenhang einer historisch-materialistischen Gesellschaftstheorie diskutiert, hebt er die Grenze auf zwischen sinnverstehender Hermeneutik und beobachtender Erfahrungswissenschaft, Psychoanalyse ist zugleich hermeneutisch verfahrende *Natur*wissenschaft und *Sozial*wissenschaft (vgl. Lorenzer 1977, 124). Diese Lesart von Naturwissenschaft – als Wissenschaft über menschliche Natur – unterscheidet sich von jener, die über Beobachtung und Experiment ‚objektive' Daten zu gewinnen sucht. Die menschliche Eigenart wie Eigenschaft präsentiert sich uns aber, eingedenk ihrer potentiellen Beschädigung, immer symbolvermittelt, und da sich diese Symbole in je konkreten lebensgeschichtlichen Interaktionsbezügen vermitteln, können wir sie auch nur aus diesem Zusammenhang heraus verstehen lernen. Deshalb erhalten wir zu dieser symbolisch vorstrukturierten Wirklichkeit über Beobachtung allein keinen Zutritt, eben weil Sinnverstehen methodisch nicht in ähnlicher Weise unter Kontrolle zu bringen ist wie die Beobachtung im Experiment (vgl. Habermas 1988 a, 160).

Wenn damit aber zweifelsfrei feststeht, dass bereits jede Datengewinnung – und nicht erst ihre theoretische Aufarbeitung – auf symbolvermittelter Alltagserfahrung des Forschers selbst aufruht, wird offenbar, dass der Forschungsprozess selbst über Sinnverstehen *gegenzulesen* ist. Damit tritt der beobachtende Wissenschaftler aus seiner scheinbar hervorgehobenen Position heraus und beginnt seinen eigenen Status zu betrachten wie den des „sozialwissenschaftlichen Laie(n)" (vgl. Habermas 1988 a, 167).

Spätestens an dieser Stelle muss die althergebrachte Methode, Behinderte nach bestimmten Krankheitsbildern zu klassifizieren, fragwürdig werden, weil damit von allen Formen gesellschaftlich und lebensgeschichtlich geformten Interesses abstrahiert wird (vgl. Horn 1974, 141). Denn es wird so verfahren, als stünde Behinderung nicht im Spannungsfeld solch gesellschaftlicher und lebensgeschichtlicher Ereignisse, als komme ihr eine überhistorische Qualität an sich zu, als bewege sich der behinderte Mensch nicht in einem Dialog – wie immer eingeschränkt dieser auf den ersten Blick auch erscheinen möge – mit jenem, der ihn beobachtet und am Ende auf der Folie seiner je eigenen Folie phantasmatisch vorgeformter Alltagstheorie klassifiziert.

3.2 Das szenische Verstehen in der Heilpädagogik

Lorenzer entwarf sein Konzept des szenischen Verstehens in Anlehnung an Freuds Fallgeschichte vom kleinen Hans. Der kleine Hans hatte Angst, ein Pferd werde ihn beißen. Er sah einst, wie ein Pferd stürzte, und glaubte es tot. Er verdichtete und verschob das Geschehen dahingehend, dass er seinen ödipalen Wunsch, den Vater zu töten, mit diesem Erlebnis assoziativ in Verbindung brachte. Gleichzeitig fürchtete er sich aus Kastrationsangst vor diesem Wunsch, setzte unbewusst Pferd und Vater in eins und entwickelte eine Pferdephobie. „(. . .) beide Objekte, das beißende wie das fallende Pferd, sind der Vater, der ihn strafen wird, weil er so böse Wünsche gegen ihn hegt" (vgl. Lorenzer 1973, 127 ff). Die Desymbolisierung steht für eine Auftrennung von Sprache und Praxis. Sprache ist zur Privatsprache geworden. Die Gleichung lautet nun also: Pferd = Vater. Die Angst vor dem strafenden Vater ist auf das Pferd verschoben worden.

Aufgabe des Psychoanalytikers ist es, dazu beizutragen, dass, indem Wut und Angst dem Vater gegenüber bewusst erlebbar werden, diese Sprachverfälschung wieder aufgehoben werden kann, dass also erneut Pferd = Pferd und Vater = Vater bedeutet. Dabei geht es nicht etwa um den schablonenhaften Vergleich von Daten und Hypothesen. Im Fortgang des Verstehensprozesses zählt nur die subjektiv zu sichernde „*Stimmigkeit der Gestalt*“ (vgl. Lorenzer 1974, 163f).

Gleiches gilt meines Erachtens für den pädagogischen Dialog. Die Vorannahmen des Pädagogen über ein auffälliges Kind werden, wie bei Lorenzer notiert, aus dem aktuellen Geschehen gewonnen, in dem die Störung auftaucht (vgl. Lorenzer 1977, 150). Er bildet sich eine vorläufige Hypothese über ihren wahren Hintergrund, versucht zu verstehen. Die horizontale Beziehungserfahrung *hier und jetzt*, die Teilhabe an der Störung, ermöglicht deren Überprüfung und führt an die vertikale Bedeutungsebene der unbewältigten Lebensgeschichte *dort und damals* heran (vgl. Lorenzer 1974, 277). Einzig die gemeinsame geteilte Erfahrung ist Gradmesser der Richtigkeit von Vorannahmen und Interventionen. Es kann also keine Intervention vor der Interaktion geben. Erst aus den gemeinsam entwickelten Interaktionsszenen lässt sich deren historisch verortete Dramaturgie herauslesen, was dann zu einer gedeihlichen und veränderten Praxis führt. Ähnlich dem psychoanalytischen Verstehensprozess, in welchem es um die „Komplettierung der Gestalt“ geht, kann das pädagogische Bemühen um das Verstehen zu ihrer Vervollständigung beitragen (vgl. Lorenzer 1973, 160ff).

Nun sind für den heilpädagogischen Sektor allerdings einige Anpassungen vonnöten. Lorenzers Auffassung bezieht sich vor allem auf ein neurotisches Konfliktgeschehen, bei dem bereits erworbene symbolische Fähigkeiten wieder verloren gehen. Zudem findet das Geschehen in einem klar umgrenzten therapeutischen Rahmen statt, was auf Seiten der Patient/innen eine Reihe von Ich-Leistungen voraussetzt, die psychoanalytischen Regeln anzuerkennen und sich dergestalt auf den Bewusstwerdungsprozess einzulassen. Gerade die Heilpädagogik ist aber häufig mit Adressat/innen konfrontiert, bei denen, nicht zuletzt auf Grund ihrer sozialen Benachteiligung, die Häufung schwerer Belastungen, Entbehrungen und Kränkungen eine reife Ich-Entwicklung verzögert wurde oder bislang überhaupt nicht zustande kam. Eine Differenzierung in der Selbst- und Fremdwahrnehmung konnte bei ihnen kaum statthaben, und deshalb sind sie selten imstande, den Anforderungen des pädagogischen Settings, etwa in der Bildungsinstitution Schule, Folge leisten zu können. Aus diesem Grund haben wir im Gegensatz zum Psychoanalytiker kaum die Möglichkeit, von vornherein die Einigung auf ein stabiles Arbeitsbündnis einzufordern.

Wenn eben neue (Lern-)Anforderungen den Charakter eines bedrohlichen Auslösereizes erhalten, werden sie wie die Wiederbelebung einer frühen, schweren narzisstischen Kränkung erlebt. Die betroffenen Kinder fürchten unbewusst, von uns wie von einem bösen Objekt vernichtet zu werden. Um die mit dieser Phantasie verknüpften Ohnmachts- und Angstgefühle abzuwehren, reagieren sie unruhig, aggressiv oder entziehen sich der gestellten Aufgabe durch *Dummheit*. Insofern muss Lorenzers Konzept erweitert werden, soll es uns Hilfe bringen. Mit dieser Absicht entwickelte Finger-Trescher ihren Begriff der pseudosymbolischen Interaktionsform. Sie wird als Relikt einer erzwungenen Einigung der vorsprachlichen Mutter-Kind-Dyade sichtbar und äußert sich als basale Beschädigung und damit Fixierung an primärnarzisstische Szenen. Die Einführung einer Symbolsprache wurde hier verhindert und das Agieren als herausragende Verhaltenskomponente konserviert (vgl. Finger 1977, 155 ff).

Wird bei Lorenzer, vor dem Hintergrund seiner klinischen Arbeit, eine allgemeine Verfügbarkeit über (Symbol-)Sprache vorausgesetzt, so können wir Pädagog/innen dieses nicht ohne weiteres erwarten. Wo eine auf Empathie und Orientierung angelegte Einigung mit den primären Objekten nur unzureichend zustande gekommen ist, fehlt der Sprachentwicklung häufig die Voraussetzung des vorsprachlich-gestischen Dialogs (vgl. Leber 1979, 65 f). In diesen Fällen werden undifferenziert wahrgenommene Interaktionsformen beziehungslos in die labile Subjektstruktur eingebunden, was eine tiefe Sprachlosigkeit hinterlässt. Um sich mitzuteilen, verbleibt diesen Kindern meist nur ein unbändiges Agieren. Sprache als ausdrucksfähiges, erlebensnahes Medium steht nicht wirklich zur Verfügung. „Sprache wird so nur gewonnen, um Bilder von (phantasierten) Beziehungen zu vermitteln, und nicht zur Weitergabe von beziehungs- und subjektunabhängiger Information. Sie wird oft nur als leere Worthülse benutzt, um phrasenhaft etwas auszudrücken, dessen Bedeutung nicht oder nur wenig erfasst ist“ (vgl. Leber 1978, 107).

Obgleich, wie bereits angedeutet, bei Lorenzer auch Hinweise darauf zu finden sind, dass wir im Gegensatz zu den (reiferen) desymbolisierten Interaktionsformen mitunter auf nicht in Sprache aufgenommene Interaktionsformen stoßen, hat er der Tatsache kaum Beachtung geschenkt, dass das Fehlen grundlegender sozialisatorischer Voraussetzungen im vorsprachlichen Dialog die Reifung einer stabilen Persönlichkeitsstruktur zu verhindern droht. Bleibt ein austauschender, befriedigender Dialog von Anfang an aus, so sind permanent misslingende Einigungsversuche von Mutter und Kind dafür verantwortlich, dass eine Verinnerlichung dieser frühen Interaktionserfahrungen nicht zustande kommt. In der Folge wird die Ausbildung stabiler innerer Repräsentanzen, voran jene des *guten* Objekts, verfehlt (vgl. Leber 1977, 86).

Für die in Mitleidenschaft gezogenen Kinder lässt sich Praxis nicht über Sprache regeln. Hingegen spielen sich Interaktionsfiguren ein, die nur unzureichende Entspannungsmomente in sich aufnehmen und bereits in einem sehr frühen Stadium von massiven Kränkungen begleitet sind (vgl. Leber 1976). Gefühle kommen bei diesen Kindern nicht in Schattierungen vor, die Ambivalenz zwischen der Zuneigung zur ersehnten, alle Wünsche erfüllenden Mutter und dem Hass auf die real nie befriedigende, böse Mutter, die unversöhnlich nebeneinander stehen, ist vom Pädagogen nur bedingt auszuhalten. „Ihr ungestillter Hunger nach Zuwendung und Versorgung bleibt erhalten als grenzenlose Gier, die nur an der Gier der

Leidensgenossen, der Eltern, Geschwister und Kameraden ihre brutale Schranke findet" (vgl. Leber 1977, 87). Insofern gilt es, diese quälenden und zwiespältigen Verhaltensweisen schwieriger Kinder überhaupt aushalten zu lernen. Unter günstigen institutionellen Bedingungen leistet das Aushalten-Können der mächtigen Gefühle dieser Kinder als Teilhabe an den sprachlos-agierten Interaktionsformen die Vorarbeit zu einer originären Symbolbildung. Mit Lorenzer: „Das hermeneutische Verfahren muss selbst als *Sozialisationsprozess* fungieren" (vgl. Lorenzer 1974, 289).

Die Übernahme des szenischen Verstehens auf das Gebiet der Pädagogik vermag dann prägnant so gefasst werden: „Der Heilpädagoge versucht, den Gestörten und Behinderten aus dem, was jener offen und verschleiert in Szenen von sich mitteilt, zu verstehen" (vgl. Leber 1979, 75). Jede konflikthafte Verwicklung des Pädagogen mit seinen Kindern und Jugendlichen erscheint demnach als an seine Person geknüpfter inszenierter Wiederholungsversuch unbewältigter Lebensgeschichte. Versteht der Pädagoge diesen Kontext nicht, trägt er unbewusst zu einer für ihn selber schmerzhaften Vervollständigung der Szene bei, verhält er sich doch gemäß der unbewussten Erwartungen des Interaktionspartners.

Dieses Unverständnis lässt ihm nur eine Möglichkeit: Genau so unzureichend, abweisend und versagend zu reagieren wie die Elternfiguren. Verhält er sich aber gemäß der unbewussten Erwartungen des Kindes, wird die Beziehung zwischen beiden dann die gleichen unbefriedigenden Merkmale aufweisen wie die zu den Eltern. Entwicklung findet dann nicht mehr statt. So wird er leicht in Versuchung geraten, aus einem nicht reflektierten Selbstschutz heraus die ihm zugefügte Kränkung zurückzugeben und dies womöglich noch mit hehren erzieherischen Grundsätzen – „Kinder brauchen Grenzen" – zu rationalisieren suchen.

Bei dem Versuch, das genuin im Theorierahmen der Psychoanalyse entworfene Konzept des szenischen Verstehens auf das Gebiet der Pädagogik anzuwenden, stoßen wir auf eine Reihe von Schwierigkeiten. Nicht zuletzt das lange gehegte Misstrauen gegenüber einer Annäherung der Pädagogik an die Psychoanalyse hatte dazu geführt, seine Tauglichkeit in Frage zu stellen: Szenisches Verstehen sei der Deutungshoheit der klassischen psychoanalytischen Technik vorbehalten und überdies theoretisch fragwürdig. Aber auch die Psychoanalyse hat sich lange dagegen gewehrt, die Rezeption ihrer Methodik und Erkenntnisse in humanwissenschaftlichen Nachbardisziplinen anzuerkennen. Häufig erfuhr aus dieser Richtung einzig eine psychoanalytische Supervision der pädagogischen Praxis, aber nicht diese selbst, die entsprechende Wertschätzung, so als sei es unmöglich, die unbewussten Phantasien von Kindern und Jugendlichen außerhalb dieses Settings wahrzunehmen, zu verstehen und in praxi darauf angemessen zu reagieren. Erst in jüngster Zeit sind hier Aufweichungen deutlich zu spüren (vgl. Leuzinger-Bohleber u. a. 2006b).

Auch gab es einen langen Streit über das Verhältnis von Psychoanalyse und Pädagogik im Zusammenhang mit dem nach dem 2. Weltkrieg in den 1970er Jahren wieder aufgenommenen Diskurs zur Psychoanalytischen Pädagogik. Trescher hat das Trennende wie Gemeinsame beider Disziplinen in Bezug auf die

Klienten, die professionell Beteiligten und das Setting wie den Prozessverlauf prägnant herausgearbeitet. Wenn Pädagogik *nicht* generell auf instrumentelles und zielorientiertes Handeln verkürzt, sondern vor allem die Dimension inszenierter Objektbeziehungen reflektiert wird, die diesem Handeln zugrunde liegt, entwickelt sie sich zu einem „dialogischen Beziehungsprozess, in dem die Beteiligten Subjekt *und* Objekt der gegenseitigen ‚Beeinflussung' sind" (vgl. Trescher 1985, 169 ff).

Freuds Vorstellung von der Psychoanalyse als einer Behandlungsmethode neurotischer Störungen (vgl. Freud 1923 a, 211) wurde und wird zwar gerne auf den rein klinisch-therapeutischen Bereich begrenzt. Mit Blick auf seine Auffassung der Behandlung als Nacherziehung, wie Freud sie in seinem Vorwort zu Aichhorns „Verwahrloster Jugend" vorbrachte (vgl. Freud 1977), macht aber Leber deutlich, dass Psychoanalyse nicht dem ärztlich-psychotherapeutischen Sektor vorbehalten bleiben sollte (vgl. Leber 1985, 152). Auf die Arbeit in Supervisionsgruppen bezogen, die den psychoanalytisch-pädagogischen Prozess begleiten sollte, formuliert Leber dezidiert: „Ich selbst halte es hingegen für den Lernprozess für wichtig, auf die Entsprechungen zwischen dem ‚Fall' und der gerade aktuellen gemeinsamen Phantasie der Gruppe einzugehen. Für mich beginnt Therapie dort, wo die einzelnen Gruppenmitglieder mit ihrer persönlichen Problematik ins Spiel kommen" (vgl. Leber, Gerspach 1996, 516).

Eines ist sicher: Pädagogisches Arbeiten meint nicht psychotherapeutische Rekonstruktion bislang unbewältigter Lebensgeschichte. Vielmehr dreht es sich um ein grundlegendes Verstehen blockierter individueller Lern- und Entwicklungsprozesse. Auch die Themen, die eine Gruppe verbinden oder unbewusste – etwa im Unterricht agierte – Phantasien können damit szenisch verstanden werden. In seiner kritischen Betrachtung des szenischen Verstehens folgert Reiser, „dass für das pädagogische Handeln im Gegensatz zur psychoanalytischen Behandlung die Gegenwartsbedeutung und die Zukunftsgerichtetheit strukturbildend sind, während die Rekonstruktionsversuche von Vergangenem (...) für die pädagogische Reflexion und Selbstaufklärung des Erziehers elementar sind" (vgl. Reiser 2000, 159).

Es geht nicht um die klassische Aufdeckung unbewusst gewordener infantiler Konflikte, sondern um das Erleben neu gewonnener Perspektiven im gemeinsamen Dialog. In ähnlicher Absicht wendet sich Göppel in seiner Diskussion des szenischen Verstehens unter Hinweis auf Ergebnisse der Deprivations- und Resilienzforschung gegen die Annahme der Zwangsläufigkeit problematischer Langzeitwirkungen, ohne dass damit allerdings der Stellenwert der frühen Kindheit für das menschliche Lebensschicksal anzuzweifeln wäre. Kontinuität und Diskontinuität existieren Seit' an Seit' (vgl. Göppel 1999, 18 ff).

Mit dem szenischen Verstehen können wir besser nachempfinden, was ein Kind von seinen inneren Schwierigkeiten und Konflikten in reale Handlungen transformiert. Indem es unbewusst in seinem Verhältnis z. B. zu seinen Mitschülern und Lehrern etwas inszeniert und diese damit in seinen Bann zieht, äußert es sich in seinem (auffälligen) Verhalten auf eine verschleierte Weise. Seine innere Problematik und seine unbewältigten Lebensthemen zeigen sich in der Art und Weise, wie es seine Beziehungen zu und mit anderen Menschen arrangiert. Diesen Appell gilt es zu entschlüsseln, um darauf eine angemessene Antwort zu finden, damit das unbewusst agierte Leiden nach und nach in eine (sprach-)symbolische Form gekleidet werden kann.

Leber beschreibt, wie er bei seiner diagnostischen und psychotherapeutischen Arbeit mit Heimkindern immer besser erfasste, was Kinder ihm gegenüber sogar bei Intelligenzprüfungen in der Übertragung „inszenierten" und dabei ihre frühe traumatische Erfahrung ins Spiel brachten. So reagierte ein achtjähriger Junge auf seine Frage, was er auf dem „Grußbild" aus dem Intelligenz-Test nach Binet-Simon sehe, damit, dass er auf das unterhalb des Fensters auf dem Boden liegende Kind deutete und mit der Gegenfrage antwortete: „Ist der tot?" Sogleich gab er sich dann selbst die Antwort: „Der ist vielleicht da heruntergeworfen worden." Dieses Bild zeigt einen jungen Mann, der den Hut zum Gruß zieht, zu einem aus dem Fenster blickenden jungen Mädchen schaut und dabei ein Kind umrennt.

Offensichtlich fühlte sich der Junge dazu gedrängt, das auf dem Bild Dargestellte zu nutzen, um mitzuteilen, was ihn derzeit überaus schmerzlich bewegte. Denn er war gerade aus einem vertrauten Heim verlegt und damit von einer geliebten Bezugsperson getrennt worden. Das erlebte er ebenso als tödlichen Hinauswurf wie seine Heimeinweisung am Anfang seines zweiten Lebensjahres, als seine Mutter in der Notzeit nach dem zweiten Weltkrieg dem kleinen Nachzügler in einer großen vaterlosen Familie nicht gerecht werden konnte. Das auf dem Bild unter dem Fenster am Boden liegende Kind war für ihn ein von Lorenzer so genannter „szenischer Auslösereiz", welcher die Erinnerung an das ursprüngliche Trauma wiederbelebte. Dadurch wurde er veranlasst, den sonst von ihm sicher ohne weiteres erkennbaren Sachverhalt zu verfälschen (vgl. Leber, Gerspach 1996, 512).

Leber fasst zusammen: „Angesichts meiner langen und intensiven Erfahrung mit solchen Kindern standen für die von mir entwickelte psychoanalytische Heilpädagogik eher narzisstische Szenen im Vordergrund. Wir stießen vor allem auf ‚erlebte Szenen', die sich auf frühe Verlassenheit und Kränkungen durch Verstoßung und Missachtung bezogen, und ‚ersehnte Szenen', in denen versucht wird, die verlorene allmächtige Einheit mit der Welt oder mit Aggression und Gewalt aufzuheben" (vgl. Gerspach, Leber 1996, 513). Selbst einer unlustvollen Szene kann die Hoffnung auf eine Wunscherfüllung innewohnen (vgl. Reiser 2006 a, 23).

Die narzisstische Interaktionsform führt dann zu einer Beschädigung der Symbolisierungsfähigkeit einschließlich der intellektuellen Kompetenzen. So Betroffene benutzen Sprache eher wie leere Worthülsen, das heißt ohne ihre Bedeutung gerade in emotionaler Hinsicht erfassen und sie als Mittel der Selbstbesinnung oder zur zwischenmenschlichen Verständigung nutzen zu können (vgl. Graf-Deserno 1981, 52; Leber 1978, 107). Der psychoanalytische Pädagoge kann aber aus dem empathischen Verstehen der Reinszenierung desolater früher Lebenssituationen heraus solchen Kindern helfen, nicht nur mit ihren missglückten Beziehungen und deren Folgen besser fertig zu werden. Indem er ihnen selbst eine haltende Beziehung anbietet, kann er ihnen, in einer angemessenen Dosierung „zumuten", sich mit der belastenden Vergangenheit so auseinander zu setzen, dass neue Lebensperspektiven gewonnen werden.

Dies ist oft gleichbedeutend mit der nachträglichen Einführung von Sprache sowie dem Erwerb von moralischen und kognitiven Grundkompetenzen und kann eine gesellschaftliche Eingliederung anbahnen (vgl. Leber, Gerspach 1996, 514).

3.3 Kleiner Ausflug in die Praxis

Alle Pädagog/innen, die in schwierigen Praxisfeldern tätig sind, kennen die Situation, wenn ein Kind in seiner Zerstörungswut oder Verzweiflung in der Gruppe kaum mehr zu bändigen ist. Meist fühlen sie sich dadurch provoziert und gewinnen den Eindruck, dass dieses Verhalten gegen sie persönlich gerichtet ist. Sie sehen sich zu einer Art heftiger Gegenreaktion verleitet und versuchen, den Störenfried mehr oder weniger massiv zu maßregeln, was nicht selten zu einer weiteren Eskalation der Situation führt und auf Dauer zu einer chronischen Belastung werden kann. Darunter leidet die Freude an der Arbeit, was eine günstige Voraussetzung dafür abgibt, dass sich die kindlichen Störmanöver nur noch verstärken. Aus einer sinnvollen pädagogischen Gestaltung kindlicher Entwicklungsräume wird dann eine Stillstand verheißende Erziehungsschlacht (vgl. Gerspach 2003).

Nehmen wir folgende Situation her (vgl. Leber, Gerspach 1996, 513 ff): Ein Junge, der eine heilpädagogische Tageseinrichtung besucht, beginnt unversehens so stark zu randalieren, dass die Erzieherin, die relativ neu in der Einrichtung und daher noch nicht sehr vertraut mit den Kindern ist, keine andere Möglichkeit sieht, als ihn kurzerhand in die Toilette zu sperren. Dies steigert nur noch die Wut des Jungen und er beginnt, die Holzwände der Toilette zu zerstören. Es besteht nun die Gefahr, dass sich aus diesen wenigen Informationen beim Lesen oder Zuhören zwei impulsive Gewissheiten entwickeln:

1. Dass der Junge eine heilpädagogische Einrichtung besucht, wird schon, wie man sieht, seine Gründe haben und
2. deshalb muss er nachhaltig eingegrenzt werden.

Was aber sind diese Gründe? Und erleben Kinder, die leicht aggressiv werden, von Seiten ihrer Eltern- und Beziehungspersonen nicht genügend Grenzen in der Weise, dass ihnen von Anbeginn ihres Lebens an mit mangelnder Einfühlung oder gar kränkenden und aggressiven Übergriffen begegnet wurde? Wir selbst geraten in heftige affektive Turbulenzen, weil uns ein solches Kind in seine ungelösten Konfliktsituationen hineinzieht. Wie auf einer Bühne reinszeniert es gleichsam seine seelischen Probleme; es *agiert* sie in Form auffälligen Verhaltens, und zwar aus dem Grund, weil es noch keine Möglichkeit gefunden hat, sich sprachlich, also *reflektiert*, über seine miserable Befindlichkeit auszudrücken. Deshalb wählt es die Form einer, wenn man so will, verschleierten, nichtsprachlichen Mitteilung auf der Ebene störenden und uns und die Gruppe massiv belastenden Verhaltens. Das Kind provoziert, aber in dieser Provokation liegt eine stille Botschaft enthalten: Halte es bitte aus mit mir, denn ich bin auf der Suche nach jemand, der mich endlich versteht und mir hilft.

Eine solche Verhaltensstörung stellt einen, wenngleich untauglichen Versuch dar, auf eine bestimmte Krisensituation, in der sich das Kind befindet, hinzuweisen und sie zu bewältigen. Ein solches Kind erzählt uns nicht offen von seinen inneren Blessuren, die ihm zugefügt wurden. Um sich vor der schmerzlichen Erinnerung daran zu schützen, dreht es den Spieß um und fügt nun uns Blessuren zu. Wenn wir diese Umkehrung nicht verstehen, nehmen wir selbstverständlich jeden seiner Angriffe, jede Entwertung persönlich und müssen nun unsererseits jede Menge Abwehrkräfte mobilisieren, um nicht selber zugrunde zu gehen.

Ohne verstanden zu haben, warum ein Kind so schnell aus dem Gleichgewicht gerät, können wir also gar nicht angemessen reagieren. Die Gewissheit, nicht persönlich der Adressat der kindlichen Angriffe zu sein, macht es ein wenig leichter, auf die Aggressionen so zu antworten, dass diese unsere Reaktion vom Kind *nicht* als Vernichtungsfeldzug missverstanden wird. Dies müsste seine Wut nur steigern. Uns wird eine Stellvertreterrolle zugedacht. Das Kind behandelt uns unbewusst so, als seien wir die unzureichend versorgenden Elternfiguren. Gleichzeitig liegt dieser Verwechslung ein tief vergrabener Wunsch des Kindes zugrunde, endlich auf eine *genügend gute* Bezugsperson zu treffen, die ihm die Möglichkeit gibt, andere, bessere emotionale Erfahrungen zu machen.

Hier möchte ich auf das Thema Übertragung zurückkommen. Sie folgt unbewussten frühkindlichen Mustern, die nicht erinnert, sondern in Haltungen und Handlungen umgesetzt werden. In ihrer positiven, liebevollen Form ist sie im pädagogischen Feld Träger des Vertrauens, die es einem wenig gestörten Kind gestattet, sich auf gemeinsame Anstrengungen einzulassen und diese trotz Schwierigkeiten zu bewältigen. In ihrer negativen, aggressiven Form werden die schmerzlichen frühen Störungen neu belebt, so als seien sie noch so präsent wie am ersten Tag, müssen aber mit viel Anstrengung abgewehrt werden. Auch wenn es oft schwer fällt, sollten wir wissen: Hinter den heftig agierten Gefühlen gegen uns liegt eine leise Hoffnung auf eine gute Beziehung verborgen, und es kommt immer darauf an, dass wir uns mit den gesunden Anteilen des Kindes verbünden können, um vielleicht dort hin zu gelangen. So kann man, wenn sich der Kontakt allmählich stabilisiert, in neuen Konfliktsituationen immer wieder darauf hinweisen, dass es schon entspannte und harmonische Phasen miteinander gegeben hat und dass es das Kind jetzt nicht schafft, die Erinnerung daran zu zerstören.

Im Falle einer *konkordanten Identifizierung* überwiegt die Identifikation mit den Selbstanteilen des Kindes. Die Befindlichkeit des Kindes, sein Schmerz, seine Kränkung, seine Ohnmacht, seine Wut, findet in uns einen Resonanzboden und wird sozusagen zu einem zu uns gehörenden Eigenen. Dabei kommt es zu einem Rollentausch. Wir erleben uns *wie* das Kind, das Kind erlebt sich *wie* seine frühere Beziehungsperson. So versetzt uns ein hochaggressives Kind, wenn es andere schlägt, in einen Zustand ohnmächtiger Wut. Aus dem Opfer wird ein Täter. In der konkordanten Identifizierung übernehme ich stellvertretend das schmerzliche Erleben des Kindes aus einer früheren, seelisch äußerst belastenden Situation. Dies bewusst zu spüren und auszuhalten ist oft beinahe unerträglich.

Im Fall einer *komplementären Identifizierung* überwiegt die Identifikation mit den Objektanteilen des Kindes. Hier übernehmen wir unbewusst nicht die Rolle des geschädigten Kindes, sondern des schädigenden erwachsenen Objektes. So kann es leicht geschehen, dass wir dem Kind auf seine Provokation hin in der gleichen Weise mit Aggressivität begegnen, mit der ihm einst die als bedrohlich erlebten Eltern entgegentraten. Dieser Vorgang einer komplementären Identifizierung ist wohl jedem von uns bestens vertraut. Werde ich z. B. als strafender Vater phantasiert und auch so behandelt, werde ich mich, nicht zuletzt unter dem Druck meines Handlungsfeldes, nur allzu leicht zur Übernahme dieser Rolle drängen lassen und der Versuchung nachgeben, diesem Kind stark restriktiv zu begegnen. Wird mir die unbewusste Dynamik, die hier zu wirken beginnt, nicht bewusst, dann werde ich mich entweder erschrocken zurückziehen oder diesen aggressiven Impuls pädagogisch – im Sinne des: strenger ‚anfassen' – durchsetzen.

Je leidvoller die frühen Beziehungserfahrungen des Kindes waren, umso stärker verzerren sie in der aktuellen pädagogischen Situation seine momentane Wahrnehmung und führen zu unbewussten Übertragungsvorgängen. „In der Übertragungsreaktion wird also das Objekt subjektiv so erlebt, *als ob* es sich beispielsweise um die Mutter, den Vater oder ein Geschwister handelte." Jede Übertragung löst ihrerseits im Pädagogen eine Gegenübertragung aus. Man könnte auch von „Gegenaktion" sprechen (vgl. Trescher 1985, 77 ff). Alles, was im Gegenüber vorgeht – alle Regungen, Empfindungen und Befürchtungen –, fließt in die Beziehung zu ihm ein und aktiviert verschiedene Impulse, Gedanken, Affekte und Phantasien, die ihn wiederum unbewusst zu einer bestimmte Reaktion veranlassen. Ohne tiefere Reflexion dieser sich hauptsächlich unbewusst entfaltenden Dramatik kommt es schnell zu einer gefährlichen Zuspitzung des Geschehens.

Vor allem der Umgang mit Aggressionen und destruktivem Agieren im pädagogischen Setting konfrontiert uns sehr schnell mit unserer eigenen defizitären Seite der Persönlichkeitsentwicklung (vgl. Hopf 1998), und viel mehr als offen eingeräumt kommt es auf diesem *Schlacht*feld zu übergriffigem Agieren von Gegenaggressionen, oder wir geraten über die Entwicklung grässlicher Selbstzweifel und Ängste auf anderem Wege an die Grenze unserer psychischen Belastbarkeit. Dies bleibt, solange wir uns immer wieder unverstandenen Aspekten des eigenen Erlebens des sich aggressiv gebenden Kindes oder Jugendlichen, insbesondere bei schweren Beeinträchtigungen, gegenüber sehen. Gerade die kommunizierten Formen von Ablehnung und Hass lassen auf massive Enttäuschungen schließen, aus denen innere destruktive Erwartungen resultieren, welche dann in einer Wendung vom Passiven zum Aktiven an die Pädagog/innen weitergereicht werden. In einer Art unbewusster Rollenumkehrung werden aus traumatisierten Kindern traumatisierende Täter, die uns in dieses erschütternde Lebensszenario verwickeln.

In diesen Fällen gewährt uns die Erkenntnis der Gegenübertragung als einem innerpsychischen Wahrnehmungsinstrument eine wichtige Hilfestellung, um die verborgenen, massiv abgewehrten Anteile und Persönlichkeitseigenschaften der Jugendlichen erfassen und in ihrer ganzen Dramatik fühlbar werden zu lassen (vgl. Raue 2008, 125). Der Umgang mit diesen aufsteigenden und oft sehr extensiv erlebten Gefühlsantworten stellt neben dem immer bedrohten Rahmen die Hauptschwierigkeit der Arbeit mit aggressiven Kindern und Jugendlichen dar, denn sie lassen immer auch Rückschlüsse auf uns selbst zu.

Eine weitere Schwierigkeit in der Begegnung mit ihnen liegt aber auch darin, dem Druck mitzuagieren standzuhalten und sich so überhaupt einen Zugang zu ihrem Inneren zu erhalten. Dazu gehört es auch, sich die Möglichkeit des Nicht-Verstehens trotz Empathie zu erhalten und diese zulassen zu können, denn ohne diese gäbe es keine Gegenübertragung. Dann aber bleibt es unsere Aufgabe, diese Gegenübertragung durchzuarbeiten, um sie überhaupt aushalten zu können. Schließlich reagieren wir mit unseren Gegenübertragungsreaktionen auf die Übertragung des Jugendlichen, dessen projizierte Selbstanteile wir in uns aufnehmen müssen, um ihn verstehen zu können, was wiederum unsere eigenen, „teilweise frühen Selbstanteile und auch beschädigten inneren Objekte" berührt, so dass wir immer auf der Hut sein müssen (vgl. Raue 2008, 128).

Oftmals verspüren wir dann paradoxe Gefühle von Wut, Empörung, Traurigkeit, Sympathie, Überlegenheit, Mitleid oder Hilflosigkeit, was uns in einen Zustand aus Ambivalenzen und Unsicherheiten versetzt und Abbild des chaotischen Erlebens unseres Gegenübers ist, welches seine Bedürftigkeit und Gier auf eine oft schier unerträgliche Weise an uns heranträgt. Es führt nicht selten zur Gefahr eines realen Beziehungsabbruchs, wenn wir in der Gegenübertragung phantasieren, dem Jugendlichen nicht wirklich etwas anzubieten zu haben, was dann wiederum Schuldgefühle bei uns auslöst. Dies tritt vor allem ein, wenn wir erhebliche Gegenübertragungsängste und tiefe, kaum zu ertragende Gefühle von Ohnmacht und Hilflosigkeit verspüren, als wäre alles verloren, und wir dann selber ein abruptes Ende der Beziehung aktiv mit herbeizuführen drohen.

Da sich die institutionalisierte Pädagogik allerdings in erster Linie auf der Realitätsebene bewegt, steht die Übertragung nicht im Zentrum ihrer Arbeit. Psychoanalyse arbeitet *an* der Übertragung, Pädagogik aber *mit* der Übertragung. Übertragungsphänomene erhalten in der Pädagogik einen sekundären Stellenwert. Dennoch sind Erkennen und Durcharbeiten der Übertragungsreaktionen unabdingbar, um im Sinne Lebers eine gefühlsmäßige Offenheit gegenüber den Klienten (vgl. Leber 1985, 160) zu erlangen: „Die der Pädagogik adäquate und entsprechende Form der ‚Deutung' ist primär die gemeinsame, dialogische Herausarbeitung der Bedeutung von Geschehnissen in der gemeinsamen Beziehung, in einer gemeinsam erfahrenen und geteilten Realität" (vgl. Trescher 1985, 84 ff).

Wie können wir dieses Wissen nun praktisch anwenden? Das Wichtigste ist, dass wir nicht versuchen sollten, die bei uns ausgelösten Impulse, die wir schnell als störend empfinden, so schnell wie möglich wieder los werden zu wollen. Im Gegenteil liefern uns diese Impulse wichtige Hinweise auf das Erleben und das Gefühlsleben des Kindes. Die Wahrnehmung und Reflexion der bei uns ausgelösten Resonanz auf die heftigen Reaktionen des Kindes geben die Voraussetzung zum tieferen Verständnis seiner Situation ab, schließlich beruhen sie auf einer Identifizierung mit ihm und seiner unbewältigten Geschichte.

Unsere Aufgabe ist es, die innere Befindlichkeit eines Kindes verstehen zu lernen, die als Wiederbelebung bislang unbewältigter Konflikterfahrungen in der aktuellen Übertragungssituation zum Ausdruck kommt. Warnen möchte ich allerdings vor einer falschen Anwendung dieser methodischen Herangehensweise. Es geht nicht darum, detektivisch nach ‚exakten' Daten und Ereignissen aus der Lebensgeschichte zu forschen, die wir als äußerliche Gründe für eine aktuelle Verhaltensstörung meinen ursächlich dingfest machen zu können. Viel eher sollten wir den in uns ausgelösten Empfindungen nachspüren, die uns affektiv wie kognitiv aufmerksam machen auf die missglückten Beziehungserfahrungen unseres Gegenübers. Es geht nicht um die Frage: *Was ist damals mit dem Kind geschehen*?, sondern um die Frage: *Was hat es gefühlt?*

Eine ganze Reihe von Kindern kommuniziert aus Gründen einer starken innerpsychischen Abwehr hauptsächlich in Form ständiger Aggressionen, und ihnen bedeutet das gesprochene Wort noch wenig (vgl. Clos 1991, 253 ff). Sie gestalten ihre Interaktionen nach dem Muster unbewältigter Situationen in ihrer frühen Kindheit, allerdings in verfremdeter Form (vgl. Leber 1983, 15). Dabei versuchen sie, uns unbewusst in eine bestimmte Szene hineinzuziehen. Es geschieht in der Erwartung, dass wir empathischer auf sie eingehen als es ihre primären Beziehungspersonen taten. Die zentrale pädagogische Aufgabe ist es nun, diese Inszenierungen und die Rolle, die uns dabei zugedacht wird, zu verstehen. Wir müssen auf das hören, was in uns selbst an Empfindungen und Phantasien aufkommt. Wenn wir auf diesem Wege zu einem genauerem Verstehen der Übertragungsprozesse gelangen, steuern wir einiges zu einer Bearbeitung bislang ungelöster Konflikte bei.

Es kann aber auch immer wieder schnell passieren, dass die Pädagog/innen selbst aus Angst vor ‚schwierigen' Kindern einer Übertragung aufsitzen, was wiederum erst deren Gegenübertragung auslöst. Sie begegnen ihnen wie kleinen Ungeheuern, die man an die Kette legen muss, und lösen damit genau jene frühe, aus Demütigung geborene Wut wieder aus, die dann tatsächlich ausgiert wird. Das Phänomen der Wechselwirkung von Übertragung und Gegenübertragung kommt also auch in vertauschter Form vor.

Ich rekapituliere. In *konflikttypischen Szenen*, in die der Betroffene sich und andere immer wieder unbewusst verstrickt, wird der unbewältigte Konflikt ‚erzählt' (vgl. Trescher 1985, 139). Bei der Gestaltung des pädagogischen Prozess ist auf die psychische Dimension und die unbewusste Psychodynamik zu achten, die aus dem Konfliktpotential der frühen Lebensgeschichte resultieren und sich szenisch vermitteln – ein Ansatz, der für den (schul-)pädagogischen Alltag leider wenig entwickelt ist (vgl. von Freyberg, Wolff 2005, 2006).

Die wesentlichen Grundlagen des *szenischen Verstehens im pädagogischen Feld* sind:

1. Das szenische Verstehen offenbart uns die unbewusste Wiederbelebung eines unbewältigten Lebensthemas im aktuellen Beziehungsarrangement, wie es sich als Störung darstellt. Wir selbst werden in diese Szene hineingezogen.
2. Das unbewältigte Thema wird uns vor allem in Form sprachlosen Agierens präsentiert. Es existiert keine andere Form der Selbstmitteilung. In diesem Mangel liegt die Belastung der Pädagog/innen.
3. Auftrag der Heilpädagogik ist es, ein Klima zu schaffen, in dem sich das störende Kind angenommen fühlt. Über das Wachsen einer stabilen Beziehung kann allmählich Sprache in den Dialog eingebaut werden. Erst wenn eine erlebensnahe Sprache zur Verfügung steht, wird sich das störende Verhalten in soziale wie kognitive Kompetenz transformieren lassen.

Unter diesen Vorzeichen will ich die Geschichte des Jungen aus der Tagseinrichtung noch einmal aufnehmen. Aloys Leber, ihr Leiter wurde hinzugezogen, der den Jungen gut kannte und um dessen Problematik wusste. Ihm war auch bekannt, dass seine Lieblingsbetreuerin überraschend erkrankt war und zudem am Morgen ein Wellensittich aus der Gruppe entflogen war, an dem der Junge über alle Maßen hing. Das finden wir häufiger bei emotional belasteten Kindern vor, den Tieren gegenüber meint man, nicht das gleiche Misstrauen aufbringen zu müssen wie bei Menschen. Der Leiter gesellte sich also zu dem Jungen, ohne dass dessen Toben zunächst aufhören wollte. Nach einer Weile sagte er: „Ich glaube, Du bist deshalb so wütend, weil der Wellensittich vorhin weggeflogen ist." In diesem Augenblick entspannte sich der Junge und ging beruhigt in seine Gruppe zurück. Leber hatte verstanden, wie der Junge sich von Erzieherin und Vogel im Stich gelassen gefühlt hatte, was zum Auslösereiz für frühere traumatische Beziehungsabbrüche geworden war und ebenso heftige wie verzweifelte Reaktionen hervorgebracht hatte.

Es gilt, Verständnis dafür zu wecken, warum Kinder in bestimmten Situationen so reagieren, und es gilt, Vorstellungen zu entwickeln, die ihnen bei der Bewältigung helfen können. Jede dieser Inszenierungen steht für die Reproduktion unbewältigter Lebensgeschichte. Dabei schlummert allerdings der Wunsch im Hintergrund, dieses Mal einen besseren Ausgang zu finden, sofern wir die unbewusst drohende Erwartung nicht erfüllen, dass sich die frühe traumatische Erfahrung erneut einstellt. Für die gelingende pädagogische Arbeit mit schwierigen Adressat/innen muss das professionelle Handeln aus einer Haltung der *Abstinenz* heraus erfolgen, welche die eigene Bedürftigkeit und Ansprüchlichkeit in den Hintergrund treten lässt.

Nur wenn sich die Pädagog/innen als Dialogpartner unaufdringlich zur Verfügung zu stellen vermögen, werden sie zum interessanten Gegenüber. Sie müssen sich verwenden lassen, ohne den Anderen zu verwenden (vgl. Trescher 1993, 182f). Dies besagt nicht, für alles herzuhalten und sich jeder eigenen Regung zu enthalten. Es meint vielmehr, sich für die Adressat/innen als Beziehungspartner anzubieten und diese nicht für eigene unbewältigte Helferabsichten zu missbrauchen. So kennen wir gerade in der Arbeit mit geistig behinderten Menschen eine dem Berufsalltag entspringende Haltung, dem Anderen die eigenen Hilfeabsichten ungefragt aufzudrängen und nicht nach seinen Wünschen und Ängsten zu fragen. Wir Pädagog/innen benötigen aber eine grundständige Fähigkeit, uns solcher heimlichen Absichten zu enthalten. Damit diese Fähigkeit, vor allem in emotional belastenden Praxisfeldern, wachsen kann, benötigen wir selbst Unterstützung, z. B. über Supervision, Zeit zum Reflektieren und zum gegenseitigen Austausch. Die pädagogische Beziehung sollte von eigenen Verzerrungen weitgehend frei gehalten werden.

Ist dies gewährleistet, kann ein *Arbeitsbündnis* wachsen, in dessen Verlauf Veränderungen der Selbst- wie Objektrepräsentanzen entstehen. Meist ist der Pädagoge anfangs alleiniger Träger dieses Arbeitsbündnisses. Wenn aber Identifizierungen mit seiner Person und den Arbeitszielen der Einrichtung aufkommen, wird dieses Bündnis auf eine stabilere Basis gestellt. Die Institution sollte selbst weitgehend konstante und überschaubare Beziehungskonstellationen ermöglichen, damit ein derartiges Entwicklungsbündnis geschlossen werden kann. Denn die Mitarbeiter/innen werden schnell in die Reinszenierung traumatischer Erfahrungen verstrickt (vgl. Trescher 1993, 184 f).

Um verstehend und haltend arbeiten zu können, müssen wir uns selbst durch den institutionellen Rahmen gehalten fühlen. Soviel szenisches Material uns auch angeboten werden mag, so wird dessen Verwendung doch meistens durch den Realcharakter des pädagogischen Settings erschwert. Die Institution sollte sich deshalb dem Prinzip der *Optimalstrukturierung* verpflichtet zeigen. Es geht aus von einer bewussten Gestaltung der pädagogischen Situationen und Prozesse, die eine Überforderung von Mitarbeiter/innen *und* Adressat/innen weitestgehend ausschließen soll. Der Schutz der Adressat/innen vor Retraumatisierungen und der Schutz des Personals vor Entwertungen am Arbeitsplatz sind zu garantieren (vgl. Trescher 1993, 185 f).

Unter günstigen institutionellen Voraussetzungen wird ein pädagogischer Rahmen geschaffen, der Entwicklung möglich macht. *Rahmen* beinhaltet alle offenen wie geheimen, bewussten und unbewusst wirkenden Vorstellungen im Erziehungsdialog, alle Regeln, welche Handlungen angemessen oder unangemessen sind und auf welche Weise das Verhalten gegenseitig zu interpretieren sei. Üblicherweise greifen wir alle unbemerkt auf gewisse und der jeweiligen Situation angemessene Rahmenvorstellungen zurück. „Ein funktionierender Rahmen ist wie ein gesunder Körper, er ‚schweigt'" (vgl. Körner, Ludwig-Körner 1997, 78). Erst wenn der Rahmen fehlt, z. B. weil eine neue Gruppierung uns auszuprobieren sucht, wird uns bewusst, dass wir uns wieder orientieren und auf die Einhaltung des Rahmens pochen müssen. Der Rahmen ist nicht vorgegeben, sondern ist in der pädagogischen Situation selbst herzustellen (vgl. Müller 1995, 153 ff).

3.4 Entwicklung unter erschwerten Bedingungen

Die Frage schließt sich an, welche Rolle das als behindert oder gestört bezeichnete Subjekt in seinen Kommunikationszusammenhängen einnimmt oder beinahe wie zwangsläufig einnehmen muss. Insbesondere der Rückgriff auf psychodynamische Vorstellungen von einem dem Menschen im wahrsten Wortsinne auf den Leib geschriebenen Konfliktgeschehen erlaubt uns die Erweiterung des subjektiv-sinnverstehenden Ansatzes. Dabei ist Vorsicht geboten gegenüber schlichten monokausalen Modellen menschlicher Entwicklung nach dem Motto: Bestimmte pathogene Ursachen haben eine nachweisbare Wirkung auf die Subjektbildung. Allerdings kann es uns gelingen, Gesetzmäßigkeiten beschädigter früher strukturbildender Prozesse empathisch wahrzunehmen und darauf aufbauend zu passenden Interventionen zu gelangen (vgl. Krause 1997, 146 ff).

Wir nehmen heute an, dass eine hinreichende bzw. unzureichende Fähigkeit zur Auseinandersetzung mit der Umwelt in erster Linie auf dem jeweiligen Charakter der frühen Erfahrung aufruht. Offensichtlich gibt es einen engen Zusammenhang zwischen dem affektiven Klima des innerfamilialen Umgangs miteinander und der individuellen Entwicklung bzw. Entwicklungshemmung eines Kindes. Mit Bezug auf die Orientierung innerhalb der frühen Beziehungsarrangements habe ich bereits auf die Bedeutung der Affekte und ihrer Regulierung hingewiesen. Nun möchte ich noch jene Komplikationen umreißen, die mit dem Thema Behinderung bzw. Störung verbunden sind (vgl. Gerspach 2004 e; Gerspach 2008 a).

Der erste Kontakt des Kindes mit seinen primären Objekten basiert hauptsächlich auf Affektaustausch. Sein Blick gilt dem Gesichtsausdruck seiner Mutter und auf seinem Gesicht spiegeln sich all die Empfindungen wider, die dort abzulesen sind (vgl. Lichtenberg 1991, 97). Zum Beispiel hört das Baby auf zu saugen, um das Gesicht der Mutter zu suchen. Spricht diese mit ihm, so beginnt es, seine Arme synchron zu ihrer Stimme zu bewegen und ihren Gesichtsausdruck zu imitieren. Besonders in neuen Situationen, die Angst machen, hilft der Affektausdruck auf dem Gesicht der Mutter dem Kind, seine noch fragile Sicherheit zurück zu gewinnen. Das Kind liest den Affektzustand der Mutter, indem es ihren Gesichtsausdruck prüft (vgl. Lichtenberg u. a. 2000, 73). Diese Affektabstimmungen bewirken, dass die Mutter das Erleben des Kindes verändert, sie gibt ihm etwas, was es zuvor nicht besessen hat.

Das ganz junge Kind verfügt über eine Reihe von – wahrscheinlich angeborenen – Fähigkeiten, um mit seiner Umwelt in Kontakt treten zu können. Es betreibt eine aktive Reizsuche, initiiert Kommunikation und versucht Affektabstimmungen herzustellen. Allerdings benötigt es die Bereitschaft seiner Bezugsperson, in diesen Dialog einzusteigen. Im umgekehrten Fall erlebt es den Affektausdruck seiner Mutter nicht als containende Orientierungshilfe, sondern in seiner drastischen Unmittelbarkeit als elementare Bedrohung. So kann beim Kind keine reflektierte Distanz zu seinen eigenen Empfindungen oder denen der Mutter entstehen.

Es wird ein emotionaler Zustand verfehlt, der es dem Kind ermöglichte, sich sicher geborgen zu fühlen und sich – mit dem nötigen Abstand – mit der Mutter zu identifizieren. Denn die Mutter vermag die Gefühle ihres Kindes nicht mit der gebotenen Empathie aufzunehmen und zu verarbeiten und verhindert, dass dem Kind diese ihre Fähigkeit bewusst wird. Das Kind kann seine Mutter nicht als denkend-verarbeitend erleben und wird dies fortan auch bei anderen Menschen nicht können. Kurzum: das Kind denkt andere nicht als denkend. Es kann ihre Handlungen nicht vorhersehen noch deren Motiv erkennen und bleibt so in einer Haltung befangen, ständig auf der Hut sein zu müssen vor äußeren Übergriffen. Umgekehrt ist es auch nicht imstande, eine erhöhte Reizspannung dadurch zu ertragen, dass Denken ein „Probehandeln (...) unter geringerer Verausgabung" möglich macht (vgl. Freud 1911 b, 233).

Mit anderen Worten ist es dem Kind verwehrt, „durch die Einschaltung der Denkvorgänge (...) einen Aufschub der motorischen Entladungen" zu erzielen (vgl. Freud 1923 b, 285). Es vermag keine eigenen Handlungsweisen zu entwerfen und in Gedanken probeweise durchzuspielen, was ihm ein doppeltes Ausgeliefertsein an unüberschaubar erscheinende soziale Situationen beschert. Da es den Anderen in seinen Absichten nicht verstehen kann und selbst keine Mittel zur Verfügung hat, darauf adäquat zu reagieren, kann jeder Dialog nur verstummen oder entgleisen.

Wo das Ich – die eigentliche Agentur der Symbolbildung (vgl. Lorenzer 1973, 110) – lediglich in rudimentärer Form ausgebildet ist, entfalten sich die inneren Repräsentanzen früher Objektbeziehungen nur ungenügend. Bei solchen Kindern liegt in der Regel keine Verdrängung aus konflikt-regierter Schuldangst vor, die ihr Verhalten in ‚geordnete Bahnen' lenkte. Vielmehr hinterlässt der Kontakt mit der primären Umwelt lediglich schemenhafte Vorläufer symbolischer Strukturen. Der gesamte Symbolbildungsprozess gerät ins Stocken. Bereits die vor der Einführung von Sprache gelegene Phase der Einigung von Mutter und Kind ist durch massive Beschädigungen gekennzeichnet, die zu *mangelhafter Objekt- und Selbstbesetzung* führen. Es werden allein „Pseudo-Symbole" ausgebildet, an anderer Stelle auch „Präsymbole" oder „Proto-Symbole" genannt (vgl. Finger 1977, 109 ff; 158; Lorenzer 1981, 161).

Durch die primäre Sprachlosigkeit werden die frühen Entbehrungen im Wiederholungszwang weitaus dramatischer agiert. Anders als bei der Desymbolisierung liegt keine verdrängte Erinnerung vor, die vor allem als neurotisch-gehemmtes Verhalten zur Darstellung kommt und sich ins Bewusstsein zurückzuholen ließe. Vielmehr handelt es sich um eine affektiv begründete Störung der basalen kognitiven Fähigkeiten. Anstelle Bilder im Gedächtnis zu verankern, die evokativ erinnert werden könnten, bleibt es bei einer umrisshaften Wiedererkennung (vgl. Leber 1989 a, 181). Jederzeit droht „die Überwältigung durch Verlassenheits-, ja Todes- und Vernichtungsangst" (vgl. Leber 1989 b, 25 f).

Folglich spielen sich die psychischen Besetzungsvorgänge nicht in der kontrollierten Sphäre eines Sekundärprozesses ab, sondern es kommt aufs neue zu unvermittelten Abflüssen affektiver Energien. Die aktuelle Situation provoziert einen szenischen Auslösereiz, der zu einer Reinszenierung missglückter und unerledigter Lebensgeschichte mit dissozialem Charakter führt (vgl. Leber 1979, 61). Für die Arbeit mit auffälligen und sozial deprivierten Kindern und Jugendlichen bedarf Lorenzers Symbolkonzept daher einer Ergänzung. Vor allem der Aspekt verfehlter Sprachbildung verlangt für die Arbeit auf heilpädagogischem Terrain nach dem Aufbau einer *originären* Symbolbildung (vgl. Gerspach 1981, 120).

Wie wichtig die Verfügbarkeit von symbolischen Ressourcen zur Bewältigung von angstauslösenden Situationen ist, streicht Freud in seinem berühmten Garnrollenbeispiel heraus. Dort deutet es Freud als die große kulturelle Leistung eines Kindes an, das Fortgehen der Mutter ohne Sträuben zu gestatten (vgl. Freud 1920 g, 13; Leber 1989 b; 1995, 167 ff).

Freud berichtet die Szene, wie sein kleiner Enkel von eineinhalb Jahren eine Holzspule, um die ein Bindfaden gewickelt war, mit einem bedeutungsvollen „o-o-o“ – also „fort“ – über den Rand seines verhängten Bettchens warf und sie mit einem freudigen „da“ wieder hereinzog. Dieses Spiel von Verschwinden und Wiederkommen (vgl. Freud 1920 g, 11 ff) steht im Zusammenhang mit einer häufigen, stundenweisen Abwesenheit der Mutter, an welcher der Junge sehr hing. Er erlebt passiv den unlustvollen (zeitweiligen) Verlust der Mutter und bringt sich in eine aktive Rolle, indem es das Ganze spielerisch wiederholt. Auf diese Weise, indem „Passivität in Aktivität verwandelt“ wird, wie Erikson dazu anmerkt (vgl. 1971, 212), lassen sich Schmerz und Trauer verarbeiten. Lorenzer unterstreicht, dass der Holzspule eine Bedeutung zugemessen wird, nämlich die „Bedeutung ‚Abschiedssituation‘“ (vgl. Lorenzer 1981, 159). Diese symbolische Fähigkeit, eine Erlebnisfigur für eine andere zu setzen und dabei Sprache und Denken zu verknüpfen, antizipiert das bereits erwähnte *Probehandeln* (vgl. Leber 1989 b, 22).

Unter ungünstigen Ausgangsbedingungen wird diese symbolische Ebene aber nicht oder nur mit Einschränkungen erreicht. Im Falle massiver früher Beziehungsstörungen erscheint die Vergangenheit so schmerzlich, dass sie keine Aufnahme in Bewusstsein und Sprache findet (vgl. Leber 1989 b, 24). Hier bleibt dem Kind die Möglichkeit versagt, passiv Erlittenes aktiv-spielerisch zu bewältigen. Die Trennung von Subjekt und Objekt, von Ich und Nicht-Ich macht vorab die Erfahrung nötig, sich sicher gehalten zu fühlen. Ist sie aber mit traumatischen Erfahrungen verknüpft, wird jede weitere Begegnung mit anderen Menschen als bedrohlich phantasiert werden. Die reale Trennung von ihnen nimmt sich dann höchst problematisch aus, was den inneren Aufbau symbolischer Selbst- und Objektrepräsentanzen, mit deren Hilfe Trennungserlebnisse bearbeitet werden könnten, erschwert oder ganz unmöglich erscheinen lässt.

Wenn der Aktivität des Kindes nicht der entsprechende Wunsch auf Seiten seiner primären Objekte entgegenkommt, entsteht eine basale Beschädigung seiner Subjektstruktur, wie Bettelheim am Beispiel von früh extrem traumatisierten, autistischen Kindern gezeigt hat (vgl. Bettelheim 1989, 41). In der Heilpädagogik haben wir es, neben den Kindern mit sogenannten geistigen oder körperlichen Behinderungen, in erster Linie mit jenen zu tun, deren Sozialisationserfahrungen nie ausreichten, ihnen die aktive Fähigkeit zur Daseinsbewältigung zu vermitteln.

Clos fordert, dass wir, wenn wir wirklich „heilpädagogisch" tätig sein wollen, erspüren müssen, was sie da hinter ihrer antisozialen Schutzmauer verbergen, und was die Fragen sind, die sie beschäftigen (vgl. Clos 1991, 61). In ähnlicher Absicht weist Hofmann darauf hin, dass das Nicht-Lernen-Wollen oder -Können eine Antwort auf frühe Entbehrungen ist (vgl. Hofmann 1991, 39). Diesen Kindern fehlt jene symbolische Basiskompetenz, sich in der Welt zu orientieren. Hinzu kommt, dass sie sich im täglichen Schulbetrieb häufig damit konfrontiert sehen, dass das Lesen und Schreiben als völlig isolierte Zeichen-Wortübung den Inhalt und die Kommunikationsabsicht vergessen lässt (vgl. Cuomo 1987, 236).

An dieser Stelle sei mir der Hinweis auf eine wichtige Unterscheidung zwischen realen *und* erlebten, bzw. phantasierten Objekten gestattet. Die Erfahrungen mit konkreten Personen – z. B. der leiblichen Mutter – und die Repräsentanzen, die sich auf Grund der kumulierten Erfahrungen mit diesen Personen in der Psyche ablagern – wie etwa das Bild von der „inneren Mutter" (vgl. Akhtar u. a. 1997) – sind deutlich voneinander abzuheben. Dies ist für unsere Vorstellung vom Kind von Belang, um nicht zu schlichten und womöglich Schuld zuweisenden Psychologismen zu greifen und äußere Daten zu einer fiktiven inneren Linie verknüpfen zu wollen. Im psychoanalytischen Sinne ist Realität immer subjektiver Natur.

So wird die Beziehung zur realen Mutter im Alter von etwa fünf Jahren unbewusst immer wieder überschrieben von den Repräsentanzen aus der präverbalen Zeit, etwa bis zur Mitte des zweiten Lebensjahres. Gleiches gilt für alle Beziehungen zu anderen Menschen zu späteren Zeitpunkten des Lebens. Wir kommunizieren oft mehr mit Erinnerungsspuren an solch frühe Bilder von Objekten denn mit realen Personen der Gegenwart. Insofern auch gilt es zu realisieren, dass es eine reale und eine phantasmatische Seite jeder Beziehung gibt. Besonders Kinder mit belasteten Biographien kommunizieren nicht nur mit uns als wirklicher Person, sondern auch mit den inneren Repräsentanten der primären Objekte, die sich wie ein Schleier über diese Interaktion im Hier und Jetzt legen. Selbst die augenblickliche Beziehung zu ihren Eltern wird weitgehend mitbestimmt von Erfahrungen der ersten Lebensspanne, als sie noch vollkommen abhängig und damit anfällig für seelische Verletzungen waren. Zudem dürfen wir nicht vergessen, dass auch die Beziehung dieser Eltern zu ihren Kindern von inneren Bildern überlagert war und dies umso massiver, je mehr sie sich selbst als Kinder gezwungen gesehen hatten, sich mit dem eigenen elterlichen Aggressor zu identifizieren – der wiederum auf Grund einer ähnlich traumatischen frühen Erfahrung so und nicht anders gehandelt hat.

Die elterlichen Interaktionsfiguren, die an der Persönlichkeitsentwicklung des Kindes mitwirken, sind zu einem Großteil von deren inneren Selbst- und Objektrepräsentanzen bestimmt. Unter ungünstigen Voraussetzungen kommt es dabei – zumal, wenn die Eltern ihren problematischen Eigenanteil nicht selbstkritisch zu reflektieren vermögen – zu Störungen im Beziehungsgeschehen, mit allen pathogenen Konsequenzen für das erschütterte Gleichgewicht des Kindes. Ein chronisch ungenügend regulierter früher Affektaustausch zwischen Mutter und Kind wird dann das innere Bild des Kindes von seiner Mutter mit negativen Beimischungen anfüllen, was Auswirkungen auf seine spätere Beziehungsgestaltung haben wird. Wenn die frühe Lebenssituation von einem elementaren emotionalen Mangel beherrscht wird, in der sich das Kind nicht von seiner Mutter im wahren Wortsinn *gehalten* fühlt, misslingt eine stabile Unterscheidung des Selbst von seinen Objekten. Es entsteht eine tiefe narzisstische Kränkung, wenn das Selbst-Objekt sich unerwartet verweigert (vgl. Kohut 1975, 243). Ungenügendes Spiegeln von Seiten der Mutter führt dann beim Kind zur Ausbildung eines „primären Defekts“ (vgl. Kohut 1981, 3f). Zurück bleibt eine narzisstische Wut, die immer dann reaktiviert wird, wenn eine äußere Bedrohung fantasiert wird.

Die Größenphantasien des Kindes werden von einem narzisstischen Selbst gespeist. Durch ihren Glanz in den Augen bestätigt die Mutter zudem seinen Exhibitionismus. Nun führt aber die Erkenntnis mangelnder Vollkommenheit zu ersten „narzisstischen Libidostauungen“. Dies bewirkt am Ende die Entwicklung von Scham und führt dazu, die „narzisstischen Energien in gezähmter Form für die eigenen Zwecke zu verwenden“ (vgl. Kohut 1975, 148ff). Wird indessen das eigene Körperselbst, wie etwa bei einer angeborenen Körperbehinderung, als fragmentiert erlebt, zerfällt es – nicht zuletzt ausgelöst durch die Enttäuschung der Mutter –, was eine sich ausbreitende narzisstische Kränkung auslöst. Diese wiederum hinterlässt eine nachhaltige narzisstische Wut, welche das Ich versklavt. So bleibt man beständig auf der Hut vor vermeintlichen Feinden, die diese archaische Wut wachrufen, verbunden mit der Unfähigkeit, sich auch nur ein wenig in die Person einfühlen zu können, gegen die sich die Wut richtet. Der *Fehler einer narzisstisch wahrgenommenen Realität* schlägt jetzt unerbittlich zu (vgl. Kohut 1975, 222ff.).

Über das Thema der Scham im Zusammenhang mit Menschen mit Behinderung ist bislang wenig nachgedacht worden. Die Enttäuschung der Eltern löst bei ihrem behinderten Kind in erster Linie ein heftiges Schamgefühl aus. Hinzu tritt die aus dieser Enttäuschung entspringende Wut. Daher korrespondiert der Scham ein Gefühl der Hässlichkeit – Hässlichkeit wird aus dem Erleben von Hass geboren –, welches den Nährboden von Selbsthass abgibt. Auf der einen Seite wird die eigene Feindseligkeit von den Eltern nicht contained und kann daher nicht in eine steuerbare Form verwandelt werden. Auf der anderen Seite müssen die primären Objekte davor geschützt werden, denn würden sie vernichtet, so bliebe man völlig hilflos seinem ungewissen Schicksal ausgeliefert. Aus diesem Dilemma erwächst die Identifikation mit dem (elterlichen) Aggressor. Wut und Enttäuschung richten sich fortan gegen sich selbst.

Schnoor beschreibt den Fall einer einunddreißigjährigen hübschen und bis dahin unbekümmerten Frau, die kurz aufeinander zwei Schlaganfälle bekam, die ihr Leben *schlagartig* änderten. Sie fiel ins Koma, aus dem sie erst nach sechs Monaten erwachte, und war nun nahezu vollständig gelähmt. Gleichwohl waren ihre Sinnesorgane noch funktionsfähig, und sie konnte alles um sich herum wahrnehmen. Sie verstand Sprache, konnte aber selbst nicht mehr sprechen, nur noch wimmern, stöhnen und knurren, so dass sie fälschlicherweise zunächst für hirntot gehalten wurde. „Sie war zu einem Pflegeobjekt geworden, das dem kränkenden Verhalten des Pflegepersonals ausgeliefert war und seine Wut darüber nicht zum

Ausdruck bringen konnte". Später, als sie mit einer Sprachtherapeutin und unter Zuhilfenahme eines Schreibgerätes das Schreiben wieder entdeckte und anfing, Gedichte zu verfassen, notierte sie über diese Zeit: „Ich empfinde einen so gewaltigen Zorn, dass mein Körper erzittert. Ich möchte jeden töten, der in die Nähe meines Bettes kommt. Wenn niemand kommt, möchte ich mich selbst töten."

Sie hatte sechs Jahre lang nach ihrem Schlaganfall keine Gelegenheit, sich in einem Spiegel zu betrachten, registrierte aber die Reaktionen ihrer Familie auf ihr Aussehen sehr genau: das Weinen ihrer Eltern bei ihrem Anblick, die Verlegenheit, mit der ihre Familienmitglieder sie betrachteten, die Angst ihrer Tochter. Als sie sich dann selbst im Spiegel betrachtete, erkannte sie sich kaum wieder. „Es war ein Schock, mein dunkelbraunes Haar zu sehen, das früher fest und blond gebleicht war und mir jetzt wirr und ungekämmt vom Kopf hing. Ein großer Teil des Haares war ausgefallen. Ich konnte ganze Streifen meiner hellhäutigen Kopfhaut sehen. Meine Gesichtshaut war eingefallen, und auf meiner einst glatten Stirn hatten sich Furchen gebildet. Meine Lippen, einst voll und frisch, waren jetzt bleich und kaum noch erkennbar. Unter meinem Kinn sah ich die Andeutung einer ausgemergelten Hand, die aus dünnen Knochengelenken zu bestehen schien, und mit so bleichem Fleisch bedeckt war, dass es durchsichtig wirkte" (vgl. Schnoor 2007, 30 ff).

Dieses Beispiel führt meines Erachtens das Selbsterleben von Scham und (Selbst-)Hass sehr krass vor Augen. Zwar handelt es sich nicht um eine originäre Form von Behinderung, aber der tragische Verlauf folgt den nämlichen affektiven Regeln. Ich habe auch den Eindruck gewonnen, dass die Geschichte der Scham ganz unterschiedliche Ausprägungen kennt. Kommt es zum einen zu Rückzugstendenzen und starken Selbstzweifeln, so kennen wir zum anderen auch eine projektiv agierte Abwehr dieses so schmerzvollen Empfindens. Ein extensiv zur Schau gestelltes Verhalten verwickelt das Gegenüber in innere Turbulenzen, und man spürt oftmals selbst eine große Scham über die eigene Unfähigkeit. Für beide Dialogpartner sind das schwer auszuhaltende Gefühle. Ein Verzicht auf deren Reflexion bewirkt dann meist, dass der Pädagoge/die Pädagogin mit gleicher Münze heimzahlt. Der Umstand, dass der Dialog so leicht zum Entgleisen kommt, hat viel mit den primären Erfahrungen des behinderten Menschen zu tun.

Gerade ein geistig behindertes Kind gerät da leicht in eine kritische Situation. Einerseits wird es genötigt, hilfloses Opfer der Pflege zu sein, andererseits werden ihm unerfüllbare Forderungen gestellt, altersgemäße Leistungen zu erfüllen (vgl. Leber 1979, 69 f). Umgekehrt stellen Fröhlich und Kannicht in einer Studie über das Selbstwerden von körperbehinderten Kindern fest, dass die Mütter durch den Umstand, sie beständig versorgen zu müssen, keine selbstverständliche Beziehung zu ihnen aufbauen können. Aus Gründen der Abwehr ihrer Enttäuschung umfängt sie eine große Verunsicherung, so dass sie sich viel zu wenig, als ihrem Kind gut täte, von ihren spontanen Impulsen leiten lassen. Die Beziehung beider gerät so zu einer äußerst rationalisierten, was ihr jede Unbefangenheit nimmt (vgl. Fröhlich, Kannicht 1989, 205). Jeder Mensch erfährt von Zeit zu Zeit unbewusste Phantasien über die eigene Nicht-Intaktheit, aber „der Schaden ist imaginär; er ist eine Chiffre, eine Umschrift, ein Inbegriff all dessen, was mich meinen Eltern nicht liebenswert, nicht akzeptabel machte". Der Mangel des körperbehinderten Kindes stellt dagegen die Bereitschaft der Eltern, es zu lieben, auf eine harte Probe: Er ist „nicht nur ein Phantasma – doch ist er *auch* ein Phantasma. Er ist auf eine prekäre Weise zugleich imaginär und real" (vgl. Bittner 1989, 236).

Dies macht deutlich, wie es eigentlich zu einer zufriedenstellenden Beziehung von Mutter und Kind gehört, dass beide ihren narzisstischen Gefühlen nachgeben dürfen. Die Körperbehinderung des Kindes lässt dies zunächst auf Seiten der Mutter nicht zu und führt dann zur tiefen Kränkung des Kindes, erschwert durch das Aufkommen eines überwältigenden Schamgefühls. Gemeinsam geteilte euphorische Momente, die Entwicklung voranbringen, werden so kaum möglich. Die Anfälligkeit für narzisstische Kränkungen ist überdies auch ein hervorstechendes Merkmal von als verhaltensgestört bezeichneten Kindern, die zumeist den unteren sozialen Gruppierungen zugehören (vgl. Leber 1976). Sie reagieren schnell hochsensibel auf bestimmte Auslösereize und geraten dabei in eine große Wut. Oft werden Handlungsweisen der Eltern und Eltерersatzfiguren als Abweisung interpretiert und wie eine Vernichtungskampagne erlebt, was als Reaktion tiefe Rachegedanken nährt. Weil dort aus Gründen desolater Lebensbedingungen Kränkungen beständig und unbedacht weitergegeben werden, entstehen ähnliche Phänomene wie soeben für körperbehinderte Kinder beschrieben. Vielleicht mit dem einzigen Unterschied, dass das Schamgefühl kein reif verinnerlichtes, sondern eher archaisch-bedrohlicher Natur ist. Auf eine sehr infantile Weise glaubt man, sich davon durch Externalisierung befreien zu können. Die zu beobachtenden massiven Verhaltensübergriffe werden also aus zwei Quellen gespeist – der unmittelbaren Weitergabe der narzisstischen Kränkung und der Projektion des unerträglichen Schamgefühls.

Bei diesen Kindern stoßen wir häufig auf ein massives Unvermögen, sich kognitiven oder sozialen Herausforderungen gegenüber angemessen zu verhalten. In vielen dieser Fälle übersteigt die traumatisch wirkende frühe Erfahrung ihre seelische Belastbarkeit und entfaltet eine anhaltende Wirkung. Aus Angst vor Wiederbelebung bleiben die schmerzlichen Erinnerungen aber der eigenen Wahrnehmung entzogen. Es kommt zu keinem Aufbau reifer symbolischer Verarbeitungsformen, der es ermöglichte, in Sprache zu fassen, was als emotional katastrophal erlebt wurde. Einzig hinter dem agierten Verhalten anderen Menschen gegenüber – die z.B. aufs schärfste bekämpft werden, weil man unbewusst befürchtet, von ihnen vernichtet zu werden – lässt sich das eigentliche Motiv erahnen.

Auch für Kinder, die mit einer geistigen Behinderung zur Welt kommen, gelten derlei Prinzipien. Bis vor gut zwanzig Jahren nahm man an, dass eine geistige Behinderung hauptsächlich biologisch festgelegt sei und es in diesen Fällen wenig Aussicht auf individuelle Förderung gebe. Inzwischen aber hat sich weitgehend die Erkenntnis durchgesetzt, dass erst unter der Einwirkung unangemessener Reaktionen der Umwelt biologische Normabweichungen zu den eigentlich isolierenden und beschämenden Erfahrungen von Behinderung führen. Jantzen und Mertens nennen die klassische Defektdiagnose ein „verdinglichendes Krankheitsurteil" für die Konstruktion eines medizinischen Körpers, der losgelöst ist von der historischen Existenz des behinderten Menschen (vgl. Jantzen, Mertens 2003, 3 f). Gerade die früh erlebten Beziehungserfahrungen, die sich um den fantasierten *Dämon* Behinderung zentrieren, geben oftmals die basale Voraussetzung für eine beeinträchtigte Entwicklung des betroffenen Kindes ab. In diesem Sinne sind die gesellschaftlichen Phantasmen zu fokussieren, die in die Familie hineinragen und das eigene behinderte Kind als Monster erscheinen lassen (vgl. Niedecken 1998).

Kinder als Adressat/innen der Heilpädagogik weisen häufig, und zwar weitgehend unabhängig von ihrem ‚Krankheitsbild', frühe Regulationsstörungen auf. Hierzu zählt der Erwerb von instabilen Bindungsmustern ebenso wie ein Mangel in der Erfahrung genügender Affektregulierung, insbesondere der Spitzenaffekte von Angst oder Wut. Mit Blick auf den Aufbau eines positiv besetzten Selbstbildes fehlt in diesen Fällen zudem das Erleben der Affektansteckung in gemeinsam geteilten euphorischen Momenten mit den primären Objekten. Sofern sich diese Erfahrungen später immer wieder bestätigen, kommt es zu einer chronifizierten Beschädigung der Persönlichkeitsstruktur, was sich offen oder verdeckt agiert in Selbsthass, Depression und extensiven Verhaltensstörungen manifestiert. Dies zu verstehen gelingt vor allem über den Bezug zu Elementen der Objektbeziehungspsychologie, deren Einführung in die heil- und sonderpädagogische Praxis eine Gegenposition zu technokratischen Ansätzen ermöglicht hat (vgl. Crain 2005, 123). Dies sei nun eingehender erläutert.

3.5 Die Bedeutung des potentiellen Raums

Nach Winnicott findet Entwicklung in einem potentiellen Raum statt. Für Winnicott repräsentiert er die innere psychische Realität und die wirkliche, äußere Welt im selben Moment. Nehmen wir Winnicotts Bild von der „Fähigkeit zum Alleinsein" zu Hilfe. Er spricht davon, dass der Säugling lernt, im Beisein der Mutter allein zu sein (vgl. Winnicott 1990, 36 ff). *Gute* Mütter stellen nämlich paradoxe Situationen fürs Lernen her: Sie signalisieren ihre emotionale Nichtverfügbarkeit, bleiben aber dennoch verfügbar (vgl. Paulsen 1998). Das löst durchaus Stress aus. Indem aber das Kind bei überschießenden Affektzuständen auf seine Mutter zurückgreifen kann, erfährt es seine Selbstwirksamkeit oder Selbstmächtigkeit – sich nämlich selbst (im Beisein der Mutter) behelfen zu können – und erfährt die Anspannung als auszuhaltenden und zu regulierenden Gemütszustand. Eine bedeutsame Pause entsteht, um aus der Erfahrung mit dem Anderen heraus das Erlebte zu verarbeiten. In Anlehnung an Piaget könnte man jetzt formulieren, dass dies der Beginn seiner Intelligenzentwicklung ist.

Die Sicherheit gebende Erfahrung eines empathischen Objekts bewirkt, dass das Wechselspiel von Bindung und Loslösung glückt und macht, dass die zunächst angstauslösende Wahrnehmung der Getrenntheit ausgehalten und bewältigt werden kann. Die Welt wird jetzt mit Neugier betrachtet und in der Folge können kompetente Handlungsschemata aufgebaut werden, um sich darin immer besser zu Recht zu finden.

Bei Kindern, die mit einer Behinderung zur Welt kommen, ist diese Bewusstwerdung von Ich und Nicht-Ich nicht so ohne weiteres möglich. Ihre primären Bezugspersonen entwickeln häufig lang anhaltende Empathiestörungen, weil sie über diese Tatsache im Innersten erschüttert sind. Aus einer Reaktionsbildung heraus, mit der die Todeswünsche gegen die „unwillkommene(n) Gäste der Familie“ abgewehrt werden sollen, kommen sie nicht von ihrem Kind los, weil sie beständig überwachen müssen, dass kein Unglück geschieht (vgl. Sinason 2000, 96; Ferenczi 1929). Auf diese Weise erfahren die Kinder den potentiellen Raum nicht ausreichend, weil ihnen die Anerkennung der Paradoxien verwehrt ist. So bleibt die Entwicklung ihrer Symbolisierungsfähigkeit, wozu auch und in erster Linie die Sprache gehört, erschüttert. Die Behinderung ist dann Anlass, nicht aber alleinige Ursache einer Entwicklungsstörung. Wenn wir dies verstanden haben, eröffnen sich uns daraus Möglichkeiten, über geeignete Beziehungsangebote nachträglich zur Belebung eines potentiellen Raums beizutragen.

An Hand zweier unterschiedlicher Säuglingsbeobachtungen mit einem ähnlichen Hintergrund möchte ich zum einen aufzeigen, wie dieser potentielle Raum zwischen Mutter und Kind genutzt werden kann, um frustrierende und angstauslösende Situationen der Realität adäquat zu bemeistern, oder aber zum andern dieser Raum nicht zur Verfügung steht und somit Entwicklung in den Aufbau eines falschen Selbst einmündet.

Das erste Beispiel wird von Ogden berichtet und sei im Folgenden wiedergegeben.

„Ein zweieinhalbjähriger Knabe entwickelte große Widerstände gegen das Baden, nachdem er einmal erschrocken ist, weil sein Kopf beim Baden unter Wasser getaucht ist. Einige Monate später, nach sanfter, aber beständiger Überredung durch seine Mutter willigte er widerstrebend ein, in wenige Zentimeter Badewasser gesetzt zu werden. Der ganze Körper des Kindes war angespannt; mit seinen Händen hielt er sich krampfhaft an den Händen seiner Mutter fest. Er weinte nicht, aber seine Augen hingen flehentlich an den Augen seiner Mutter. Er hielt das eine Knie krampfhaft gestreckt, das andere beugte er, damit er soviel wie möglich seines Körpers außerhalb des Wassers hielt. Seine Mutter unternahm beinahe sofort den Versuch, sein Interesse für Wasserspielzeuge zu wecken. Er interessierte sich überhaupt nicht dafür, bis seine Mutter ihm sagte, sie möchte ein bisschen Tee. In diesem Moment wich die Spannung, die an seinen Armen, Beinen, am Bauch und insbesondere im Gesicht zu sehen war und wurde auf einen Schlag durch einen neuen körperlichen und psychologischen Zustand abgelöst. Seine Knie waren jetzt leicht gebeugt; seine Augen streiften die die Spieltassen und Teller, und blieben an einer leeren Shampooflasche haften, für die er sich dann als Milch für den Tee entschied; die Spannung in seiner Stimme wechselte vom krampfhaften, beharrlichen Flehen: ‚ich will nicht baden, ich will nicht baden‘ ins Erzählen seines Spiels: ‚Tee ist nicht zu heiß, jetzt ist er gut: ich puste ihn für dich. Tee lecker.‘ Die Mutter nahm ein wenig ‚Tee‘ und bat um mehr. Nach einigen Minuten griff sie zum Waschlappen. Dies führte dazu, dass das Kind das Spiel genauso plötzlich abbrach wie es damit angefangen hatte, und all die anfänglichen Anzeichen von Angst, die dem Spiel vorangegangen waren, tauchten wieder auf. Nachdem die Mutter dem Kind versicherte, dass sie es halten würde, so dass es nicht ausrutschte, fragte sie es, ob es noch Tee habe. Es hatte welchen, und das Spiel begann von neuem" (vgl Ogden 1997, 4).

Das zweite Beispiel wird von Sinason berichtet. Zwar handelt es sich um ein nichtbehindertes Kind der Mittelschicht, aber sie hat am Verlauf der geschilderten Szene viel besser verstehen können, wie in gleichgelagerten Fällen das „behinderte Lächeln" entsteht.

„Das Baby war neun Tage alt, und seine Mutter hatte es gerade gebadet. Sie trug eine Frotteeschürze, sodass das Baby, als sie es aus dem Wasser hob, eine Hand unter seinem Köpfchen und die andere unter Po und Beinen, sofort an die weiche Oberfläche gehalten wurde. Sie langte nach einem weichen Handtuch und strich sanft über sein Haar, aber als sie an seinen Mund kam, wischte sie brüsk darüber. Arme und Beine des Babys schossen in einen Fallreflex, und es kniff die Augen zusammen. Der Rest der Prozedur war liebevoll und sanft.

Als das Baby 15 Tage alt war, beobachtete ich wieder die Badezeit. Als die Mutter sein Haar rieb, die letzte Handlung, ehe sie zu seinem Mund kam, kniff das Baby seine Augen zusammen und seine Arme und Beine wurden vollkommen steif. Es schrie nicht. Mit drei Wochen kniff es wieder die Augen zusammen, bewegte aber abwechselnd die Arme und Beine. Mit sechs Wochen lächelte das Baby in dem Moment, als das Handtuch seinen Mund berührte, und starrte auf seine Mutter. ‚Es ist erstaunlich, wie sehr er das mag', sagte die Mutter, irritiert von dem Lächeln, als ob sie sich irgendwie der untergründigen Aggression dieser Handlung bewusst wäre. Mit drei Monaten strahlte das Baby in diesem Moment über das ganze Gesicht. Mit vier Monaten notierte ich, was ich aus heutiger Sicht bedaure: ‚Die Mutter wischte dann über den Mund des Babys – sein schönster Moment.' Mit fünf Monaten kommentierte die Mutter das Lächeln nicht mehr, wischte aber umso gröber über seinen Mund, während sie es angrinste. Mit sechs Monaten, zu Beginn des Abstillens, führte das Baby seine Handknöchel in seinen mit Apfelmus verschmierten Mund. ‚Das wollen wir aber nicht', sagte die Mutter grob und wischte seinen Mund schroff ab. Das Baby schauderte, kniff seine Augen zusammen und erinnerte mich an seine Reaktion im Alter von einer Woche. In der darauf folgenden Woche lächelte es wieder" (vgl. Sinason 2000, 97f).

Im ersten Fall sieht man, wie Mutter und Kind gemeinsam einen Gemütszustand erzeugen, in dem sich das Wasser von etwas Beängstigendem in ein vom Kind geschaffenes plastisches Medium mit kommunizierbaren Bedeutungen verwandelt. In diesem Verwandlungsvorgang wird die Realität nicht geleugnet, aber auch die Phantasie erhält ihren Platz und es wird eine „Qualität des ‚Ich-Seins' erzeugt, die vom gefesselten starren Anblicken und verzweifelten Festhalten, die Mutter und Kind vor dem Beginn des Spiels in sehr konkreter Weise miteinander verbanden, abweicht" (vgl. Ogden 1997, 4). Hier wird ein potentieller Raum erschaffen und genutzt, die Gefahren der Realität zu bemeistern. Am

Anfang steht eine lange nachwirkende, ängstigende Erfahrung, vom primären mütterlichen Objekt (oder eines seiner Stellvertreter) nicht genügend *gehalten* worden zu sein, so dass das Köpfchen untertauchte und das Kind Wasser schluckte. An diesem Punkt wird offenbar, dass *primäre Mütterlichkeit* nicht heißen kann, ausnahmslos vor allen Gefahren beschützen zu können. Die Harmonie ist nur begrenzt herstellbar.

Nun wird der Versuch unternommen, dieses Ereignis zu bewältigen, um das Kind wieder an die Möglichkeit heranzuführen, in der Badewanne gewaschen zu werden. Dazu bietet ihm die Mutter ein Spiel an, auf das es bereitwillig eingeht. Aber in dem Moment, als sie den ‚bösen' Waschlappen einbringt, ist es mit der zeitweisen Entspannung vorbei und das Kind fällt zurück in seinen Zustand der Angst. Die Mutter nimmt dies sensibel wahr, entfernt den Waschlappen wieder und lässt sich solange erneut auf ein Spiel ein, bis das Kind seinen Schrecken besser verdaut hat.

Der Waschlappen steht für die zuweilen schmerzliche Realität. Es ist die Hand der Mutter, die ihn führt, und sie weiß, dass sie ihrem Kind diesen Kummer nicht ersparen kann. Dabei geht sie behutsam vor und dosiert die Frustration richtig. Gleichzeitig macht sie deutlich, dass sie sich von dem Hass des Kindes, der in diesem Moment aufkommen *muss*, nicht zerstören lässt, und sie auch keine Gelegenheit sucht, als Reaktion darauf das Kind zu zerstören. Wie ein Container steht hier die Mutter ihrem Kind zur Verfügung, um es vor einer affektiven Überflutung zu schützen. Das Kind erlebt, dass sich die Mutter von seiner Wut auf den Waschlappen – also auf sie, denn sie hält ihn ja schließlich – nicht zerstören lässt. So wird ihm ein Weg gezeigt, die Wut auf die *böse Mutter* unter der Vorherrschaft des verinnerlichten Bildes einer *guten Mutter* in sein Selbst zu integrieren. Dies verhilft dem Kind dazu, *gut* und *böse*, Liebe und Hass in all ihrer Ambivalenz zu versöhnen, anstatt sie abzuspalten.

Dies gelingt, weil das Kind die Hilfe der Mutter erfährt, um die Trennung von ihr zu realisieren. Zwar mag diese zunächst als schwere narzisstische Kränkung erlebt werden, aber sie deutet doch den schmerzlichen Abschied von den eigenen Größenphantasien an. Insofern stimmt es, dass das Objekt im Hass entsteht (vgl. Diebold 2000, 115). Schon bei Freud heißt es: „Der Hass ist als Relation zum Objekt älter als die Liebe, er entspringt der uranfänglichen Ablehnung der reizspendenden Außenwelt von seiten des narzisstischen Ichs" (vgl. Freud 1915 c, 231). Winnicott nennt die ersten Regungen des Kindes „erbarmungslose Liebe" (vgl. Winnicott 1976, 71 ff).. Damit ist gemeint, dass das Kind sein Objekt für dessen Befriedigungen ‚liebt', es aber für die Versagungen ‚hasst'. Dennoch klingt dies ein wenig befremdend, und Winnicott schränkt ein, dass die Persönlichkeit des Kindes noch nicht genügend integriert ist, als dass man von wirklichem Hass sprechen könnte. Alles, was der Säugling tut, wird noch nicht im Hass getan. Jeder „erbarmungslose Angriff auf das primäre Liebesobjekt" wird von ihm in der Frühzeit nicht als solcher empfunden (vgl. Stork 1997, 55).

Dennoch ist uns hier ein wichtiger Hinweis auf die konstitutiven erzieherischen Momente des Umganges mit Hass- und Gewaltphantasien gezeigt. Das sich entwickelnde Kind „braucht Hass, um zu hassen". Nur so kann es ihm gelingen, diesen Affekt später weder verleugnen oder abspalten noch ausagieren zu müssen. Deshalb befindet Winnicott: „Ich bin der Meinung, dass die Mutter das Baby hasst, bevor das Baby die Mutter hasst" (vgl. Winnicott 1997, 43 ff). Unterliegt dieser Impuls einer zensierenden Kontrolle, entwickelt er eine unbewusste Wirkung, die es beiden erschwert, die wechselseitigen Ambivalenzen angemessen austragen zu können. Das, was das Kind von Anfang an braucht, ist also keine sorgende und frustrationsvermeidende Mutter, sondern eine, die Frustrationen aushält und so zu transformieren versteht, dass sie für das Kind selbst zu bewältigen sind, ohne von übergroßen Ängsten befallen zu werden (vgl. Ermann 2000, 76; Lazar 1988). Ist die Mutter dagegen rein auf harmonische und konfliktfreie Situationen aus, werden von ihr alle Autonomiebestrebungen des Kindes übersehen wie auch die mit ihnen verbundene Aggressivität (vgl. Stork 1999, 262).

Die frustrationsbereitende Versagung bezieht in unserem Beispiel zwei Dinge ein: zunächst die Bewältigung der erfahrungsbasierten Angst zu ertrinken *und* dann noch die verschärfte Version, in diesem feindlichen Medium Wasser gewaschen zu werden. Hätte die Mutter auf den Waschlappen verzichtet, um der zu erwartenden Wut des Kindes aus dem Weg zu gehen, hätte sie diese Situation aufgetrennt und einer Verleugnung unnötigen Platz gelassen. So aber zeigt sie genug Sensibilität zu akzeptieren, dass das Kind sie aggressiv besetzen musste, um seine Angst zu bewältigen. Im Überstehen der Zerstörung liegt das progressive Entwicklungselement begründet.

Damit zum zweiten Fall. Hier haben wir es mit einer sehr diskreten Form von Traumatisierung zu tun, die selbst von der Beobachterin eingangs nicht als solche wahrgenommen wird. Sinason räumt ein, dass sie die Szene zunächst nicht verstanden und verleugnet hat, dass hier ein kleines Stück alltäglichen Missbrauchs verübt worden war. Während im ersten Fall Angst, Wut und Widerstand ihren legitimen Platz in der Mutter-Kind-Beziehung erhalten, sind sie hier nicht zulässig. Das Leiden, barsch *über den Mund gefahren zu bekommen*, und die immer wiederkehrende Erwartung des Schrecklichen werden ins Gegenteil verkehrt. Das Kind unterwirft sich und *macht gute Miene zum bösen Spiel*, von der Mutter mit beinahe perfide zu nennender Zustimmung quittiert. Das Lächeln des Kindes ähnelt dem Lächeln eines behinderten Kindes, welches kein echtes Lächeln ist, sondern dem manischen Versuch entspringt, etwas Unkontrollierbares im elterlichen Gegenüber unter Kontrolle zu bringen. Sinason folgert: „Das Lächeln, das kein Lächeln ist, ist deshalb ein hochsignifikantes diagnostisches Merkmal bei geistiger Behinderung. Es kann anzeigen, dass in der Mutter-Kind-Beziehung vom frühesten Zeitpunkt an etwas fehlgelaufen ist" (vgl. Sinason 2000, 98 f).

Weder Angst noch Aggression dürfen Gegenstand einer spielerischen Interaktion sein. Die Mutter erkennt sie weder bei sich noch bei ihrem Kind. Das Kind wiederum nimmt diese Reaktion durchaus wahr und erkennt ihre Gefährlichkeit. Es darf sich nicht so äußern, wie ihm wirklich zumute ist, um nicht eine noch gefährlichere Reaktion der Mutter heraufzubeschwören. Also beginnt es, seine Empfindungen zu kontrollieren und ins Gegenteil zu verkehren: Angst und Wut verschwinden hinter einer Mauer ‚beseelten' Lächelns. Diese Haltung spiegelt den Aufbau des falschen Selbst und macht unumwunden klar, dass hier *kein* potentieller Raum entsteht, der die gefahrlose Wahrnehmung des Getrenntseins von Mutter und Kind – und damit eine gedeihliche Entwicklung der eigenen autonomen Möglichkeiten – zuließe. Die antizipierende Wahrnehmung des Schmerzes (hier konkret am Mund) wäre überdies auch bei einem Kind mit einer geistigen Behinderung möglich.

Horkheimer und Adorno haben in ihrer „Dialektik der Aufklärung" formuliert: „Die Unterdrückung der Möglichkeiten durch unmittelbaren Widerstand der umgebenden Natur ist nach innen fortgesetzt, durch die Verkümmerung der Organe durch den Schrecken. (...) Dummheit ist ein Wundmal" (vgl. Horkheimer, Adorno 1969, 274). Mit Bezug auf ihr Bild vom „Fühlhorn der Schnecke" das vor dem Hintergrund eines Hindernisses sogleich in die schützende Hut des Körpers zurückgezogen wird, markiert von Lüpke, dass in solchen Szenen „die Keimzelle für die Entwicklung von geistiger Behinderung" liegt (vgl. von Lüpke 2006, 4f). So steht das behinderte Lächeln für den inneren Rückzug in eine Behinderung, die vorher so nicht vorhanden war. Es ist eine „Nutzanwendung der Dummheit" (vgl. Hoven-Buchholz 2001, 116). Auch Adornos Klage, dass keine Forschung in die Hölle hinabreiche, „in der die Deformationen geprägt werden, die später als Fröhlichkeit, Aufgeschlossenheit, Umgänglichkeit, als gelungene Einpassung ins Unvermeidliche (...) zutage" kommen, hat leider wenig von ihrer Aktualität eingebüßt (vgl. Adorno 1994, 69). Heute finden wir eine Bandbreite von Un-Möglichkeiten im Umgang mit dem potentiellen Raum vor:

1. Im günstigen Falle wird der potentielle Raum genutzt, um dem Kind eine dialogische Hilfe zu sein, sich im Schutz der Eltern mit den Widrigkeiten der Realität zu konfrontieren.
2. Im weniger günstigen Fall wird zwar ein potentieller Raum entstehen, die Eltern nehmen aber die Bedeutung dieser Aushandlungsprozesse für die eigenständige Entwicklung des Kind nicht wahr oder können die darin enthaltene Spannung nicht aushalten und verzichten auf den Konflikt. Damit aber ist ihr Ärger über die eigene Reaktion nicht verraucht, und das Kind erlebt zweierlei: Es empfindet sich als Bestimmer der Situation, was das Aufgeben seiner Größenphantasien erschwert, und es spürt, dass die Eltern insgeheim wütend auf es sind, was wiederum Angst macht. Die Eltern wollen ihrem Kind Frustration und Trauer ersparen, was aber nicht möglich ist. So wird kein Weg aufgezeigt, das Aggressionspotential ins reife Selbst zu integrieren. Der potentielle Raum, der zur Verfügung stünde, wird nicht genutzt.
3. Eltern halten es für unnötig, überhaupt einen potentiellen Raum zur Verfügung zu stellen, weil sie ihr Kind für ausgesprochen belastbar halten. In diesem Fall sind bildungsbeflissene und karriereorientierte Menschen gemeint, die von ihrem Kind sehr früh sehr kognitiv ausgerichtete Einsichten abverlangen. Solche Kinder lassen sich morgens ohne Murren im Kindergarten absetzen, können auch den Trost der Betreuer/innen überhaupt nicht aushalten. Sie präsentieren

sich vernünftig, erfüllen vordergründig die gestellten Erwartungen, und dies wird tatsächlich für Vernunft gehalten. Auf den ersten Blick geben sie keine Verhaltens- oder Persönlichkeitsstörungen zu erkennen. Allerdings lässt sich kaum Intimität oder wirkliche Kommunikation mit ihnen herstellen. „Man könnte von einer ‚narzisstischen Verfassung' solcher Kinder sprechen, von ihrem Hang zur Bindungsarmut, die sich offenbar von den ersten Lebensjahren an entfaltet hat" (vgl. Bergmann 2009). Oftmals treten seelische Störungen erst nach der Pubertät auf.

4. Umgekehrt kennen wir Eltern, die auf Grund ihrer psychosozial bedingten Randständigkeit von emotionalen Verkümmerungsprozessen betroffen sind, welche ihnen eine folgenreiche Empathiesperre auferlegen. Selbst von klein auf ohne sozio-ökonomische Zukunftsperspektive aufgewachsen, haben sie zudem im familialen Binnenraum nie eine hoffnungsstiftende Vorstellung vom potentiellen Raum erfahren, die sie jetzt tradieren könnten. In diesem Fall steht der Verlust des potentiellen Raums für die skandalöse Vorenthaltung des Rechts auf gesellschaftliche Teilhabe.
5. Traumatogene Erlebnisse und/oder psychogene Erkrankungen wie eine gravierende depressive Verstimmung können dazu führen, dass Eltern oder Elternteile der Fähigkeit, mit ihren Kindern einen potentiellen Raum zu erschaffen, verlustig gehen oder sie diese nie ausreichend ausbilden konnten. Wenn in einem solchen Fall im Sinne der Resilienz dafür keine Kompensation durch andere Beziehungspartner/innen möglich erscheint, kann sich dies folgenreich auf die Autonomieentwicklung des Kindes auswirken, häufig begleitet von schweren Schuldgefühlen, für das Schicksal der Eltern verantwortlich zu sein.
6. Im ganz ungünstigen Fall können Eltern aus einer tiefen Enttäuschung, aus der ein immenser Hass mit anschließenden massiven Schuldgefühlen resultiert, die Distanz zu ihrem Kind nicht ertragen. Dass Autonomie aus Abhängigkeit hervorgeht, wird hier nicht realisiert, weil die Eltern auf Grund einer starken Reaktionsbildung gegen die eigenen feindseligen Regungen, die sich als starke Überbehütung darstellt, von ihrem Kind nicht loskommen. Der Hass des Kindes findet aus Angst, dann selber zerstört zu werden, ebenfalls keinen Adressaten. Scheinbar unbeabsichtigt treten aggressive Übergriffe von Elternseite – wie am Beispiel von Sinason ersichtlich – auf, denen aber keine Bedeutung zuerkannt werden darf. So lässt sich kein potentieller Raum schaffen, in welchem sich für die Eltern oder das Kind eine entlastende Möglichkeit finden ließe, den Hass in entschärfter Form kommunizierbar zu machen. Er bleibt unbewusst erhalten und überdeckt jede weitere Entwicklung.

Die fehlende Nutzbarkeit des potentiellen Raums steht in einem unmittelbaren Zusammenhang mit der Beschädigung der Mentalisierungsprozesse. Fällt ein depressiver Schatten auf die Beziehung zum Kind, bleibt jene euphorische Affektansteckung aus, die das Kind braucht, sich vom mütterlichen Objekt gespiegelt zu sehen und darin seine mentalen Kräfte zu entdecken und auszuprobieren. Aus Mangel an dieser Erfahrung kann sich die Erfahrung von Selbstwirksamkeit nicht genügend festigen. Unsicherheiten und Ich-Einschränkungen sind oft die Folge. Sehen sich die Eltern durch die Geburt eines behinderten Kindes in ihren hochfliegenden Phantasien über seine Zukunft erschüttert, schlägt dies häufig ins krasse Gegenteil um, und die Eltern entwickeln nur mehr düstere Visionen von verschlingender Hoffnungslosigkeit. Weit über das Ausmaß der biologischen Einschränkung hinaus sind hier die Mentalisierungsfunktionen der Eltern für ihr Kind außer Kraft gesetzt, was oft weitreichende Konsequenzen für die weitere Entwicklung des Kindes hat.

Im Falle sozialer Randständigkeit treffen wir auf das Phänomen, dass die Eltern selbst als Kinder niemals ausreichende Mentalisierungserfahrungen mit ihren primären Objekten machen konnten. Im sozialen Bezug ist Besorgnis gemeinhin ein wichtiger Zug. Indem die Mutter ihrem Kind diese Besorgnis um sein Wohlergehen zuteil werden lässt, hilft sie mit, dass bei ihm selbst eine „Fähigkeit zur Besorgnis" heranwachsen kann. So trägt sie dazu bei, die Aufrechterhaltung „einer Imago vom guten Objekt zugleich mit der Vorstellung ihrer Zerstörung" zu ermöglichen. Ergebnis ist der Aufbau eines Schuldgefühls, das diese Ambivalenz in sich abbildet und zur Grundlage sozialen Handelns wird (vgl. Winnicott 1990, 93 ff).

Darin eingeschlossen ist der Erwerb der Fähigkeit, sich einmal um das humane Wohlergehen dieser Welt zu bekümmern und für sich und andere Verantwortung zu fühlen und zu übernehmen. Mit der Entwicklung dieser Fähigkeit geht dann weiteres Wachstum einher. An der inneren Toleranz beim Umgang mit Konflikten zeigt sich die Kultiviertheit eines Menschen, und so gilt: „Die Kultur der Affekte ist das eigentlich schwerste Bildungsziel" (vgl. Mitscherlich 1971, 35). Für das Leben in der modernen Gesellschaft ist es unabdingbar vonnöten, dass der Mensch imstande ist, seine Affekte zu reflektieren, damit sie nicht beständig und unvermittelt durchschlagen. Diese Grunderfahrung können Angehörige der sozialen Randgruppen meist nicht machen. Ihre mentale Fähigkeit, andere Menschen in ihrem absichtvollen Wollen und Streben zu verstehen, fristet ein eher kümmerliches Dasein. Deshalb empfangen sie sehr schnell missverständliche Signale und reagieren dementsprechend unangemessen.

Einerlei, worum es sich handelt, die (Heil-)Pädagogik ist immer gefragt, den jeweils betroffenen Adressat/innen die nötige Unterstützung zu teil werden zu lassen, um zu besseren Lösungen zu gelangen. Hierzu zählt vor allem der Erwerb der differenzierten Wahrnehmung von Selbst und Anderem, ohne die eine möglichst selbstbestimmte Entwicklung im wahrsten Sinne des Wortes nicht *denkbar* ist. Wir müssen dazu beitragen, dass unser Dialogpartner im potentiellen Raum unbedroht einen exzentrischen Standpunkt einzunehmen lernt, die Beziehung von Selbst und Anderem zu beobachten, und ihm, so paradox es klingen mag, diese *Differenz nahe* bringen. Auf der Ebene der Reflexion ist dies der wichtige Schritt hin zu einer temporären Selbstexklusion. Das meint etwas völlig anderes, als die konkretistische Debatte um Inklusion/Exklusion abzubilden vermag.

4 Ausgewählte Themen Psychoanalytischer Heilpädagogik

4.1 Die doppelte Sprachlosigkeit in der Heilpädagogik

Mit Bezug auf die Psychoanalyse im Allgemeinen und Lorenzer im Besonderen kommt der Herausarbeitung des Subjektbegriffs – im Rahmen gelingender oder misslingender Symbolbildungsprozesse – eine besondere Rolle zu. Hier gilt es sich vor allem auf die strukturanalytische Frage zu konzentrieren, wie diese Produktion von Subjektivität vonstatten geht und wie bzw. wo es zu Beschädigungen im Sinne der Herausbildung bzw. Stigmatisierung von Behinderungen und Störungen kommt. Jeder Symbolisierungsprozess ist als Sozialisationsprozess aufzufassen und macht gemeinhin über den Verlauf konkret erlebter Interaktionen Sprache und Handeln miteinander fest. Allerdings greift dieser Hergang auf die vorsprachliche „praktisch-dialektische Auseinandersetzung" der Mutter-Kind-Dyade zurück, so dass sich für die heilpädagogische Aufgabenstellung ergibt: Zur sprachlichen Form des Verstehens gesellt sich zwangsläufig die sprachlose „lebenspraktische Teilhabe auf der Ebene der bewusstlos einsozialisierten Praxisregeln" (vgl. Lorenzer 1974, 139).

Zwar ist der Aufbau der inneren Repräsentanzen zur Bewältigung von Realität an den Erwerb symbolischer Vorstellungen – und damit unabdingbar an Sprache – geknüpft, aber bereits Habermas hat geltend gemacht, dass sich derjenige, der die sprachlichen Mitteilungen eines anderen interpretiert, auf eine Teilnahme am kommunikativen Handeln einlassen muss (vgl. Habermas 1988 a, 170). An anderer Stelle macht er „kommunikatives Handeln (Interaktion) auf der einen Seite, Diskurs auf der anderen Seite" aus, wobei er auftrennt in die Geltung naiver Sinnzusammenhänge hier und die Suche nach problematisiertem Einverständnis da (vgl. Habermas 1990, 115).

Damit wird der sprachlich organisierten Interaktion zwar eine entscheidende Vormachtstellung eingeräumt, aber wir müssen gerade für die heilpädagogische Domäne der Arbeit mit behinderten und benachteiligten Adressat/innen prüfen, ob neben dieser Ebene sprachlicher Verständigung nicht eine dieser (entwicklungspsychologisch) vorgeordnete zu akzentuieren sei. Stern bezweifelt, dass mit dem Spracherwerb alles implizite Wissen in explizites überführt würde: „Wahrscheinlicher ist, dass der größte Teil dessen, was wir über das Zusammensein mit anderen wissen, implizit ist und bleibt. (. . .) Zumeist gibt es keinen Grund, das Implizite in Worte zu fassen" (vgl. Stern 2005, 125 f).

Erinnerungsspuren sind körperliche Engramme, in denen die frühen Interaktionsformeln geronnen sind, und daher auch ohne Bewusstsein erlebbar. Erst in der Verbindung mit den Wortvorstellungen werden sie zu bewusstem Erleben. Insofern ist es von erheblicher Bedeutung, worauf Lorenzer abhebt, dass der Analytiker mit dem Analysanden über sein Unbewusstes korrespondiert. So hat sich Lorenzer zunehmend den nichtverbalen Darstellungsweisen von Erlebnissen zugewandt, die sich sinnlich organisieren (vgl. Lorenzer 1983, 101 ff).

Zwar beginnen unter günstigen Sozialisationsbedingungen Symbole allmählich die Wirklichkeit zu vertreten, was es ermöglicht, zukünftige Interaktionsfiguren vorab gedanklich zu konfigurieren (vgl. Schäfer 1990, 78; Lorenzer 1974, 281). Indessen gibt es auch Erlebensinhalte, die ihrer bedrohlichen Natur nach gar nicht erst ins Bewusstsein aufgenommen werden. Vieles von dem, was ein klassischer Neurotiker erfolgreich verdrängen kann, um „überwiegend normal angepasst aufzutreten", ist bei tiefergehend und früher gestörten Menschen entweder gar nicht mehr unbewusst oder fehlt sogar. Dieses Fehlen charakterisiert nach Becker einen Mangel, der keine Grenze hat. Nur die bewusst verfügbar zu machenden Repräsentanzen besitzen symbolischen Charakter (vgl. Becker 1990, 74).

Da wir uns in der Heilpädagogik vor allem mit Adressat/innen konfrontiert sehen, deren inneres Repräsentanzensystem mehr oder weniger stark fragmentiert ist, erscheint hier die Verwendung eines elaborierten Symbolbegriffs fragwürdig. Somit ließe sich der Unterschied der Heilpädagogik zu ihren Nachbargebieten dahingehend umschreiben, dass letztere in der Regel eine gelungene Symbolbildung voraussetzen, um darauf einen weiter qualifizierenden Dialog aufzubauen, während erstere sich mit misslungenen Symbolbildungsprozessen konfrontiert sieht und einen fördernden Dialog erst einmal anbahnen muss. Insofern laboriert die Heilpädagogik an just dieser Grenze an einer Art Trennungstrauma, als sie sich – qua ihrer minder qualifizierbaren Klientel – nicht als vollwertige Disziplin anerkannt sieht. Eine *Wiedervereinigung* bahnt sich indessen dort an, wo allenthalben das Störungspotential zugenommen hat und weiter zunimmt. Eben weil symbolvermitteltes Handeln in pädagogischen Feldern nicht mehr per se zur Verfügung steht, ist es sinnvoll, die Bedeutung der sogenannten präsentativen Symbole hervorzuheben, die der leiblichen Vermittlung nahe stehen (vgl. Lorenzer 1984, 32 ff). Gerade für die Arbeit mit geistig behinderten Menschen gilt, dass Verstehen und Verstehbarkeit nur dann als notwendige Bestimmung von Kommunikation zu retten sind, wenn das kommunikative Repertoire erweitert gesehen wird (vgl. Kleinbach 1994, 13 ff).

Schnoor unterstreicht im Zusammenhang mit kognitiven Beeinträchtigungen, Schädigungen der Sinnesorgane, körperlichen und neurologischen Schädigungen, Autismus und Deprivation die Bedeutung der Unterstützten Kommunikation als Alternative zur Lautsprache. Diese umfasst Gestik, Mimik, Körperausdruck, Atmung, Gebärden, Bildsymbolsysteme oder elektronische Kommunikationshilfen. Ausgehend von den Erfahrungen des Säuglings beim Getragen- und Gefüttertwerden, beim An- und Ausziehen, beim Baden betont Schnoor die Bedeutung von Berührungen und körperlicher Nähe. Analog dazu wird bei Menschen, die kein aktives und passives Sprach- und Symbolverständnis haben, der Leib zum zentralen Anknüpfungspunkt für Austausch- und Verständigungsprozesse. Der

Vorteil der *körperlichen Kommunikation* liegt in der großen Unmittelbarkeit, Intensität und Emotionalität in der zwischenmenschlichen Begegnung. Allerdings ist Unterstützte Kommunikation kein Selbstzweck, es gibt nicht *die* ideale Methode, sondern den Betroffenen muss ein individuell abgestimmtes Kommunikationssystem zur Verfügung gestellt werden. Vor allem kann die Verständigung nur gelingen, wenn beide Partner ein echtes Interesse daran haben (vgl. Schnoor 2007b, 39ff).

Die Entwicklung des symbolischen Denkens ist in großem Maße abhängig von einer empathisch-unterstützenden Umwelt. Gemeinhin verläuft dieser Prozess bei Kindern mit einer geistigen Behinderung erschwert und verlangsamt und wird früher abbrechen. Man sollte sie allerdings nicht unterschätzen. Sinason (2000) hat aufgezeigt, wie solche Kinder entgegen der ihnen zugedachten Erwartung, nur Zwei-Wort-Sätze bilden zu können, sich sehr wohl differenziert – und auch über schreckliche Dinge, die sie erlebt hatten – auszudrücken vermochten, sofern ihnen ein Raum geboten wurde, in dem dies emotional möglich wurde.

Mit Bezug auf Niedecken und mich selbst weist Preiß darauf hin, dass die Interaktionsformen von Menschen mit geistiger Behinderung oftmals an organisch-reflexartige Reaktionsweisen gebunden und somit unsymbolisierbar bleiben (vgl. Preiß 2006, 96f; Niedecken 1997, 1998; Gerspach 1994b). Unter Ausweitung des Konzepts des szenischen Verstehens auf die Ebene sinnlich-symbolischer Interaktionsformen erkennen wir, wie hier ein szenisches Engramm neben das andere gestellt wird, während bei der Symbolisierung mit Hilfe der Sprache die Szene einen Namen bekommt (vgl. Lorenzer 1981, 160).

Niedecken beschreibt Geistigbehindertsein als gesellschaftliche Institution, die auf der Abschiebung kollektiver Tötungsphantasien auf einzelne beruht. Das Phantasma des gesellschaftlichen Mordauftrags erschwert bzw. verhindert damit wichtige Entwicklungsimpulse (vgl. Niedecken 1998, 22ff). Die Institutionalisierung geschieht mittels dreier Organisatoren:

- Die medizinische Diagnostik beschwört eine bedrohliche Situation herauf, denn sämtliche Äußerungen des Kindes werden unter dem Etikett der geistigen Behinderung zusammengefasst.
- Die Diagnosestellung bewirkt eine Verunsicherung der Eltern und beraubt sie ihrer natürlichen Kompetenzen, was zu einer Verdrängung der Tötungsphantasien führt.
- Auf der Basis dieser Abwehrreaktion erfolgt eine Hinwendung der Eltern zu funktionalen Therapiemethoden, mit denen das Gewissen beruhigt werden soll.

Weber stellt eine Querverbindung zu Milani Comparetti (1986) her, wonach Ärzte und Pädagogen den Eltern die Illusion in Aussicht stellen, zu jedem „Defekt" gebe es eine entsprechende Therapie, und sie gehen mit ihnen eine „perverse Allianz" ein (vgl. Weber 2003, 240f). Für das betroffene Kind bleibt die Bedrohung aber weiterhin spürbar. Als Resultat unterliegt die „Organisierung" der geistigen Behinderung dem Diktat des Wiederholungszwangs und verlagert sich ins Organische, wie es sich etwa in der Ausbildung von Stereotypien zeigt. Um den Sinn dieses

Verhaltens zu erfassen, müssen der Symbolbegriff und das szenische Verstehen erweitert werden. Gerade die Stereotypien schwer geistig behinderter Menschen sind „ihrer Struktur nach nicht-szenisch, und ihnen einen Sinn abzugewinnen, kann nur dann gelingen, wenn das stereotype Verhalten in irgendeiner Form in ein szenisches Erleben erst einmal eingeholt werden kann". Dabei sind wir angewiesen auf die Reflexion der Gegenübertragung, in welcher sich die Stereotypie darstellt (vgl. Niedecken 1997, 101 ff). Damit wird szenisches Verstehen auch in der Arbeit mit autistischen Menschen möglich (vgl. Heilmann 1999).

Mit Beland sollten wir überlegen, wie weitreichend die cartesianische Spaltung in einen Körper und eine körperlose unsterbliche Seele, welche eine Interaktion von Denken und Körper unmöglich macht, eine sprachlose Annäherung an den Leib verunmöglicht hat. Anscheinend fehlen uns Sprache und Begrifflichkeit, mit der wir psychosomatisch über den Körper wie über die Seele als psychosomatische Subjekte nachdenken und sprechen können. Über diese generelle Kritik hinaus liefert er uns aber implizit eine Bestätigung der Auffassung von Niedecken. Beland bezieht sich auf Bions Containment-Theorie, nach der die noch unverstandene emotionale Erfahrung (Beta-Elemente) durch die Einfühlung der Mutter in Verstehbares (Alpha-Elemente) verwandelt wird. Was aber geschieht mit jenen Beta-Elementen, die von der Mutter *nicht verstanden* werden, weil sie „seelisch nicht mehr kann, ihre Einfühlung verweigert und das Unerträgliche des Kindes wie an einem seelischen Schildkrötenpanzer zurückprallen lässt"?

Beland gibt uns eine erschreckend klare Antwort: „Das Unerträgliche wird dann noch unerträglicher, noch unverständlicher und wird verboten, verdammt. (...) Wird das Unerträgliche nicht verstanden und kommt es zur psychosomatischen Abspaltung in ein körperliches Organ oder System, so wird zusammen mit der Angst und womöglich aller Affektivität jener Teil des Subjekts abgespalten und besonders tief unterdrückt, der als unverstandene Emotion existierte" (vgl. Beland 1997, 25 ff). Ich habe den Eindruck gewonnen, dass diese Ausführungen zur versagenden Containing-Funktion der Mutter auf Grund deren eigener affektiver Überlastung exakt das Drama des behinderten Kindes aufzeigen, welches keinen Weg findet, seine quälenden Beta-Elemente symbolisch zu transformieren. Das dialogische Pendant, gleich ob Eltern oder Pädagog/innen, ist also in den Blick zu nehmen und nach entlastenden Möglichkeit zu suchen, diese beschädigte Funktion instand zu setzen.

An Hand der Arbeit von Studierenden mit schwer geistig behinderten Kindern und Jugendlichen konnte aufgezeigt werden, wie die erste Begegnung mit deren fremdartigen und abstoßenden Verhaltensweisen bei den Studierenden Hilflosigkeit, Erschrecken, Ablehnung, ja Ekel und Abscheu auslösten. Irritierende Fragen nach dem Menschen und den Sinn des Lebens wurden ausgelöst. Um wieder *festen Boden unter die Füße* zu bekommen, stürzte man sich auf Diagnosen sowie ausgearbeitete Therapie- und Förderpläne. Mit dem Erfolg, dass die Kinder nicht in der gewünschten Weise reagierten. Vielfach verstärkten sich Stereotypien und Autoaggressionen. „Der gesuchte ‚feste' Boden erwies sich als wenig tragfähig und brach ein. (...) Der entscheidende Schritt (...) begann mit der Hinwendung der Teilnehmer/innen zu sich selbst“ (vgl. Häußler 2000, 248f; Pfeffer 1987a, 1987b, 1988).

Gerade bezüglich einer behutsamen und reflektierten heilpädagogischen Diagnostik müssen wir uns damit abfinden, dass sich unsere Erkenntnis nicht allein auf rein kognitivem Wege gewinnen lässt. „Glauben und Wissen“ werden immer einen unauflösbaren Rest abgeben, wie Dornes bereits für die Säuglingsforschung formuliert hat (vgl. Dornes 1994, 1171). Insofern man nicht von der Schimäre eindeutig feststellbarer Klassifikationen loskommt und sich vehement gegen die selbstreflexive Aufdeckung der Gefahr falscher Zuschreibungen wehrt, steht die Sprachlosigkeit der Fachleute jener ihrer Adressat/innen in nichts nach. Jantzen kritisiert, dass wir noch immer mit einem diagnostischen Grundverständnis operieren, das Daten „im elitären Gestus der Differentiellen Psychologie“ sammelt und sich am „Normalfall“ des westeuropäischen oder nordamerikanischen Menschen männlichen Geschlechts, weißer Hautfarbe, mittleren Alters und guter Ausbildung orientiert. Jedenfalls liege dieser Normalitätsbegriff den bekannten psychometrischen Tests und Verfahren zugrunde (vgl. Jantzen 2003b, 88f).

Die Praxis reiner Verhaltensbeschreibungen, die zur Basis pädagogischer, therapeutischer und/oder medizinischer Interventionen gemacht wird, ist normativer Natur. Dem in unbewussten Inszenierungen aufscheinenden Kontextuellen und Konflikthaften, das sich *selbstredend* auch bereits vorsprachlich entfaltet, erkennen wir zumeist keine Bedeutung zu noch finden wir Worte dafür (vgl. Gerspach 2004c). Es wird das nicht eingelöst, was Lindmeier mit Blick auf neuere Tendenzen bei Klassifikationsversuchen der WHO einfordert: die Verwendung eines bio-psycho-sozialen Ansatzes, um eine kohärente Sicht verschiedener Perspektiven von Gesundheit auf biologischer, individueller und sozialer Ebene zu ermöglichen (vgl. Lindmeier 2002, 417f). So kommt schnell die Gefahr auf, einen Menschen entlang vorgängiger Klassifikationsmuster zu katalogisieren, ohne seiner eigentlichen Problem- oder Bedürfnislage auch nur annähernd gerecht zu werden. Diagnostik ist immer Interpretation und Interpretation immer Macht. Dies zeigt schon der alte psychoanalytische Witz von der Pünktlichkeit des Patienten: Kommt er verspätet, ist dies eine hysterische Provokation, kommt er zu früh eine obsessive Zwanghaftigkeit, kommt er genau zum vereinbarten Zeitpunkt ein perverses Ritual (vgl. Zizek 2001).

Vor allem in der Begrenzung auf quantitative Messmethoden, die vorgeblich Objektivität sichert, liegt ein Problem begründet. Diese Verfahrensweise beruht auf einem instrumentell-technischen Grundverständnis, das auf die menschliche Entwicklung kaum Anwendung findet dürfte. Diagnostik enthält vier Komponenten: Beobachten, Wahrnehmen, Deuten und Verstehen (vgl. Sautter 2000, 84). Gerade die beiden letztgenannten Aspekte offenbaren, wie stark die eigene Beurteilung desjenigen mitspielt, der diagnostiziert. In dieser Hinsicht handelt es sich also nur um ein „Sich-Bemühen, um ein Durch-und-Durch-Wissen dessen, was einem in dem einzelnen Kinde entgegentritt“ (vgl. König 1977, 3; zit. n. Sautter 2000, 84). Diagnostik steht für einen kommunikativen Prozess, in dem nicht nur der Diagnostiker das Kind, sondern dieses auch den Diagnostiker beurteilt, um überhaupt sicher gehen zu können, seine Hilfe anzunehmen (vgl. Sautter 2000, 90).

Auf die Explikation des dem diagnostischen Verfahren zugrundeliegenden Menschenbildes wird aber meist verzichtet. Dabei ist Diagnostik weit mehr als reine Diagnoseerstellung. Eigentlich beinhaltet sie eine behutsam reflektierte Gesamtbeurteilung. Sie ist ein Versuch der vorsichtigen Annäherung an ein Gegenüber, eine interpretative Zusammenschau des gesammelten Materials und der auf dieser Basis gewonnenen Erkenntnisse. Es sind subjektive Eindrücke, die sich im diagnostischen Prozess entfalten und das Bild vom Anderen bestimmen. Es sind *meine* im Dialog angestoßenen Gedanken, Affekte und Phantasien, die mir etwas über mein Gegenüber sagen. *Ich* werde zum *Container* seiner Problemlage. Über die Reflexion dieser Eindrücke gelange ich dann zu einer vorläufigen Annahme darüber, was an Problemen vorliegen könnte. Und allein mein Dialogpartner kann validieren, ob diese Eindrücke für ihn Relevanz bekommen werden oder nicht – was oft ein schmerzlicher und zunächst von viel Aufbäumen begleiteter Vorgang ist.

Seit einiger Zeit wird versucht, die symptomatologisch-deskriptiv orientierten Klassifikationsformen psychischer Störungen um psychodynamische Dimensionen zu erweitern und die empirisch-statistische Beschreibung durch eine hermeneutische Interpretation zu ergänzen. Allerdings treffen hier zwei ganz unterschiedliche Herangehensweisen aufeinander. Dreht es sich im ersten Fall eher um Symptombeseitigung als zentralem Effektivitätsmerkmal, so wird im zweiten Fall vor allem eine Änderung von Persönlichkeitsvariablen angestrebt. Bei unkritischer Anwendung von Klassifikationssystemen geht ein konzeptuelles Verständnis der Intensität einer bestimmten psychischen Befindlichkeit verloren. Die Gesamtgestalt kommt abhanden und die Episode gewinnt eine größere Bedeutung als das Interesse für die Kontinuität einer Lebensgeschichte. Fazit: „Individuelle Lebensgeschichte als etwas nicht Reduplizierbares lässt sich schlechthin nicht operationalisieren“ (vgl. Arbeitskreis OPD 1998, 28; Cierpka u. a. 2001).

Die gängige Theorie wie Praxis setzt allerdings unbeirrt auf Objektivität und hält den Rekurs auf die Subjektivität für einen unprofessionellen Kunstfehler. Unter Objektivität wird dann verallgemeinert der Anspruch auf eine präzise, objektive und neutrale Messung verstanden. Aus förderdiagnostischer Sicht befindet Eggert indessen, dass es schlechterdings nicht möglich sei, wirklich objektive Situationen bei der Untersuchung menschlichen Handelns und bei seiner Bewertung zu entwickeln (vgl. Eggert 1998, 26). König bringt es auf den Punkt. Für ihn gipfelt Diagnostik in der Einsicht, „dass ich ja als Mensch gar nicht die Möglichkeit habe, von mir so abzusehen, dass ich einen Anderen sozusagen objektiv beurteilen kann“ (vgl. König 1977, 10; zit. n. Sautter 2000, 87).

Auch und gerade *das* zentrale Feld der Diagnostik – die Medizin – ist nicht frei von solchem Irrglauben. „Vor die Therapie haben die Götter die Diagnose gesetzt“, heißt es da zwar zu Recht. In diesem Sinne ist ein gründliches naturwissenschaftliches Vorgehen durchaus vonnöten. Aber auch auf dem Gebiet der Medizin kommt es zu Fehldiagnosen bzw. kennen wir inzwischen alternative Diagnoseverfahren, wie etwa die Betrachtung der Iris, die zu ähnlichen Ergebnissen führen wie die klassische Variante. Neben dem naturwissenschaftlich-objektiven Vorgehen ist auch der individuell-subjektive Aspekt zu beachten. „Immer sind Menschen betroffen, bei denen Diagnosen gestellt werden. Deshalb müssen auch individuelle Besonderheiten, psychodynamische und psychosoziale Informationen berücksichtigt werden, um die Gesamtsituation beurteilen zu können" (vgl. Neuhäuser 2000b, 73).

Um zu stimmigen Ergebnissen zu gelangen, sind wir offenbar zwingend auf unsere Tiefensensibilität angewiesen, was aber leider übersehen wird (vgl. Figdor 1989, 153). Vor allem unter dem Einfluss der Neurowissenschaften werden menschliche Eigen*arten* wie Traurigkeit, Ängstlichkeit, Kontaktscheu oder Wutanfälle auf Störungen des Gehirnstoffwechsels zurückgeführt und seien durch geeignete „Gehirnpflege" zu beheben. Die Psychobiologie beantwortet dann Fragen nach der Entstehung zwischenmenschlicher Bindungen mit neurochemischen Erklärungen. „Vielleicht hilft das Hormon Oxytocin gegen Scheidungsraten? (...) Wer Gefühle für semantische Gegebenheiten erachtet, die sich sinnvoll aus Gedanken, Erwartungen und Bewertungen ergeben und die dann im Verweisungsverein mit diesen bestimmte Handlungen veranlassen können, der gehört zu jener Fraktion antiquierter Psychologen, deren verbocktes Beharren nur noch tragikomische Züge trägt (...) Im physischen Kosmos gibt es nichts Semantisches und im Semantischen nichts Physisches (im Sinne der Naturwissenschaften)" (vgl. Laucken 2001, 6ff).

Ausgeblendet bleibt, dass auch neurobiologische Marker mit „Bedeutungsmarkern" kombiniert werden müssen, um ihre Wirkung zu entfalten, wie Dornes zeigt: „Bei Persönlichkeitsstörungen, die mit erhöhter Aggressivität einhergehen, findet sich häufig (...) ebenfalls eine Veränderung im Serotoninstoffwechsel. Diese mag *eine* Ursache der erhöhten Aggressionsneigung sein. Natürlich gibt es auch psychologische Ursachen von Aggression, die noch dazu bei den verschiedenen Typen von Persönlichkeitsstörungen höchst verschieden sind" (vgl. Dornes 1999a, 536). Wir sollten uns darüber klar sein, „dass alles, was wir wissen, aus dem Dialog stammt und dass wir als Forschungssubjekte überhaupt erst zu solchen werden durch die Erfahrung des Anderen, der uns zunächst von uns selbst, von unserer impliziten Vorstruktur des Verstehens (...) entfremdet".

Im andern Fall versteht man immer nur das, „was sich im eigenen Horizont zeigt, also letztlich nur sich selbst, nicht den Andern, das unverfügbare Anderssein des Anderen gerät aus dem Blick, solange jene Vorurteilsstruktur des Verstehens nicht in Frage gestellt bzw. reflektiert wird". Ein instrumentelles, handlungsorientiertes Erkenntnisinteresse bringt lediglich eine Flut positivistischer Unverbindlichkeiten hervor. Wer dergestalt innere mit äußeren Bildern verwechselt, ist zu einer Methodologie des Zuhörens und Sprechens nicht imstande. Kulturelle Phänomene und innersubjektive Zustände treten uns dann wie Phänomene der äußeren Natur entgegen, und nicht mehr als solche der „menschlichen Geschichte, ihrer Widersprüche, der Unterdrückungstendenzen menschlicher Triebanforderungen" (vgl. Warsitz 1997, 123ff).

Das Verhalten von Menschen ist in gesellschaftliche Verhältnisse eingebettet, deren Normen und Werte sie verinnerlicht haben bzw. verinnerlichen sollen. Aus psychosozialen Problemlagen werden aber gerne individuelle und/oder organisch bedingte Krankheitsbilder gemacht. Abweichungen von den herrschenden

Normen gelten dann unreflektiert als unsozial oder als krank. Das Subjekt verschwindet jetzt hinter einer konfliktbereinigten Konzentration auf ein Verhalten, das primär als cerebral gesteuert, nicht aber sinnhaften Mustern folgend angesehen wird. Eine solche Diagnostik liefert nur mehr „kalte Daten". Der subjektive Sinn ist aber Informationsprozessmodellen, die solchem Tun zugrunde liegen, unzugänglich. Vor allem wird in diesen Vorstellungen alles Dynamisch-Konflikthafte geleugnet, es hat sich dort kein Interesse für Affekte, Motive, Angst, Konflikt und Zensur entwickelt (vgl. Leuschner u. a. 1998).

Erfahrung ist aber anders zu fassen als es die klassischen Regeln der empirischen Wissensbestätigung vorsehen. Indem etwa der Erlebensbegriff als Kernstück eines subjektzentrierten Menschenbildes in Zusammenhang mit dem hermeneutischen Verstehen gebracht wird, ist Erfahrung nicht länger ausschließlich auf Wahrnehmung zu reduzieren. Empirie heißt nicht mehr Deskription von Beobachtung, sondern Überprüfung von Aussagen (vgl. Kerz-Rühling 1998, 179).

Gerade in der Heilpädagogik wurde an dieser Art diagnostischen Vorgehens massive Kritik geübt (vgl. Ahrbeck 1993, Kleinbach 1993, Eggert 1998, Kautter 1998, Seewald 1998, Eberwein 2000). Im Einzelnen stechen dabei folgende Aspekte hervor: Meist heißt Diagnostik in der Praxis noch immer Statusdiagnostik, d. h. an Hand gängiger Klassifikationsmuster wird ein Kind defizit- und defektorientiert ‚vermessen' (vgl. paradigmatisch Andreae, Fischer 1999). In Abkehr von dieser problematisch gewordenen Vorgehensweise kam in den letzten Jahren verstärkt der Ruf nach förderdiagnostischen Verfahren auf, mit denen sich nicht bloß Zuschreibungen vornehmen lassen, sondern auch die Lebensrealität ergründet werden soll, um eine kindgemäße Förderung zu ermöglichen.

Der jeweilige Fokus der so unterschiedlichen Entwicklungstheorien weist Tatsachenforschung immer als Interpretationsforschung aus (vgl. Seewald 1998, 43). Daher verlangt Eberwein nach einer „verstehenden Diagnostik", die es dem Diagnostiker gestattet, sich mit dem Kind auf einen Dialog einzulassen, um sich in sein Erleben einzufühlen und *seine* Wirklichkeitskonstruktionen und Situationsdefinitionen zu erfahren (vgl. Eberwein 2000, 99). Eine verstehende ist eine biographische Diagnostik, die über die „Entstandardisierung von Lebenslagen" das jeweils Besondere in den Blick nimmt (vgl. Hanses 2000, 362). Sie ermöglicht es, ein bestimmtes Verhalten als eine subjektiv sinnvolle Ausdrucksmöglichkeit zu verstehen. Schließlich erfolgt die Wahl einer bestimmten Handlungsweise immer in einer für das handelnde Subjekt bedeutungsvollen Situation (vgl. Kautter 1998, 83). Das Handeln liefert sozusagen einen lückenhaften Text, dessen Leerstellen interpretativ-verstehend zu füllen sind. Ohne die Fähigkeit zur Einfühlung bleibt dem Diagnostiker ein genaueres Verständnis dieses lückenhaften Textes aber verschlossen: „Wenn wir in uns selbst nicht irgendetwas finden können, das dem, was im anderen vor sich geht, gleicht, können wir ihn nicht einfühlsam verstehen" (vgl. Bettelheim 1975, 313; zit. n. Kautter 1998, 87).

Gleichwohl benennt Schlee das unaufhebbare Dilemma der Förderdiagnostik: „Aus Sein lässt sich kein Sollen ableiten. Mit Hilfe von diagnostischen Daten lässt sich also nur feststellen, was ist bzw. was nicht ist. In diesen Daten stecken jedoch keine weiteren Informationen darüber, was sein sollte bzw. was nicht sein sollte“ (vgl. Schlee 2008, 124). Auch eine pauschale Verwerfung der traditionellen Diagnostik trägt nicht weit, wenn sie in reiner „Reformsemantik“ versandet (vgl. Hofmann 2000). Anders gesagt: „Das dem positivistischen Wissenschaftsideal korrelative Selbstbild des neutralen Beobachters aufzugeben, bringt keinen Freibrief für subjektivistische Beliebigkeit mit sich“ (vgl. Thomä 2000, 180).

Diagnostik besteht immer im Kategorisieren und Vergleichen. Moralisch unbedenkliche Förderabsichten im Sinne einer ‚guten‘ Diagnostik verwischen eher Grenzen, als dass sie Klarheit erbrächten. Insofern auch liefern uns die klassischen Diagnose- und Testverfahren wichtige Hinweise. Was allerdings geleistet werden muss, ist die Offenlegung des theoretischen und vor allem wissenschaftstheoretischen Hintergrundes, von dem aus diagnostische Überlegungen angestellt werden. Erst dann wird deutlich werden, was der eigene Bezugsrahmen sozial erwünschten Verhaltens ist bzw. welches ‚Krankheitsmodell‘ erkenntnis- und handlungsleitend ist. Insofern ist auf die Weiterentwicklung im Sinne einer strukturorientierten Diagnostik zu verweisen, die theorie-, inhalts- und entwicklungsbezogene Zusammenhänge herzustellen sucht. Damit etwa verstanden werden kann, warum ein Kind in einer bestimmten Weise reagiert, muss diesbezüglich der Diagnostiker seine neutral-distanzierte „objektive“ Position aufgeben und seine Verwicklung in den Dialog mit dem Kind erkennen und sinnvoll nutzen. Die entscheidende Frage lautet: Von welchen Entwicklungsbedürfnissen und Entwicklungsnotwendigkeiten ist auszugehen, welche pädagogischen Konzepte werden benötigt, um ein Entwicklungsziel zu erreichen und unter welchen Bedingungen lässt sich dies am besten bewerkstelligen (vgl. Ahrbeck 1993, 168 f)?

4.2 Anmerkungen zur geistigen Behinderung

Nach diesen Vorbemerkungen möchte ich mich nun etwas eingehender mit dem Thema geistige Behinderung auseinandersetzen. Dazu sei zunächst etwas ausgeholt. Ich beginne mit Überlegungen zur Bedeutung der frühen Erfahrungen für die weitere Entwicklung eines Menschen.

Normalerweise beinhaltet der frühe Dialog ein Geheimnis des Nicht-Gesagten, eine gemeinsame Träumerei (Rêverie) von Mutter und Kind. In diesem frühen Dialog mit der Mutter erfährt der Säugling eine Regulation seiner Bedürfnisse, seiner Affekte und seiner Wünsche zur Kommunikation, aber er weiß noch nichts davon (vgl. Tönnesmann 1995, 326). Entscheidend für das Gelingen dieses frühen Dialogs sind die Phantasien – also jene mehr unbewusst als bewusst imaginierten inneren Vorstellungen, die im Schnittpunkt von Beziehungsarrangements und dort aufkommenden Gefühlen und Affekten zusammenfließen –, welche die Mutter über ihr Kind entwickelt. So hat die Mutter schon in ihr „imaginiertes Kind“ investiert, bevor es geboren wurde (vgl. Roedel 1986, 130). Nach Mannoni soll es sie für die Leere ihrer eigenen Kindheit entschädigen (vgl. Mannoni 1972, 23). Unter günstigen Umständen kommt es für beide Seiten zu einer emotional befriedigenden Interaktion, verbunden mit „guten" wechselseitigen Phantasien, die in die Rêverie einmünden (vgl. Milani Comparetti 1986; Pedrina 1992).

Die wachsende Erfahrung mit dem sich zunehmend eigenständig entwickelnden Kind, das Erleben der Differenz von realem und imaginiertem Kind, wie sie von den Säuglingsforschern Brazelton und Cramer (1994) beschrieben wurde, ermöglicht der Mutter ein allmähliches Aufgeben ihrer Projektionen. Bestimmte Phantasien der Mutter über sich selbst und ihr Kind können unter Umständen aber auch die maßgebliche Ursache für ihr wenig feinfühlendes Verhalten sein. Sie ist dann zwar anwesend, aber nicht verfügbar, was in der Folge zu sogenannten Mikrotraumatisierungen führt (vgl. Dornes 1998 a, 329). Ist die Phantasiewelt einer Mutter zu sehr von starren Projektionstendenzen beherrscht, kann sie sich kaum auf eine „traumhafte Bezogenheit" zu ihrem Kind einlassen. Dies hat zur Folge, dass die Rêverie versagt und der Säugling seine unverdauten Beta-Elemente zurückerhält, sich seine Angst steigert und er seinerseits die Mutter mit seinen Projektionen konfrontieren muss. „Eine solche Spirale kann man sich bei der Entstehung der (häufig anzutreffenden) Überzeugung vorstellen, das eigene Kind sei dumm oder geistig behindert." Diese Überzeugung beeinträchtigt den Austausch und damit die kindliche Entwicklung. Auch der Ablöseprozess von Mutter und Kind kann aus unterschiedlichen Gründen erschwert sein. Wir wissen z. B., dass Säuglinge ihre Reaktionen verlangsamen, wenn der Prozess der „Inter-Affektivität" mit der Mutter gestört ist (vgl. Stern 1992, 190; Lichtenberg 1991).

Diese Phantasien, die von der Mutter, aber auch dem Vater auf ihr Kind übertragen werden, spielen eine große Rolle für dessen seelischen Werdegang (vgl. Schleske 1999). Das elterliche Interaktionsverhalten wird von diesen Phantasien gespeist, und da ein Großteil davon unbewusst bleibt, wirkt es auf den ersten Blick oft wenig verständlich. Eltern schreiben aufgrund solcher Phantasien dem Verhalten ihrer Kinder Bedeutungen zu, die die Beziehung zum Kind beeinflussen (vgl. Dornes 1998 a, 325 ff). Über die elterliche Phantasie wird dem Kind eine diskrete Botschaft vermittelt. Das Kind ist eine „Idee seiner Eltern", aufgehoben in ihrem Wissen, welches mit der affektiven Beziehung in das Kind übergeht – als erste Gewissheit von sich als einem Selbst in Beziehung mit anderen (vgl. Moré 1998, 244). Kindheitsstudien zeigen, wie wichtig die permanente emotionale Kommunikation und Verfügbarkeit von Bezugspersonen für den stabilen Aufbau des affektiven Kern-Selbst beim Kinde ist. Das Gefühl der Kohärenz für selbstregulierende Erfahrung wird allein in Anwesenheit eines „self-regulating other" gebildet. Nur über die besondere Interaktionsgeschichte mit seinen beiden Eltern kann das Kind divergierende Modelle von „Gefühlsschemata des Selbst-in-Relation-zu-Anderen" internalisieren (vgl. Emde 1999, 206 ff).

Für das Gelingen dieses Prozesses kommt es darauf an, dass die Eltern über Fähigkeit verfügen, ihr eigenes mentales Befinden und das ihres Kindes reflektieren zu können. Im Sinne der Theorie von Geist und Seele interpretieren sie sein Verhalten anhand des eigenen mentalen Befindens. Je besser diese elterliche Fähigkeit ausgebildet ist, Geist und Seele ihres Kindes wahrzunehmen, umso günstiger gestalten sich die Voraussetzungen für das Kind, eine stabile reflexive Kapazität auszubilden. Im Verhalten seiner Eltern nimmt das Kind nicht nur deren Reflexivität wahr, auf die es schließt, um ihr Verhalten begründen zu können, sondern in ihrer Haltung wird es eines Bildes *seiner selbst* gewahr (vgl. Fonagy 1998, 363 ff).

Im Falle eines mit einer Behinderung geborenen Kindes fällt die Konfrontation des imaginären mit dem realen Baby ungleich schwerer. Die Fähigkeit, den rudimentären Ausdrucksformen eines behinderten Säuglings die nötige Einfühlung, Responsivität und Kontingenz entgegenzubringen, hängt hauptsächlich davon ab, wie die Eltern ihre Trauer und Enttäuschung zu verarbeiten vermögen (vgl. Weber 2003, 239; Hackenberg 1992, 1996; Jonas 1991). Es liegt nicht an einer isoliert zu betrachtenden geistigen Behinderung, wenn ein solches Kind retardiert erscheint. Hier kann es schnell zu Fehlregulationen kommen, die sich vor allem als Über- oder Unterstimulation zeigen (vgl. Paulsen 1992). Solche Fehlregulationen können dazu führen, dass geistig behinderte Menschen als „ewige Babys" behandelt werden. Allerdings wird der entlastende Spielraum der mütterlichen Phantasien immer wieder durch die mögliche Gefährdung ihres Kindes bedroht. Ihre Phantasie, dass das Kind zum Teufel gehen solle, kann durch eine kleine Unachtsamkeit beim Füttern schreckliche Wirklichkeit werden (vgl. Fröhlich 1994, 154 ff).

Die Phantasien der Eltern bestimmen also über das weitere Schicksal des Kindes offenbar in weit größerem Maße als vorliegende somatogene Faktoren. Mannoni hat besonders den Aspekt der enttäuschten Phantasien der Mutter über ihr behindertes Kind prägnant herausgearbeitet (vgl. Mannoni 1972). Pedrina unterstreicht aber, dass auch und gerade der Vater in seiner haltenden und in der Rêverie-Funktion mitzudenken sei, um die Mutter darin zu unterstützen, ihre schädlichen Projektionen zu verdauen und zu entgiften (vgl. Pedrina 1992, 58 ff). Wenn es überdies einer Mutter obliegt, auf den „Fetisch Kind" zu verzichten, „der nichts anderes ist als das imaginäre Kind der Ödipusverbindung", erhalten wir einen weiteren Hinweis, in welcher Weise die Entwicklung eines behinderten Kind beeinträchtigt wird (vgl. Mannoni 1972, 23). Führt die Behinderung zu einer Fixierung von Phantasien auf Seiten der Mutter, ist anzunehmen, dass das Erkalten inzestuöser Phantasien erschwert ist. Diese Phantasien könnten nicht belebt, aber auch nicht überwunden werden.

Gerade aus der gemeinsamen Arbeit mit psychoanalytisch orientierten Frühförderinnen weiß ich um die Brisanz dieser Thematik. Behinderten Kindern wird projektiv ihre eigene Sexualität abgesprochen oder sie werden regelrecht dämonisiert. Womöglich bleibt bei ihnen eine doppelte Belastung wirksam:

1. Auf Grund mangelhafter geistiger Voraussetzungen vermögen sie eine Reihe von elementaren Interaktionssignalen weder angemessen zu erfassen noch darauf zu reagieren.
2. Sie spüren die tiefe Enttäuschung der Mutter und nehmen zumindest rudimentär und unbewusst wahr, dass deren beschränkte Beziehungsangebote mit abgewehrten ödipalen Phantasien einhergehen (vgl. Gerspach 1994 c).

Neben die narzisstisch gefärbte Problematik, ein imperfektes Kind zur Welt gebracht zu haben, tritt bei den Eltern die Phantasie, dass seine Behinderung die Strafe für eigene ödipale Wünsche ihren leiblichen Eltern gegenüber ist (vgl. Gerspach 1994a). Die Mutter z.B. hegte den heimlichen Wunsch, mit ihrem Vater ein Kind zu haben. Das behinderte Kind wird unbewusst als Produkt dieser verbotenen inzestuösen Verbindung angesehen. Bereits im Mythos von Ödipus wird im Orakelspruch ein Verbot der Götter ausgesprochen, ein Kind miteinander zu zeugen. Der Ödipuskomplex beginnt beim Verhalten von Laios und Jokaste und ist in erster Linie eine Antwort auf die inzestuösen und/oder mörderischen Triebe der Eltern (vgl. Thomä 1999, Kreutz 1998). Auch dieses Kind – *König Schwellfuß* – war bereits ein behindertes. Später agiert Ödipus im Sinne einer sich selbst erfüllenden Prophezeiung die inzestuösen Wünsche seiner Eltern – wir dürfen nicht übersehen, dass es seine Mutter ist, die mit ihm schläft.

Vielfach trifft man auf massive Schuldgefühle bei den betroffenen Eltern, verkoppelt mit Vorstellungen von einem unkontrolliert-triebhaften Wesen. Mit Hilfe dieser Projektion kann die Inzestphantasie im Sinne einer Wiedergutmachung in eine übermäßige Zuwendung zum nunmehr bedürftigen Kind verwandelt werden. Das Kind aber spürt die ihm entgegengebrachten Phantasien. Ähnlich dem wahrheitssuchenden Ödipus hat es ein Gespür von der Tragweite des Tabus und übernimmt die Phantasie vom Opfer der bestraften elterlichen Inzestwünsche. Die Behinderung gerät zur Kompromissbildung von Wunsch – verfremdet zur ,Triebhaftigkeit' – und Rache – verfremdet zu Dummheit und Ich-Einschränkung.

„Geistige Behinderung ist keine Krankheit" (vgl. Neuhäuser 2000b, 32). Dieser Begriff kennzeichnet allein die Begrenztheit der intellektuellen Möglichkeiten eines Menschen, die sich in den sozialen Raum ausdehnt. Kurzum: „Geistige Behinderung kann nicht als einheitliche oder als definierte Störung betrachtet werden, es kommt zu Veränderungen im Entwicklungsverlauf und in Abhängigkeit von sozialen bzw. psychosozialen Faktoren." Selbst die Versuche, Zusammenhänge zwischen Verhaltensauffälligkeiten und genetischer Störung zu untersuchen, erbrachten das Resultat, dass ein bestimmter Verhaltensphänotyp nur selten spezifisch ist und es immer zu einem komplexen Wechselspiel mit Umweltfaktoren kommt (vgl. Neuhäuser 2000a, 38). Somit erscheint es nicht statthaft, eine geistige Behinderung allein auf ein pathologisches organisches Phänomen zu reduzieren, zumal trotz aller diagnostischen Bemühungen in 30–40 % aller Fälle die Ursache nicht zu klären ist (vgl. Neuhäuser 2000b, 35).

Gleichzeitig aber käme der gänzliche Verzicht auf den Begriff einer beschönigenden Verleugnung gleich. Kobi warnt daher eindringlich vor „Apostrophierung und Sogenanntismus". Nach ihm bedarf es einer gehörigen Portion Unverfrorenheit, Eltern eines schwerst geistigbehinderten Kindes die Aussage ins Gesicht zu lächeln, sie würden sich lediglich um ein Phantom Sorgen machen (vgl. Kobi 2000, 73ff). Jantzen wendet sich dezidiert gegen die Reduzierung von geistiger Behinderung auf Natur, aber er sagt auch frei heraus, dass er weder zustimmen könne, dass es geistige Behinderung oder geistig Behinderte nicht gäbe, noch dass die Funktion des Begriffs zwangsläufig nur ein wirres Gemisch aus unseren wahrnehmungsmäßigen Eindrücken sei. Daher unterteilt er das Grundproblem in drei Komplexe:

- Einschränkungen in Dialog und Bindung in der frühen Kindheit,
- Einschränkungen der sprachlichen Kommunikation,
- Einschränkungen der Teilhabe am kulturellen Leben (vgl. Jantzen 2000, 169ff).

Der Entwurf des Modells von Strassmeier umfasst die Dimensionen

- Intelligenzniveau und adaptives Verhalten,
- psychologische/emotionale Variablen,
- physische/gesundheitliche/ätiologische Variablen,
- Umweltvariablen.

Strassmeiers eigene Beschreibung lautet: *„Menschen mit geistiger Behinderung sind als sehr heterogene Gruppe von Individuen anzusehen, deren organisch und/oder gesellschaftlich bedingte Beeinträchtigungen im Variationsbereich menschlicher Entwicklung liegen und die im Laufe ihrer individuellen Lebensgeschichte in selbstreferentieller Weise gelernt haben, mit diesen Einschränkungen in einer für sie sinnvollen Weise umzugehen. (...) Um Rolle und Persönlichkeit nicht als ‚andersartig' erscheinen zu lassen, ihnen auf der anderen Seite aber Fähigkeiten zu vermitteln, ihre Bewältigungsstrategien situationsadäquat einzusetzen, vor allem aber, ihnen Möglichkeiten einzuräumen, sich selbst in sozialer Integration verwirklichen zu können, bedarf es lebenslanger (sonderpädagogischer) Assistenz zur Lebensbewältigung, nach Möglichkeit in sozialintegrativen Handlungsfeldern."* Am Ende folgert er: *„Den Menschen mit geistiger Behinderung gibt es nicht"* (vgl. Strassmeier 2000, 56ff).

Wenngleich hier jenen Elementen ambivalenter Entwicklung, wie sie aus meiner Sicht elementar sind für Menschen mit einer geistigen Behinderung, weniger Aufmerksamkeit geschenkt wird, so drücken sich doch die zentralen Momente einer subjektbezogenen Heilpädagogik aus. Sie sind nötig, um diesen Menschen in seinem Geworden-Sein verstehen zu können. Jantzen etwa kommt zu einer für uns wichtigen Erkenntnis: „Stress der Kinder und intrusive Verhaltensweisen der Eltern (die schon bei nichtbehinderten Kindern langfristige Auswirkungen im Sinne von Konzentrations- und Aufmerksamkeitsstörungen haben) wirken eher in Richtung unsicherer Bindung und entsprechend labiler psychischer Prozesse" (vgl. Jantzen 2000, 173). Damit auch werden wichtige Mentalisierungsprozesse beeinträchtigt. In letzter Konsequenz sind geistig Behinderte „namenlos" (vgl. Niedecken 1998; Kobi 2000, 78).

Vordringliche Aufgabe in der pädagogischen Arbeit mit geistig behinderten Menschen ist es, jenes vermittelte Leiden und seine Folgen zu verstehen und danach so weit wie möglich dadurch abzuwenden, dass wir es aushalten lernen und darauf aufbauend einen emotional korrigierenden Einfluss auf ihre Sozialisations- und Lebensbedingungen nehmen. In diesem Sinne steht Heilpädagogik für das Anbahnen eines fördernden Dialogs. Vielfach sind hier Lebens- und Entwicklungsmöglichkeiten verschüttet, die wie „Schätze gehoben, d.h. gefördert werden müssten" (vgl. Leber 1988, 42). Es ist dann weniger der organische Mangel als solcher, der Unheil bedeutet, als vielmehr „vermittelt zu bekommen und damit erfahren zu müssen, nicht richtig, nicht vollständig, nicht vollwertig, hilflos, abhängig zu sein und den Bezugspersonen Kummer und Unannehmlichkeiten zu bereiten“ (vgl. Leber 1979, 59 f).

Die Forschung über Selbstkonzepte bei Menschen mit geistiger Behinderung ist nicht weit entwickelt, nicht zuletzt auf Grund der Erwartung ihrer eingeschränkten Fähigkeit, sich über ihre Befindlichkeit zu äußern oder Angaben über sich selbst zu machen. Gut belegt ist allein ihre erhöhte Misserfolgserwartung, verbunden mit einem niedrigen Idealselbst und, im Vergleich zu anderen Gleichaltrigen, weniger definierten Gefühl ihres psychischen Selbst. Gewarnt sei allerdings vor vorschnellen übergeneralisierten Annahmen (vgl. Hofmann 2001, 319 ff). Im Übrigen kommen emotionale Beeinträchtigungen bei Menschen mit einer geistigen Behinderung zwar häufig vor, dies muss aber keinen direkten Bezug zur Hirnschädigung haben (vgl. Sinason 2000, 67). Am Rande sei auf den Unterschied zwischen Niedecken und Sinason verwiesen. Während Sinason von einer sekundären psychosozialen Beeinträchtigung infolge einer primären geistigen Behinderung ausgeht, sieht Niedecken das Kind von Anfang an mit Reaktionen konfrontiert, die eine affektive Katastrophe bedeuten. Vor allem der frühe Mangel eines psychischen Raums, in welchem sich eine Störung überhaupt als seelische manifestieren könnte, spricht nach ihr für eine enge Verzahnung von biologischer und psychosozialer Schädigung (vgl. Niedecken 1997, 108; Preiß 2006, 57).

So sieht Niedecken die Organisierung von geistiger Behinderung über eine Verschmelzung physiologischer Angstreaktionen mit intentionalen Gesten gewährleistet. Zunächst beherrsche die Angststarre der Mutter die Szene, ausgelöst durch den Schock über die Geburt ihres Kindes. Als mimetische Reaktion folge der Totstellreflex des Kindes, in dem sich das innere Bild des „Grauens der Mutter“ spiegele (vgl. Niedecken 1997, 107 ff). Bei Kohut beraucht ja das Kind im Zuge seiner seelischen Ablösung „den Glanz in den Augen der Mutter“ (vgl. Kohut 1975, 149). Der aber ist hier nicht mehr zu entdecken. Korff-Sausse spricht vom „Bild von Deformität“, welches das behinderte Kind auf seine Eltern übertrage – „es ist ein zerbrochener Spiegel“. Hinter diesem emotionalen Zustand verbirgt sich der unaussprechliche und unzulässige Todeswunsch, der zunächst nicht über das Empfinden von Trauer bearbeitet werden kann. Ein Grund für die Unmöglichkeit, die Trauer zuzulassen, ist die „unaufhörliche Existenz des imaginären Kindes. Die Kluft ist so groß, dass das reale Kind keinen Platz finden kann. (...) Im Hintergrund mögen Gedanken aufkommen, dass es besser sei, wenn das Kind tot wäre, weil die Trauer um das reale Kind weniger schwer wäre als die Trauer um das imaginäre Kind“. Korff-Sausse folgert: „Die Behinderung schafft ein Ereignis, das etwas Undenkbares und Schreckenerregendes umfasst“ (vgl. Korff-Sausse 1997, 60 f).

Das Undenkbare – wenn also die Eltern das Kind und seine Behinderung aus Angst vor ihren ungeheuerlichen Fantasien nicht zu denken vermögen, dann kann auch das Kind keinen Raum finden, in dem es sich denken kann. In Anlehnung an Mannoni: „Geistige Behinderung wird als Widerstand gegen Wissen verstanden“

(vgl. Morelle 1997, 75; Mannoni 1972). Das Kind muss sich nicht nur mit seiner Behinderung konfrontieren, sondern auch mit dem Schmerz, den es in seinen Eltern und in den Augen anderer auslöst. Das Kind nimmt jede Projektion über seine Abnormalität auf und absorbiert jede Fantasie, die mit Seltsamkeit oder Tod verwandt ist (vgl. Korff-Sausse 1997, 69f).

Auf alle Fälle erscheint es plausibel, von deformierenden Anpassungsprozessen auszugehen, wie sie Sinason am Beispiel des „behinderten Lächelns" herausgearbeitet hat. Sinason spricht von einer opportunistischen Behinderung als Abwehrform des Betroffenen, der seine Behinderung übertreiben muss, um seine Außenwelt zufrieden zu stellen. „Zum Beispiel benehmen sich manche behinderte Menschen aus Angst wie lächelnde Haustiere, nur um diejenigen, von denen sie abhängig sind, nicht vor den Kopf zu stoßen. Das kann heißen, dass sie ihr reales Sprachvermögen und ihre Intelligenz herabmindern" (vgl. Sinason 2000, 27). Es handelt sich nicht wirklich um ein Lächeln, sondern um einen manischen Versuch, etwas Unkontrolliertes im elterlichen Gegenüber unter Kontrolle zu bringen und verweist auf Verlust und Trauma, kann aber letzten Endes ebenso einem aggressiven Zweck dienen (vgl. Sinanson 2000, 99ff).

Die Befunde auf dem Gebiet der Geistigbehindertenpädagogik sind widersprüchlich. Wie könnte es auch anders sein, wie schon Sinason bezüglich ihrer eigenen Fehleinschätzung des behinderten Lächelns konstatiert? So befindet Rauh: „Auch das Bild vom stets heiteren und leicht zu führenden Kinde mit Down-Syndrom stimmt nicht generell. (...) Je nach bisherigem Entwicklungsverlauf sowie An- und Überforderungserfahrungen bilden sie offenbar ein sehr unterschiedliches Selbstbild aus und unterschiedliche Strategien, sich vor Selbstschädigungen zu schützen (...). Einige verleiten dann ihre Mitwelt durch Charme und zur Schau gestellte Hilflosigkeit, vermeintlich schwierige Situationen an ihrer Stelle zu lösen. Andere bieten alternative Aufgabenlösungen (...) als Ausgleichsgabe an" (vgl. Rauh 2009, 14).

Gerade dem Down-Syndrom wird eine besondere Rolle zugeschrieben, da mehrfach eine auffallend gute Anpassung dieser Familien nachgewiesen werden konnte. So wird von einigen Forschern sogar vom „Down-Syndrom-Vorteil" gesprochen (vgl. Hackenberg 2008, 49).

Allerdings sei auch einer gedankenlosen Verharmlosung des Problems aus einer Position der Verleugnung heraus vorgebeugt, den Einfluss einer realen Schädigung zu unterschätzen (vgl. Milani Comparetti 1986, 10f). Wir wissen aus einer Reihe von empirischen Untersuchungen, dass etwa Kinder mit dem sogenannten Down-Syndrom in der Anfangszeit über eine reduzierte Intensität ihres mimischen Ausdrucks verfügen (vgl. Sarimski 1986; Dornes 1993a). So tritt das erste soziale Lächeln gewöhnlich etwas später und vor allem in seiner Komplexität gedämpfter auf als bei anderen gleichaltrigen Säuglingen. Ein lebhaftes Lachen ist oft erst am Ende des ersten Lebensjahres zu beobachten. Bei der Mutter verstärkt die Wahrnehmung dieses Phänomens häufig die Tendenz zu einem größeren Engagement. Die Mutter wird auch dann aktiv, wenn auf Seiten ihres Kindes weniger deutliche Signale vorliegen, mit ihr in diesem Augenblick in eine Interaktion einzutreten.

Die Abstimmung auf ein gemeinsames Thema ist damit erschwert. Zum einen lässt dieses Kind bis etwa zu dem Zeitpunkt, wo es über Ein- und Zweiwortsätze verfügt, meist differenziertere Interaktionsangebote vermissen, zum anderen ergreift die Mutter oft zu früh und zu aktiv die Initiative, was dann zu einem Ungleichgewicht der Interaktion führt (vgl. Sarimski 1986, 73).

Die Fähigkeit eines solchen Kindes, sich selbst zu regulieren, ist oft gering. Es lässt sich auch schlechter von seinen Bezugspersonen regulieren, da es „weniger ausgeprägte, undeutliche und nur schwer verständliche Signale“ sendet. Allerdings stellt sich mir die Frage, ob dies seiner primären Ausstattung geschuldet oder bereits das Ergebnis einer eingeschränkten Reaktionsfähigkeit auf Grund einer unzureichenden Umwelt ist. „Kinder mit einer Behinderung sind früh in der Lage, die Qualität der Emotionen ihrer Bezugsperson wahrzunehmen. Sie sind den Affekten ihrer Bezugspersonen ausgeliefert, die in einem größeren Ausmaß als bei nicht-behinderten Altersgenossen auf die Qualität der Interaktion Einfluss nehmen“ (vgl. Calvet-Kruppa 2001, 2ff). Bezüglich der Entwicklung wird allerdings häufig davon ausgegangen, dass es eine Analogie bei Kindern mit und ohne Behinderung gibt, indessen zeitlich versetzt und dass wir es ohnedies mit einer großen Vielfalt von Entwicklungsprozessen zu tun haben. Bei schwer behinderten Kindern weiß man aber nicht, welche Kompetenzen sie in welchem Zeitraum entwickeln können (vgl. Haupt 2006, 39ff).

Eine Reihe vorliegender Untersuchungen legen den Gedanken nahe, dass Kinder mit organischen Schädigungen oder Entwicklungsstörungen ein erhöhtes Risiko für die Entwicklung unsicherer Bindungen aufweisen. Eine Studie von Niederhofer zeigt, dass nicht behinderte Kinder signifikant sicherer gebunden sind als Kinder mit einer geistigen Behinderung (vgl. Niederhofer 2001, 168). Auch Interaktionsstörungen in Folge eines vorübergehenden Mangels an Feinfühligkeit der Bezugsperson können auftreten. Hier wären zu unterscheiden:

- verdeckte Feinfühligkeit durch Verunsicherung,
- verdeckte Feinfühligkeit durch Angst und depressive Stimmung,
- verdeckte Feinfühligkeit durch Enttäuschung,
- Mangel an Feinfühligkeit (vgl. Calvet-Kruppa 2001, 5ff).

Ein mögliches Motiv mag darin liegen, dass es Mutter und Vater nicht ohne Weiteres gelingt, „responsiv auf das entwicklungsauffällige Kind einzugehen“ (vgl. Hackenberg 2003, 5f). Sie reagieren oft mit Kummer, Depression, versteckter oder auch offener Ablehnung oder Feindseligkeit. Solche emotionalen Reaktionen werden häufig beobachtet, aber auch gerne unterstellt. Andere Autoren fanden in der Verteilung der Bindungstypen keine Unterschiede zwischen körperbehinderten und nichtbehinderten Kindern, allerdings war nur ein kleiner Teil der untersuchten Kinder völlig immobil. Dennoch schien das Verhalten der unsicher gebundenen Kinder ausgeprägtere Unsicherheit auszudrücken als bei den nichtbehinderten Kindern. Insgesamt weisen die Befunde darauf hin, dass Beeinträchtigungen der Motorik und des Sehens das bindungsrelevante Verhaltensrepertoire anscheinend deutlicher einschränken als Beeinträchtigungen des Hörens oder der Verarbeitung sozial bedeutsamer Stimuli (vgl. Rauh 2004, 1 ff).

Für die Bindungsentwicklung von Kindern mit Trisomie 21 ist bedeutsam, dass sie in der Regel weniger intensiv weinen, aber auch seltener lächeln und nicht so herzhaft lachen. Die Frage taucht auf, ob sie ihre Emotionen nicht nur weniger intensiv ausdrücken, sondern auch weniger intensiv erleben. Auf der einen Seite erschwert dies den Müttern, die Verhaltenssignale ihrer Kinder zu lesen, auf der anderen Seite kann dies aber auch bereits eine Abwehrreaktion im Hinblick auf die kränkend erfahrenen Interaktionsmuster sein. Nicht umsonst kreist die wissenschaftliche Diskussion weiterhin um die Frage der Validität von Bindungsklassifikationen bei Kindern mit Trismoie 21, zumal wir offenbar von einer unerwartet hohen Zahl an nichtklassifizierbaren Bindungsstilen ausgehen müssen. Hier wird wieder einmal deutlich, dass aus dem experimentell gewonnenen Bindungsverhalten bestimmte Qualitäten des Erlebens nicht herausgelesen werden können.

Interessant erscheint es mir, in diesem Zusammenhang die Erkenntnis einer kanadischen Studie (Atkinson u. a. 1995) zu diskutieren, dass sich diese Kinder kognitiv zügiger entwickeln, wenn sie zunehmend feinfühlige Mütter hatten und daher häufiger als sicher gebunden klassifiziert wurden. Allerdings ergibt sich für Rauh in einer eigenen Langzeitstudie kein systematischer Zusammenhang zwischen einem frühen Entwicklungstempo mit der Bindungsklassifikation. Kinder mit sicherem Bindungsmuster entwickelten sich aber längerfristig günstiger (vgl. Rauh 2004, 4 ff).

Es wäre ein Fehlschluss, von allgemeingültigen Besonderheiten zu sprechen, die auf alle Familien behinderter Kinder zutreffen. Vor allem der Wandel von einer defizitorientierten zu einer differenzierteren, auch auf die Stärken ausgerichteten Erfassung der Familien im Rahmen ihres sozialen Netzes bringt genauere Ergebnisse hervor. Die Lebensthemen der Eltern behinderter Kinder wie beispielsweise Enttäuschung der eigenen Lebenserwartungen, Einsamkeit, Erfahrung der Verwundbarkeit der eigenen Existenz, Machtlosigkeit, Erfahrung der Ungerechtigkeit werden allerdings in verschärfter Form relevant (vgl. Hackenberg 2008, 45). Besonders die Zufriedenheit mit den sozialen und familiären Beziehungen wirken in dieser Hinsicht offensichtlich einschränkungsmindernd (vgl. Sarimski 2001, 17 f). Zudem werden eine Reihe methodologischer Einwände gegen uneinheitliche Definitionen der Konzepte vorgetragen (vgl. M. Krause 1997, 62).

Dennoch bleibt das Problem der biopsychosozialen Tragweite einer geistigen Behinderung erhalten, und es fragt sich, ob das Schicksal eines betroffenen Menschen durch psychoanalytische Vorgehensweisen nicht doch veränderbar sein könnte. So hat Mannoni einen Jungen erfolgreich analysiert, der am Anfang der Behandlung einen kopflosen Mann zeichnete, welcher auf einem Seil über dem Abgrund balancierte. Im Verlauf der Behandlung erklärte er diese Zeichnung: „Dieses Kind hatte keinen Kopf; denn wenn es einen Kopf gehabt hätte, wäre es verrückt vor Schmerzen geworden." Dieser Junge hatte seinen Vater, einen französischen Kollaborateur, durch dessen Verhaftung verloren und konnte auch seinen Namen nicht mehr ohne Scham aussprechen. Der Sinn der Dummheit ist hier also der Schutz gegenüber der Angst vor unerträglichem Erleben von Verlassenheit und Schmerzen als Folge schwerer psychischer Verletzungen (vgl. Leber, Gerspach 1996, 522; Leber 1979, 68f; Mannoni 1972).

Viele Reaktionen von Eltern auf die Geburt ihres behinderten Kindes zeigen eine starke Polarisierung zwischen dem Verleugnen dieser Tatsache (dem Nicht-Sehen-Wollen) und, wenn das nicht mehr gelingt, einer Dämonisierung (ein Ungeheuer in das Kind hineinsehen). Hinzu kommt ihre nicht unberechtigte Angst vor Schuldzuweisungen von Seiten der Fachleute. Deren Aussagen sind beileibe nicht immer objektiv zu nennen. Die Ergebnisse kinderärztlicher oder neuropädiatrischer Untersuchungen sind in starkem Maße von Erwartungen und Befürchtungen beeinflusst (vgl. Neuhäuser 2002, 21). Das Kind wiederum muss nicht nur mit seiner angeborenen Schwierigkeit, sondern auch mit den Phantasien seiner Mutter über seinen Defekt zurechtkommen (vgl. Hoven-Buchholz 2001, 117ff).

Durch die Untersuchungsergebnisse einer Langzeitstudie der Uniklinik Gießen zu Interaktion und Dynamik bei Familien mit geistig behinderten Säuglingen kann als belegt gelten, dass jede mentale Schädigung, unabhängig vom zugrundegelegten Parameter und ihrer klinischen Erscheinungsform, eingebettet ist in einen Rahmen, der durch das Erleben der Interaktionserfahrungen mit den primären Objekten beeinflusst wird (vgl. Neuhäuser u.a. 1989, 1990, Meyer, Pauli 1991, Bäcker 1991). Bei perinatal beeinträchtigten Kindern liegt eine deutliche Korrelation zwischen unterschiedlichen Eltern-Kind-Beziehungsmustern und neurologisch-motorischen Entwicklungsparametern vor. Je mehr sich die Eltern emotional zugewandt in die Beziehung zu ihrem Kind einbringen, umso günstiger gestaltet sich der Verlauf seiner gesamten Entwicklung, einschließlich der Hirnreifung.

An Hand dieser Untersuchung sind drei unterschiedliche Familientypen zu unterscheiden:

1. die *autoritäre* Familie mit autoritär-kontrollierender Erziehungsweise und wenig Respekt vor den kindlichen Aktivitäten,
2. die *depressive* Familie mit unsicherem Umgang mit Erziehungsproblemen und überbesorgt-ängstlicher Erziehungshaltung,
3, die *individuierte* Familie mit eher gewährender Erziehungshaltung und Achtung vor der kindlichen Autonomie.

Zunächst, d.h. bis spätestens im Alter von vier bis sechs Monaten, bestand bei allen in die Studie aufgenommenen Kindern eine vergleichbare neurologische Schädigung. Die neurologisch-motorischen Untersuchungen nach drei Jahren ergaben indessen bei Kindern aus den individuierten Familien einen weitaus günstigeren Entwicklungsverlauf als bei Kindern aus autoritären und depressiven Familien. Überbehütete und überstimulierte Kinder sowie solche, die sich offen zurückgewiesen sehen, werden in ihrer Entwicklung nicht so positiv unterstützt wie Kinder, die ausreichend individuiert und sozial integriert erscheinen. Die biologischen Risiken verlieren danach mit zunehmendem Alter an Einfluss, während die psychologischen an Einfluss gewinnen.

Diese Erkenntnis erscheint mir eminent wichtig, geht man doch bezüglich psychobiologischer Aspekte der kindlichen Entwicklung einschließlich der Hirnentwicklung noch gerne davon aus, dass das kindliche Verhalten etwa deshalb auffällig sei, weil das Gehirn nicht richtig funktioniere. Dies gilt insbesondere für den Umgang mit geistig behinderten Kindern. Hier kommt meines Erachtens insbesondere der elterlichen Fähigkeit zum Trauern eine entscheidende Rolle zu, um Abschied vom imaginierten Kind nehmen und dem realen Kind eine Entwicklungschance einräumen zu können. Für eine gesunde Entwicklung des Kindes, die auch und zuerst die Integration feindlicher, also böser Impulse und Phantasien beinhaltet, ist nach Winnicott eine „vollkommene Umwelt" nötig, wobei er sogleich eine wichtige Einschränkung vornimmt: Das Bedürfnis nach dieser absolut guten Umwelt relativiert sich sehr rasch, denn die genügend gute Mutter ist gut genug, dass das Kind allmählich lernt, ihre Mängel durch geistig-seelische Aktivität auszugleichen (vgl. Winnicott 1976, 158).

Im Falle einer geistigen Behinderung wird dieser Ausgleichsprozess doppelt schwer: Die höheren kognitiven Funktionen stehen nicht ausreichend zur Verfügung, aber vor allem hat die Mutter Probleme, sich als genügend gut zu erleben. Folglich kann es geschehen, dass dem Kind die so nötige Identifikation mit dem primären Aggressor vorenthalten wird und es fürderhin nicht lernt, seine eigenen Aggressionen zu steuern. Wenn die Mutter den eigenen Schmerz nicht aushalten kann, gibt sie ihrem Kind auch keine Möglichkeit an die Hand, *seinen* Schmerz auszuhalten. In dem Maße aber, wie das primäre Objekt nicht zur Affektregulation zur Verfügung steht, kann es auch nicht wahrgenommen werden. Folglich findet das Kind keinen Weg, dieses Liebesobjekt vor seinen eigenen Aggressionen zu schützen (vgl. Biermann 1997). So wird der Grundstein gelegt für vollkommen unkontrolliert überschießende Aggressionen nach innen wie nach außen.

Dieses Problem ist aber keinem individuellen Versagen zuzuschreiben. Die Tatsache, Eltern eines behinderten Kindes zu sein, führt in einer auf ungebrochener geistiger, physischer und seelischer Leistungsfähigkeit ausgerichteten Gesellschaft nicht selten zu massiven Versuchen, dieses defekte Anderssein ungeschehen zu machen. Für Milani Comparetti kulminiert dieser Drang in der Suche nach immer neuen Austreibungsritualen. Die Wut auf das behinderte Kind darf nicht gespürt werden und wird unbewusst in pädagogische oder therapeutische Maßnahmen verwandelt. Milani Comparetti spricht von „wilder Rehabilitation", wenn sich unter diesem Druck verschiedene Therapieformen anzuhäufen beginnen (vgl. Milani Comparetti 1986, 11). Die Fachleute wiederum neigen zu einer einseitig individualisierenden Pathologisierung des Kindes und einer Psychiatrisierung der Eltern, d.h. zur Konstituierung der Sonderfamilie (vgl. Weiß 1989).

Einerseits ist dieses Kind länger auf Behütung und Fürsorge angewiesen, andererseits resultiert eben aus jener Situation häufig eine von Unsicherheit, Schuldgefühl und Ambivalenz geprägte Haltung auf Seiten der Mutter, die meint, nur dann eine gute Mutter zu sein, wenn sie sich beständig kümmert. Jonas hat auf die konservative Tradition der Heil- und Sonderpädagogik hingewiesen, die sich ausschließlich am Kind und seiner an der Durchschnittsnormalität ausgerichteten

Entwicklung und Förderung orientiert und damit die Mutter mehr unbewusst als bewusst in ein arges Dilemma stürzt: Zum einen wird ihr jede pädagogische Kompetenz abgesprochen, zum andern soll sie ihr Kind fördern, was das Zeug hält (vgl. Jonas 1991, 27 ff).

Die Mutter fühlt sich zur „Bejahung" ihres Kindes genötigt, ohne dass ihnen Zeit und Gelegenheit eingeräumt würde, sich mit den eigenen Gefühlen und Phantasien auseinandersetzen zu dürfen. Dieser Prozess des Trauerns lässt sich keinesfalls nach dem Motto: durch Verarbeitung der Behinderung gezielt zur Annahme des Kindes operationalisieren. Sein Ausgang muss ein prinzipiell offener bleiben (vgl. Jonas 1990, 1991). Nur wenn das subjektive Erleben, welches sich um die Behinderung rankt, erfahrbar und verstehbar wird, kann sich ein förderlicher Dialog mit dem Kind entwickeln. Denn es ist nicht seine Behinderung als solche, sondern ihre Bedeutung für das Selbsterleben vor allem der Mutter. Sie muss sich damit seelisch konfrontieren, und ihre Trauer gilt dem Verlust der bisherigen Vorstellung vom Kind. Sie bewirkt eine Trennung von dieser Phantasie und ermöglicht es dadurch, das tatsächliche Kind so zu sehen und zu lieben, wie es ist (vgl. Wendeler 1993, 31).

Umgekehrt entspräche die pauschalierende Behauptung einer traumatischen Erfahrung für die Mutter einer ebenso statischen Zuschreibung, denn das daran geknüpfte Verlusterleben des bereits vor der Geburt imaginierten „idealen Kindes" wie ihrer eigenen autonomen Identität wird nicht bloß passiv erduldet, sondern es aktiviert vielfältige Formen der Bewältigung (vgl. Jonas 1990, 1991). Hackenberg macht darauf aufmerksam, dass eine polarisierte Betrachtung – pathologische Abwehr hier, reife Bewältigung da – in die Enge führt, weil es immer zu einer teilweisen Abwehr bedrohlich empfundener Gefühle und unerwünschter Selbstbildaspekte kommt (vgl. Hackenberg 1992). Abwehr wie Bewältigung stehen in einem wechselseitigen Prozess allmählich wachsender innerseelischer Regulation. Aus dem Schutz vor gefährlich empfundener Affektüberflutung wird langsam eine dosierte Auseinandersetzung mit dem Ereignis.

Erst der gelingende Trauerprozess schafft Raum für das Kind. Fühlt sich die Mutter in ihren Versuchen, diesen Verlust bewusst zu erleben, verstanden und unterstützt, wird sie ihrem Kind eine gute Dialogpartnerin sein können (vgl. Korff-Sausse 1997). Zwar lässt sich die Tatsache der geistigen Behinderung nicht ungeschehen machen, so dass die Mutter immer wieder zu ihren schmerzlichen Gefühlen zurückkehrt, die mit dem Abschied-nehmen-Müssen von bestimmten idealisierten Vorstellungen zu tun haben. Kann aber die Ambivalenz im Erleben dem eigenen Kind gegenüber zugelassen werden, führt dies zu einer spürbaren inneren Entlastung. Dabei ist die Trauerarbeit im Sinne einer „zirkulierenden Trauer" niemals abgeschlossen. Nach einer schöpferischen Pause kehrt sie wieder, und zunehmend lassen sich jetzt neue, autonomere Selbst- und Weltbezüge herstellen. Tritt dies nicht ein, besteht die Gefahr, dass sich das völlige Aufgehen in der beschützenden Mutterrolle zu einer chronifizierten Form nicht bewusst gelebter Trauer verfestigt und sie selber zur behinderten Mutter wird (vgl. Jonas 1990, 123 ff).

Hier sei aber deutlich darauf hingewiesen, dass in unserer inhuman harten Leistungsgesellschaft die Mütter mit ihrem Problem sträflich allein gelassen werden. Jonas hat uns ein gesellschaftliches Bild von Muttersein und Mutterliebe entworfen, das den ihm zugrundeliegenden Mythos der Mütterlichkeit entlarvt. Müttern wird bis heute die soziale und psychische Verantwortung für ihre Kinder aufgebürdet, als eigene Person haben sie in den Hintergrund zu treten (vgl. Jonas 1991, 45 ff). Beiden Eltern muss eine Unterstützung ihrer Trauerprozesse zuteil werden, damit sie ihre Ressourcen (wieder-)entdecken können. Dies lässt sich aber mit Konzepten wie Empowerment oder Lösungsorientierung nicht tief genug abdecken (vgl. Theunissen 1997 a). Ähnliches gilt für die Professionell Tätigen. Es ist von elementarer Bedeutung, die unbewussten Dimensionen eines heiklen Themas auszuloten, was ohne eine selbstreflexive Besinnung auf die eigenen Gegenübertragungs- und vielleicht auch zuvorderst Übertragungsreaktionen nicht leistbar ist. Die gilt besonders für die Arbeit mit schwer verhaltensgestörten geistig behinderten Erwachsenen. Je schwerwiegender die frühe Erfahrung von affektiven Ambivalenzen bestimmt ist, umso weitreichender werden die Auswirkungen auf das weitere Leben sein.

So lässt sich eine Zunahme von Verhaltensstörungen bei Menschen mit einer geistigen Behinderung beobachten. Psychische Störungen kommen bei 30–40 % der geistig behinderten Menschen vor (vgl. Frei 2001, 9), Gaedt u. a. konnten in einer regionalen Untersuchung sogar bei etwa der Hälfte der behinderten Personen deutliche psychische Auffälligkeiten nachweisen (vgl. Gaedt u. a. 1993). Von der Datenlage verschiedener epidemiologischer Studien her muss man bei geistig behinderten Menschen von einer drei- bis viermal so hohen Häufigkeit psychischer Störungen ausgehen als bei der Allgemeinbevölkerung. Hierzu zählen Aggressionen gegen Personen und Sachen, Autoaggressionen, Hyperaktivität, depressiver und autistischer Rückzug und Stereotypien. Selbst- und Fremdgefährdungen stellen in der Population der geistig Behinderten hinsichtlich Verbreitung und Dauerhaftigkeit ein signifikantes Risiko dar (vgl. Dupont 1993).

Allerdings resultieren diese Störungen in der Regel nicht unmittelbar aus der organischen Schädigung. So kennen wir auch viele geistig Behinderte mit nachweisbaren hirnorganischen Störungen, die keinerlei Verhaltensbesonderheit aufweisen (vgl. Gaedt 1987; Theunissen 1996, 1997 b). Vielmehr spielen individuelle, familiäre und gesellschaftliche Bedingungen zusammen. Vor einem solch multifaktoriellen Hintergrund ist bei diesen Menschen die Anfälligkeit für psychische Störungen besonders gut ausgeprägt (vgl. Hackenberg 1996; Senckel 1997, 2001).

Die stationären Behinderten-Einrichtungen wie auch die ambulanten Betreuungsdienste sind in den letzten Jahren vermehrt mit dieser Problematik konfrontiert worden. Indessen ist diese Zunahme zunächst durch die Öffnung der Psychiatrien bewirkt worden. Diese waren für behinderte Menschen oft nicht mehr als inhumane Verwahranstalten, wo sie fixiert oder medikamentös ruhig gestellt wurden, wenn sie zu stören begannen. Will man außerhalb dieser Gefängnismauern anders handeln, sieht man sie sich zunächst hilflos einer bis dato unterdrückten Verhaltensmassivität gegenüber (vgl. Gerspach 2004 d, 137 ff). Es ist zu begrüßen, dass Menschen mit geistiger Behinderung, mit Schwerst- und Mehrfachbehinderungen, mit intensiven Betreuungsbedürfnissen, starken Verhaltensauffälligkeiten oder hoher Pflegebedürftigkeit aus den psychiatrischen Krankenhäusern herausgenommen und ihnen in eigenständigen heilpädagogischen Einrichtungen ein „Ort zum Leben“ angeboten wurde. Jetzt müssen wir darüber nachdenken, welche strukturellen Voraussetzungen dies in den Institutionen erforderlich macht, damit diese nicht erneut zu „totalen Institutionen“ mutieren (vgl. Gaedt u.a. 1993: Gaedt 1995, 2003, 2008).

Deren Hauptmerkmal bestand einstmals vor allem darin, die Lebensbedürfnisse und individuellen Entwicklungsvoraussetzungen Betroffener nur so weit zu berücksichtigen, wie sie von einer Anstaltshierarchie bürokratisch verwaltet werden konnten und einen reibungslosen, nach ritualisierten Mustern organisierten Anstaltsalltag gewährleisteten. Durch diese Anstaltpraxis trugen sie somit insgesamt zur Enteignung und Entfremdung der ihnen übereigneten Persönlichkeiten bei (vgl. Mattner 2004, 12; Goffman 1973, 15ff). Wenn man weiß, dass die Anwendungsrate von Psychopharmaka bei Menschen mit geistiger Behinderung im Vergleich zur Normalbevölkerung um das Fünffache höher, Neuroleptika also eher als „Disziplinierungsmittel“ denn als „Heilmittel“ eingesetzt werden, zeigt sich, dass diese Epoche noch längst nicht Vergangenheit ist (vgl. Gaedt 2008, 98).

Wir tun uns noch immer schwer, „psychopathologische Einschränkungen wie aggressive und autoaggressive, depressive und hyperaktive, zwanghafte und psychotische Zustände in eine Entwicklungsperspektive aufzunehmen“ (vgl. Jantzen, Mertens 2003, 1). Diese Phänomene sind nicht unmittelbare Folge der organischen Behinderung, sondern Ergebnis erlebter struktureller Gewalt. In der Regel handelt es sich um eine nicht bewältigte affektive Mangelsituation, die in der aktuellen Situation unbewusst reproduziert wird. Diese Mangelsituation ist nicht allein dem Versagen der elterlichen Bezugspersonen zuzuschreiben, sondern dieses selbst ist Ausdruck gesellschaftlicher Ausgrenzungs- und Vernichtungsphantasmen, „die, vornehmlich vermittelt über die Mutter, die Entwicklung des Kindes bestimmen; wobei wir betonen müssen, dass dies nicht, wie man es so gerne hätte, individuelles Problem der Mutter ist, so sehr auch diese Phantasmen sich in ihrem Unbewussten mit neurotischen Haltungen zu individuell scheinenden Phantasien verquicken“ (Niedecken 1998, 30).

Jantzen und Mertens sehen in den Auswirkungen der frühkindlichen Erfahrungen eine Parallele zum Posttraumatischen Psychosyndrom bei Menschen mit massiven Deprivationserscheinungen und Gewalterfahrungen. So kann es geschehen, dass sich massive Verhaltensprobleme erst nach einer längeren Latenzperiode ausbilden. Bis hinein in biochemische Stoffwechselprozesse des Gehirns und die neuronalen Grundlagen des biographischen Gedächtnisses lassen sich in diesen Fällen pathogene Anpassungsmechanismen nachweisen, die sie als „biologische Narben“ bezeichnen (vgl. Jantzen, Mertens 2003, 5; Jantzen 2003a, 7). Selbst relativ nichtige Anlässe können dann als starke Stressoren wirken und heftige, für den Außenstehenden zunächst unverständliche Reaktionen auslösen.

Der psychische Entwicklungsstand geistig behinderter Menschen entspricht häufig dem von ein- bis zweijährigen Kindern, die weder eine innige, symbiotische Nähe zur Mutter noch eine individuierte Trennung von ihr erfahren haben. Sie verfügen daher in der Regel nicht über reife, klare und stabile Selbst-Grenzen und eine sichere Ich-Du-Differenzierung und ihre Ich-Funktionen sind nur bruchstückhaft entwickelt. Folglich sind sie anfällig dafür, psychische Auffälligkeiten, besonders in Form depressiver Selbstinszenierungen oder abrupter aggressiver Übergriffe, zu offenbaren (vgl. Gärtner u. a. 1987).

Gaedt und Gärtner beschreiben depressive Störungen als häufiges Grundproblem bei geistig Behinderten und unterscheiden drei Störungsgruppen: Menschen mit labilem Selbst, Menschen mit Hang zur Selbstzerstörung, Menschen mit stillem Selbst. Die Labilen unterdrücken Enttäuschungen und flüchten sich in Schreiereien, wenn ein Besuch der Eltern ansteht. Die Selbstzerstörer werten ihr Selbst ab und ziehen sich autoaggressiv in sich selbst zurück. Die Stillen wollen oft den ganzen Tag im Bett bleiben, sprechen ungern und sind leicht inkontinent. Im Gegensatz zu den beiden anderen werden sie oft nicht beachtet. Diese depressiven Grundstrukturen der Persönlichkeit entstehen meist im Zusammenhang mit problematischen Erfahrungen mit den primären Bezugspersonen. Besonders der von Anbeginn an *ungelernte* Umgang mit Hassgefühlen ist häufig Motor für tiefen Selbsthass. Auch Selbsthass kann dabei Auslöser nach außen getragener Aggressionen sein (vgl. Gaedt, Gärtner 1990; Berry 1997).

In diesem Zusammenhang sei auf die nicht unumstrittene „Doppeldiagnose“ verwiesen. „Ein Mensch mit einer geistigen Behinderung kann, wie jeder andere Mensch auch, an psychischen Störungen leiden, die sich durch eine Normalisierung der Lebensbedingungen allein nicht wesentlich beeinflussen lassen.“ Allerdings gerät er dann in ein Vakuum zwischen dem pädagogischen und dem psychiatrischen Betreuungssystem, was insofern ein Problem darstellt, als es noch keine Gesamtverantwortung gibt (vgl.Gaedt 2008, 87 f). Einrichtungs- wie Kostenträger können mit dem Begriff noch wenig anfangen und behandeln ihn primär unter der Fragestellung, welchem Etat die anfallenden Kosten anzulasten seien. Sie erachten geistige Behinderung und psychische Störung als unverbundene Teilaspekte und fassen damit eine Verlagerung vom BSHG zur Sozialhilfe ins Auge.

Auf Grund mangelhafter geistiger Voraussetzungen und auf Grund restringierter Objektbeziehungen wird die Behinderung zum *doppelten Handicap* (vgl. Gerspach 1994 b, 349). Ähnlich meinem Begriff passt auch jener des „Webfehlers“ von Gaedt u. a., wonach die hirnorganische Schädigung als Stör- und Hemmfaktor in den Interaktionsprozess zwischen Mutter und Kind einwirkt. Die Defizite im psychischen Entwicklungsprozess setzen sich fort und potenzieren sich (vgl. Gaedt u. a. 1987, 15). Beides erscheint mir geeigneter, psychische Einschränkungen durch eine Behinderung zu verstehen als dies über die Etikettierung mittels einer Doppeldiagnose möglich wäre. Vor dem Hintergrund einer Tauschgesellschaft, die Behindertsein als Minderung der abschöpfbaren menschlichen Ressourcen erachtet, beginnt die Benachteiligung im sozioökonomischen Kontext. Zudem wird dem Betroffenen im lebensgeschichtlichen Kontext meist auch noch jene empathische

Erfahrung versagt, die notwendig wäre, um persönliche Ressourcen entfalten und diesen Ambivalenzen standhalten zu können.

Bliebe noch zu erwähnen, dass ich seit vielen Jahren Mitglied in der bundesweiten Arbeitsgemeinschaft *Psychoanalyse und geistige Behinderung* bin, die sich zweimal jährlich zu einem intensiven Gedankenaustausch trifft, die bereits öffentlich zu ethischen Fragen der heilpädagogischen Praxis Stellung bezogen hat und der ich viele Anregungen für dieses Buch zu verdanken habe (vgl. Gerspach 2001; Wilken 2002, 69 ff; Preiß 2006, 30 ff).

4.3 Anmerkungen zu Lern- und Verhaltensstörungen

Nun möchte ich noch kurz auf jene gesellschaftlichen wie biographischen Zusammenhänge schauen, die Lern- und Entwicklungsprozesse eines Kindes soweit beeinträchtigen, dass ausgeprägte Störungen entstehen. Das Thema gestörter Lernprozesse und extensiver Verhaltensstörungen war immer ein angestammtes Terrain der Heilpädagogik. Seit davon aber nicht mehr nur die Kinder aus marginalisierten sozialen Gruppen betroffen sind, sondern dieses Phänomen bis ins Gymnasium hinein ragt, sind die Grenzen fließend geworden – vielleicht ein Grund mehr für die Regelpädagogik, sich bei uns Ratschläge zu holen.

Lernen begründet sich aus den sozialen Lebenszusammenhängen eines Kindes. *Lernen-Können* setzt voraus, das eigene Nicht-Wissen zu erkennen und vor allem anzuerkennen. Es bringt einen schmerzlichen Prozess der Desillusionierung in Gang, der nach der Auseinandersetzung mit den eigenen Schattenseiten verlangt (vgl. Göppel 2003, 36; Gerspach 2006, 8 ff). Insofern wird jene *negative Kapazität* eingefordert, der inneren Erschütterung standzuhalten. Ist sie auf Grund unzureichender Containing-Erfahrungen nicht genügend ausgebildet, wird Lernen kaum möglich werden. Nur wenn wir das Zusammenwirken von emotionalen, kognitiven und Beziehungsfaktoren richtig einschätzen, werden wir ein solches Kind gefühlsmäßig erreichen. Erst dann werden wir es ermuntern können, sich dem quälenden Akt des Lernens auszusetzen. Wir müssen ihm helfen, diese Spannung auszuhalten. In einem wachen, mittleren Spannungszustand ist Lernen am besten möglich (vgl. Paulsen 1998, 165).

Gerade bei Kindern mit Lernproblemen kommt es daher darauf an, sich ihnen als das schmerzlich vermisste containende Objekt anzubieten, damit sie für intelligente Herausforderungen bereit werden. Wir müssen sie zunächst halten, bevor wir ihnen Frustrationen zumuten können. Dazu bedürfen wir natürlich institutioneller Bedingungen, die *potentielle* Gestaltungsräume lassen.

Kindliche Entwicklung erfolgt aus sich selbst heraus. Weil das Kind auf der Grundlage seiner bisher bereits erlernten und im Hirn verankerten Fähigkeiten und Fertigkeiten selbst darüber bestimmt, was es an Neuem sucht und was es interessiert, können die unter diesen Bedingungen gemachten Lernerfahrungen besonders gut an das bereits vorhandene Wissen angeknüpft und die im Hirn bereits entstandenen Verschaltungsmuster besonders gut erweitert und ergänzt werden. Kann allerdings keine Verknüpfung zwischen dem Neuen und bereits Vorhandenem hergestellt werden, so geschieht auch keine Entwicklung. Sich auf Neues einzulassen, setzt die Erfahrung von Vertrauen voraus. Verunsicherungen dagegen können im Hirn eine sich ausbreitende Unruhe auslösen, die es unmöglich erscheinen lässt, die über die Sinneskanäle eintreffenden Wahrnehmungsbilder mit den bereits vorhandenen Bildern bzw. inneren Repräsentanzen abzugleichen.

Das Einzige, das dann noch funktioniert, sind ältere, sehr früh entwickelte und sehr fest eingefahrene Denk- und Verhaltensmuster. Hierzu zählen Angriff (Schreien und Schlagen), Verteidigung (nichts mehr hören wollen) und Rückzug (Unterwerfung und Kontaktabbruch). Lernstörungen sind demnach Ausdruck gestörter Beziehungen. Der Mangel an emotionaler Sicherheit kann u. a. durch eine verstärkte Selbstbezogenheit zu kompensieren gesucht werden, nicht selten begleitet von einem Rückgang an Motivation, Verstehen, Behalten und Erinnern (vgl. Hüther 2004, 21 ff).

Vielleicht wäre es deshalb ratsam, über die Bildungslandschaft eingehender nachzudenken, um mehr über die strukturellen Hintergründe der Verwerfungen auf Seiten der Lernenden zu erfahren und diese nicht einig als individuelle Störung abzutun (vgl. Gerspach 2009 b, 1 ff). Weder der verwendete Kompetenz- noch der Bildungsbegriff erfahren nämlich heutzutage eine hinreichende Klärung. Die Formel *knowledge and life skills* bemisst sich an Nützlichkeit und Brauchbarkeit des Individuums für seine gesellschaftliche Verwertbarkeit und liegt damit unterhalb des Niveaus an Reflexion (vgl. Winkler 2004, 67). Was Bildung für die Subjekte im Sinne ihrer lebendigen und kritischen Auseinandersetzung mit bestimmten Problemstellungen bedeutet, bleibt ausgeklammert. Ihr eigenaktiver Prozess der Weltkonstruktion lässt sich mit dieser Begrifflichkeit nicht erfassen.

Langzeitstudien zur Wirksamkeit vorschulischer Erziehung – etwa von den Universitäten Oxford und Bamberg durchgeführt – zeigen z. B. einen statistisch signifikanten Zusammenhang zwischen Indikatoren der pädagogischen Qualität und Indikatoren der Entwicklung der Kinder. Übereinstimmend dokumentieren diese Studien die zentrale Bedeutung eines zugleich einfühlsamen, emotional bestätigenden und auf gezielte Anregungen und Herausforderungen gerichteten Umgangs der Erzieherinnen mit den Kindern, der seinerseits in einem systematischen Zusammenhang mit der Professionalität der Erzieherinnen zu stehen scheint. Entwicklungsfortschritte offenbaren sich dabei als die „Erarbeitung von geteilten Bedeutungen, als Sinnstiftung". Zum schlechten Gegenbild gehören normalisierende Technologien einer Institutionalisierung von Kindern (vgl. Honig, Liegle 2006, 191 ff).

In ihrem Entwurf für einen offenen Brief haben die Bildungsforscher Gruschka, Herrmann, Radke, Rauin, Ruhloff, Rumpf und Winkler 2005 davor gewarnt, das Bildungswesen als Wirtschaftsbetrieb aufzufassen (vgl. http://bildung.twoday.net).

Ohne philosophische und geschichtliche Selbstvergewisserung und Selbstkritik werde Wissenschaft zum hilflosen Instrument für jene Interessenten, die sich Macht über sie zu verschaffen suchten. Spontane, individuelle und nicht kalkulierbare Auseinandersetzungen mit bedeutenden Kulturinhalten und ungenormte originelle Einsichten würden so aus den Bildungseinrichtungen herausgedrängt. Schulen und Universitäten würden zu Trainingsmaschinen für die OECD-Konkurrenz degradiert.

Die rückwärtsgerichtete Hinwendung zur Taylorisierung der Bildung, mit Hilfe derer effektiver und vor allem effizienter gelernt werden soll, ohne dass noch substantielle Aussagen über die Bedeutung und den Gehalt des Gelernten selbst getroffen würden, beschleunigt den Niedergang des Bildungswesens. Hier ist eine mechanistische Auffassung von Lern- und Bildungsprozessen zu beobachten, wonach deren Erfolg nach scheinbar eindeutigen Kriterien zu überprüfen ist. Die Komplexität des wechselseitigen Bezuges der beiden Protagonisten Lehrer und Lernender als Subjekten muss dabei, um überprüfbar zu werden, auf ein lineares Subjekt-Objekt-Verhältnis reduziert werden. Dass Lernen einen je eigenen inneren und eigenaktiven Prozess repräsentiert, dessen Verlauf, Resultat oder Zeitpunkt in keiner Weise von außen zu erfassen sind, bleibt auf diesem Wege ausgespart. Eigenständiges Denken – und das ist leider das Kernstück des Taylorismus – ist weder operationalisiert erfassbar noch erwünscht, sondern soll durch die monotone Einübung normierter Tätigkeitsmerkmale ersetzt werden.

Beziehen wir den Effekt einer beschleunigten Globalisierung des Kapitalismus, wonach das Wirtschaftswachstum nicht mehr automatisch mit einer Zunahme an Arbeitsplätzen verknüpft ist (vgl. Greffrath 2001), auf das pädagogische Feld, so können wir feststellen, dass daraus unter anderem eine veränderte, sprich verschärfte Karriereplanung für jene ihrer Adressat/innen folgt, die sich subjektiv oder objektiv von diesem Verelendungsprozess bedroht sehen. Verkoppelt ist das Ganze zudem mit einer neokonservativen Fortschrittsgläubigkeit, der eine marktgerechte Modernisierung der Bildungspolitik vorschwebt, gleichzeitig aber jedwede Solidarität mit den Benachteiligten dieses Modernisierungsprozesses lautlos abhanden gekommen ist. Bildung wird aus dem allgemeinen Besitz ausgegliedert und der rein privaten Aneignung überstellt. Inzwischen besuchen in Deutschland bereits über 7 % der Kinder eine Privatschule, die Tendenz ist weiter steigend (vgl. Frankfurter Rundschau 2009).

Dabei hat die Bildungsfrage nicht nur eine kognitive Dimension, sondern es geht auch immer um die Förderung von Argumentations- und Kritikfähigkeit, von sozialer Empathie sowie moralischer Entscheidungs- und Handlungsfähigkeit (vgl. Krüger 1999, 169). Ebenso verheerend ist es, wenn in den modernen Lernfabriken das kreative Moment an Entwicklungs- und Selbstbildungsprozessen aufgegeben wird zugunsten einer kontrollierenden, affekt- und phantasiebereinigten Zwanghaftigkeit. Dann wird der Aufbau von subjektiven Bedeutungen der verinnerlichten Bildungsinhalte durch das gebetsmühlenartige Herunterbeten *emotional leerer Zeichen* im Sinne Lorenzers (vgl. Lorenzer 1974, 125) ersetzt. Sie stehen für eine systematische Beschädigung der Erlebnisstruktur, für die zwanghafte Einsozialisierung der objektiven Widersprüche in die Subjekte, ohne dass ihnen ihre eigene Brechung noch bewusst würde.

Wer einer naiven Lehr-Lern-Illusion aufsitzt und Bildung und Erziehung als erzeugbare Produkte erachtet, unterschlägt die konstruktivistische Selbstaktivität des Lernenden. Pädagogische Wirkungen hängen ab von unberechenbaren Sozialisationseffekten, diffusen Erwartungen, schwankenden Stimmungen und überraschenden kreativen Lösungen. Lernen und Entwicklung sind widerständige Begriffe, die sich uns erst erschließen, wenn wir die Aporie zu akzeptieren beginnen, dass es ein Lernender vielleicht eher trotz als auf Grund unserer pädagogischen Bemühungen zu etwas bringt.

Ein weiteres: Grundsätzlich gibt es zwei Arten von Wissen und Fähigkeiten. Man kann sie danach unterscheiden, ob sie eher *instrumentell* oder eher *reflexiv* sind (vgl. Schülein 1986). Das instrumentelle Wissen und Können bezieht sich auf Vorgänge in der Außenwelt und ist von dem, der sich damit beschäftigt, weitgehend unabhängig. Man kann es sich aneignen, ohne dass dabei die eigene Identität direkt beeinflusst würde.

Die meisten Bildungsthemen, mit denen wir uns konfrontiert sehen, betreffen uns allerdings unmittelbar, oder zumindest mittelbar. Deshalb können wir uns da kaum ‚heraushalten'. Und schon werden eigene Erinnerungen, Phantasien und Affekte aktiviert, sehen wir doch unsere eigene Identität mitthematisiert. Beschäftigung mit Themen ‚draußen' heißt also zugleich Nachdenken über die eigenen Themen. Deshalb sprechen wir hier vom reflexiven Wissen. Durch reflexives Wissen wird ein inneres Echo ausgelöst, und es gerät in Verbindung mit dem eigenen Erleben. Zwischen dem Gegenstand der Erkenntnis und dem erkennenden Subjekt besteht ein innerer Zusammenhang: In unsere Vorstellung von den Dingen gehen die eigenen Erfahrungen und Interpretationen unweigerlich ein.

Es ist einleuchtend, dass bei Kindern, die sich noch näher an ihren (ungesteuerten) Affekten und der fließenden Grenze von Phantasie und Realität bewegen, diese Wechselwirkung des Sachthemas mit dem persönlichen mächtig ist. Würden wir dies verleugnen oder gar zensieren, wir würden jede Möglichkeit genialer Erkenntnis frühzeitig abwürgen. Untersagte man Kindern, ihre eigenen Themen in die *offiziellen* Lernkontexte einzubringen und dort mit Unterstützung der Pädagog/innen zu betrachten, man triebe ihnen gänzlich jede Lust am entdeckenden Forschen aus. Was bliebe ihnen, als sich entweder gelangweilt auszuklinken oder zu beflissenen kleinen Erwachsenen zu mutieren, was die Gefahr innerer Erkaltung und späterer psychischer Risiken einschließt?

Wundert es da, dass Kindergärten und Schulen über eine dramatische Zunahme von Verhaltensauffälligkeiten klagen? Wir haben es mit einer steigenden Zahl von Schüler/innen zu tun, die im *Förderschwerpunkt emotionale und soziale Entwicklung* im Verhältnis zu anderen Förderschwerpunkten Probleme und damit sonderpädagogischen Förderbedarf aufweisen. Ihr Anteil stieg – für Förder- und allgemeine Schulen zusammen – von 5,6 % im Jahre 1995 auf 8,7 % im Jahre 2003. Betroffen davon sind vor allem Kinder aus unterprivilegierten sozialen Gruppen und solche mit Migrationshintergrund (vgl. Schnell 2006, 6; Wocken 2000, 2005; Kornmann,

Neuhäusler 2001). Folgen wir den Ergebnissen einer Reihe von empirischen Studien der letzten Jahre, so müssen wir bei den 2–18-Jährigen von einer Prävalenzrate für antisoziales und aggressives Verhalten von bis zu 7 % ausgehen (vgl. Gerspach 2008 c, 343). Auch die Eltern verhalten sich nicht einheitlich. Bildungsferne Eltern wehren sich gegen Vorhaltungen an Verhalten und Leistungen ihrer Kinder eher durch Vermeidung und Rückzug, oft verkoppelt mit einer mehr oder weniger ausgeprägten Empathiesperre ihnen gegenüber. Eltern der Mittelschicht zeigen ihre Betroffenheit und nehmen Kontakt zu den Pädagog/innen, Therapeut/innen und Mediziner/innen auf.

Der hier aufscheinende Zusammenhang zwischen Störungspotential und sozialem Hintergrund zeigt aber nur die eine Seite der Medaille. Da generell von einer Zunahme des Drucks auszugehen ist, der in verschiedener Hinsicht auf Familien lastet und offenbar einen Einfluss auf das Aufwachsen der Kinder hat, werden davon tendenziell alle Kinder eingeholt, allerdings mit unterschiedlichen Chancen und Ressourcen, darauf zu reagieren. Viele erscheinen unkonzentriert, so dass die Bildungsinhalte immer schwerer zu vermitteln sind. Schnell geraten sie unter Verdacht, an einer hirnfunktionellen Krankheit mit dem Namen Aufmerksamkeitsdefizit-Hyperaktivitätsstörung (ADHS) zu leiden.

Im DSM-IV werden als diagnostische Kriterien für ADHS u. a. aufgezählt:

- macht häufig Flüchtigkeitsfehler bei den Schularbeiten, bei der Arbeit oder bei anderen Tätigkeiten,
- hat oft Schwierigkeiten, längere Zeit die Aufmerksamkeit bei Aufgaben oder beim Spielen aufrecht zu erhalten,
- scheint häufig nicht zuzuhören, wenn andere ihn/sie ansprechen
- kann Schularbeiten, andere Arbeiten oder Pflichten am Arbeitsplatz nicht zu Ende bringen,
- beschäftigt sich häufig nur widerwillig mit Aufgaben, die länger andauernde geistige Anstrengungen erfordern.
- Des weiteren werden „Störungen mit Oppositionellem Trotzverhalten“ genannt, die sich primär im „Ungehorsam und Widerstand gegen Autoritätspersonen“ äußerten.

Auf der Beschreibungsebene wird unterschieden in:

- Aufmerksamkeitsstörung + Hyperaktivität/Impulsivität
  → Aufmerksamkeitsdefizit-/Hyperaktivitätsstörung:
  Mischtyp
- Aufmerksamkeitsstörung – Hyperaktivität/Impulsivität
  → Aufmerksamkeitsdefizit-/Hyperaktivitätsstörung:
  vorwiegend unaufmerksamer Typ
- Hyperaktivität/Impulsivität – Aufmerksamkeitsstörung
  → Aufmerksamkeitsdefizit-/Hyperaktivitätsstörung:
  vorwiegend hyperaktiv-impulsiver Typ.

Das ICD-10 nimmt eine etwas andere Einteilung vor. Hier wird differenziert in:

- Aufmerksamkeitsstörung + Hyperaktivität + Impulsivität (situationsübergreifend)
  → einfache Aufmerksamkeits- und Hyperaktivitätsstörung
- Aufmerksamkeitsstörung + Hyperaktivität + Impulsivität (situationsübergreifend)
  + Störung des Sozialverhaltens
  → Hyperkinetische Störung des Sozialverhaltens.

Die Störung wird in DSM-IV und ICD-10 unterschiedlich dargestellt, so dass international kein Konsens besteht, was Zweifel an den Diagnosekriterien nährt (vgl. DSM-IV 1998, 122 ff; Gerspach 2005). Mehr als die Hälfte der von der American Psychiatric Association (APA) benannten Autoren für die in Arbeit befindliche fünfte Auflage des DSM müssen übrigens Einkünfte aus der Pharmaindustrie anmelden (vgl. http://www.aerzteblatt.de).

Auch die Befunde widersprechen sich zuweilen. Während etwa Döpfner (2007 a) befindet, dass ADHS kaum gehäuft bei Kindern aus unteren sozialen Schichten auftrete, formulieren amerikanische Forscher genau das Gegenteil und behaupten, dass es sich fast ausnahmslos um betroffene Kinder von Eltern mit schlechtem Schulabschluss handele (vgl. McGough u. a. 2005). Peterson geht von morphologischen Abnormitäten der frontalen Hirnrinden sowie in Amygdala und Hippocampus aus, die zu ADHS führen (vgl. Peterson 2008), während nach Hüther frühe Traumatisierungen Defizite der Frontallappenentwicklung und ein verringertes Volumen des Hippocampus nach sich ziehen und ADHS auslösen können (vgl. Hüther 2002, 472).

Nach repräsentativen Elternbefragungen sind 3 – 10 % aller Kinder betroffen. Allerdings entspringen diese Einschätzungen einem „paternalistischen Kindheitsverständnis", wo Kinder selbst kaum eine Stimme haben. Deren Selbsteinschätzung weicht denn auch meist deutlich von jener negativen ihrer Eltern ab (vgl. Haubl, Liebsch 2008, 674 ff). Die Psychiatrie geht von Prävalenzraten von 3 – 5 % aus. Gemäß den Kriterien nach DSM-IV ist in Deutschland sogar von bis zu 16 % die Rede (vgl. Ahrbeck 2008, 694). Andere Studien sprechen davon, dass die Prävalenzraten für die sogenannten hyperkinetischen Kernsymptome wie Unruhe, Aufmerksamkeitsstörung und Impulsivität für die 4 – 10-jährigen Kinder jetzt zwischen 3 % und 10 % liegen.

Die Diskussion entzündet sich vor allem an der dramatischen Zunahme der Verschreibungen von Metylphenidatpräparaten bei der Diagnose ADHS, die z. B. unter dem Namen Medikinet, Concerta und vor allem Ritalin auf dem Markt sind. Hinzu kommt als Alternative zu diesen dem Betäubungsmittel unterliegenden Mitteln der selektive Noradrenalin-Wiederaufnahme-Hemmer Atomoxetin namens Strattera. In der Tat offenbaren epidemiologische Studien über den Methylphenidatgebrauch in Deutschland eine Zunahme von auffälligem Verhalten bei Kindern. Nach Angaben der Kassenärztlichen Vereinigung leiden 500 000 Kinder und Jugendliche aus allen sozialen Schichten an ADHS (vgl. http://www.presseportal 2008). In den USA ist die Rede von 2,4 bis 4,4 Millionen Kindern zwischen 4 und 17 Jahren (vgl. Furman 2008, 775). Ob daraus in jedem Fall eine Verpflichtung zur Medikamentierung abzuleiten sei, ist allerdings umstritten, wie Studien in den USA zeigen (vgl. Ferber u. a. 2006, 1 ff).

Wurden 1993 in Deutschland noch 34 kg Metylphenidatpräparate konsumiert, so waren es 2007, also nur 14 Jahre später, bereits 1429 kg – eine Steigerung um 4203 % (vgl. http://www.fr-online.de vom 11. 8. 08). Allein zwischen 1998 und 2000 stieg die Verordnungshäufigkeit um das Zweieinhalbfache. Im Jahre 2008 nahmen 407 000 gesetzlich Versicherte in Deutschland verschreibungspflichtige Medikamente gegen ADHS ein. Das entspricht einer fünfprozentigen Zunahme gegenüber dem Vorjahr, nachdem bereits von 2006 auf 2007 eine siebenprozentige Zunahme zu verzeichnen war (vgl. http://www.abda.de).

Weltweit liegt die Zahl der medikamentös eingestellten Kinder weit über 10 Millionen. Die Ausgaben dafür belaufen sich auf einen zweistelligen Milliarden-Euro-Betrag. 2003 wurden in den USA 2,4 Milliarden Dollar dafür ausgegeben (vgl. Furman 2008, 775). International gibt es allerdings große Unterschiede in der Verschreibungspraxis. Führend sind die USA, Deutschland gehört zu den gemäßigten Ländern. Wurden die Medikamente 1991 lediglich in 13 Ländern eingesetzt, so sind es heute deutlich mehr als 50 Länder. Knapp die Hälfte der Kinder mit einer ADHS-Diagnose erhalten solche Präparate als Bestandteil einer multimodalen Therapie oder aber gänzlich ohne weitere psychotherapeutische, psychologische oder pädagogische Betreuung (vgl. Haubl, Liebsch 2008, 675; Gerspach 2009 c).

Wiewohl die herrschende Lehrmeinung von der biomedizinisch-psychiatrischen Annahme einer hirnfunktionellen Dominanz bei der Entstehung von ADHS ausgeht, wird von anderer Seite durchaus plausibel vorgebracht, dass Hyperaktivität und Aufmerksamkeitsstörungen Charakteristika einer schnelllebigen Zeit und ihrer Ökonomie sind, die nach unmittelbarer Leistung und kurzfristig auf die Bilanz durchschlagenden Resultaten verlangt. Zur Risiko-, Multioptions- und Erlebnisgesellschaft gesellen sich noch die autistische Gesellschaft und jene, die den flexiblen Menschen verlangt, alle gekennzeichnet durch einen Verlust an Langfristigkeit, Verlässlichkeit und Verantwortlichkeit für andere (vgl. Ahrbeck 2008, 697). Zudem häufen sich seit längerem die Hinweise, dass bei differenzierter Bewertung von Ergebnissen der Neurowissenschaften dem psychosozialen Kontext eine entscheidende Bedeutung zukommt. Das Modell eines generell genetisch bedingten Mangels an Botenstoffen wie etwa dem Neurotransmitter Dopamin weist vor dem Hintergrund der neueren Erkenntnisse über die Komplexität von Hirnfunktionsvorgängen gravierende Mängel auf. Die cerebralen Prozesse verlaufen nicht gleichförmig, sondern über chaotische Phasen mit nachfolgender Neuorganisation des gesamten Systems (vgl. von Lüpke 2005 b, 1 f; 2005 a).

Mit Hilfe des hirnphysiologischen Verursachungsmodells ist jedes Schuldgefühl, und zwar mit dem Dispens der Fachwelt, von den Erziehenden genommen. Die kindliche Unruhe berührt offenbar tiefsitzende Ängste vor Schuld im Umgang mit Kindern, und die aufkommenden Schuldgefühle sind kaum erträglich (vgl. Benz 2007, 95). Die Theorie der Stoffwechselstörung des Gehirns, die einer pharmakologischen Behandlung bedürfe, vermag aber nur dann Entlastung zu bieten, wenn sie eine strikte Trennung von Natur und Kultur aufrechterhält. Diese Trennung ist allerdings in der modernen Neurobiologie, die davon ausgeht, dass sich neuronale Netze eines Menschen unter der Einwirkung konkreter sozialisierender Beziehungserfahrungen bilden, längst aufgegeben (vgl. Haubl, Liebsch 2008, 685). Hinzu kommt der Umstand, dass die Medikamentenvergabe – sei es ihre *Verordnung* durch den Arzt oder das tägliche Monitoring durch die Eltern – immer Teil einer sozialen Situation ist und das Medikament daher als – durchaus bewusstseinferner – „Bedeutungsträger“ fungiert. Die pharmakologische Behandlung wird nicht nur als Hilfe durch die Erwachsenen, sondern vielleicht auch als Bestrafung oder als Instrument zum Erreichen äußerer Ziele (in der Schule) wahrgenommen.

Gerade für die Mütter, viel mehr als für die Väter, wird die ADHS-Diagnose ihrer Söhne zu einer besonderen Belastung, da sie damit befürchten, dem soziokulturellen Ideal der *guten Mutter* nicht gerecht zu werden, ihre Söhne zu erfolgreichen Mitgliedern der Gesellschaft zu machen. Die daraus resultierenden Schuld- und Schamgefühle macht sie daher aufgeschlossen für die Theorie einer Stoffwechselstörung des Gehirns. Mütter mit sogenannten ADHS-Kindern weisen eine vermehrte Stressbelastung und höhere Depressionswerte auf. Es ist aber kausal nicht geklärt, ob in jedem Fall die Kinder durch ihre vitale Symptomatik die Aufmerksamkeit ihrer depressiven Mütter erregen wollen oder ob es umgekehrt durch das Verhalten ihrer Kinder zu einer feststellbaren Belastung der Mütter kommt (vgl. Haubl, Liebsch 2008, 676 ff).

Nach Kummetat sind die sogenannten ADHS-Kinder tendenziell häufiger unsicher und signifikant häufiger desorganisiert gebunden als andere Kinder (vgl. Kummetat 2007, 108 ff). Einer forsa-Umfrage zufolge halten Eltern ADHS inzwischen für die schlimmste Kinderkrankheit. Erst mit deutlichem Abstand folgen Asthma, Diabetes, Neurodermitis und Adipositas (vgl. http://www.aerztezeitung.de).

Folgen wir der Einteilung von Leuzinger-Bohleber u. a., die sich deutlich von jener rein empiristischen nach DSM-IV abgrenzt, so gibt es die folgenden Subtypen von ADHS:

- ADHS-Kinder mit einem hirnorganischen Problem,
- ADHS-Kinder mit einer emotionalen Frühverwahrlosung,
- ADHS-Kinder aufgrund frühinfantiler Traumen,
- ADHS als Überlebensversuch im Aufwachsen mit einer „toten (also depressiven; M. G.) Mutter“ (André Green),
- ADHS-Kinder als Folge des Zusammenpralls verschiedener Kulturen und deren Anforderungen,
- ADHS als Reaktion auf eine problematische Pädagogik bei kreativen Kindern,
- ADHS als Ausdruck von akuter Trauer und Depression (vgl. Leuzinger-Bohleber u. a. 2008, 622).

Diese Einteilung trägt der Tatsache Rechnung, dass wir es bezüglich der Symptomatik, der Ätiologie, der Pathogenese und der wahrgenommenen Hilfsangebote nicht mit einer homogenen Gruppe von Kindern zu tun haben (vgl. ADHS-Konferenz 2008). Dennoch wird gerne so getan, als seien alle von der gleichen Störung betroffen und benötigten auch die gleiche Behandlung. Weil beinahe alle kindlichen Auffälligkeiten dem ADHS-Konzept subsumiert werden, entsteht auf der einen Seite die Gefahr einer falschen Pathologisierung und auf der anderen Seite die Gefahr, schwere psychische Erkrankungen zu übersehen (vgl. Streeck-Fischer 2006, 81).

Nach du Bois liegen Hyperaktivität, Aufmerksamkeitsstörungen und impulsives Verhalten auf einer „neurophysiologischen Endstrecke", in welche unterschiedliche hirnfunktionelle Dysfunktionen, Reifungsstörungen, psychotraumatische Belastungen in der Frühentwicklung und aktuelle Belastungen und Überforderungen einmünden (vgl. du Bois 2007, 301 ff). Nach Erkenntnissen einer neueren MTA-Studie ist zudem eine Überlegenheit medikamentöser Therapie nach drei Jahren nicht mehr nachweisbar (vgl. Döpfner 2007 b). Als Alternative werden allerdings gemeinhin allein lerntheoretisch-verhaltenstherapeutische Interventionen mit klaren Regelvorgaben akzeptiert und praktiziert, während psycho- und beziehungsdynamische Konzepte nicht in Betracht gezogen werden (vgl. Döpfner, Lehmkuhl 2002). Erstmals konnte mit der Frankfurter Präventionsstudie und der katamnestischen Untersuchung von Sant'Unione und Wildermuth aber belegt werden, dass diese Ansätze eine effektive Alternative darstellen (vgl. Leuzinger-Bohleber u. a. 2006 a; Sant'Unione, Wildermuth 2008).

Die Empfehlung, die empirischen Ergebnisse zur Pathogenese von ADHS in einem biopsychosozialen Modell zusammenzufassen, um die wechselseitige Wirkung biologischer und psychosozialer Faktoren im Sinne einer multifaktoriellen Ätiologie zu erfassen, ist begrüßenswert, sofern damit gleichzeitig sichergestellt ist, dass eine kontextbereinigte, individualistische Verkürzung vermieden wird. Dennoch sagt uns eine Auflistung von Risikofaktoren nichts über ein subjektives Schicksal, über die Bedeutung der *Störung* noch über eine darauf abgestimmte Intervention. Auch die Annahme begleitender komorbider Symptome ist durchaus problematisch zu nennen, weil sie mögliche sinngebundene Verbindungen – warum z. B. soll Aggressivität nur eine Begleiterscheinung sein? – kappt (vgl. Lehmkuhl, Döpfner 2006, 119 ff). Solche konzeptionellen, ätiologischen, pathogenetischen und methodologischen Fragen sind meines Erachtens nicht beantwortet und bedürfen weiterer Forschung. So warnt von Lüpke davor, dass die Vernachlässigung der kategorialen Differenz zwischen Gehirn und Geist durch die Hintertür zu einem ähnlich naiven Biologismus führt wie das Konzept von psychischen Störungen als Ausdruck von Hirnstoffwechselstörungen (vgl. 2004 b, 402 ff).

Generell sind eine Reihe von Zweifeln gegenüber dem ADHS-Konzept anzumelden:

- Es ist ungeklärt, ob die bekannten Unterformen der Störung nosologisch und ätiologisch verknüpfbar sind, ob diesbezüglich z. B. Impulsivität von Hyperaktivität zu unterscheiden ist.
- Es handelt sich nicht um eine homogene Gruppe mit einer gemeinsamen und spezifischen Störung.

- Dreiviertel der mit ADHS diagnostizierten Kinder erfüllen auch die Kriterien für andere psychiatrische Störungen.
- Es gibt keinen spezifisch kognitiven, metabolischen oder sonstigen Marker für eine Krankheit „ADHS".
- Die bildgebende Forschung erbrachte nur unspezifische und inkonsistente Ergebnisse.
- Die Genforschung erbrachte nur unspezifische und vergleichsweise schwache Zusammenhänge. Vor allem wurde der Faktor Genexpression (Stichwort Neuroplastizität) weitgehend ignoriert.
- Die Diagnostik beruht auf unzuverlässigen Informationsquellen, subjektiven Verhaltenseinschätzungen, vagen Diagnosekriterien und unterschlägt in der Regel den kulturellen, schulischen und familiären Kontext (vgl. ADHS-Konferenz 2008).

Unter anderem werden folgende Vorbehalte gegen eine ausschließlich medikamentöse Behandlung mit Metylphenidat vorgebracht: hoher Blutdruck, erhöhte Herzfrequenz, beschleunigte Atmung, Ess- und Wachstumsstörungen, Magenbeschwerden, Schlaflosigkeit, Depression, Aggressivität, Reizbarkeit, paranoide Wahnvorstellungen. Bei Atomoxetin wird vor dem Risiko von Leberstörungen und erhöhter Suizidgefahr bzw. erheblichen emotionalen Schwankungen gewarnt. Immer wieder wird argumentiert, Metylphenidat mache nicht abhängig, wobei mir keine Studie bekannt ist, die die spätere Verwendung z. B. von Schlafmitteln oder anderen ‚leichten' Psychopharmaka mit der früheren Gewöhnungserfahrung, durch Metylphenidat immer eine schnelle Problemlösung an der Hand gehabt zu haben, in Verbindung brächte.

Studien amerikanischer Forscher warnen vor einem erhöhten Risiko von Chromosomenanomalien und Krebs durch die Einnahme von Ritalin (vgl. Boyles 2005, University of Texas Medical Branch at Galveston 2005). Wenn dem so wäre, würde dies die Argumentation der genetisch argumentierenden Fachkolleg/innen, wonach Metylphenidat einen genetischen Defekt kompensiere, auf den Kopf stellen. Eine aktuelle Überprüfung vorliegender Forschungsergebnisse zu genetischen oder neuroanatomischen Ursachen für ADHS kommt zu einem niederschmetternden Ergebnis. Weder können sie die Defizite der Exekutivfunktionen ADHS erklären noch genügen die psychometrischen Eigenschaften der weiterhin verwendeten Ratingskalen jenen Standards, die zur Messung einer Störung erfüllt sein müssten. Demnach existiert eine eigenständige Störung ADHS nicht. Unaufmerksamkeit, Hyperaktivität und Impulsivität werden hier als Symptome verschiedener behandelbarer medizinischer, emotionaler und psychosozialer Einflüsse gesehen, die Kinder betreffen können (vgl. Furman 2008). Bei den amerikanischen Psychiatern der APA sind übrigens bereits seit längerem Absatzbewegungen vom ADHS-Konzept, hin zum hinlänglich bekannten Begriff der bipolaren Störung, zu beobachten.

Dass die bislang vorliegenden neurowissenschaftlichen Befunde bei Kindern uneinheitlich sind, verwundert nach Schmitt nicht angesichts der komplexen und sensiblen Vorgänge während der Reifung des Gehirns. Störungseinflüsse auf das sich entwickelnde Gehirn, welches hochgradig plastisch und sensibel für Lernvorgänge, aber auch anfällig für toxische Prozesse und insbesondere die negative Einwirkung von dauerhaftem Stress ist, sind dann gravierend, wenn die Umwelt chronifizierte massive Belastungen bereit hält (vgl. Schmitt 2005, 10f; 2008). Das, was für die Psychosomatik gilt, sollte uns zu denken geben: „Patienten mit somatoformen Beschwerden zeigen zwar keinen organopathologischen Befund im klassischen Sinne, trotzdem lassen sich in vielen Fällen mit Methoden der modernen Bildgebung zentralnervöse neurobiologische Korrelate darstellen, die sich, wie in empirischen Studien gezeigt wurde, z.B. bei erfolgreicher psychotherapeutischer Behandlung auch wieder zurückbilden können“ (vgl. Bauer, Kächele 2005, 2f).

In Bezug auf die Frage nach der Bedeutung von beziehungsdynamischen Belastungsmomenten mehren sich allgemein die Hinweise, dass frühkindliche Regulationsstörungen in Form von Schrei-, Schlaf- oder Fütterungsproblemen ein erhöhtes Risiko aufweisen, wonach im späteren Kindesalter „Unterkontrollverhalten wie ADHS oder Sozialstörungen im Schulalter“ zu beobachten sind (vgl. Wolke 2002, 2005, Papousek 2004, 2007). Auf Grund dieser Regulationsstörungen entstehen bei den Eltern Gefühle von Überforderung und Hilflosigkeit. Positive Momente in der Interaktion sind selten, so dass Missverständnisse und dysfunktionale Interaktionsmuster die Folge sind. Auf Seiten des Kindes kann es infolge einer dauerhaft fehlschlagenden Einigung zu einer Beeinträchtigung der Selbstregulierung, Selbstwahrnehmung und Erfahrung von Selbstwirksamkeit kommen (vgl. Papousek, Wollwerth de Chuquisengo 2003, 144, Papousek 2006, 81f). Prospektive Studien zur Beobachtung von frühen Regulationsstörungen der Eltern-Kind-Interaktion erlauben verlässliche Voraussagen über das Risiko der Entwicklung von ADHS. Auch zwischen dem (unterschiedlich) unsicheren Bindungsverhalten eines Kindes und später auftretenden Verhaltensstörungen bestehen signifikante Zusammenhänge (vgl. Neraal 2008, 59ff).

Eine Studie von Heinemann erbrachte erhebliche Konfliktpotentiale in allen untersuchten Familien: „Die Väter (...) griffen in die Erziehung nicht ein und überließen den Müttern die Verbote. Die Mütter waren dabei meist inkonsequent, benötigten sie doch die Bindung des Sohnes zur Abwehr eigener Ängste, Schuldgefühle oder Depressionen. Die Söhne wiederum fühlten sich als ödipale Sieger und entwickelten zur Abwehr inzestuöser Ängste aufgrund der engen Mutterbindung hyperphallisches Verhalten mit Dominanzstreben. (...) so können wir erkennen, dass beide Geschlechter eine frühe ambivalente Mutterbindung bei psychischem oder physischem Fehlen des Vaters mit ihrer Hyperaktivität abwehren. Die Jungen und Mädchen mit ADS ohne Hyperaktivität dagegen zeigen jeweils eine depressive Entwicklung“ (vgl. Heinemann, Hopf 2006, 71ff). In der Folge wird die Symbolisierungsfähigkeit der Kinder gestört. Spielen und ein späteres Sich-Einlassen auf schulische Themen sind dann kaum möglich.

Die Schrift von Neraal und Wildermuth (2008) dokumentiert mit ihren präzisen, detaillierten und mehrperspektivischen Fallbeschreibungen und -analysen ebenfalls sehr anschaulich die ganz unterschiedlichen Hintergründe für die Entstehung einer ADHS-Problematik. So mag darin eine depressive Verstimmung zum Ausdruck kommen, geboren aus einem Gefühl von Überforderung und befördert von einer massiven Geschwisterrivalität. Auch kann die frühe Trennung vom psychisch kranken Vater eine massive Identitätsunsicherheit hinterlassen. In einem anderen Fall führte die ausbleibende Triangulierung der Vater-Mutter-Kind-Beziehung zu einer aggressiv-zerstörerischen ‚Verklebung' von Mutter und Kind. Oder eine starke frühkindliche Deprivation gereichte zur Überforderung einer Adoptivfamilie.

Von der Familiendynamik her können sich folgende Befunde ergeben:

- verstrickte, d.h. unabgegrenzte Familienbeziehungen führen zu depressiven Symptomen beim Kind,
- kontrollierende und von Gleichgültigkeit geprägte Interaktionen resultieren in Angstsymptomen und Depressionen beim Kind,
- kritische und feindselige innerfamiliäre Interaktionen sind mit ADHS-Symptomen und psychosomatischen Störungen des Kindes verbunden,
- Mädchen aus verstrickten Familienbeziehungen neigen zu depressiven Symptomen, Jungen eher zu ADHS-Symptomen (vgl. Neraal 2008, 75 ff).

Deutlich wird zum einen, dass Kinder ihre innere Befindlichkeit in der Regel nicht durch Worte mitteilen, sondern ihre Ängste, depressiven Gefühle und Spannungen durch abgelenkte Aufmerksamkeit, motorische Aktivitäten oder Impulsivität zum Ausdruck bringen. Zum anderen werden mit dieser ersten großen psychodynamisch orientierten Studie viele überzeugende Belege dafür geliefert, wie durch psychotherapeutische Hilfe für das Kind und seine Familie auf Symptome verzichtet werden kann und eine medikamentöse Behandlung zunehmend entbehrlich wird, was bislang im klinischen Diskurs allerdings kaum zur Kenntnis genommen wurde. Dabei gibt vor allem die Entwicklung einer ausreichend guten Bindung zwischen allen Beteiligten die wesentliche Voraussetzung für den erfolgreichen Verlauf einer Behandlung ab.

Kritik am Mainstream der ADHS-Konzepte wird allerdings noch immer schlecht geduldet. In einer Rezension in Heft 4/03 der Praxis der Kinderpsychologie und Kinderpsychiatrie des Buches „Kinder mit gestörter Aufmerksamkeit", das ich mit meinen Kollegen Hartmut Amft und Dieter Mattner verfasst habe, wird uns nicht nur zu Unrecht unterstellt, mit dem aktuellen Forschungsstand der Neurobiologie wenig vertraut zu sein. In einer anderen Passagen wird mir persönlich vorgeworfen, den Müttern die Schuld zu geben – es folgt ein angeblich wörtliches Zitat –, „‚die nicht mit Sensibilität die Empfindungen ihrer Kinder erspüren'". Der Satz lautet in Wahrheit: „Wenn die Mutter mit Sensibilität die Empfindungen ihres Kindes erspürt und sie ihm spiegeln kann, kommt es in der Regel zu befriedigenden Einigungssituationen, wo keiner der beiden Beziehungspartner den anderen dominiert" (vgl. Amft u.a. 2002, 164).

Der Sinn des Satzes ist durch diese kleine Unaufmerksamkeit in sein Gegenteil verkehrt. Im Übrigen ist es erstaunlich, dass dem empirisch belegten Zusammenhang zwischen einer frühen unzureichenden Affektabstimmung von Mutter und

Kind und einer Zunahme des kindlichen Bewegungsdranges meist keine Beachtung für mögliche Entwicklungsrisiken geschenkt wird. Und um eines klar zu stellen: Falls dem so ist, ergibt sich daraus kein Schuldvorwurf an die Adresse der Mutter. Viel mehr wäre zu überlegen, welche empathische Unterstützung sie benötigt, um ihrer Aufgabe gerecht zu werden. Es geht um den Abbau von Schuldgefühlen, nicht ums Gegenteil.

5 Zur Praxis der Psychoanalytischen Heilpädagogik

5.1 Arbeiten in einer integrativen Einrichtung

Abschließend möchte ich noch einen Blick auf die Praxis werfen. Wie kann hier psychoanalytisches Wissen helfen?

Psychoanalyse ist nach Bittner eine Form der Tiefenhermeneutik, die Zusammenhänge aufweist bzw. stimmig konstruiert, die im unmittelbaren Erleben des Betroffenen so nicht gegeben sind. Gleichzeitig warnt er vor psychoanalytischer Besserwisserei, wenn mit den „(Kranken-)Geschichten (...) subsumptiv, theorienbestätigend" verfahren wird – „der psychoanalytische Interpret will tendenziell ‚hinter' den Text kommen, will ‚klüger' sein als der Text" (vgl. Bittner 2004, 45). In der Tat verfuhr die klassische psychoanalytische Ein-Personen-Psychologie oft nur deduktiv, spätestens mit dem objektbeziehungstheoretischen Zugang ist aber die gemeinsame Herstellung von Bedeutungen angezeigt, was nur mehr theoriengestützt, nicht aber theorienbestätigend möglich ist.

Häufig wird angezweifelt, ob ein psychoanalytisch beeinflusstes pädagogisches Konzept eine ausreichende Basis fürs unmittelbare Handeln aufweise. Dieser Einwand ist durchaus berechtigt. Andererseits ist der Wunsch nach klaren Handlungsanweisungen, wie sie von anderen Methodiken scheinbar mühelos angeboten werden, auch als Abwehr der Angst vor der eigenen Ohnmacht im Praxisfeld zu verstehen. Die Psychoanalyse kann hier etwas bieten, was andere Konzepte so nicht vermögen, z. B. die Fähigkeit zu trauern in der Behindertenarbeit. Sie wird vor allem da interessant, wo die Praktiker/innen an der Widerständigkeit ihrer Klientel scheitern. Und da mag dann das eintreten, was Freud für die psychoanalytische Arbeit so umschrieb: „Indem wir den Kranken dazu antreiben, sich über seine Widerstände (...) hinwegzusetzen, erziehen (sic!, M. G.) wir sein Ich dazu, seine Neigung zu Fluchtversuchen zu überwinden und die Annäherung des Verdrängten zu vertragen" (vgl. Freud 1926e, 205).

Dieser Hinweis erscheint mir umso wichtiger, als immer mehr Machbarkeitsversprechungen Erfolg suggerieren, sofern man nur das richtige Rezept verwende, verbunden mit einer Vermeidung von Selbstreflexion, einer Leugnung paradoxaler Grundkonflikte und mit einer Messbarkeit pädagogischer Prozesse (vgl. Reiser 2006b, 326f). Zudem zeigt die sonderpädagogische Professionsforschung auf, dass „pädagogisches Handeln nicht nur von Kompetenzen, sondern auch von – zumeist unbewussten – biografisch erworbenen Einstellungen und Dispositionen geprägt ist" (vgl. Moser u. a. 2008, 85).

Verstehen, Aushalten, Containing sind zwar wichtige Versatzstücke. Eine psychoanalytische Pädagogik geht aber darüber hinaus, und indem sie das Angebot einer professionellen Beziehung strukturiert, beinhaltet sie auf der Handlungsebene weit mehr als zunächst ersichtlich. So kann mit dieser Haltung z. B. in der Kindertagesstätte die handlungsorientierte Affektregulierung eines kleinen Kindes unterstützt werden, die in einer Trennungssituation von seiner Mutter entsteht. Man kann diesem Kind Nähe anbieten und dazu symbolische Spielmöglichkeiten zur Bewältigung des Schmerzes. Es geht nicht um die Vermittlung von technischen Handlungsanweisungen, sondern es sollen Handlungsspielräume eröffnet werden. In diesem Tun ist die Pädagogin/der Pädagoge sehr wohl aktiv gestaltend.

Gerade das Zuhören- und ein Gespräch-führen-Können gewinnt durch eine psychoanalytische Beeinflussung, wie sie z. B. durch die psychoanalytische Grundregel der *gleichschwebenden Aufmerksamkeit* gekennzeichnet ist. Diese eher unkonventionelle Haltung dem Anderen gegenüber, ohne vorschnell ein Gespräch strukturieren zu müssen, bietet den Vorteil, sich vor der Anstrengung einer fokussierenden Aufmerksamkeit zu schützen, „die man doch nicht durch viele Stunden täglich festhalten könnte". Man sollte die eigene unbewusste Aktivität so frei wie möglich funktionieren lassen und dem „gebenden Unbewussten" des Gegenübers „sein eigenes Unbewusstes als empfangendes Organ zuwenden" (vgl. Freud 1912e, 376ff). An anderer Stelle heißt es: „(...) jeder Mensch besitzt in seinem eigenen Unbewussten ein Instrument, mit dem er die Äußerungen des Unbewussten beim Anderen zu deuten vermag" (vgl. Freud 1913i, 445). Reik sprach diesbezüglich vom *Hören mit dem dritten Ohr*: „Es stimmt nicht, dass man schreien muss, um verstanden zu werden. Wenn man gehört werden will, dann flüstert man" (vgl. Reik 1990, 165). Ohne die Beachtung der eigenen Gegenübertragungsreaktionen kann dieses Instrument aber kaum sinnvoll genutzt werden.

Zudem wäre es eine fatale Erwartung an die eigene Leistungsfähigkeit, wollte man jede Szene verstehen müssen. Allein da, wo sich die Ahnung einer Stimmigkeit szenischer Konfliktmuster einzustellen beginnt – was sich gemeinhin über das Anwachsen der eigenen inneren Belastung ankündigt –, erscheint dies geraten. Aus meiner eigenen heilpädagogischen Arbeit mit schwer verhaltensgestörten Kindern weiß ich, dass das Verstehen einer sich szenisch anbahnenden Eskalation die Belastung abrupt minimiert und eine verbale Intervention im Sinne des „Wir wissen jetzt beide, was geschehen wird" ermöglicht. In der Regel war dann die prompte Antwort „Ist klar, Gerspach". Auf die Dauer wurden diese Szenen dann stetig weniger. Hier sehen wir, dass im pädagogischen Setting das *Durcharbeiten* viel wichtiger ist als eine *Bewusstmachung*.

Vor allem die *Arbeit am Fall* bzw. eigentlich der Fälle strukturiert die Praxis. Jeder Fall ist einzigartig, so dass sich ein deduktives Gesetzeswissen, was man ‚macht', von selbst verbietet. Mir wurde einmal in einer Supervisionsstunde in einer Kindertagesstätte eine Mutter vorgestellt, die bis hinein in der Wahl ihrer Kleidung ausgesprochen farblos wirkte. Sie wirkte unscheinbar und verhuscht und man machte sich Sorgen um sie (und ihr Kind natürlich). Kurzum: Wir widmeten diesem *Fall* eineinhalb Stunden Zeit und spürten auf einmal ihre Einsamkeit und ihr Leiden, ohne genau zu wissen oder sagen zu können, worin es begründet war.

Beim nächsten Zusammentreffen mit der Gruppe erzählte man mir freudvoll und auch etwas verwundert, dass diese Frau plötzlich viel lebendiger wirke und sich auch merklich adretter kleide. Dabei hatte man sich ihr gegenüber *explizit* gar nicht anders verhalten und ihr auch keine Ratschläge oder ähnliches gegeben. Ich denke, der Blick hatte sich verändert, man hatte mehr verstanden und konnte ihr dies wohl *implizit* sehr gut spiegeln. Stern spricht diesbezüglich von Gegenwartsmomenten („now moments"), die geschehen, von kurzer Dauer und dabei unglaublich reichhaltig sind. Es geht um ein subjektives Erleben, das sich „gerade jetzt", in diesem Augenblick, vollzieht. Diese Momente stellen ein vollständiges Geschehen, eine *Gestalt* dar, in denen die wahrgenommenen Gefühle „Vitalitätsaffekte" darstellen. *„Die gefühlte Erfahrung des Gegenwartsmoments ist all das, dessen ich mir jetzt, während ich den Moment lebe, gewahr bin"* (vgl. Stern 2005, 22 ff).

Begleitet durch die Reflexion

- der Gegenübertragung *erster Ordnung* auf die Mutter und
- der Gegenübertragung *zweiter Ordnung* in der Supervision (vgl. Kutter 1994, 56)

hatten wir offenbar genug von den Gefühlen der Mutter verstanden, dass die Gruppe ihr eine befreiende affektive Rückmeldung geben konnte, was der bis dato *grauen Maus* gut tat. Es trat ein, was Stern so umschreibt: „Damit eine andere Person eine Resonanz in uns finden kann, müssen wir unbewusst mit ihr synchronisiert sein" (vgl. Stern 2005, 93). Vielleicht wirken viele der anderen Theorien, die auf der Handlungsebene zunächst überlegen erscheinen, durch etwas, was sie selbst nicht verstehen oder was in ihrer eigenen Sprache nicht auszudrücken ist. Mit der Erlebnispädagogik kann man in schwierigen Wassern paddeln gehen, aber diese Erfahrung ist an die Gestaltung eines bestimmten Beziehungsrahmens gebunden, welcher erst über zuträgliche Spiegelungsprozesse eine Wirkung hervorbringt. Auch und gerade hier entstehen diese Gegenwartsmomente. Es ist jedenfalls nicht das Hand(lungs)werkszeug, was der Selbstwahrnehmung allerdings meist nicht zugänglich ist.

Wie also gewinne ich Handlungssicherheit jenseits der Illusion technischer Machbarkeit, plumpen Alltagsverständnisses oder theoretischer Verstiegenheit? Implizit liegt mit der Psychoanalyse als Referenztheorie eine wirksame Handlungskonzeption vor, die es allerdings zu begründen gilt. In der Verhaltenstherapie wird mit Externalisierungen gearbeitet – falsches Verhalten wird mit Konsequenz bestraft. Die Frage nach dem *Warum* einer Handlung unterbleibt. In und mit der Psychoanalyse wird dagegen mit Internalisierungen gearbeitet, was mühsamer, aber auf lange Sicht erfolgversprechender ist. So entsteht eine lebendigere, auch lustvollere Form des Interagierens und Intervenierens, wo man sich (in Szenen) *ver*wickeln lässt und sich daraus zu *ent*wickeln hat. Für die Vermittlung dieser Form systematischen Handelns, die längst existiert, muss eine angemessene Sprache gefunden werden. Es geht um Systematisierung, nicht Standardisierung.

Mit Bezug auf eine *sinnverstehende Psychomotorik* könnte ich jetzt versuchen, meinen Kopf aus der Schlinge zu ziehen, denn hier ist der konkrete Handlungsbezug unter Verwendung bestimmter Materialien *evident* (vgl. Seewald 2004; Zimmer 2006). Diese Form der Psychomotorik geht davon aus, dass menschliches Ausdrucksgeschehen bedeutet, mit seinen individuellen, dialogischen und gestalterischen Aspekten „sinnhaft leiblich in der Welt zu sein" (vgl. Eckert 2004, 60). Der Psychomotoriker als Entwicklungsbegleiter eines z. B. aggressiven Kindes hat die Aufgabe, zu diesem eine tiefe, leibliche und haltgebende Übertragungs- und Spiegelbeziehung einzugehen und so zur Entwicklung der Symbolisierungsfähigkeit im tonischen Dialog beizutragen. Dies gelingt über die Reflexion des Verwicklungsgeschehens, „besonders im Sinne einer Vergegenwärtigung seiner eigenen tonisch-emotionalen Reaktionen" (vgl. Franz 2008, 12). Der Abbau von aktuellen Spannungen und Aggressionen, welcher in den Aufbau des Selbstgefühls einmündet, ist auf die leiblich-szenische Resonanz des Begleiters angewiesen (vgl. Eckert 2008, 21 ff; Franz 2008, 14). Obwohl hier also Handlungselemente unzweifelhaft vorhanden sind, steht doch wieder das dialogische Moment im Vordergrund.

Kobi hat einmal geschrieben: „Erziehung bezeichnet nicht eine Tätigkeit, sondern eine *Haltung*" (vgl. Kobi 1993, 73). Auch das Nicht-Tun kann seine heilende Kraft entfalten. Denn der Erzieher wirkt weniger durch das, was er tut, als durch das, was er ist. Es ist die Beziehung, die die Wirkung ausmacht (vgl. Weiß 2002, 80; 1995). Hackenberg fasst die vorliegenden Ergebnisse zur Wirkungsforschung dahingehend zusammen, dass kaum spezifische Therapieeffekte für bestimmte Behandlungsformen nachweisbar sind. „Entwicklungsförderung wirkt sich vor allem dann positiv aus, wenn das Kind im Rahmen einer ‚guten' Beziehung zu eigener Aktivität, zu eigener Auseinandersetzung mit seiner Umwelt angeregt wird" (vgl. Hackenberg 2003, 4). Dies alles sind psychoanalytisch beeinflusste Einschätzungen.

Oft fehlt uns allerdings die Sprache und wir sehen uns in einen Begründungsnotstand gestürzt: „Was ist denn zu tun, wenn nicht trainiert und gefördert werden soll? (...) Ratlos zu sein in einer Gesellschaft, die sich vorwiegend über Effizienz und Effektivität definiert, ist möglichst zu vermeiden." Bieber schlägt vor, das Hauptaugenmerk auf die Innenwelt der Personen zu legen. Nur so könne die Förderung von Entwicklungsbedingungen voran gebracht werden. Sie folgert, dass in solchen Prozessen nicht eine Haltung des Machens und Veränderns, vor allem nicht des Veränderns einer anderen Person, sinnvoll ist. Gefühle und zwischenmenschliche Vorgänge sind danach zu thematisieren, und es gilt, eine Sprache zu finden, die der Intimität dieser inneren und zwischenmenschlichen Prozesse entspricht. Wir sollen das „Hineinhorchen" in uns selbst obenan stellen (vgl. Bieber 2002, 43 ff).

Wenn wir aber keine Sprache haben, können wir sie auch nicht an Kinder vermitteln, wie ich jetzt an Hand des Einblicks in ein Projekt im Elementarbereich zeigen will. 1998 hatte ich die wissenschaftliche Begleitung in einer integrativen Einrichtung übernommen, um zu erforschen, welche Bedeutung, beginnend im Krabbelalter, dem Erleben einer Behinderung zukommt. Zusammen mit einer kleinen Gruppe von Studierenden und den Praktiker/innen aus der Institution zerbrachen wir uns die Köpfe, wie an diese Fragestellung heranzugehen sei (vgl. Mainkrokodile 2004).

Wissenschaftliche Begleitung verstehe ich als eine Form von Handlungs- und Feldforschung, die im Dialog mit den Betroffenen ihre Ergebnisse gewinnen möchte. Sie ist nicht so gemeint, dass von einer externen Expertenwarte aus die Arbeit vor Ort ‚begutachtet' wird, sondern möchte zum Gelingen eines Projekts dadurch beitragen, dass sie mit dem nötigen Abstand die pädagogischen Prozesse im Kontext der vorfindlichen Aktivitäten betrachtet, reflektiert, kommentiert und sich auch darauf einlässt, ohne in kalte Distanzierung abzugleiten und damit womöglich Ergebnisse in falsch verstandener Objektivierung zu präsentieren. In diesem Sinne ist sie Anregung zur Reflexion und Selbstreflexion.

Das, was in integrativen Kindertagesstätten geschieht, war seit Jahren erfolgreich erforscht worden. Uns interessierte nun, was das Konzept der gemeinsamen Erziehung in der Zeit davor für die Entwicklung von Kindern bedeutet. Konkret: Wie taucht das Thema Behinderung in einer Krabbelstube auf, bei Kindern also, die von ihrem Entwicklungsstand her den anderen Menschen in der Regel noch nicht so differenziert sehen, dass ihnen dessen ‚Anders-sein' als eine eigenständige, vom eigenen Selbst verschiedene Qualität deutlich würde? Und die Anschlussfrage lautete: Wie kann die Arbeit in der Krabbelstube den Integrationsprozess des Kindergartens so vorbereiten, dass dort günstige Entwicklungen vonstatten gehen?

Einer guten pädagogischen Tradition folgend wollten wir die Entwicklungsförderung vom ‚schwierigen Kind' aus betrachten – nur wenn wir für dieses eine angemessene Intervention finden, kann die Allgemeinheit profitieren. Deshalb interessierte uns,

- wie sich vor dem Hintergrund der Beziehungserfahrungen von Kindern mit ihren Eltern Erkenntnisse über deren frühe Entwicklung auf das Thema ‚Behinderung' übertragen lassen,
- auf welche Weise Eltern geholfen werden kann, damit besser fertig zu werden und
- was Pädagog/innen in ihrer Institution dazu beitragen können, dass sich Kinder mit und ohne Behinderung gedeihlich zu entwickeln vermögen.

In der Folge wurden über einen Zeitraum von drei Jahren genaue Beobachtungs- als auch Videoprotokolle erstellt, die wir dann miteinander diskutierten und auswerteten. Immer klarer trat uns vor Augen, welche vielschichtigen Prozesse sich vor Ort ereigneten. Wir verstanden immer besser, welchen Einfluss das emotionale Klima, die affektive Haltung der Erwachsenen auf die Entwicklung von Kindern hat – und dies schon zu einem sehr frühen Zeitpunkt gemeinsamer Erziehung im öffentlichen Raum, wie dies für eine Krabbelstube zutrifft.

Bald stellten wir fest, dass sowohl Eltern wie Pädagog/innen den geistig behinderten Kindern keine Entwicklung zur Selbständigkeit abforderten, wie sie dies bei altersgleichen Kinder ohne Behinderung für gewöhnlich taten. Bei Eltern und erwachsenen Bezugspersonen können als Resultat düsterer unbewusster Phantasien Mentalisierungsfunktionen blockiert sein, obwohl sie diese Fähigkeit eigentlich entwickelt haben. Diesen Kindern wurden zum Beispiel in der gemeinsamen Essensituation erstaunliche Freiräume an unsozialem Verhalten zugestanden. Zudem wurde ihnen die Sprache verweigert, diesen Konflikt zu benennen, weil man ihnen nicht zutraute, dass sie etwas davon verstehen könnten. Diese diskrete Botschaft erspürten die Kinder jenseits ihrer kognitiven Einschränkung offenbar sehr genau. Sie fühlten sich gekränkt und missachtet und reagierten dementsprechend mit Entwicklungsverweigerung.

Solange in den Gefühlen und Gedanken der Eltern kein Platz für die Zukunft ihres behinderten Kindes ist, werden diese schlimmen Phantasien Auswirkungen auf sein Selbst-Konzept haben. Manchmal haben die Eltern Angst vor der Entwicklung ihres Kindes und wünschen unbewusst, dass es klein bleibe oder am liebsten nicht geboren wäre. Der Vorstellung vom idealen Kind steht die Erfahrung des realen Kindes entgegen, und oftmals darf dieses nicht sein, weil man sich von jenem nicht verabschieden kann. Eine positive Erwartung ans reale Kind ist dann so gut wie nicht vorhanden. Ihm wird keine mentale Verfasstheit zugeschrieben, und so wird weit über die organische Einschränkung hinaus verhindert, dass das Kind selbst eine Vorstellung mentaler Verfasstheit bei sich und den anderen entfalten kann.

Meist ist die Empathiefähigkeit von Müttern, die ein behindertes Kind zur Welt gebracht haben, zunächst erschüttert. Erhalten sie keine genügende Hilfestellung, kann sich dieser Zustand chronifizieren. Gutartige Phantasien über das Kind sind dann zensiert. Dadurch bleibt ihm kaum etwas anderes übrig, als ein sehr fragiles und negativ getöntes Selbstkonzept zu entwickeln. Der Verlust der Mentalisierungsfunktion auf Seiten der Eltern wie Pädagog/innen führt dazu, dass die Aktivität beim Kind gebremst wird und kein potentieller Raum für neue, eigenständige Lernprozesse entsteht. Die Aufdeckung dieser Phantasie führte in unserem Projekt zu der bis dahin blockierten Fähigkeit, in einen Konflikt mit den behinderten Kindern um die Einhaltung von Regeln einzutreten, wie sie auch den anderen abverlangt wurden. Dies löste bei ihnen zunächst heftige Aggressionen aus, denn es bedrohte ihre infantilen Allmachtsphantasien. Die Mütter bekamen anfangs Angst vor dem Konfliktgeschehen in der Einrichtung, das sich in den häuslichen Raum fortsetzte. Sie nahmen aber bald wahr, dass es die Kinder nicht zerstörte, sondern sie auf einmal ungeahnte Entwicklungsschritte machten. In der Einrichtung wurden sie zudem auf einmal als interessante Spielpartner entdeckt.

Es ist eben Teil eines jeden gelingenden Erziehungsprozesses, dass man Kindern dosiert Versagungen zumuten muss, damit sie selbstständig wachsen können. Unsere Aufgabe besteht darin, ihre Enttäuschung und ihr Missbehagen auszuhalten. Figdor nennt dies die Haltung der „verantworteten Schuld“. Jenseits einer Delegation der eigenen pädagogischen Unzulänglichkeiten an die heutige Familie, Schule, Scheidung, sozialpolitische Vorgaben sind wir gehalten, die eigenen Grenzen des Machbaren zu erkennen. Kindern geht es bei uns nicht stets gut, noch tun sie das von selbst, was wir uns von ihnen erwarten. Insofern werden wir schuldig, ihnen nicht alle Wünsche und Hoffnungen erfüllen zu können. Aber diese Schuld ist nicht mit einer Schädigung des Kindes zu verwechseln: „Viele dieser das Kind frustrierenden Forderungen und Grenzen sind für die körperliche Gesundheit und Sicherheit unverzichtbar; viele sind für die Entwicklung des Kindes notwendig und sinnvoll, andere sind einem Mindestmaß an Wohlbefinden des Erwachsenen selbst geschuldet, was letzten Endes auch wieder dem Kind zukommen kann, weil dadurch dem Erwachsenen die Freude am (Zusammenleben mit dem) Kind erhalten bleibt." Nur wenn ich mir über diese Unterscheidung im Klaren bin, vermag ich meine Schuld an Enttäuschung und Missbehagen des Kindes auszuhalten. So erwerbe ich eine emotionale Haltung, die mir nichts anderes übrig lässt, als dem Kind Schmerz zuzufügen, sie bringt es aber mit sich, dass es mir leid tut. Und so werde ich versuchen, das Leid zu verringern und so meine Schuld *wieder gut zu machen.* Bin ich mir dagegen meiner Schuld nicht bewusst, dass das Kind jetzt traurig oder bockig ist, dann halte ich an der Vorstellung fest, alles für das Kind getan zu haben, so dass es gar keinen Grund hat so zu sein wie es ist. Und so finde ich auch keinen Anlass, irgendetwas gut machen zu wollen und fühle mich lediglich durch das Kind gestört (vgl. Figdor 2006, 118 ff).

Einzig über die selbstreflexive Arbeit an der eigenen Schuld wie Enttäuschung kann Zutrauen in die Entwicklung eines Kindes wachsen. Andernfalls wird diesem Kind jede Neugier auf Neues genommen. Lernen entsteht aus der zu verarbeitenden Erfahrung des Mangels. Ein Mangel kann aber nur verkraftet werden, wenn man zuvor genügend gutartige Beziehungserfahrungen gemacht hat. Im andern Fall kommt es zu Entwicklungslähmung und Lernhemmung. Schon Freud hat gesagt, dass es die Lehrmeisterin Not sei, die uns zur Entwicklung anhalte. Sie spornt uns an zu ertragen, dass das Lustprinzip durch eine Modifikation in Richtung Anerkennung des Realitätsprinzips zu ersetzen ist (vgl. Freud 1916–17, 371). Wo dem Realitätsprinzip die Existenzberechtigung versagt wird, sehen wir uns nicht genötigt, Dinge selbst zu tun und bleiben stehen.

Also bedarf es der Fähigkeit wie Bereitschaft der Eltern, ihren Kindern etwas zuzumuten, damit sie lernen können, selbstständig zu werden. Vor allem der Umgang mit Frustration will gelernt sein. Frustration macht Wut – und Eltern müssen die Wut ihrer Kinder aushalten und ihnen helfen, sie in ihr Selbst zu integrieren damit sie handlungsfähig werden. Eltern müssen also dazu imstande sein, sich – im wahrsten Wortsinne – auseinanderzusetzen. Wenn das Kind aber keinen vertraulichen Partner findet, um sich an seine negativen Zustände zu gewöhnen, können diese nicht verdaut werden. Der erschütterte Glaube an die guten Objekte stört dann die geistige Entwicklung aufs Tiefste (vgl. Alvarez 2001, 216 ff).

Wenn es den Eltern auf Grund der emotionalen Erschwernisse kaum möglich ist, ihrem behinderten Kind unmittelbar eine positive Grundstimmung zu vermitteln, übersteigt die Frustrationen, die sie ihm damit entgegenbringen, ein erträgliches Maß. Das Erschrecken über die Behinderung lähmt ihre Spiegelungs- und Mentalisierungsfunktion und zieht das Kind in den Bann einer lähmenden, defektologischen Zuschreibung. Über eine wie immer begriffene organische Ursache hinaus werden folglich Entwicklungsprozesse bei geistig behinderten Kindern, vor allem durch eine zu große und vor allem problematische Nähe ihrer primären Beziehungspartner aufgehalten.

Die Mutter stellt ihrem Kind intuitiv ihre Phantasien und also ihre *Welt* zur Verfügung. Über die Entwicklung dieser Rêverie entsteht eine Verkoppelung der inneren Vorstellungen und Phantasien des einen mit dem Verhalten des anderen Beziehungspartners. Versteht sie es allerdings auf Grund einer eigenen Empathiesperre nicht, seine Signale positiv aufzunehmen, bleibt dessen Erfahrungsraum begrenzt, die Umwelt wird zur unklaren, leeren Bedrohung (vgl. Baumgart 1991, 797 ff).

Hier nun muss die Pädagogik ansetzen. Dies beinhaltet zuallererst, die Phantasien, die sich ums behinderte Kind ranken, zu reflektieren, um es so zu schaffen, *nicht* die Idee der Eltern zu übernehmen. Solange man einem behinderten Kind weniger zutraut oder auch zumutet, verhindert man, dass es sich entwickeln kann. Dann mag es passieren, dass man die Regeln aufweicht, zum Beispiel beim Essen, und ihm insgeheim signalisiert: „Ich erwarte von dir nicht das, was ich von den anderen erwarte.“ Nicht selten beruht dieser Habitus auf einer unbewussten Angst vor den eigenen Aggressionen gegen das behinderte Kind. Denn auf der Einhaltung von Regeln zu bestehen, würde Konflikt und das Aufkommen von Feindseligkeit bedeuten, was im Umgang mit behinderten Kindern ungewohnt erscheint, besonders dann, wenn diese Kinder zu Hause andere, *schonendere* – d.h. entwertendere – Erfahrungen machen.

Riskieren die Pädagog/innen aber den Konflikt („Du bleibst am Tisch sitzen wie alle anderen auch, bis wir fertig sind“), so nehmen sie die heftigen Reaktionen des Kindes, die dann zunächst aufkommen, in sich auf, verdauen sie und geben sie dosiert zurück. Sie zeigen, dass sie sich von den Aggressionen des Kindes nicht zerstören lassen und sie umgekehrt das Kind nicht zerstören. So erlebt das Kind, dass es nicht zerstört wird, wenn es protestiert und dass es selbst das geliebte Objekt nicht zerstören kann. Auf diese Weise wird ein genuiner Beitrag zur Strukturbildung der kindlichen Persönlichkeit geleistet. Es verwundert nicht, dass behinderte Kinder sehr schnell lernen, sich an Regeln zu halten und sie gleichzeitig für die anderen an Interesse gewinnen. Wir setzen ihrem schlechten Selbstbild ein gutes entgegen und stecken sie damit an.

Die Begegnung mit einem sehr jungen Kind mit einer Behinderung ist selbstverständlich von großen Unsicherheiten geprägt, wie sich anschaulich aus den Protokollen von Trippel herauslesen lässt. Sein Fokus lag darauf, wie die kleine Klara zu einem stabilen und positiven inneren Bild von sich selbst und von der sie umgebenden Welt gelangen konnte. Dennoch fiel ihm eine diagnostische Einschätzung dieses zweijährigen Kindes mit einer etwa einjährigen Entwicklungsverzögerung schwer, und sein anfängliches Verhalten ihr gegenüber erschien ihm in der anschließenden Reflexion nicht sehr konsequent. „So wie sich das Zusammensein mit Klara anfühlte, wurden wir sehr vor- und nachsichtig mit ihr. Vielleicht hat das Wissen um eine Behinderung Klaras hier einen zusätzlichen Freiraum geschaffen.“ Damit aber entstand ein potentieller Raum, der Entwicklung auf beiden Seiten entstehen ließ. „Die chronologische Reihung der Protokollausschnitte zeigt, wie Klara von uns in steigendem Maße mit Regeln und Grenzen konfrontiert wurde. Und es wird deutlich, wie sie zunehmend in der Lage war, diese Konfrontationen auszuhalten. (...) Sie vertraut darauf, dass wir sie nicht zu sehr enttäuschen" (vgl. Trippel 2004, 141 ff).

Der pädagogischen Einrichtung fällt die Aufgabe zu, dem (behinderten) Kind gegenüber eine mentalisierende Haltung zu erkennen zu geben, es mit positiven Phantasien und Gefühlen besetzen zu können. Dies gelingt oft erst nach der Bearbeitung eines ernsthaften Widerstands. Womöglich beruht auch die gern bemühte defektorientierte Sicht der Fachleute auf dem Verlust ihrer mentalisierenden Funktion: Sie trauen dem Kind nichts zu (und damit im letzten sich selbst nichts), und in einer Art affektkontrollierender Reaktionsbildung erwächst aus dieser Hoffnungslosigkeit eine Fördermanie, die aber nicht mehr das Kind, sondern nur mehr seinen *Schaden* im Auge hat. Gleichzeitig traut man auch der Mutter nichts mehr zu – es gibt ja offenbar ohnedies nichts zu tun. Weder das Kind noch die Mutter oder der Vater werden in ihrem Erleben wahrgenommen. So bleibt das eigentliche Problem blockierter dialogischer Affekt- und Denkprozesse einer reflektierenden und verstehenden Sicht verschlossen, die zur Aufweichung einer emotionalen Erstarrung – als Voraussetzung, sich auch kognitiv im Rahmen des individuell Möglichen zu entwickeln – beitragen könnte.

Meist gibt es niemand, der die Mutter bei der Bewältigung der für sie unerträglichen Empfindungen unterstützten würde. Deshalb müssen sie massiv kontrolliert werden. Diese Kontrolle kann aber nicht verhindern, dass sie Bestandteil der Interaktion werden. Dem Kind wird es so unmöglich gemacht, mit den latenten feindseligen Regungen der Mutter wie mit den eigenen *gekonnt* umgehen zu lernen. Ungekonnte Aggressivität meint den regressiven zerstörerischen Durchbruch, gekonnte eine verfeinerte Form, die sich als ziel- oder sachgerechte Aktivität zu artikulieren versteht (vgl. Mitscherlich 1969, 90).

Der Hass bleibt unkommunizierbar und erschwert es, dass Mutter und Kind voneinander loskommen. Schließlich muss sich die Mutter beständig vergewissern, dass es dem Kind gut geht und es nicht von ihren heimlichen Wünschen zerstört wird. Das Kind selber spürt die ihm dumpf entgegengebrachten Projektionen, kann sie nicht verdauen, findet in der Mutter niemand, die ihm dabei hilft, sie zu verdauen, und wird so unter Umständen in seiner gesunden Entwicklung massiv beeinträchtigt. So kann es geschehen, dass sich die Mutter im Äquivalenzmodus in einer Mischung aus Angst und Projektion von den zerstörerischen Regungen ihres Säuglings bedroht fühlt und sich erschreckt abwendet oder ihrerseits das Kind mit Gewalt verfolgt.

Aber auch für günstigere Eltern-Kind-Konstellationen gilt: Jede Erziehung ist vom Bösen infiziert. Eine gelingende Erziehung ist nicht in der Vermeidung von Hassgefühlen begründet, sondern erlaubt es beiden Interaktionspartnern, den Hass zu integrieren. Ist dies nicht in ausreichendem Maße gewährleistet, treffen wir später oft auf jähzornige oder sich selbst verletzende Menschen mit narzisstischen Persönlichkeitsstrukturen, die versuchen, der Erfahrung von Beziehung zu entfliehen. Es sind Menschen, bei denen aus der unbewussten Phantasie ein wahnhaftes System geworden ist – als Antwort auf das Bedürfnis, sich von inneren Objekten durch äußere Gewalt zu trennen. Hier wird der Andere auch zu einem Container, aber in dem Sinne, dass in ihm projektiv eigene unerwünschte und ängstigende Teile der Selbstrepräsentanzen eliminiert werden sollen (vgl. Perelberg 2000, 4 ff).

Die mentalisierende Funktion der pädagogischen Institution liegt darin, ein Kontrastraum zum Elternhaus sein, der jetzt genutzt werden kann, um innerlich zu wachsen. So fordern Fonagy und Target, Überlegungen zum Thema Mentalisieren in der „Kindergärtnerinnen-Ausbildung" zu berücksichtigen, um die eigenen emotionalen Reaktionen und die subjektiven Welten der Kinder besser verstehen zu können (vgl. Fonagy, Target 2001 b, 241). Gerade auf dem heilpädagogischen Sektor ist die Mentalisierungsfunktion häufig eingeschränkt. Daher brauchen Eltern wie Kinder eine je eigene Unterstützung. Den Eltern sind beratende Hilfen zur Verfügung zu stellen, um ihr Interesse darauf zu lenken, wie sie ihrem Kind eine Vorstellungswelt geben können. Den Kindern ist jenseits des Teufelskreises des innerfamilialen Beziehungsdramas, der sich in der Einrichtung szenisch reproduziert, eine andere Spiegelerfahrung zu ermöglichen. Sie sollen markiert erfahren dürfen, dass sie Hoffnungsträger auf Entwicklung sein können. Vielleicht geht dies nur, wenn wir sie in der schmerzenden Erkenntnis unterstützen, von den Eltern nicht begleitet zu werden und in der Vorstellungskraft gehemmt zu sein (vgl. Walter 2001, 247).

5.2 Arbeiten mit geistig behinderten Erwachsenen

Ähnliches gilt für den Bereich der Arbeit mit geistig behinderten Erwachsenen. „Es war einmal ein Mensch, der wollte sich nie und nimmer Strümpfe und Schuhe anziehen. Wo er konnte, lief er barfuß, und wenn man ihm die Schuhe anzog, zog er sie wieder aus. (...) Eine der vielen unerklärlichen Marotten unserer Bewohner, dachte man sich, denn dieser Mensch war geistig behindert, sogar schwer, und er lebte im Heim. (...) Wie groß war eines Tages das Staunen (...), als sich bei einem Sehtest herausstellte, dass dieser Mensch blind war. Niemand hatte das auch nur geahnt. Die ‚Marotte', weder Schuhe noch Strümpfe zu mögen, war in Wirklichkeit der vollkommen vernünftige Versuch, sich in der Nacht der Blindheit ein wenig besser zurechtzufinden, mit den nackten Füßen tastend" (vgl. Strassmann 2008). Die schlechte medizinische Versorgung geistig behinderter Menschen hat sicherlich mit unserem fehlenden Mentalisierungsverständnis zu tun, ihren *Marotten* einen Sinn zu unterstellen. Lieber definieren wir ihre Anpassungsfähigkeiten in Dummheit um.

Es gibt gute Gründe, von der Langlebigkeit schmerzender Lebenserfahrung auszugehen, die nicht selten in verschlüsselter Form im aktuellen Erleben und Verhalten wiederkehren und sich nicht zuletzt im institutionellen Gepräge einer oft fremdbestimmten Lebenssituation weiter verfestigen. Auch „verschüttete oder verkümmerte Fähigkeiten, Potenziale oder Stärken, positive Erinnerungen und Ereignisse" lassen sich diesbezüglich aufspüren. Und es verwundert ein wenig, dass man in der Arbeit mit geistig behinderten Menschen meint, auf ihre Geschichte verzichten zu können, weil man all ihre Verhaltensweisen auf den organischen Defekt zurückführt. Oftmals ist sie nicht einmal bekannt. Dies hat offenbar viel mit Angst und Abwehr zu tun. Das Verstehen ihrer Lebensgeschichte ist aber meines Erachtens nicht durch eine „funktionale Verhaltensanalyse" zu gewährleisten (vgl. Theunissen 2006b, 313).

Ebensowenig halte ich die Anwendung behaviouraler Interventionsformen auf der „Basis eines rein lerntheoretisch-operationalisierbaren Kalküls" im Sinne von Dressur oder Anpassungstechnik für geeignet, um „herausforderndes Verhalten" bei geistig behinderten Menschen zu löschen (vgl. Theunissen 2008, 3364ff). Die Praxis muss sich in der Tat fragen lassen, ob sie tatsächlich Entwicklungsräume für diese Menschen schafft, damit sie aus sich selbst heraus zu neuen Optionen gelangen können. Rohrmann belegt, dass es entgegen der gesetzlichen Vorgaben in Deutschland bisher zu keiner Umkehrung in der Behindertenpolitik gekommen ist: „Stationäre Angebote wurden und werden ausgebaut. Ambulante Hilfen werden nur für einen Personenkreis bewilligt, der einen vergleichsweise geringen Hilfebedarf hat" (vgl. Rohrmann 2008, 138).

Wenn die stationäre Betreuung nach wie vor die Regel ist, müssen wir darüber nachdenken, was die Institution selbst ausmacht (vgl. Gerspach 2004d, 99ff). Institutionen sind durch Tradition oder Recht abgesicherte Ordnungsgestalten, die Aufgaben der Gesellschaft möglichst sinnvoll lösen sollen. Soziale Institutionen übernehmen zudem ritualisierte Aufgaben für die Gesellschaft: das Wegschließen unliebsamer Randgruppen, das Bestrafen Krimineller, die Triebunterdrückung von Kindern. „Institutionskultur" wiederum bezieht sich auf die dort gängigen Denk- und Problemlösemuster, aber auch auf diejenigen Verhaltens- und Erlebensweisen, die als Wechselwirkung von Individuum und Institution entstehen. Institutionskulturen sind meist verborgene Kulturen (vgl. Bauer 1996).

Das Selbsterleben des Einzelnen wird davon mitbestimmt, in welcher Weise ihm die Institution Sicherheit und Identität garantiert. Allerdings werden im selben Augenblick sein Verhalten, Denken und Fühlen von der Struktur der Institution kanalisiert und kontrolliert. Institutionen werden in erster Linie nicht durch rationale oder mentale Einflüsse, sondern vor allem durch unbewusste Prozesse gesteuert. In diesem Sinne verfügt jede Institution über eine pathogene Gestalt, wenngleich diese meist unbewusster Natur ist. Mentzos (1990) spricht von der institutionalisierten Abwehr. Neben der Wahrnehmung zweckrationaler Aufgaben übernehmen Institutionen psychosoziale Abwehrfunktionen. Sie stellen bestimmte Beziehungsmuster zur Verfügung, die gekennzeichnet sind durch zentrale Ordnungswerte der Gesellschaft, und binden damit Angst.

Wie innerhalb der Familie soll mit Hilfe von Ritualen Angst gebannt werden. Aus Angst vor Chaos und Kontrollverlust über Mitarbeiter werden streng formalisierte Arbeitsformen eingeführt, aus Angst vor Liebesverlust und Individuation kommt es zur Klimapflege und Uniformierung, aus Angst vorm Versagen und vor Missachtung gibt es Personenkult und Heldenverehrung. Ziel solcher Ritualisierungen ist nicht die Lösung dieser Konflikte, sondern ihre Verlagerung und Unsichtbarmachung (vgl. Bauer, Gröning 1995, 62; Bauer, Grohs-Schulz 1999, 15 ff.). In der Institution kommt es zu einer Produktion von Unbewusstheit. Dieses institutionelle Unbewusste umschließt all jene Phantasien, Ideen und Wünsche, die (scheinbar) die Stabilität der Institution bedrohen, weil sie sie verändern wollen (vgl. Erdheim 1984; Bauer, Gröning 1995, 59 ff). Gleichzeitig verlangt die Institution eine tendenzielle Regression ihrer Mitglieder, eine Art kollektiver Infantilisierung. Denn ein zentraler Konflikt resultiert aus den Wünschen des Einzelnen, Abläufe selbstbestimmt verantworten zu dürfen, und dem Verlangen der Institution, sich ihren Zielen und Handlungsschemata zu unterwerfen. Dabei werden nicht nur individuelle Wünsche und Gefühle verdrängt, sondern auch jene Gefühle, die aus den Normen und Regeln der Institution, am Ende der Gesellschaft resultieren. Die Institution bzw. Gesellschaft bestimmt, was dem Bewusstsein zugänglich werden darf und was nicht (vgl. Bauer 1996, 10 ff).

Ohne derlei Überlegungen zu berücksichtigen, können wir wenig von dem verstehen, was an entmündigenden Ritualen an die Bewohner/innen der stationären Einrichtungen, die schließlich Entmündigung gut kennen, weiter gereicht wird. Deshalb auch sind alle neuen Sprachformeln genauer unter die Lupe zu nehmen. Zwar ist seit längerem die Rede vom Wandel vom „Rehabilitationsparadigma“, welches den Behinderten als Patienten festschreibt, hin zum „Independent Living Paradigma“, welches ihn als Menschen erachtet, der ein autonomes Leben anstrebt. Es ist aber anzuzweifeln, ob dies auch zu einer Veränderung im Bewusstsein geführt hat (vgl. Greving 2004, 67). Auch auf den ersten Blick radikale Normalisierungskonzepte wie *Community Care*, die von gleichen Rechten der Mitglieder im Gemeinwesen ausgehen, tun so, als ob die emotionalen Grundlagen des Zusammenlebens, die sich zum Beispiel in Solidarität und Verantwortlichkeit manifestieren unabhängig von den jeweils herrschenden gesellschaftlichen Verhältnissen abrufbar wären. „Die ‚sorgende Gemeinde‘ muss so gesehen als eine Verkennung der Realität erscheinen“ (vgl. Gaedt 2003, 76 ff). Weiterhin fehlt eine echte Interessenvertretung der betroffenen Personen, deren Meinung nicht nur zu hören, sondern auch zu berücksichtigen ist. Zu denken wäre hier etwa an die von Boban und Hinz geforderten „persönlichen Zukunftskonferenzen“ (vgl. Boban, Hinz 1999). Vor allem aber fehlt es bei den Diensten und Einrichtungen vor Ort an Strukturen, die das Selbstbewusstsein der Betroffenen stärken könnten.

So werden derzeit noch immer ‚neue‘ Wohnkonstrukte wie *Wohnen im Verbund* entwickelt und in aller Öffentlichkeit propagiert, ungeachtet dessen, was die Betroffenen wirklich wünschen oder sich vorstellen können. Vielfach sind geistig behinderte Menschen „Planungsmasse von Verwaltung, Politik und Wohlfahrt geblieben. (...) Sie werden, abgestuft nach Selbständigkeitsgraden, solchen vorgegebenen Wohnformen zugeordnet. Eigene Lebenswünsche und -möglichkeiten haben kaum eine Chance“ (vgl. fib 1995, 8 f). Zudem werden beständig neue Instrumentarien zur individuellen Hilfebedarfsermittlung entworfen, die außerordentlich undifferenziert sind (vgl. Gaedt 2008, 88). Ganz gleich ob GBM-Help-Desk (vgl. http://www.gbm.info), Metzler-Fragebogen (vgl. Metzler 2009), Integrierter Hilfeplan (IHP) (vgl. Landeswohlfahrtsverband Hessen 2007) oder Integrierter Teilhabeplan (ITP) (vgl. http://www.paritaet-bw.de) – sie dienen ausnahmslos einer budgetorientierten Hilfeplanung mit dem Ziel der Kosteneinsparung.

Vor allem sehen wir uns massiv angehalten, keine Beziehungsarbeit mehr, sondern *Projektmanagement* zu machen. Wir freuen uns nicht mehr über kleine, unverhoffte Entwicklungsschritte und müssten es auch gemeinsam aushalten, wenn sich offenbar nichts tun will. Nein, wir schließen Zielvereinbarungen, als wollten wir unseren Adressat/innen überreden, mit uns Geschäfte zu machen. Wir formulieren *smarte Ziele*, die ebenso anstößig wie unprofessionell wirken.

Im Konzept des *Specific Measurable Achievable Relevant Timely* sollen eindeutige Ziele im Rahmen einer Zielvereinbarung mit den Adressat/innen getroffen werden (vgl. http://www.projectsmart.co.uk):

S	spezifisch	Ziele sollen eindeutig definiert sein
M	messbar	Ziele sollen messbar sein (wer, was, wann, wie viel, wie oft)
A	angemessen	Ziele sollen erreichbar sein (Ressourcen)
R	relevant	Ziele sollen bedeutsam sein (Mehrwert)
T	terminiert	zu jedem Ziel gehört eine klare Terminvorgabe

Bei konsequenter Anwendung von *Smart* sollen sich klare mess- und überprüfbare Ziele ergeben. Dazu zwei kurze Bemerkungen: Etymologisch gesehen bedeutet *smart* seit dem 19. Jahrhundert ursprünglich schmerzvoll, war assoziativ zunächst mit scharfen Worten und beißender Kritik und ist heute mit „auf den eigenen Vorteil bedacht" und „auf das Äußere achtend" verbunden (vgl. Kluge 2002, 853). Die Wortwahl spricht für sich.

Bei Winnicott ist in seinen Erörterungen zur Psychologie des kleinen Kindes die Rede davon, dass die gesunde Entwicklung unter günstigen Voraussetzungen an einen Punkt gelangt, an dem man sagen kann: „Dieses Kind ist nun eine ganze Person und steht in Beziehungen zu ganzen Personen." Er fährt fort, dass diese weitreichende Annahme recht willkürlich ist und es keinen Zeitpunkt gibt, „an dem eine solche Charakterisierung urplötzlich zutrifft. Jede Entwicklungsstufe, die das Kind erreicht, kann auch immer wieder verloren gehen; nach und nach erst können die verschiedenen Entwicklungsstufen wirklich eine Stabilität erreichen, und dies auch nur unter bestimmten Bedingungen". Winnicott schließt mit der Bemerkung, dass diese Bedingungen, die in den frühen Phasen von entscheidender Wichtigkeit sind, niemals völlig irrelevant werden (vgl. Winnicott 1994, 72).

An anderer Stelle weist er darauf hin, dass die Mutter-Kind-Einheit dann zerrissen werden kann, wenn die Mutter die *spontane Geste* des Säuglings durch etwas von sich selbst ersetzt, und er bezeichnet dies als „Übergriff", der eine panische Angst auslöst und die Gefahr einer psychotischen Spaltung heraufbeschwört (vgl. Winnicott 1976, 110ff; Ogden 1997, 8). In der instrumentalistischen Umschreibung der heilpädagogischen Praxis liegt für mich eine analoge Bedrohung begründet, zumal Menschen mit einer geistigen Behinderung solche Übergriffe von klein auf kennen. Wir geraten leicht in Gefahr, zu einer massiven Retraumatisierung beizutragen, wie alle veröffentlichten Fallbeispiele, die eine selbstreflexive Betrachtung der zum Teil heftigen Gegenübertragungsreaktionen zum Gegenstand haben, aufzeigen (vgl. Schaab 1997, Weber 2003, Pforr, Ising 2008).

Sprache, Inhalte wie die Verfahren selbst bleiben weit hinter solchen heilpädagogisch zu setzenden Standards zurück, sind voller Widersprüche und Lücken. Zwar ist z. B. im aktuellsten Entwurf, dem ITP, von Teilhabe die Rede, im selben Atemzug aber von Zielen, die durch die Hilfen erreicht werden sollen. Gibt es dazu vorab eine gemeinsame Abmachung, kann oder darf man sich dagegen verwahren, ohne den Anspruch auf Eingliederungshilfe zu verspielen? Es ist vom Verhandeln auf gleicher Augenhöhe die Rede, was für den Wochemarkt, nicht aber ein Betreuungsverhältnis gelten mag und eine Art *Waffengleichheit* suggeriert, die es faktisch nicht gibt. Lebensgeschichte wird auf platte „biographische Faktoren" reduziert. Erleben, gelingende Beziehungsgestaltung, schließlich die szenische Reproduktion erlittenen Leidens – sie spielen in dieser explizit als *evidenzbasiert* bezeichneten Herangehensweise keinerlei Rolle. Es ist die Banalisierung der Heilpädagogik.

Die Frage eines *fördernden Dialogs*, der vom Prinzip der Anerkennung ausgeht *und* blockierte Mentalisierungsfunktionen reflektiert, das Verlangen, den unbewussten Verwerfungen da nachzuspüren, wo der Dialog auf Grund sich schwierig gestaltender Übertragungsbeziehungen bedroht ist – sie werden mit dem vorliegenden Instrumentarium überhaupt nicht abgebildet. Wie sollen so die nötigen Entwicklungsräume geschaffen werden? Wesentliche pädagogische Kriterien wie Wohlbefinden und Vertrauen lassen sich eben nicht ‚technologisch' herstellen. In stationären Einrichtungen, in denen Menschen in „öffentlicher Privatheit" leben, entzieht sich die entgegen allen Verdikten zum Trotz noch immer stattfindende Beziehungsarbeit weitestgehend einer „Standardisierung der Arbeitsabläufe aus Gründen spezifischer Abhängigkeitsvariablen" (vgl. Mattner 2004, 47).

Überdies sind auch bei hohem Hilfebedarf selbstbestimmte Wohnformen möglich, wenn der zentralen Aufgabe einer andauernden, geduldigen Strukturierung aller Handlungsabläufe (vgl. Urban 2008, 151 ff) und der ausgewogenen Balance zwischen „verantwortbarer Unabhängigkeit und bedürfnisbezogener Abhängigkeit" (vgl. Mesdag, Hitzel 2008, 170; Fornefeld 2000, 148 f) Rechnung getragen wird. Senckel spricht diesbezüglich von einem *entwicklungsfreundlichen* Beziehungsangebot, in welchem fortbestehende frühkindliche Bedürfnisse nachbefriedigt und innere Konflikte bewältigt werden können. Vor allem das *Spiegeln* ist für sie diesbezüglich eine grundlegende Interaktionsform (vgl. Senckel 2001, 40 f). Im andern Fall wird entgegen dem ideologischen Beiwerk weiter und noch konsequenter mit defizitorientierten Messverfahren zur Feststellung der beeinträchtigten Funktionen operiert, um Leistungsvereinbarungen abzuwickeln. Das einzig Evidente daran ist, dass diese Politik der Wertschätzung eines betroffenen Menschen als „ethischem Subjekt" (Rösner 2002) diametral entgegenläuft.

Die Qualität der (stationären) Betreuung äußert sich aus Sicht der Betroffenen nicht in Mittelwerten von Fragebogenerhebungen, sondern in kreativen Formen des Einbezugs, der Mitwirkung, der Mitbestimmung. In diesem Sinne sind wir aufgefordert, „in Qualitätsfragen dialogfähiger und kommunikativer zu werden" (vgl. Simmen 2001, 233; Gerspach 2004 d, 137). Mit Bezug auf Jantzen (2001) bemängelt Katzenbach, dass sich „hinter der allgegenwärtigen Rede von Dialog, Partnerschaft und ‚Beziehungsarbeit' in der Behindertenpädagogik nichts anderes als subtile Unterwerfungsrituale verbergen, in denen schlecht kaschiert eben doch Wohlbefinden auf Seiten des behinderten Menschen die Voraussetzung für das ‚Beziehungsangebot' der professionellen Helfer darstelle" (vgl. Katzenbach 2004 a, 141).

Völlig ignoriert wird die Grundauffassung einer heilpädagogischen Anthropologie, die über die *Epoché* der Phänomenologie den Verzicht auf jegliche Sinnbestimmung von außen einfordert (vgl. Mattner 1997, 61 ff). Kurzum: Während die meisten Theoretiker wissen, dass Aussagen über Behinderung, Störung, Beeinträchtigung, Schädigung usf. von gesellschaftlichen Werthaltungen, diagnostischen Zuschreibungen und dem institutionellen Hintergrund abhängen, bleibt auf der Verwaltungs- und Betreuungsebene die Tatsache verschleiert, dass ein „von den gegebenen Asymmetrien der Macht abstrahierendes Vokabular nicht ausreicht, um deren (der behinderten Menschen, M. G.) Glücksansprüchen tatsächlich gerecht zu werden" (vgl. Rösner 2002, 137).

Vielfach kommt es in den institutionellen Lebenswelten zu einer unbewussten Reinszenierung der primären Erfahrungen mit den Betreuungspersonen. Allerdings ist die Situation dort nicht per se als traumatogen zu bezeichnen. Vor allem, wenn die Betreuungssituation als unzureichend erlebt wird, werden die frühen ambivalenten Erfahrungen reaktiviert. Verhaltensstörungen können dann ein Weg sein, auf sich aufmerksam zu machen und sich gleichzeitig vor der erneut wachgerufenen Angst vor Zurückweisung zu schützen. Insofern produziert die Institution gerne die Auffälligkeit selbst, die sie dann meint, bekämpfen zu müssen. Häufig werden die Betreuer geistig Behinderter durch Unterwürfigkeit in die Rolle des mächtigen Objekts gedrängt und müssen sich dann gewaltsam abgrenzen. Selbstverletzungen lösen in der Regel Hilflosigkeit und Ohnmacht aus (vgl. Sand u. a. 1990).

Es können sich aber auch Formen heimlicher Aggressionen und unkorrigierbarer Ablehnung einschleichen, die einer chronischen negativen Übertragung entspringen (vgl. Kernberg 1988). Solche Auswüchse von latentem Sadismus schimmern etwa bei der ‚versehentlichen' Medikamentenverwechslung durch. Auch das Gefühl völliger Gleichgültigkeit kann in diesem Sinne als Abwehr von ohnmächtigem Mitleid und unbändiger Aggression fungieren. Vielfach wird unter diesen Umständen zu drakonischen Strafaktionen gegriffen. Erst die Bearbeitung der Gegenübertragungsgefühle mag die massiven Verhaltensprobleme verkleinern helfen (vgl. Gerspach 2004 d, 157 ff). Nicht selten entwickeln wir als Abwehr gegen die eigene Verunsicherung, was wir denn mit *diesen* Menschen überhaupt anfangen sollen, eine Größenphantasie, wie perfekt wir zu Werke gehen (vgl. Wellendorf 1982). Dabei ist der geistig Behinderte noch immer mehr an einer Fliege interessiert, die vorüberfliegt, als an unserer Gelehrsamkeit, mit der wir ihm etwas zu erklären suchen. „In einer Position des Meisters zu sprechen, verfestigt ‚Debilität'" (vgl. Demuynck 1997).

Weil die Gesellschaft Menschen mit Behinderung weiterhin eher ausgrenzt als deren Integration zu fördern, haben derzeit eigentlich nur diejenigen eine Chance, die sich in der Öffentlichkeit ‚normal' verhalten können. Das Paradigma der Selbstbestimmung hat zwar offenbar jenes der Fürsorge abgelöst, damit aber schwindet das unauflösbare Spannungsverhältnis beider aus dem Blick. Gleichzeitig bleibt der Begriff der Selbstbestimmung eigentümlich unbestimmt. Unter sich verschärfenden ökonomischen Bedingungen ist er nicht mehr in Form einer „nachholenden Befreiung", sondern als „Einfädelung in das ‚neoliberale Pflichtprogramm'" gegenwärtig. Es geht nun nicht mehr um Emanzipation und eine solidarische Interaktion – „das Verhältnis zum Gegenüber kann allenfalls als ein instrumentelles gedacht werden" (vgl. Katzenbach 2004a, 134ff).

Da gleichzeitig die Kategorie der Fürsorge erhalten bleibt, führt das damit gesetzte Nicht-einlösen-Können des Anspruchs auf Selbstbestimmung zu erneuter Ausgrenzung. Wenn Selbstbestimmung (als Selbstbehauptung) zum normativen Gradmesser wird, sind Abweichungen davon nur bedingt tolerabel. Wir benötigen ein heilpädagogisches Konzept, das die widersprüchlichen Handlungsmaximen, die unversöhnlich zwischen Autonomie und Fürsorge hin und her schwingen, thematisiert. So wollen geistig behinderte Menschen womöglich anders leben. Vielleicht wollen sie sich primär unter ihresgleichen und nicht *autonom* und vereinzelt in der Welt der Normalen bewegen. Der Anspruch auf Selbstbestimmung verlangt, dass auch das Nicht-Verstehen anderer Lebensentwürfe Akzeptanz findet. Selbst der Begriff des Empowerments, dem durchaus eine differenzierte Auffassung von Selbstbestimmung zugrunde liegt, ist nicht frei von Widersprüchen und gedanklichen Untiefen ist. Zum einen ersetzt er eine „pädagogisch-fürsorgliche Belagerung" und will stattdessen Partizipation ermöglichen (vgl. Theunissen 2006a, 28). Aber wenn gleichzeitig damit die „unbedingte Annahme des Anderen" verbunden sei (vgl. Theunissen 2008, 363), werden oft mühsam zustande kommende Einigungsprozesse durch einen moralischen Rigorismus ersetzt und eigentlich unmöglich. Wird Empowerment zudem auf das Engagement in der Gemeinschaft hin verkürzt, birgt dies die Gefahr, dass Gesellschaft in sozialräumliche Kleinstgemeinschaften zerfällt, zu denen Behinderte keinen Zugang mehr haben (vgl. Katzenbach 2004a, 140; Theunissen 1997a). Bei allem Anspruch auf die Gestaltung emanzipativer Entwicklungsmöglichkeiten darf die Fürsorglichkeit nicht aufgegeben werden. Vor Verklärungen sei gewarnt.

In der Berliner Zeitung vom 21. März diesen Jahres – dem Welt-Tag des Down-Syndroms – ist von dem 34-jährigen Spanier Pablo Pineda die Rede, der mit dem Down-Syndrom geboren wurde (vgl. Dahms 2009). Mit vier Jahren begannen seine Eltern, ihm das Lesen beizubringen. Als er neun war, erklärte ihm seine Mutter den medizinischen Hintergrund des Down-Syndroms. Pineda besuchte die Sekundarstufe, die Oberstufe, blieb zweimal sitzen, machte das Abitur. Er schrieb sich an der Universität ein, um auf Lehramt zu studieren. Er war der erste europäische Student mit Down-Syndrom und schaffte den Abschluss. Inzwischen macht er weiter und möchte sich auf Psychopädagogik spezialisieren. Es heißt von ihm, er habe eine kräftige Stimme, seine Worte unterstreiche er mit ausholenden Gesten. Allerdings ist seine Aussprache als Folge des Down-Syndroms verwaschen. „Falls er schüchtern sein sollte, lässt er es sich nicht anmerken", steht zu lesen. Und er sagt: „Ich habe das Down-Syndrom. Und ich bin stolz darauf."

Szenewechsel: Ein Junge kommt unter großen Mühen, verbunden mit lebensbedrohenden Geburtskomplikationen zur Welt, was eine sofortige viertelstündige Beatmung nötig macht und eine gravierende Hirnschädigung hinterlässt. Unmittelbar mit der Mitteilung konfrontiert, dass ihr Kind unter einer geistigen Behinderung leidet, sieht sich die Mutter mit diesem Schock allein gelassen. Brüskiert fühlt sie sich durch die lapidare Bemerkung, dass ihr Kind einmal „kein Einstein" werde (vgl. Fritzsche u. a. 1993, 67).

Erneuter Szenenwechsel: Eine jüdische Freundin meiner Mutter, Erna Nakler, emigrierte bereits 1927 als junge Frau in die Vereinigten Staaten, weil sie das drohende politische Unheil heraufkommen sah. Dort absolvierte sie eine Ausbildung als Krankenschwester, und in dieser Funktion versorgte sie ab 1939 den inzwischen ebenfalls emigrierten weltbekannten Pianisten Artur Schnabel und begleitete ihn auch auf seinen Konzertreisen. In seiner freien Zeit musizierte er eine Zeit lang mit Albert Einstein, der bekanntlich Geige spielte. Eines Tages aber, so berichtete uns Erna, sagte Schnabel endlich zu Einstein: „Albert, bleib bei Deiner Physik."

Warum berichte ich diese drei Episoden? Ich beginne mit der zweiten Geschichte. Hier erleben wir, wie von Seiten der Fachleute ein vernichtendes Urteil über ein Kind gefällt wird, das soeben geboren wurde. Heute würde man sagen, diese Aussage offenbart das völlige Fehlen einer mentalisierenden Phantasie auf der professionellen Seite. Die eher euphemistische Bemerkung, das Kind werde einmal kein Einstein, lässt ja eigentlich Spielraum. In Wahrheit aber markiert sie, dass man dem Kind partout nichts zutraut. Aus Gründen der eigenen Abwehr eines bedrohlichen Gefühls wird sofort eine defizitäre Festschreibung vorgenommen, die vielleicht ein objektives Krankheitsphänomen abbildet, aber keine Zeit zum Trauern lässt.

Das Gegenteil scheint auf den ersten Blick die dritte Geschichte zu belegen: Der große Einstein musiziert mit einem der weltbesten Pianisten seiner Zeit. Weil wir bei den so genannten Hochbegabten unsere Mentalisierungsfunktion ins andere Extrem steigern und sie auf allen Gebieten für überragend halten, bedienen wir zum einen ihren Narzissmus dergestalt, dass da tatsächlich vieles möglich wird – wie eben im umgekehrten Fall schier nichts möglich sein soll, was aufs negativ getönte, oftmals depressive Selbstkonzept der geistig behinderten Menschen durchschlägt. Zum andern aber setzen wir die Hochbegabten derart unter Druck, dies auch verwirklichen zu müssen, dass sie ihre illusionären Größenphantasien nicht immer der Realität anzupassen wissen. Alice Miller nannte dies das „Drama des begabten Kindes" (vgl. Miller 1979). Kurzum: Einstein, wiewohl ein sehr reflektierter und bescheidener Mensch, glaubte offenbar, mit Schnabel mithalten zu können und merkte nicht, wie er sich in dessen Augen ein wenig blamierte.

Auch ein Einstein kann nicht alles und muss nicht alles können. Aber vielleicht hat ihm das Musizieren auch einfach nur Spaß gemacht...

Damit bin ich schlussendlich bei der Eingangsgeschichte gelandet. Auf den ersten Blick haben wir es hier mit einer großartigen Leistung zu tun, und *wir wussten ja schon immer*, wozu Menschen mit Down-Syndrom fähig sind, sofern sie die richtige Förderung erhalten. Aber zwischen den Zeilen schimmert etwas anderes durch. Warum muss ein solches Kind schon mit vier Jahren lesen lernen? Warum muss es eine Hochschulkarriere einschlagen, gar noch einen zweiten Abschluss anstreben? Warum muss der junge Mann seine Schüchternheit verbergen? Warum muss er stolz darauf sein, das Down-Syndrom zu haben? Ist das nicht eine Reaktionsbildung gegen seine Verzweiflung, Scham und Trauer?

Dass geistig behinderte Menschen scheinbar immer so fröhlich sind, ist Ausdruck ihres falschen Selbst und wird von uns gerne missverstanden. Sinason schreibt vom geistig behinderten Walter, „der sein wieherndes, betontes Lachen lachte, der Walter, der kicherte, der Walter, der den Leuten ein wohliges Gefühl gab, weil sie nicht an seiner Stelle waren, der Walter, der die Unsicheren (sic!, M. G.) tröstete, indem er ihnen zeigte, dass nicht jedes Verrücktsein tragisch ist". An seinem freien Tag erfährt er vom Tod seines Vaters. Er kehrt zu seiner ausbeuterischen Arbeit als Putzhilfe zurück, dorthin, wo er für gewöhnlich Zielscheibe allen Spotts ist, und lacht nicht mehr. Daraufhin warnt ihn sein Chef, er könne seinen Arbeitsplatz verlieren mit den Worten: „Versuche bitte, morgen wieder der alte zu sein. Ich kann nicht dulden, dass alle meine Mitarbeiter durch dich deprimiert werden. Also los" (vgl. Sinason 2000, 96).

Wenn schon die Fachleute sich jede Mentalisierung verbieten, bleibt den Eltern kaum etwas anderes übrig, als sich ebenfalls auf die Schädigung zu konzentrieren, die man z. B. darüber ungeschehen zu machen sucht, dass man frühzeitig kognitive Leistungen wie das Lesen antrainiert. Auf das eigene Erleben wie das des Kindes darf aber nicht geschaut werden. Hier entdecken wir rasch eine gemeinsame Fixierung auf die medizinisch wie pädagogisch verdinglichte Vorstellung einer Behinderung, den Defekt eben, den es mit Intensität auszumerzen gelte. Am Ende mündet dieser Drang ein in die Suche nach immer neuen Austreibungsritualen (vgl. Milani Comparetti 1986). Dieser Haltung, leider meist weder von Fachleuten noch von Eltern durchschaut, mangelt es daran, sich mit den eigenen Gefühlen zu konfrontieren. Sie werden genauso abgespalten wie der Defekt vom Subjekt abgelöst wird. Es geht hinter seiner Behinderung verloren, darf offenbar nicht so gesehen werden, wie es ist. Wohlgemerkt geht es mir nicht darum, dem stolzen Spanier seine soziale Anerkennung zu missgönnen. Aber danach zu fragen, welchen Preis er dafür zu zahlen hat und wie glücklich er wirklich ist, sei gestattet.

Heilpädagogik sollte versuchen, die drei so unterschiedlichen Tragödien *nicht* zu schreiben. Weder geht es um Glorifizierung, noch um Dämonisierung der Behinderung. Sondern einzig darum, daran mitzuwirken, dass unsere Adressat/innen soweit wie möglich selbstbestimmt ihren Platz in der Gesellschaft einnehmen dürfen. Fazit: Die gesunde Normalität liegt wohl irgendwo in der großen Bandbreite zwischen Nicht-Einstein und Einstein.

5.3 Arbeiten mit hörbehinderten Kindern

Als nächstes möchte ich einige Erfahrungen aus einer wissenschaftlichen Begleitung an einer Schule für Hörbehinderte vorstellen. Ziel war die Qualitätssicherung der Schulsozialarbeit an dieser Schule. Hinsichtlich der ihr gestellten Anforderungen sollte Unterstützung bei der Umsetzung der formulierten Ziele gewährt und gleichzeitig überprüft werden, inwieweit diese Ziele erreicht wurden bzw. realistischerweise erreichbar waren bzw. wessen es u. U. noch bedurfte, um sie zu erreichen.

Über die Frage des *Anders-seins* von Menschen mit einer Hörbehinderung gehen die Ansichten noch immer weit auseinander. Zunächst ist hierbei einzurechnen, dass die deutsche Hörbehindertenpädagogik, anders als etwa in Frankreich, von Anfang an, und dies bis heute spürbar, sehr normativ an der Orientierung an der Lautsprache festgehalten und der Gebärdensprache kaum ein Existenzrecht zugebilligt hat (vgl. Biesold 1984a). Es fragt sich auch, ob und in welchem Ausmaß kognitive und kommunikative Beeinträchtigungen durch organische Schädigungen und/oder gesellschaftliche Isolation hervorgerufen werden bzw. wo hier eine dialektische Verzahnung statt hat (vgl. Biesold 1984b).

Im Umkehrschluss heißt das nicht, dass die Ausrichtung an einem lautsprachlichen Unterricht per se zu verwerfen sei (vgl. Rosenthal 2006). Wo aber die Toleranz für eine Alternative verwehrt ist, hat dies selbstredend Auswirkungen auf die Persönlichkeitsentwicklung. Der Anpassungszwang wird erhöht, was durchaus psychosoziale Deformationen begünstigen mag. Eltern geraten unter Druck, weil ihr Kind nicht ‚normal' ist, was zu einer bewussten oder unbewussten Ablehnung seiner Behinderung führen kann, verknüpft mit dem Wunsch, diese zu beseitigen. Die gängig gewordene Praxis der Verwendung von Cochlea-Implantaten gehört in dieses Feld und muss zumindest unter diesen Vorzeichen angefragt werden (vgl. Bleidick 1992; Hintermair 2008). Hinzu treten weitere Einflussfaktoren wie Diagnoseschock bei den Eltern, bereits vorher vorliegende Sprachprobleme bei ausländischen Familien oder Mehrfachbehinderungen (vgl. Wisotzki 2005). Die Ambivalenzfähigkeit der Eltern gegenüber der Hörbehinderung ist auf jeden Fall für ihre Kinder ein Schutzfaktor gegen aufkommende Insuffizienzgefühle (vgl. Funk 2004, 106).

Es mehren sich die Stimmen derer, die vor einer Stigmatisierung und einseitigen Orientierung an Identitätsmodellen warnen, die gehörlosen Menschen einen normativen Erwartungsdruck überstülpen und nicht nach ihren Selbstbildern und Lebensmodellen fragen (vgl. Galić 2004, 2005). Allerdings soll auch nicht unterschlagen werden, dass sich Anzeichen für eine Häufung von Risikofaktoren finden lassen. Hinsichtlich des frühkindlichen Erwerbs von Bindungssicherheit bzw. des individuierten Aufbaus einer stabilen Persönlichkeit oder erhöhter Prävalenzraten von sozial-emotionalen Problemen bleiben Fragen offen, die mit dem Thema (Hör-)Behinderung verbunden sind (vgl. Funk 2004, 87; M. Krause 1997, 60;

Hintermair 2005). Insbesondere kommt der psychosozialen Situation der Eltern eine zentrale Rolle zu: Eltern mit guten personalen und sozialen Ressourcen erleben sich deutlich weniger belastet, was sich auf die positive sozial-emotionale Entwicklung ihres hörgeschädigten Kindes auswirkt (vgl. Hintermair 2006). Umgekehrt wirken sich diesbezüglich Belastungsfaktoren negativ auf dessen kommunikative Kompetenz aus.

Die narzisstische Kränkung, welche durch die Hörbehinderung ausgelöst wird, weil sich ein betroffenes Kind aus der gängigen Kommunikation ausgeschlossen fühlt, führt in Koppelung mit einer sozialen Randlage, die zudem häufig mitbedingt ist durch einen Migrationshintergrund, zur Gefahr von Selbstwertproblemen, was sich nicht selten auf der Verhaltensebene spiegelt. Kinder reagieren dann entweder leicht aggressiv oder ziehen sich verunsichert zurück. Im Sinne einer unbewusst wirkenden und zunächst nicht reflektierten Gegenübertragung sehen sich dann Lehrer/innen und Erzieher/innen ebenso leicht herausgefordert, mit Strenge oder Ungeduld zu reagieren.

Hinzu kommt eine komplexe institutionelle Strukturfrage: Sonderschullehrer/innen sehen sich nicht selten im Verhältnis zu Lehrer/innen an den Regelschulen abgewertet. Nicht von ungefähr ist im allgemeinen Sprachgebrauch nur vom dreigliedrigen Schulsystem die Rede – die Sonderschule wird glatt vergessen. Auch dies bietet Anlass für vielfältige narzisstische Kränkungen, was den Kontakt untereinander, die Haltung zu anderen Berufsgruppen, die an der gleichen Institution arbeiten, im Hinblick auf Status- und Hierarchieprobleme und nicht zuletzt das Verhältnis zu (schwierigen) Schüler/innen beeinflussen mag. Überdies ist es eine Berufskrankheit von Pädagog/innen, an einer überhöhten Selbstidealisierung zu leiden (vgl. Bruns 1991). Sie meinen perfekt angepasst sein zu müssen und reichen diese Selbsterwartung an ihre Adressat/innen weiter. Wenn diese nun den Erwartungen nicht gerecht werden können, schlägt die Größenphantasie unter der Hand in einen tiefen Selbstzweifel um: Mit denen hat es doch sowieso keinen Sinn.

Einmal abgesehen davon, dass es durchaus sinnvoll erscheint, vor dem Hintergrund der Diskussion über die Entwicklung von Institutionskultur in der Schule die eigene Berufsmotivation eingehender auszuleuchten – nicht um dann den Beruf zu wechseln, sondern um unnötigen Beziehungsfallen zu entgehen –, wäre es zum eigenen Schutz vor Überforderung ganz hilfreich, über diesen hausgemachten Erwartungsdruck Bescheid zu wissen (vgl. Hirblinger 1991). Die verdichtete affektive Eigenbeteiligung am professionellen Beziehungsgeschehen ist vor allem deshalb zu entschleiern, weil dort eine ganze Reihe von Kränkungen und Ohnmachtserfahrungen lauern. Ein diesbezügliches Angebot zur Selbstreflexion könnte durchaus entlastend wirken, wenngleich dies nicht im Rahmen der Schulsozialarbeit anzusiedeln wäre.

Vor dem Hintergrund eines problematischen lebensweltlichen Milieus der hörgeschädigten Schüler/innen trafen wir hernach auf eine nahezu explosive Gemengelage:

- Hörschädigungen in Verbindung mit
- einem Migrationshintergrund (bei 80 % der Schüler/innen) sowie
- einer Häufung psychosozialer Belastungssituationen im Kontext schwieriger Lebens- und Aufwachsbedingungen bzw.
- insbesondere Identitätsproblematiken,
- dadurch vorfindliche Beziehungsschwierigkeiten zwischen Eltern und Kindern mit der Folge
- von Sprach- und Verständigungsproblemen auf emotionaler und (neuro-)physiologischer/psychologischer Ebene, (mit-)bedingt durch
- die nicht verarbeitete Kränkung der Eltern, ein hörbehindertes Kind zu haben, und
- die nicht verarbeitete Kränkung der Schüler/innen, im Kontakt mit der Umwelt massive Kommunikationsprobleme zu haben, was letzten Endes
- zu massiven aggressiven Durchbrüchen und anderen Verhaltensstörungen führen kann und damit
- für Lehrer/innen und Erzieher/innen zu einem nicht unerheblichen psychischen Belastungsmoment wird.

Die Hörbehinderung ist generell erst im Zusammenhang mit vorhandenen psychosozialen Risikofaktoren zu verstehen. Viele Eltern begreifen nicht die Tragweite der Beeinträchtigung ihrer Kinder, sie finden keine angemessene Form der Verständigung mit ihnen, so dass ein Dialog nicht oder nur unter erschwerten Bedingungen entstehen kann, zumal ihnen häufig der Zugang zur Sprache/Gebärdensprache ihrer Kinder völlig fehlt. Die Sprachzerstörung findet also auf einem multiaxialen Terrain statt, bedingt durch

- die Hörschädigung des Kindes,
- fehlende Deutschkenntnisse der Eltern,
- fehlende Kenntnisse der Sprache/Gebärdensprache auf Seiten der Eltern,
- den gestörten emotionalen Dialog von Eltern und Kind mit Folgeproblemen der kindlichen Affektregulierung und damit der psychosozialen Anpassungsfähigkeiten.

Folglich kann es nicht um eine funktionalistische Herangehensweise an ein isoliert betrachtetes Phänomen von Hörbehinderung gehen. Sie muss mit pädagogischen Mitteln – familienergänzend und -unterstützend – bearbeitet werden. Aufgabe der Schulsozialarbeit war es daher,

- Beratung für Lehrer/innen, Erzieher/innen, Eltern, Schüler/innen und Mitarbeiter/innen von Jugendämtern und anderen beteiligten Institutionen anzubieten,
- Projektangebote für die Schüler/innen zu entwickeln,
- Schüler/innen mit Schwierigkeiten im sozialen Umfeld und mit Verhaltensproblemen zu fördern,
- Kriseninterventionen vorzunehmen und Einzelfallhilfe zu praktizieren,
- an der Installierung von Hilfen für die Familien mitzuwirken,

- eine Vernetzung nach innen (Kooperation) und nach außen (bezogen auf das Einzugsgebiet bzw. das häusliche Umfeld) zu bewerkstelligen,
- Fortbildungen zu veranstalten,
- ein schulflankierendes Konzept zur Bearbeitung der Verknüpfung von Hörschädigung und sozialem Problem als einer vordringlich kommunikativen Aufgabe zu entwerfen und praktisch umzusetzen.

Recht schnell, nachdem ich mit Hilfe einer wissenschaftlichen Mitarbeiterin und einer kleinen Gruppe von Studierenden die Arbeit aufgenommen hatte, wurde uns klar: Wissenschaftliche Begleitung bedeutet Prozessbegleitung. Wir waren Zeitzeugen und Lernende, nicht aktiv Intervenierende oder besserwissende Experten. Aus einer Position des Nicht-Verwickelt-Seins konnten wir Rückmeldungen und Anregungen geben und innovative Projekte wie z. B. kollegiales Fallverstehen auf die Schiene setzen helfen. Vor dem Hintergrund der Tatsache, dass viele verschiedene Berufsgruppen an der Schule zusammenwirkten, erschien es uns sinnvoll, mit all diesen Gruppen ins Gespräch über ihre Erfahrungen bzw. Ansprüche an die Schulsozialarbeit zu kommen.

In der Regel ignoriert die Sozialforschung solche subjektimmanenten Informationen und geht von standardisierbaren Frage- und Antwortkonstellationen aus. Man unterstellt eine prinzipiell und primär rationale Fähigkeit der Selbstdarstellung und des Diskurses und übersieht Brechungen in der Subjektgenese, die sich vor dem Hintergrund der eigenen Sozialisationserfahrungen – bis hinein in die jeweilige Struktur einer Institution – als Hintergrundszenario abbilden und das eigene Selbstbild mehr unbewusst als bewusst mitbestimmen. Erkenntnisse der neueren Hirnforschung legen den Gedanken nahe, dass jede zwischenmenschliche Interaktion neuronal kodiert wird. Dies verändert den Menschen also nicht nur psychisch, sondern zugleich biologisch (vgl. Ahrbeck, Henning 2004). Emotionale Belastungen haben Auswirkungen auf diese Kodierung und stellen sich gleichsam als implizites Hintergrundwissen dar, welches die aktuelle Leistungsbereitschaft beeinträchtigen kann. Insofern müssen wir diesbezüglich eine erschwerende Wirkung von Hörbehinderungen annehmen, wenn diese mit einer verschärften sozialen Problematik verkoppelt sind. Zweifellos ragte diese Thematik in die Arbeit der Schule hinein.

Gerade die Sozialforschung im Bereich heilpädagogischer Handlungsfelder muss die subjektimmanenten Deformationen in den Blick nehmen, die mit dem Thema Behinderung verknüpft sind, um zu validen Aussagen über entwicklungsunterstützende Interventionsangebote kommen zu können. Insbesondere die subjektive Erlebens- und Bewältigungsdimension, die sich um das Thema der Hörbehinderung rankt – und zwar im Kontext der Beziehungserfahrungen mit den leiblichen Eltern, dem weiteren lebensweltlichen Milieu und den Mitarbeiter/innen in der Schule –, sollte daher angemessen berücksichtigt werden. Spiegelbildlich dazu mussten wir die nötigen Hilfen für die pädagogischen Mitarbeiter/innen fokussieren, die mit diesen Deformationen auf oft schmerzliche Weise konfrontiert werden.

Folglich wandten wir uns einer hermeneutisch orientierten Textinterpretation zu. Der Grundgedanke, auf dem eine solche Textinterpretation beruht, besagt, dass das gewonnene Material nicht voll verständlich ist, solange man an der Oberfläche bleibt (vgl. Mayring 2002, 127; Flick 1995). Wir haben uns bemüht, auf das Prinzip der gleichschwebenden Aufmerksamkeit zurückzugreifen. Anstatt sich mit ‚Oberflächenphänomenen' aufzuhalten, wollten wir versuchen, Tiefenstrukturen zu erkennen, d.h. hinter manifesten Phänomenen latente Sinnstrukturen und Bedeutungszusammenhänge aufzuspüren (vgl. Leuzinger-Bohleber, Garlichs 1997, 172).

Insbesondere war davon auszugehen, dass die Aufdeckung derlei verborgener Sinnkontexte, die sich in diesen Gesprächen ergeben würden, auf eine „*Verstehenshilfe* durch dritte" angewiesen ist (vgl. Schröder 1999, 385, Devereux 1992). Das Forschungssetting selbst ist daher als begriffsbildend und reflexionsanregend zu erachten. Da soziale Tatsachen „*grundsätzlich als interaktive Leistungen zu behandeln*" sind, entpuppt sich Forschung selbst als „*Resultat situationsbezogenen interaktiven Handelns*" (vgl. Wolff 1994, 48). Gerade die Analyse von Störungen kann als wichtige Informationsquelle dienen und bedeutsame Einsichten zutage fördern (vgl. Friebertshäuser 1997, 377). Insofern handelt es sich bei einem solchen Vorgehen um eine „interpretative Methodologie" (vgl. Gärtner 2001, 44). Unser Ziel war es, das subjektiv und lebensgeschichtlich Besondere der Protagonist/innen angemessen auszuleuchten. Allein auf diesem Wege konnten wir versuchen, den eigentlichen Lebens- als Problemsituationen nahe zu kommen, die aus verschiedenen Gründen,

- seien es Kommunikationsprobleme auf Grund mangelnder Kenntnisse der deutschen Sprache und/oder
- eines eingeschränkt einsozialisierten Selbstmitteilungsvermögens,

aus den (Selbst-)Verständigungsmöglichkeiten ausgeschlossen sind. Nur so wird man zu besseren Bewältigungsmöglichkeiten (bisher ungelöster Konfliktsituationen) gelangen.

Wir begannen mit einer teilnehmenden Beobachtung des Geschehens in der Schule. Die Studierenden sollten sich aktiv auf einen Prozess vor Ort einlassen und diese Erfahrungen mit uns reflektierend auswerten. Teilnehmende Beobachtung zur Schulung der Eigenwahrnehmung orientiert sich am Prinzip einer unstrukturierten, wahrnehmenden Beobachtung, deren wesentliches Merkmal die ungerichtete Aufmerksamkeit ist. Auf diese Weise kann sich der Beobachtende auf das Handlungsgeschehen einlassen, ohne sich durch (konzeptionell) vorgegebene Beobachtungskategorien, vorgefertigte Instrumentarien oder fixierte Einzelaspekte in seiner Wahrnehmung bereits beim Hinschauen und Hinhören einzuschränken. Diese Form der Beobachtung versucht nicht Dinge oder Ereignisse isoliert wahrzunehmen. Sie ist ein Gewahrwerden mit den sinnlichen und emotionalen Möglichkeiten der Wahrnehmung, die dem Beobachtenden zur Verfügung stehen (vgl. Schäfer 2004, 8). Im übrigen erzeugen Beobachter und Beobachtete gemeinsame Effekte: Mitteilungen der Teilnehmer/innen in einer Forschungsinteraktion werden dem gemäß nicht als „Veräußerlichung der Gedanken des jeweiligen Sprechers betrachtet, sondern als gemeinsame Konstruktion von Wissen und Deutungen in einer konkreten Situation und in einem aktuell gegebenem Kontext“ (vgl. Heeg 1996, 44f).

In regelmäßigen Abständen haben wir Gespräche mit den verschiedenen Mitarbeiter/innen(-gruppen) der Schule über die einzelnen Themenbereiche der schulsozialarbeiterischen Angebotspalette geführt, was im Sinne eines gemeinsamen Dialoges zu einer systematischen Überprüfung der gewonnenen Daten und daraus sich ergebenden Lösungsansätzen führte. Hierbei wurde die Betrachtung *erster Ordnung* (durch die Praktiker/innen vor Ort) mit der Betrachtung *zweiter Ordnung* (durch die Vertreter/innen der wissenschaftlichen Begleitung) im Sinne einer gemeinsamen Interpretation auf verschiedenen Ebenen abgeglichen. Es erschien uns von Vorteil, die Einbeziehung des *subjektiven Faktors* unseren Forschungsbemühungen voranzustellen. Denn das Vorgehen der Interviewenden erzeugt die „Informationen, die nachträglich interpretiert werden sollen (...), objektivierende Ansätze verlieren gerade die interessierende subjektive Dimension“ (vgl. Buchholz 1993, 59; Buchholz, Streeck 1994a).

Das gewonnene ‚Rohmaterial‘ aus den Aufzeichnungen zur teilnehmenden Beobachtung und den transkribierten Interviews wurde in ausführlichen *Gruppendiskussionen* bearbeitet (vgl. Lamnek 1998). Sein subjektiver Sinn und die verborgene Bedeutung lagen nicht auf der Hand, sondern mussten auf diesem Wege dekodiert werden. Wir gingen die einzelnen Texte durch, nehmen die Einschätzungen vor und versuchen uns an einer Interpretation. Erst die systematische Überprüfung der gewonnenen Daten durch die Gruppe erbrachte ein im Ergebnis „kaleidoskopartiges Gesamtbild“ (vgl. Sahle 2001, 33f).

Die Gruppendiskussion bietet den Vorteil, dass alle Elemente, auch die scheinbar unwichtigen Details, Berücksichtigung finden und ihren Stellenwert abwägend in den Gesamtkontext eingeordnet werden. Das, was von Einzelnen vorgebracht wird, wird aufgenommen, kommentierend verarbeitet und in den Sinnzusammenhang eingefügt. Man kann schlussfolgern: „Der intersubjektiv nachvollziehbare Forschungsprozess bringt also selber die Reliabilität und Validität der Interpretationen hervor. Dabei bleibt die Komplexität des Untersuchungsgegenstands in einem weit höheren Maße erhalten, als dies bei der notwendig reduktionistischen Operationalisierung auf messbare Untersuchungsdimensionen der Fall ist“ (vgl. Gärtner 2001, 48). Hier stellte sich die wichtige Frage: Welcher emotionale Ort wird der Person des Interviewers zugewiesen? Was wird über uns gedacht und phantasiert? Wer hat uns geschickt? Sind wir Unterstützer oder Kontrolleure? Diese Zuweisung erfolgt oft, ohne dass sie den beiden am Befragungsprozess Beteiligten sogleich gegenwärtig sein muss – es handelt sich meist um einen unbewussten Vorgang.

Über weite Strecken orientierten wir uns am Prinzip des *szenischen Verstehens*. Denn das, was sich auf den verschiedenen Ebenen im Dialog zwischen den einzelnen Gruppen abspielte (Lehrer/innen, Erzieher/innen, Schulsozialarbeiterin, Schüler/innen, Eltern, Vertreter/innen der wissenschaftlichen Begleitung usf.), ist als die Herstellung einer gemeinsamen Szene zu verstehen ist, in der sich neben und hinter den offensichtlich manifesten Äußerungen auch latente Sinnstrukturen bzw. Problemzonen auffinden lassen. Nicht alles, was gemeint ist, wird auch so gesagt, nicht alles, was gesagt ist, ist auch so gemeint. Der Austauschprozess des Gesprächs organisiert sich in einer Art symbolischer Ordnung, deren Bedeutung es zu entschlüsseln gilt. Über einen zweiten Kanal der Kommunikation soll die Entschlüsselung der szenischen Informationen oder genauer „das Verstehen von Szenen" gewährleistet werden. Das gesamte Material einschließlich der mitgelieferten Eindrücke, Affekte und Phantasien sollte durch die Diskussion soweit verdichtet werden, bis sich sozusagen eine „szenische Evidenz" aufbaute und die Gruppe verstanden hatte, was als Kern der Selbstmitteilungen der interviewten Menschen *und* als Problemkern im Sinne scheiternder oder vom Scheitern bedrohter Kommunikationsprozesse der Schüler/innen angesehen werden konnte (vgl. Gärtner 2001, 33).

Als Ergebnis bleibt festzuhalten: Das Projekt selbst fungierte als Anlass zur Reflexion. Eine Lehrerin: „Erst in der Diskussion wird mir bewusst, welche enormen Vorteile eine Sozialarbeiterin für unsere Arbeit mit sich bringt." Denn Arbeit ist angefüllt mit schweren Belastungen. Dazu zwei Beispiele aus der teilnehmenden Beobachtung:

1. „Ein Junge zappelt mit seinen Beinen. Die Hände sind auf dem Tisch, dann unter dem Tisch, mal setzt sich der Junge auf seine Handflächen, dann stecken die Hände in den Hosentaschen. Er wühlt seinem Mitschüler in den Haaren. Er steckt den Bleistift hinter sein Ohr, haut mit dem Stift auf den Tisch, schaukelt mit dem Stuhl, rattert mit dem Klebestift am Heizkörper entlang. Er steht auf, wirft sein Mäppchen auf den Boden, zieht Sammelkarten aus der Hosentasche und betrachtet diese aufmerksam. Dann klettert er auf den Stuhl und schaut zum Fenster raus. Setzt sich wieder hin. Steigt nochmals auf den Stuhl, klettert unter den Tisch, schiebt den Tisch hin und her, beißt (heimlich) in sein Pausenbrot. Als er von der Lehrerin zur Mitarbeit aufgefordert wird, sagt er: ‚Ich will nicht mehr!' Die Lehrerin bittet ihn erneut um Mitarbeit. Der Junge daraufhin: ‚Ich mag aber nicht!' Die Lehrerin mit Nachdruck: ‚Doch, du machst das jetzt bitte.' Der Junge entzieht sich der Situation, indem er sich vom Stuhl unter den Tisch gleiten lässt, gleichermaßen von der Bildfläche ver- und dem Zugriff durch die Lehrerin entschwindet."

2. „Während des Mittagessen sitzt mir ein Junge schräg gegenüber, dessen Alter ich auf neun Jahre schätze. Er nimmt ein Würstchen von der Platte und steckt es sich zwischen seine Beine. Andeutungsweise onaniert er mit dem Würstchen, beugt seinen Kopf nach unten, steckt das Würstchen in den Mund und leckt daran. Dabei verdreht er hingebungsvoll seine Augen. Ihm gegenüber sitzen drei Mädchen. Ein Mädchen ruft aufgeregt gestikulierend nach der Erzieherin. Das Mädchen gebärdet und zeigt dabei auf den Jungen. Bis die Erzieherin reagieren kann, liegt das Würstchen längst wieder auf dem Teller. Diese Szene wiederholt sich einige Male. Das Mädchen, sichtlich irritiert von dem provokativen Verhalten des Jungens, ruft wiederholt nach der Erzieherin und zeigt auf den Jungen. Der

Junge stellt sein Verhalten sofort ein, sobald sich die Erzieherin ihm nähert. Die Erzieherin bekommt, im Gegensatz zu mir, nicht zu sehen, was der Junge hinter ihrem Rücken macht."

Anders als im Schulalltag konnten solche Erfahrungen in den Interviewsituationen artikuliert werden. Dazu eine dezidierte Aussage: „Als Lehrer ist man es gewöhnt, alleine zu arbeiten. Nicht immer ist der Leidensdruck so groß, dass man um Hilfe bittet. Es gibt einfach auch eine gewisse Angst, jemanden in die Klasse hereinzuholen. Das Abgeben fällt oftmals schwer. Viele Lehrer meinen, sie müssen alles bis zum Schluss selbst regeln, weil sie ja ganz nahe am Kind dran sind und den längsten und häufigsten Kontakt zum Kind haben. Vermutlich nehmen deshalb viele Lehrer die Zusammenarbeit mit der Schulsozialarbeiterin nicht in Anspruch."

In unseren Gruppendiskussionen tauchten das erhöhte Aggressionspotential, die Missachtung und das Überschreiten der Grenzen anderer sowie die eigene Verletzlichkeit auf und konnten mittels Reflexion besser verstanden und dann verarbeitet in die Einrichtung zurückgespiegelt werden. Ein weiterer Nebeneffekt war, dass die Studierenden, bedingt durch Alter und Status, zu ernsthaften Ansprechpartner/innen wurden: „Zu Beginn haben wir mit den Kindern Hausaufgaben gemacht, für die Fahrradprüfung gelernt und Bücher vorgelesen bekommen. Während dieser Aktionen kamen immer wieder Themen über das andere Geschlecht auf. Die Mädchen genierten sich, uns direkt ins Gesicht zu fragen, wie und was mit Jungs so läuft. Aus diesem Gespür heraus überlegten wir, dass wir ein Angebot für Mädchen machen, bei dem wir uns unterhalten können, aber uns dennoch nicht in die Augen schauen müssen, wenn es von den Kindern nicht gewünscht wird. Wir kamen zu dem Entschluss, Schmuck aus Glasperlen herzustellen. Bei dieser Arbeit kann man sich in die Augen sehen, wenn man möchte, oder auch nicht. Während dieser Tage entwickelte sich ein richtiges Vertrauensverhältnis, und wir wurden über unsere ersten Erfahrungen in Sachen Liebe und Sex befragt und auch die Mädchen erzählten von ihren Erfahrungen mit dem anderen Geschlecht. Dieses ‚Projekt' kam wohl dem am nächsten, was man unter Schulsozialarbeit versteht."

Sie selbst machten die Erfahrung – da sie begonnen hatten, die Deutsche Gebärdensprache zu lernen –, dass sie sich in ihren noch unbeholfenen Versuchen, im Kontakt mit den Schüler/innen zu gebärden, wie Nichthörende fühlten. Dazu die wissenschaftliche Mitarbeiterin Margit Franz: „In vielen Situationen war ich außen vor. Ich geriet in die Rolle der Außenseiterin und erfuhr am eigenen Leib die kränkende Bedeutung dessen, nicht in eine gelingende Kommunikation und Beziehung treten zu können. Des öfteren hatte ich das ungute Gefühl, dass hinter meinem Rücken nicht getuschelt, sondern gebärdet und gekichert wurde. Für mich Hörende eine wertvolle Erkenntnis auf dem Weg zu einem tieferen Verständnis hörgeschädigter Kinder."

Durch die Verkoppelung der Hörbehinderung mit weiteren Belastungs- und Risikofaktoren waren psychische Störungen ebenso zu beobachten wie zum Teil massive kognitive Mängel. Manches Kind sprach mit sechs Jahren keinen Laut und gebärdete auch nicht, was mit einer gravierenden Störung des Selbstgefühls einherging, aus der wiederum Kommunikationsprobleme resultierten. Hier offenbarte Schulsozialarbeit ihren *präventiven* Charakter. Die klassische Schule verfügt diesbezüglich kaum über geeignete Angebotsmöglichleiten.

5.4 Arbeiten in der Schule

Damit haben wir den Übergang zum nachfolgenden Thema. Schule hat es immer schwerer, ihren Auftrag zu erfüllen. Sie ist eingezwängt zwischen wachsenden Erwartungen der Öffentlichkeit an ihre Leistungsfähigkeit und der kollektiv schwindenden ihrer Schüler/innen, und dies alles unter sich verschlechternden strukturellen Bedingungen. Katzenbach macht deutlich, dass das Hauptproblem von Kindern und Jugendlichen, die auffälliges Verhalten zeigen, in ihrem eingeschränkten Vermögen zur Affektregulation und hier insbesondere ihrer Selbstwertregulation liegt. Sie weisen viele Merkmale einer narzisstischen Persönlichkeit auf:

- Schwanken zwischen tief greifenden Insuffizienzgefühlen und kompensatorischen Omnipotenzphantasien,
- extreme Abhängigkeit von narzisstischen Gratifikationen, dabei eine geringe Frustrationstoleranz, hohe Kränkbarkeit und unkontrollierbare Ausbrüche narzisstischer Wut,
- Überfrachtung von Beziehungen mit Wünschen nach narzisstischer Bestätigung und passivem Versorgtwerden.

Damit fokussiert Katzenbach ihre mangelnde Fähigkeit, die eigenen Emotionen und die der Mitmenschen differenzierter wahrzunehmen, zu interpretieren und auch komplexer zusammenzusetzen. Als Ziel der emotionalen Entwicklung formuliert er: „*Zugang zu den eigenen Affekten haben, ohne ihnen ausgeliefert zu sein*“, und setzt dies in Verbindung mit Fonagys und Targets Konzept des Mentalisierens (vgl. Katzenbach 2006, 95 ff).

Gleichzeitig sieht sich die Schule unter Kuratel gestellt, vorgestanzte Bildungsschablonen im Sinne der Fertigung von Massenkonfektion didaktisch umzusetzen (vgl. Gerspach 2009 b). Der kapitale Fehler dieses Konzepts liegt in einer referenzfreien, unmittelbaren Effekterwartung (vgl. Arnold 1997, 22 ff). Von der Wirkungsforschung her ist bekannt, dass die eigentlichen Effekte oft unbeabsichtigt, nebenbei, zuweilen unbewusst oder gar im Gegensatz zur geplanten Erwartung eintreten. Die Vorstellung, Qualität solcherart als machbar zu erachten, entspringt einem Mythos; Pädagogik lässt sich nicht in einem griffigen 10-Punke-Programm komprimieren. Sie kann nichts im Anderen – als einem Objekt – herstellen, sondern lediglich etwas Substantielles zu seiner Subjektwerdung beitragen. Bildungsprozesse beginnen da, wo Phantasien Selbstentwürfe erlauben. Während sich das rationale Denken auf die analytische Zerlegung von Wahrnehmungen und Gedanken richtet, richten sich Phantasien auf die Herstellung und Sichtbarmachung von Verbindungen. In ihnen sind sachliche Aspekte aufgehoben, sofern sie subjektive Bedeutung erlangen, und indem mit ihrer Hilfe der Bereich der Emotionalität an bestimmte Beziehungen gebunden wird, verknüpfen sie die innere mit der äußeren Welt (vgl. Schäfer 1995, 142 ff).

Die pädagogische Qualität bemisst sich hernach nicht an für alle gleich definierten Lernergebnissen, die vorab von außen festgelegt werden, sondern an den subjektiven Entwicklungen eines Kindes im Kontext seiner Möglichkeiten wie sozialen Lebenswelt. Erfolg ist schwer objektivierbar. Über operationalisierte Lernzieldefinitionen werden dagegen nur banale Verhaltensziele erfasst. Die tatsächlichen, nämlich im Innern des Kindes ablaufenden Entwicklungsprozesse des Lernens sind mit diesem Verfahren nicht zu erfassen. Messungen pädagogischer *Leistungen* nach vorher präzise und starr festgelegten Kriterien machen wichtige Wirkungen unsichtbar.

Ein gelingender pädagogischer Prozess entfaltet sich im potentiellen Raum, der Entwicklung wechselseitig und eigenaktiv ermöglicht. Es handelt sich um ein interaktives Geschehen zwischen zwei (oder mehreren) Subjekten, in denen das unwiederholbar Besondere der einzelnen (Lebens-)Geschichte – sozusagen als Subjekt-Gewordenes – mit einem solchen anderen korrespondiert. Die Plausibilität einer pädagogischen Intervention ergibt sich allein aus dem sinnhaften Verstehen der Bedeutung dieses je Besonderen. Der Übergang von den persönlichen zu den Sachthemen und deren Rückbezüglichkeit hängt maßgeblich vom Gelingen dieser Interaktion ab.

Von Freyberg, Wolff sprechen von der Schule als einem *Übergangsraum* im affektiven Ablöseprozess von der Familie (vgl. von Freyberg, Wolff 2004, 344 ff). Wir finden hier eine familienähnliche Struktur mit Lehrern als Elternfiguren vor, was für libidinöse Selbst- und Objektbesetzungen im Dienste der anstehenden Lernanstrengungen genutzt werden kann. Dazu gesellt sich eine milde Angstbereitschaft zum Zwecke der Disziplinierung, die ebenfalls diesem Ziel verschrieben ist. Schwierig wird es allerdings, wenn psychische Konflikte und vor allem negative Objektbesetzungen übertragen werden. Ebenso schwierig erscheint mir der umgekehrte Fall, wenn der affektive Kern der schulischen Interaktionen von Lehrerseite verleugnet wird. Jeweils drohen dann neurotische Lernhemmungen, Leistungsverweigerung und aggressives oder depressives Verhalten.

Gerade in der Grundschulzeit sind Lernprozesse noch stark von persönlichen Hintergrunderfahrungen gefärbt und daher mit mehr oder weniger heftigen Affekten assoziiert. Der sanfte Übergang zum sachlich-distanzierten Stoff kann nur gelingen, wenn Kinder zur Aufgabe ihrer Impulsivität bereit sind, weil sie sich in ihrem kindlichen Eigen*sinn* verstanden fühlen. Wird dieser dagegen als Störung par excellence definiert und ‚pädagogisch' bekämpft, entsteht die Gefahr einer sich früh chronifizierenden Lern- und Schulunlust, mit depressiven Unterwerfungsgesten hier und aggressiver Verweigerung da. Oftmals beginnen in dieser Zeit eskalierende Konfliktgeschichten, bis hin zu Schulverweis, Hausverbot und Ruhender Schulpflicht. Oder das *fehlende Fallverständnis* führt im Sinne eines *institutionellen Aufmerksamkeits-Defizit-Syndroms* zum schlichten Übersehen bestimmter

Schüler/innen, deren Schulkarriere damit unwiderruflich beschädigt wird. Von Freyberg, Wolff subsumieren dies alles einer „strukturellen Verantwortungslosigkeit" der Schule (vgl. von Freyberg, Wolff 2004, 356 ff).

Zu dieser strukturellen Verantwortungslosigkeit zählt auch der von Lehrerseite häufig auf die Eltern ausgeübte Druck, ihr Kind medikamentös einstellen zu lassen. Im günstigen Fall ist das Medikament das *gute Objekt*, das Eltern und Kind in der Hoffnung auf Entlastung vereint (vgl. du Bois 2007, 306). Allerdings drängt sich der Verdacht auf, dass es weniger darum geht, die betroffenen Kinder auf pharmakologischem Wege bildungsfähig zu machen, sondern Ruhe zu schaffen, damit die andern sich besser konzentrieren können. Metylphenidat wird bekanntlich bereits zur Steigerung des kognitiven Leistungsvermögens bei ‚normalen' Kindern eingesetzt. Mittlerweile wird in den USA die Forderung nach „Gehirndoping für Gesunde", gemeint sind Forscher und Studenten, ganz offen erhoben. Schon 7 bis 15 % der amerikanischen Studierenden greifen zu Psychopharmaka, allen voran Ritalin, um ihre Leistungen zu verbessern. Allerdings wird damit nicht immer nur das Selbstvertrauen gesteigert. Gerade in Prüfungssituationen kann es zu Selbstüberschätzungen kommen. Man antwortet vorschnell, weil man überzeugt ist, die richtige Antwort zu kennen (vgl. Maier 2008).

Was also kann Schule wirklich leisten? Folgen wir obigen Überlegungen zur Heterogenität von Störungsbildern, so benötigen wir einen sehr präzisen Blick auf die jeweilige Problemlage eines Schülers. Groß angelegte empirische Studien geben uns wichtige Hinweise auf den allgemeinen Zustand ‚draußen', sie zeigen aber bis auf wenige Ausnahmen selten Wege auf, wie dem identifizierten Problem im Einzelnen beizukommen ist. Empirische Messungen vermögen eine subjektorientierte Aufklärungs- als einer Verstehensarbeit nicht zu leisten. Adorno schreibt: „Sich dem Objekt überlassen ist soviel wie dessen qualitativen Momenten gerecht werden. Die szientifische Objektivierung neigt, einig mit der Quantifizierungstendenz aller Wissenschaft seit Descartes dazu, die Qualitäten auszuschalten (...). Die Verabsolutierung der Quantifizierungstendenz der ratio kommt mit deren Mangel an Selbstbesinnung überein." Zwar räumt Adorno ein, dass das Erkenntnisziel der Statistik qualitativ sei und es dem gemäß um die Rückübersetzung der quantifizierten Einsicht in Qualitatives gehe, dennoch warnt er davor, das Subjekt zu einem qualitätslosen Allgemeinen zu reduzieren (vgl. Adorno 1990 b, 53).

Vieles spricht dafür, dem jeweiligen Einzelfall die nötige Aufmerksamkeit zu schenken, um zu einer sinnvollen Intervention fähig zu sein. Freuds Fallstudien – die bekanntlich wie Novellen zu lesen sind (vgl. Freud 1895 d) – sind eine hilfreiche Argumentationsstütze, denn sie machen deutlich, dass die einzigartige Lebensgeschichte eines Menschen zu berücksichtigen ist, will man ihm eine entwicklungsfördernde Unterstützung zuteil werden lassen. Auch wenn heutzutage die wissenschaftliche Relevanz von Einzelfalldarstellungen äußerst kontrovers diskutiert wird, so stellt uns die Darlegung, Betrachtung und Diskussion kasuistischen Materials doch vor eine anspruchsvolle Aufgabe des Präsentierens und Begründens unserer theoretischen Überlegungen (vgl. Datler 2004, 13).

Selbst wenn es antiquiert klingen mag, so halte ich die Beschäftigung mit *Fallgeschichten* für die Grundlage sinnvoller psychosozialer Interventionen. Quantitative empirische Erhebungen können uns zeigen, mit welcher Massierung von Problemlagen wir es zu tun haben. Sie bleiben oftmals theoretisch blass und sagen uns wenig über den Handlungsbedarf im konkreten Einzelfall. Beispielsweise wird momentan darüber diskutiert, ob der permanente Handy-Gebrauch bei Jugendlichen einer „Nuckelflasche am Ohr" gleichkommt und damit ein „Entwicklungshemmer" ist, so Joachim Bauer, der eine „naive Versorgungsphantasie" nähre, so Wolfgang Bergmann. Nach Claus Tully wiederum habe das Handy eher den Charakter eines Übergangsobjekts, das helfe, das Alleinsein besser auszuhalten und Ängste abzubauen. Nun wendet Hartmut Kasten vom Münchner Staatsinstitut für Frühpädagogik ein, es sei ganz schwierig, sozialwissenschaftlich zu untersuchen, ob Handys die Selbständigkeit von Jugendlichen eher fördern oder schwächen. „Dazu hätte man eine Gruppe von Jugendlichen während der vergangenen 10 bis 15 Jahre mit Mobiltelefonen und eine Vergleichsgruppe ohne aufwachsen lassen und beobachten müssen" (vgl. Schmidt 2009).

Genau hier verläuft die Grenzlinie zwischen empiristischer und subjektorientierter Forschung. Einmal abgesehen davon, dass auch die Vergleichsgruppe nicht in einem isolierten Sozialraum aufwüchse und es quasi unmöglich wäre, alle anderen Einflussgrößen gesondert zu betrachten, bleibt das Problem objektiv nicht beobachtbarer Phänomene wie etwa eines Übergangsobjekts. Mit evidenzbasierten Messverfahren ist hier kein Land zu gewinnen. Übertrage ich diese Einsicht auf unser Gebiet, so wird klar: Eingedenk aller zur Vorsicht ratenden Auffassungen brauchen wir diagnostische und methodische Möglichkeiten, den Fall zu verstehen und angemessen zu intervenieren. Hier ist es durchaus sinnvoll, auf bestimmte systematisierte Typologien zurückzugreifen. So erscheint die psychodynamische Unterscheidung in Fälle, in denen wir es mit einer triadisch entwickelten Persönlichkeitsstruktur zu tun haben, und jene, in denen wir auf ein dyadisches Erleben stoßen, hilfreich.

Im ersten Fall haben wir es mit einer eher reifen Form von Persönlichkeit zu tun und der prinzipiellen Grundfähigkeit, sich auf das *Dritte* – z. B. schulische Sachthemen – einzulassen. Wenn es hier zu Störungen im pädagogischen Alltag kommt, bilden vielfach hohe äußere Anforderungen und ebensolche inneren Selbsterwartungen den Kern des Geschehens. Eine kognitive Überreizung kann dann leicht zu einer Labilisierung des Selbst führen und die bekannten Symptome von Schulversagen hervorbringen. Sicher gebundene Kinder weisen einen Schutzfaktor auf, mit spannungsauslösenden Situationen besser umgehen zu können. Allerdings können sie durchaus von Elternseite aus mit heftigen Projektionen belegt werden, etwas zu erreichen oder zu verwirklichen, was einem selbst nicht gestattet war. Obwohl mit stabilen inneren Repräsentanzen ausgestattet, sehen sich diese Kinder oft außerstande, ein Gefühl von Selbstwirksamkeit zu entwickeln, die gestellten (schulischen) Anforderungen aus eigenem Antrieb und Willen zu bewältigen. Sie fühlen sich zu allererst genötigt, ihr inneres Objekt zufrieden zu stellen, um nicht die Liebe jenes äußeren zu verlieren und geraten so in ein seelisches

Dilemma. Diese Aspekte sind meines Erachtens bislang ebenso wenig systematisch untersucht worden wie jener der eigenen, aber verleugneten konflikthaft verlaufenden Schulkarriere der Eltern.

Im zweiten Fall liegt die Störung in der nicht oder ungenügend herausgebildeten Persönlichkeitsstruktur. Im Mittelpunkt des Interesses steht regressives Sehnen nach einem symbiotisch angelegten Beziehungsarrangement, was gleichzeitig archaische Ängste vor dem Verschlungenwerden mobilisiert. Die davon betroffenen Kinder und Jugendlichen sind noch nicht in der Lage, die Distanz schaffende Befassung mit einer kognitiven Anforderung zu ertragen (vgl. von Freyberg, Wolff 2006, 181 ff). Im Gegenteil: Sie verstricken ihre Lehrer/innen in massive Konfliktszenarien, in denen sie die seit den Tagen ihrer frühen Kindheit an erlebten Empfindungen von Demütigung und Ohnmacht in Form einer projektiven Identifikation kommunizieren. Die Erwachsenen sehen sich heftigsten Aggressionen und Entwertungen ausgesetzt. Die narzisstisch schwer gekränkten Kinder sind nicht in der Lage, ihr Gegenüber als eigenständige Person und als Zentrum eigener, d. h. von ihnen getrennter und unabhängiger Gefühle, Wünsche und Wahrnehmungen zu erkennen. Es ist der „Feind", der ihre archaische Wut wachgerufen hat und ist für sie ein widerspenstiger Teil ihres erweiterten Selbst (vgl. Trescher, Finger-Trescher 1992, 105).

Die Probleme zeigen sich auf der manifesten Ebene vielleicht zunächst verwandt – als Unfähigkeit, dem Unterricht zu folgen –, das Motiv dafür ist aber anders gelagert: unbewusst agierter Widerstand hie – defizitäre innere Ausstattung da. Auch die *Leidensgeschichte* der Lehrer/innen in der Verstrickung mit den Kindern folgt einer unterschiedlichen inneren Dramatik, die im zweiten Fall weitaus mehr psychische Belastungsmomente parat hält. Hier erscheinen mir kollegiale Kooperationsbeziehungen zwischen Sonderpädagog/innen und Regelschullehrer/innen durchaus sinnvoll, den inneren Druck besser auszubalancieren (vgl. Reiser u. a. 2003, 10 ff).

In einem von mir betreuten Projekt zur ADHS-Prävention in der Schule arbeitete eine Gruppe von Studierenden in Grundschulklassen mit. Indessen nicht in dem Sinne, den „ADHS-Kindern" eine eigene Person an die Seite zu stellen, sondern als indirekte Hilfestellung für den Klassenkontext. Sie waren Ansprechpartner/innen für die Lehrer/innen wie für die Kinder der Klasse, leisteten, wenn man so will, Aufklärungsarbeit über das Thema ADHS und waren als Dialogpartner/innen gegenwärtig (vgl. Gerspach 2009 c). Dort, wo die Lehrer/innen sich einließen, wurde erreicht,

- dass es keine weitere Stigmatisierung gab,
- dass der Blick der Lehrer/innen ein anderer, um nicht zu sagen *milder* und vielleicht *verstehender* wurde,
- dass die Kinder im viel zu großen Klassenverband eine/n weitere/n Ansprechpartner/in fanden,
- was zur Entspannung auf beiden Seiten führte
- und damit bestehende Stigmatisierungen abgeschwächt werden konnten,

- so dass den Kinder eine Möglichkeit geboten wurde, für ihre ungelösten Lebensthemen, die sie natürlich mit in die Schule brachten, ein offenes Ohr zu finden.

Als ich Ende der siebziger Jahre in einem psychoanalytisch orientierten Tagesheim für Verhaltensgestörte arbeitete, war eine unserer ersten Aktionen, dafür zu sorgen, dass bei den neu aufgenommenen Kindern das Metylphenidat abgesetzt wurde. Die Medikation abweichenden Verhaltens gab es bereits damals, allerdings nicht in dem Maße wie heute. Durch einen guten Beziehungsrahmen für Kinder und Eltern geschützt hatte der Verzicht auf das Medikament keine nachteiligen Auswirkungen.

Auch jetzt fiel uns auf, dass sich immer ein psychosoziales Belastungsmoment bei den betroffenen Kindern finden ließ. Darin eingeschlossen waren problematische Reaktionsweisen von Lehrer/innen, die selbst Störungspotentiale hervorbrachten oder bestehende massiv unterstützten, was oft zu einer Verschärfung der Situation führte. Wenn ein Kind, das als impulsiv gilt, sich dank der Intervention einer empathischen Studentin beginnt, sich wie verlangt zu melden, anstatt sogleich loszuplappern und dies vom Lehrer beharrlich ignoriert wird, bis das Kind die Lust verliert und dann wieder das altbekannte Lamento folgt, dann ist das sehr bedauerlich.

Ich nehme nun den Fall eines kleinen Jungen her, der als unkonzentriert und leistungsschwach galt und mit dem Etikett ADHS belegt war. Seit langem beklagte sich die Klassenlehrerin bei der Mutter über seine schlechten Leistungen. Entgegen dem Anraten des Kinderarztes verzichtete die Mutter auf die Verabreichung von Ritalin – wie sie sagte, hatte sie viel Schlechtes darüber gehört und wollte sie sich nicht schuldig machen an der Gesundheit ihres Kindes. Gleichzeitig aber trat sie in der Schule massiv auf, weil der Junge angeblich nicht genügend eingegrenzt wurde. Die Klassenlehrerin fügte sich dem Wunsch der Mutter, eine Art Verhaltenstagebuch zu führen und notierte beinahe täglich, mit den immer gleichen Formulierungen, die „Vergehen" des Kindes. Die Mutter wurde von ihr sehr exaltiert erlebt, gleichzeitig spürte sie ihre Anspannung und Umtriebigkeit. Es galt noch ein weiteres, jüngeres Geschwisterkind zu versorgen, das die Mutter stets mitbrachte. In einem kurzen Tür-und-Angel-Gespräch erklärte sie einmal, dass ihr Ehemann ihr heftige Vorhaltungen über das Versagen des Sohnes mache, er sei aber selten zu Hause, für den Jungen nicht genügend verfügbar und also keine große Entlastung.

Der Junge nahm schnell Kontakt zur Studentin auf und suchte *bei Gefahr* ihre Nähe. Sie konnte eine sich stabilisierende Beziehung zu ihm aufbauen und unterstützte ihn mit aufmunternden Worten, wenn es mal nicht klappen wollte. Immer wieder sieht man, wie es sich tatsächlich um Aufmerksamkeitsstörungen handelt – allerdings auf Seiten der Erwachsenen, die sich weder in ruhigen Phasen gemeinsam geteilter lustvoller Affekte noch in Momenten aufkommender Spannung genügend und mit der nötigen Ruhe den Kindern zuwenden. Geschieht dies, wird es dankbar und mit Auswirkungen auf die wichtige Erfahrung von Selbstwirksamkeit goutiert.

Gegen Ende des Schuljahres wurde ein Theaterstück vorbereitet, und der Junge bekam auf eigenen Wunsch hin die Hauptrolle. Er hatte viel Text zu lernen, und war, da er mit der Studentin Augenblicke von gelingender Affektabstimmung wie -ansteckung erlebte, mit ganzem Herzen bei der Sache. Unmittelbar vor der Aufführung kamen natürlich Lampenfieber und die bekannte Angst vorm Versagen auf. Aber er hatte ja ein *gutes Objekt* an seiner Seite. Während des Spiels, das vor den Eltern gegeben wurde und das er bravourös meisterte, beobachtete die Studentin aber ein wohl typisches Interaktionsmuster. Der Junge suchte sehnsüchtig den Blick der Mutter – und fand ihn nicht. Die Mutter vermied jeden Blickkontakt zu ihm, konzentrierte sich kaum auf das Stück, sondern wirkte fahrig, schaute sich beständig unruhig in der Aula um und war augenscheinlich froh, als das Ganze vorüber war. Dem Jungen aber war seine Trauer anzumerken, auch wenn er sie nicht offen zum Ausdruck brachte.

Konnte man dieser Mutter einen Vorwurf machen? Sie erschien mit der häuslichen Situation überfordert, hörte beständig Klagen von Seiten der Schule, der Kinderarzt erklärte ihr Kind für krank, und dennoch schützte sie es auf ihre Weise: In der Schule trat sie in einer Art Vorwärtsverteidigung offensiv auf, und sie weigerte sich, der ärztlichen Verordnung Folge zu leisten. Aber es gab auch jene dunkle Seite, wo sie die Bedürfnisse des Jungen nach Anerkennung ignorierte, und sie signalisierte der Lehrerin vehement, dass man sie bloß in Ruhe lassen solle. Sie war aber intelligent genug, um ihr eigenes Manöver zu durchschauen und fühlte sich ihrer Rolle als Mutter (in erster Linie ihrem Kind, aber auch der Schule gegenüber) nicht gewachsen, was selbstredend Schuldgefühle auslöste, die wiederum in einer Form projektiver Identifikation (an die Adresse der Lehrerin gerichtet) abgewehrt wurden. Vordergründig entlastete sich die Mutter über ihre vehemente Art. Hinter ihrem Agieren aber setzt sie leise Signale, macht Andeutungen über ihre unglückliche Situation. Der Vater selbst entzog sich am deutlichsten seiner Verantwortung.

Kann man der Klassenlehrerin einen Vorwurf machen? Sie bedrängte die Mutter seit langem, als sei diese quasi persönlich schuld an den schlechten Schulleistungen ihres Kindes. Unter besseren strukturellen Bedingungen – eben dem Hinzutreten einer geschulten Studentin – war der Junge aber zu einer bislang für unmöglich gehaltenen Leistung fähig. Das war zuvor nicht erkannt worden. Was helfen im Übrigen Vorhaltungen an die Adresse der Eltern, außer, dass man sich selbst im Sinne einer nicht verstandenen Gegenübertragungsreaktion, das Schuldthema unverdaut zurückzugeben, entlasten möchte? Beides spricht nicht für ein besonderes pädagogisches Können. Aber da sind noch 25 andere Mütter in der Klasse ... Die Lehrerin konnte offenbar nicht als Container für die Sorgen der Mutter fungieren, weil sie sich im Moloch Schule selbst nicht gehalten sah.

Schließlich: Kann man dem Kind einen Vorwurf machen? Es fühlte sich offensichtlich nicht wohl zu Hause, zudem gab es ein Geschwisterkind, das ihm auch noch die letzte Aufmerksamkeit der Mutter raubte. Der Junge verweigerte sich, und der von ihm ausgeübte Druck auf die Mutter wurde damit noch größer. Er wusste dies, nahm es aber aus Verzweiflung in Kauf und fühlte sich darob schuldig.

Wir haben es hier mit einem recht einfach gelagerten Fall zu tun. Denn der Junge ist schon durch eine kleine Intervention in der Lage, sich auf zunächst wenig libidinös besetzte Sachthemen wie Rechnen einzulassen und die gestellte Aufgabe zu bewältigen. Auch bekommt er keine Medikamente, was ihn auf alle Fälle auch leichter ansprechbar macht. Schwieriger wird es, wenn wir auf Kinder mit strukturellen Ich-Defekten stoßen, hinter denen meist das Fehlen der elterlichen Mentalisierungsfunktion zu entdecken ist. Wir erfuhren nur Rudimentäres über den familialen Hintergrund dieses Kindes, aber es war ausreichend, um ihm ein niederschwelliges pädagogisches Angebot zu unterbreiten, auf das es sich einlassen konnte. Nicht zuletzt auf Grund dieses Schulprojekts bin ich sicher, dass kreative Angebote im Zusammenhang mit dem Kunstunterricht, aber auch schulergänzende Maßnahmen wie eine sinnverstehende Psychomotorik ein Bearbeiten ungelöster Themen zulassen, sofern die Kinder ein empathisches Gegenüber vorfinden. So können angstmachende und bedrückende Phantasien und Gedanken bildhaft und szenisch gestaltet und in einen dialogischen Beziehungsrahmen so eingebaut werden, so dass sie sich ihnen anzunähern wagen und nicht mehr davor flüchten müssen.

Ein ähnliches Beispiel berichtet Wied. Sie hat an Hand einer kunsttherapeutischen Gruppenarbeit mit Kindern einer Lernhilfeschule gezeigt, wie Symbolbildungsprozesse aufkommen können. Mit ihrer Klasse inszenierte sie Sendaks „Wo die wilden Kerle wohnen“ als Märchenspiel. Es geht um Max, der an dem Abend, als er seinen Wolfspelz trägt, von der Mutter als *wilder Kerl* gescholten und ohne Essen ins Bett geschickt wird. Er erlebt sich getrennt von der Mutter, sein Selbstwert scheint zerstört und er empfindet eine tiefe narzisstische Wut auf sie. Jetzt verwandelt sich sein Zimmer, denn ein Wald beginnt darin zu wachsen. „Und plötzlich war da ein Meer mit einem Schiff nur für Max. . . .“ Max segelt los. „Und als er dort ankam, wo die wilden Kerle wohnen, brüllten sie ihr fürchterliches Brüllen und fletschten ihre fürchterlichen Zähne und rollten ihre fürchterlichen Augen und zeigten ihre fürchterlichen Krallen.“ Wie die Mutter ihm gegenüber gebietet er dem Treiben Einhalt, woraufhin ihn die wilden Kerle zu ihrem König machen. Auf dem Höhepunkt seiner Macht schickt er sie ohne Essen ins Bett. Danach wird er einsam und will wieder dorthin, „wo ihn jemand am allerliebsten hat“. Max kehrt zurück in sein Zimmer, wo das Essen auf ihn wartet, „und es war noch warm“.

Das Unterrichtsprojekt trifft die kindlichen Phantasien von Verlassensein, Wut und dem Wunsch nach Wiederannäherung, und man geht mit Feuereifer zu Werke. Die Aufführung gelingt hervorragend, allerdings reagieren manche Eltern zunächst peinlich berührt. Dies nimmt nicht wunder. Auf Grund eigener emotionaler Entbehrungen entsprechen sie oft nicht ihrer eigenen Wunschvorstellung der guten Mutter, und sie wissen das. Die von den Kindern im Stück dargebotenen Affekte werden nicht als symbolische Bewältigung des erfahrenen Mangels verstanden, sondern eher im Äquivalenzmodus als bedrohlich erlebt und müssen abgewehrt werden. Erst mit Max‘ versöhnlicher Rückkehr zur Mutter kommt Erleichterung auf. Es signalisiert eine Lösung der Wiederannäherungskrise. Dieser

Begriff von Margret Mahler wird als der Schnittpunkt angesehen, an dem die Ich-Funktionen soweit entwickelt sind, dass sich das Kind von der Mutter unabhängig fühlen kann. Das innere Bild der Mutter ist aber noch zu fragil, als dass das Kind genügend Stabilität besäße, die Trennung dauerhaft durchzuhalten. Mit der Theater-Bearbeitung des Märchens wird also gleichzeitig die Bearbeitung dieses Ambivalenzkonflikts möglich (vgl. Wied 1988, 35 ff). Vielleicht ist das die zentrale Aufgabe der Heilpädagogik.

5.5 Heilpädagogik als Prävention

Schließen möchte ich mit ein paar Bemerkungen zur präventiven Kraft der Heilpädagogik. Wenn wir ernst machen mit der Abkehr vom Defekt und einer Hinwendung zur gelebten Anerkennung, muss der rehabilitative Moment, so berechtigt er auch sein mag, hinter dem präventiven zurücktreten. Hier gehe ich widerspruchslos mit der Inklusionsforderung d'accord.

Vor nicht allzu langer Zeit war einer groß aufgemachten Meldung in der Frankfurter Rundschau zu entnehmen, dass die Mannheimer Polizei in Zusammenarbeit mit dem dort angesiedelten Zentralinstitut für Seelische Gesundheit ein „Zappelphilipp"-Präventionsprojekt ins Leben gerufen hat, um zu verhindern, dass aus sogenannten ADHS-Kindern später Intensivtäter werden. Nach den dortigen Erkenntnissen liegt bei 60 % von Intensivtätern eine hyperkinetische Störung des Sozialverhaltens vor, dem soll nun vorgebeugt werden. In diesem Projekt will man Eltern betroffener Kinder mit verhaltenstherapeutischen Methoden Hilfen an die Hand geben, damit sie ein besseres Regelbewusstsein zu vermitteln vermögen. Die Eltern sollen lernen, mit den Symptomen umzugehen und ihr Kind trotz seiner Behinderung gut anzunehmen. Zudem führe die unbehandelte Störung vielfach im Erwachsenenalter zu Sucht und Depression. Nach Angaben des Leiters dieser Kriminalprävention, Claus Himberg, litten 11 von 16 untersuchten ehemaligen Intensivtätern an ADHS, wobei er nicht einen einzigen traf, der „in einer geordneten Umgebung lebte" (vgl. Frankfurter Rundschau 2007 a, 13).

Präventionsmaßnahmen zur Vermeidung von Delinquenz – das klingt zunächst recht überzeugend. Bei genauerem Hinsehen aber tun sich eine Reihe von Fragen auf: Im vorliegenden Fall wird von einem eindeutigen Krankheitsbild, einer hirnfunktionalen Fehlfunktion, ausgegangen, welches sogleich nach geeigneter therapeutischer und/oder medizinischer Behandlung verlangt, damit diese Kinder später nicht kriminell werden. Das Syndrom wird wie eine organische Behinderung aufgefasst, die bei den Eltern sekundäre Akzeptanzprobleme heraufbeschwöre und damit zur permanenten Frustration auf Seiten der Kinder mit der Folge erhöhter Aggressionsbereitschaft führe. Sozialer und innerfamilialer Beziehungskontext werden ausgeblendet, ihnen wird keine primäre Sinnhaftigkeit zuerkannt. Wieder einmal bleibt der empirisch durchaus erkannte Zusammenhang zwischen *geordneter Umgebung* und *geordnetem Verhalten* unberücksichtigt.

Der hier bemühte Begriff von Prävention kommt frei von gesellschaftlichen Widersprüchen daher, zudem kontaminiert mit normativen und biologistischen Vorurteilen. Das zu vermeidende Problem wird individualisiert und psychologisiert, man fühlt sich ein wenig in die Zeit Kraepelins zurückversetzt, als vor allem politisch unzuverlässige Subjekte einem psychopathologischen Generalverdacht ausgesetzt worden waren. Schon gar nicht einleuchten will, dass die Krankheit in wohlsituierten Familien fast nicht vorkommen soll. Andere Krankheiten machen schließlich auch nicht halt vor dem Bürgertum. Diesen Umstand damit erklären zu wollen, dass dort Risikofaktoren eben nicht in gleichem Maße zum Tragen kämen, eröffnet nur die halbe Wahrheit. Denn es wird mit einem monokausalen Anlage-Umwelt-Konzept hantiert – eine gute Umwelt kann schlechte Gene kompensieren –, welches so nicht haltbar ist. Eine andere Studie des Mannheimer Zentralinstituts für Seelische Gesundheit über Sexualstraftäter kommt zum Ergebnis, dass es den geborenen Verbrecher nicht gibt. „Das Gehirn ist von der Geburt an bis zum Tod in einem ständigen Austausch mit der Umwelt und verändert sich", so der Leiter der dortigen forensischen Psychiatrie, Harald Dreßing (vgl. Frankfurter Rundschau 2007b, 41).

An dieser Stelle taucht ein weiteres Problem auf. Nicht selten wird der Begriff der Prävention mit dem Konzept der Resilienz in einem Atemzug genannt – Kinder sollen gestärkt werden. Die Grundidee des Empowerment ist ja um diesen Anspruch zentriert, was selbstredend eine nicht zu unterschätzende Aufgabe und einen guten Ansatz zur familienzentrierten Arbeit darstellt (vgl. Klein 2002, 25). Allerdings mutet diesem *positiven Denken* auch ein gewisser manischer Abwehrcharakter an. Wo bleibt da im dialektischen Sinne das Verzweiflungsmoment, das Kindern widerfährt? Im günstigsten Falle müssen sie die Kränkung ihrer Kleinheit und Ohnmacht gegenüber der Erwachsenenwelt verarbeiten und ihre infantilen Allmachtsphantasien aufgeben. Kindliche Entwicklung schlingert zwischen dem progressiven Wunsch nach Autonomie und dem regressiven nach Bindung. Offenbar tun wir uns zunehmend schwer, diese Spannung noch aushalten zu können.

In ungünstigeren Fällen sehen sie sich mit umspannenden Entfremdungsphänomenen konfrontiert, die in einer von Bildungseuphorie geprägten Welt immer früher auf sie einströmen und die Gefahr ihrer vorzeitigen Intellektualisierung heraufbeschwören. Der Bildungsbegriff wird wertlos, wenn man den Anspruch auf eine selbstkritische Vergewisserung in einer Tauschgesellschaft, die den Erwerb von Bildung auf den warenförmig verwertbaren Aufbau von Kompetenzen reduziert, sang- und klanglos aufgibt. Kinder wissen noch nicht verstandesgemäß um dieses ihnen Angetane, aber sie wissen es in ihren Gefühlen.

Zu vermeiden wäre, was die beiden französischen Psychoanalytiker Benasayag und Schmit an ihrem modernen gesellschaftlichen Auftrag bemängeln: „Dafür sorgen, dass Menschen, die uns in einer Situation der Schwäche aufsuchen, danach ‚nicht mehr ganz so schwach' sind, auch wenn wir wissen, dass das völlig unmöglich ist. Auf diese Weise machen wir es ihnen nur noch schwerer, denn wir spiegeln ihnen ein negatives Selbstbild: Sie schaffen es nicht, das zu tun, was von ihnen erwartet wird, nämlich unabhängig und stark zu sein." Und sie fahren fort: „Es geht um etwas ganz anderes, nämlich darum, zu entdecken, dass man das Leben nicht ‚heilen', sondern ganz einfach ‚leben' muss." Gegen den Strich gebürstet wäre dies der Auftrag für die Heilpädagogik – als Prävention einer verdinglichten Kindheit. Selbst wenn Kinder trotz psychoanalytischer Bemühungen nach wie vor Schlaf- oder Essstörungen aufweisen, gilt es, sie als Ganzes wahrzunehmen, das viel mehr ist, „als die zusammengefügten Symptome ergeben", vom Nichtwissen auszugehen und sich mit ihnen auf Entdeckungsreise zu begeben (vgl. Benasayag, Schmit 2007, 127 ff).

Selbst passagere Symptome, die Kinder offenbaren, stehen für eine Kompromissbildung des Konflikts aus Triebwunsch und Anpassungszwang. Sie sind der Versuch, dem Dilemma eine chiffrierte Sprache zu geben. Ihnen ist eine tiefere Bedeutung zu Eigen, die es zu entschlüsseln gilt, um den Konflikt einer stabilen Lösung zuzuführen. Prävention kann nicht heißen, das Symptom kontextfrei zu entsorgen. Schon Mannoni beklagte, dass der, der dem Kind sein Symptom nimmt, ihm die Sprache nimmt. Es ist typisch für ein positivistisches Grundverständnis, welches im Verschwinden störender Symptome seine Heilserwartung erfüllt sieht oder eine plumpe Symptomverschiebung nicht mehr als solche erkennen will. Dem Symptom kommt insofern ein präventiver Charakter zu, als es einen Versuch der ‚Heilung' darstellt. Prävention darf den strukturellen Hintergrund gesellschaftlicher Verhältnisse, vor dem auffälligen Verhalten zutage tritt, nicht verleugnen.

Eine Erkenntnis aus der Integrationsbewegung sollte nachdenklich stimmen: Damit für Kinder mit einer Behinderung, die in den Genuss der gemeinsamen Erziehung kommen sollen, der Rechtsanspruch auf Eingliederungshilfe erfüllt ist, muss ein Nachweis über diese Behinderung erbracht werden. Sehr häufig führt dies bei ihnen wie ihren Eltern zur nachhaltig wirkenden Erfahrung einer Stigmatisierung – die Diagnose ist dann völlig kontraproduktiv. Wer also der Prävention das Wort redet, muss wissen, dass er damit womöglich eine narzisstische Kränkung auslöst, die ungeahnte Folgewirkungen nach sich ziehen kann.

Dennoch stehen wir vor einer Fülle zu lösender Probleme. Das drängendste ist wohl, dass wir offenbar von einer deutlichen Zunahme von antisozialen und aggressiven Verhaltensweisen ausgehen müssen. Hier sind heilpädagogische Kompetenzen weit über ihren angestammten Bereich hinaus gefragt. Wenngleich diesbezüglich der Zusammenhang zwischen einer erstarkten ‚Gewaltkultur' mit familialen Faktoren als gesichert gilt, so wissen wir doch noch immer erstaunlich wenig darüber, wie das Anwachsen eines Aggressionspotentials im Einzelnen vonstatten geht. Zumindest aber mehren sich die Hinweise, dass ein asynchroner und rasanter Kultur- und Strukturwandel der Gesellschaft dazu beiträgt, dass Desintegrations- und Verunsicherungspotentiale zunehmen, die Gewalt zu einer wichtigen Option der Bearbeitung solcher Problemlagen werden lassen (Schubarth 2000, 43; Petermann, Petermann 2000, 175). Gewalt hat immer etwas mit Kontrollverlust zu tun. Dabei muss aber nach den konstitutiven Merkmalen von Gewalt gefragt werden, wie es Heitmeyer am Beispiel von Amokläufern diskutiert. „Der Kontrollverlust bei den Tätern besteht im Anerkennungszerfall und damit im Verlust der Kontrolle über das eigene Leben. (...) Rache ist das letzte Glied in einer langen Ursachenkette." Und er folgert: „Die einzig sinnvolle Konsequenz ist eine gesellschaftliche Debatte über eine neue Kultur der Anerkennung" (vgl. Heitmeyer 2009).

Die Ergebnisse der sozialwissenschaftlichen Forschung zu Gewalt an Schulen in Deutschland der letzten Jahre lassen sich wie folgt zusammenfassen (vgl. Petermann, Natzke 2008):

- Es gibt Gewalt an deutschen Schulen, die Zunahme ist moderat.
- Es treten sehr wenige strafrechtlich relevante Delikte, dagegen jedoch relativ häufig leichte Gewaltformen auf.
- Verbale Gewalt konnte am häufigsten registriert werden; Vandalismus tritt häufig auf.
- Ein großer Teil der Phänomene lässt sich als „Raufspiele" ansehen.
- Der Anteil auffälliger Gewalttäter wird auf 3 % geschätzt.
- Jungen sind gewaltbereiter, sie sind allerdings auch häufiger als Opfer betroffen.
- Haupt- und Sonderschulen sind am häufigsten betroffen; es tritt aber auch eine beachtliche Anzahl von Gewaltphänomenen in der Grundschule auf.
- Die Hemmschwelle, bei „Provokationen" mit Gewalt zu reagieren, ist geringer geworden.

Nach einer aktuellen Auswertung von zwanzig internationalen Studien zur Häufigkeit aggressiven Verhaltens bei Kindern und Jugendlichen ist von einem Anteil von 5–10 % bei den Acht- bis Sechzehnjährigen auszugehen. Die Angaben der polizeilichen Kriminalstatistik aus dem Jahre 2006 korrespondieren mit diesen Daten und weisen gegenüber dem Vorjahr 2005 einen Anstieg von 2,7 % tatverdächtiger Jugendlicher im Hinblick auf Körperverletzungen und Sachbeschädigungsdelikten aus. Insgesamt ist allerdings die Häufigkeit von Straftaten bei Kindern, Jugendlichen und Erwachsenen rückläufig. Ein Teil dieses Zuwachses geht mit einer zunehmenden Sensibilisierung der Bevölkerung und damit einer steigenden Bereitschaft zur polizeilichen Anzeige von Delikten einher, dennoch spiegelt sich hier ein gesellschaftliches Problem beträchtlichen Ausmaßes. Vor allem die Schule hat sich zum zentralen Schauplatz aggressiven Verhaltens herauskristallisiert. In einer Befragung von Schülern der vierten und neunten Klassen aus dem Jahre 2004 gaben 18 % an, innerhalb des letzten Schuljahres mindestens einmal geschlagen worden zu sein. Jedes 5. Grundschulkind gab an, in den vier Wochen vor der Befragung geschlagen worden zu sein. Jedes 3. Kind gab an, gehänselt worden zu sein. Es ergeben sich signifikante Zusammenhänge zwischen aggressivem Verhalten und Gewalterfahrungen im Elternhaus sowie mit einem niedrigen sozioökonomischen Status und einem niedrigen Bildungsniveau der Eltern. Schüler zeigen umso häufiger aggressives Verhalten, je mehr Mitschüler in der Klasse ebenfalls aggressive Verhaltensauffälligkeiten aufweisen (vgl. Petermann, Natzke 2008, 532 ff).

Es gilt allerdings auch kritisch anzumerken, dass Aufbau und Interpretation empirischer Erhebungen immer wieder starke Abweichungen aufzeigen und es auch zu Fehlschlüssen kommt. Nach einer aktuellen Studie von Pfeiffer, Rabold und Baier auf der Grundlage einer Befragung von 3600 Jugendlichen der 9. Schulklassen in Hannover ballen sich problematische Jugendliche in Jugendzentren zusammen, die sich ihrerseits als „eigenständiger Verstärkungsfaktor für gewalttätiges Verhalten“ erwiesen (vgl. Pfeiffer u.a. 2008a, 265f; 2008b). Hafeneger u.a. machen allerdings gravierende Vorbehalte gegenüber der kausalen Verbindung von sozialer Benachteiligung, Jugendhausbesuch und Jugendgewalt geltend. Sie folgern: „Zunächst exkludiert man soziale Gruppen, schafft Bedingungen institutioneller Diskriminierung, räumlicher Ausgrenzung und Segregation und Zugangsbarrieren zu Bildung, Arbeit und gesellschaftlicher Teilhabe und Anerkennung. Hat man dann die Exkludierten versammelt, identifiziert man ihre Ghettos und Treffpunkte als Kriminalitätsherde, die aufgelöst werden müssen. Nicht die Ursachen von Abweichung werden angegangen, sondern die gefährdenden kollektiven Orte müssen abgeschafft werden“ (vgl. Hafeneger u.a. 2008, 362).

Indessen klagen Lehrer/innen über Schüler/innen, die sie in einem bis dato nicht gekannten Ausmaß in schier endlose und aufreibende Konflikte verstricken, so dass sie fürchten, ihrem eigentlichen Bildungsauftrag nicht mehr nachzukommen. „Systematisch verzerrte Kommunikation“ ist nicht nur von Schüler-, sondern auch von Lehrerseite zu beobachten (vgl. Reiser 2006a, 120). Auf beiden Seiten sind blanke Ohnmacht und daraus resultierende Wut spürbar. Die Lehrer/innen reagieren mit einer Mischung aus Zwang, autoritärem Machtgehabe und Beleidigt-Sein auf die Widerständigkeit ihrer Schüler/innen und erklären sie zum „natürlichen Feind“ (vgl. Krebs 2002, 52f). Dies geht soweit, dass insgesamt die Beschulbarkeit bedroht erscheint (vgl. von Freyberg 2005, 106). Auf der Schülerseite kommt es reaktiv zu Passivität und Unlust, dem Unterricht zu folgen, bis hin zu völliger Schulverdrossenheit, zu ziellosem Verweigern und lustlosem Erdulden des Apparates Schule. Während die einen mit depressivem Rückzug reagieren, gehört ein Großteil zum Typ des aktionistischen, sogenannten hyperaktiven Störers. Das Verhältnis der Schule zu ihren Schülerinnen und Schülern und dieser zu ihrer Schule ist zu einem gigantischen Feld von Beziehungsstörungen geworden (vgl. Gerspach 2008c, 343ff).

Mattner bemängelt, dass die gängige psychologische Klassifikations- und Diagnosepraxis schulleistungsbezogene Normverstöße aufzählt und unter dem Stichwort „Unaufmerksamkeit“ zusammenfasst. Der aufgezeigte Symptomkatalog offenbart das Hauptvergehen der betroffenen Kinder. Sie scheinen nicht in der Lage, die Grundvoraussetzungen zur adäquaten Aneignung des institutionell geforderten Lernstoffes zu erfüllen. Im Umkehrschluss wird allerdings auch ein implizites Normalitätsverständnis sichtbar, das auf das spezifische Kompetenz- bzw. Persönlichkeitsprofil des „gesunden Normalschülers“ verweist, der sich durch optimale Steuerung des Verhaltens auszeichnet und sich nicht durch „unvorhersehbare Affektschwankungen“ in Lernsituationen irritieren lässt (vgl. Mattner 2006, 52ff). Nach Elias stellt sich mit der Ausbildung „stabiler Monopolinstitute“, wie Schule eines ist, jene „gesellschaftliche Prägeapparatur“ her, die den Einzelnen von klein auf an ein beständiges und genau geregeltes „An-sich-Halten“ gewöhnt und eine „soziogene, psychische Selbstkontrollapparatur“ installiert. Dem Kontroll- und Überwachungsapparatur in der Gesellschaft entspricht die innerseelische Kontrollapparatur eines gefestigten Über-Ichs, welches das Subjekt zur „Dämpfung der Affektäußerungen" befähigte (vgl. Elias 1976, 319 ff).

Diese Transformation von äußeren in Selbstzwänge, die Schule erst möglich macht, ist heute allerdings nicht mehr gewährleistet, ohne dass der Verlust dieser Selbstzwänge allerdings zu einer emanzipativen inneren *Befreiungsbewegung* geführt hätte. Die Gefahr, sich vermeintlich oder real bedroht zu sehen und unreflektiert in eine aggressiv getönte Gegenaktion hineinzulaufen, ist gewachsen. Dies droht immer dann, wenn wir auf Schüler/innen treffen, die ihre archaischen Introjekte noch nicht verinnerlicht haben, so dass sie ihnen fremd und gefährlich erscheinen. Kognitive wie soziale Anforderungen werden dann als Übergriffe eines mächtigen Objekts erlebt, gegen die man sich mittels projektiver Identifizierung zur Wehr setzen muss.

Bislang ist es kaum möglich, die Vielfalt aggressiven Verhaltens typologisch zu unterscheiden. Nichtsdestotrotz bedarf es einer Hinwendung zu den individuellen Motiven gewalttätigen Verhaltens und dass jede Gewalttat als soziales Handeln verstanden wird, auch wenn sie ganz dissozial und selbstbezogen motiviert zu sein scheint. In einer ersten Annäherung an eine solche Typologisierung unterscheidet Körner instrumentelle *proaktive* von impulsiver *reaktiver* Gewalt. Der proaktive Täter ist der kalt berechnende Gewalttäter mit einer psychopathischen Persönlichkeitsstruktur, der reaktive Gewalttäter gilt dagegen als psychisch weniger belastet, seine Kriminalitätsprognose ist günstiger.

Körner differenziert den reaktiven Typ noch einmal in einen auf aktuelle Herausforderungen bezogenen, eher unauffälligen und einen intrinsischen Typ mit der Entwicklung langfristig problematischen Verhaltens. Der intrinsische Täter handelt weder instrumentell auf ein bestimmtes Ziel noch auf einen aktuellen äußeren Anlass hin, sondern aus einem diffusen Groll heraus. Hintergrund ist hier eine extrem negative Selbstwahrnehmung, die vor dem Hintergrund der fehlenden Ausbildung eines sicheren Bindungsmusters und – wie ich ergänzen möchte – der Erfahrung massiver früher Kränkungen eine tief sitzende narzisstische Wut verkapselt hat, die sich unvermittelt in jedem Augenblick und beim kleinsten Anlass in Form massiven aggressiven Ausagierens Bahn brechen kann (vgl. Körner 2008, 905 ff).

Heuves spricht in diesem Zusammenhang von einem „destruktiven Narzissmus", der aus der nicht gelungenen Überwindung eines dyadischen Beziehungsmusters resultiert (vgl. Heuves 2008, 329). Es ist ein ungesunder Narzissmus gemeint, der das Kind gegen die Wahrnehmung seiner traumatischen Abhängigkeit von unzureichenden primären Beziehungsobjekten schützt, aber auch bewirkt, dass der Andere verhasst ist und dass sachlichen Anforderungen (der Schule) nicht Folge geleistet werden kann. Die Realität wird allein feindlich wahrgenommen. Gegenseitige Beziehungen können auf Grund von Hass nur vermieden oder zerstört werden.

Raue zeigt auf, dass aggressives Verhalten bei Kindern und Jugendlichen zunehmend auf die Problematik der Väter verweist, die zwar physisch anwesend, aber für ihre Kinder nicht präsent sind und damit massive Enttäuschungen und Aggressionen auslösen, die nirgendwo untergebracht werden können und sich ihren Weg ins destruktive Agieren und in mannigfaltige Symptome suchen (vgl. Raue 2008, 107). Von Freyberg und Wolff sehen es ähnlich, wenn sie in ihrem Forschungsprojekt zur Arbeit mit nicht beschulbaren Jugendlichen zum Schluss kommen, dass die Störung dieser Jugendlichen in ihrer nicht oder nur ungenügend ausgebildeten „triadischen Struktur" liegt. „Ihre Übertragungen sind zwanghaft rigide, alternativlos, und sie provozieren Gegenübertragungen von ähnlich zwanghafter Inflexibilität" (vgl. von Freyberg, Wolff 2006, 182).

Viele Fallbeschreibungen aus diesem Bereich belegen, wie die anhaltenden Erfahrungen von Missachtung in der Schule ausgiert werden und so das Erleben gegenseitiger Anerkennung nicht zulassen (vgl. Dlugosch 2009, 107 f). Darunter leidet die professionelle Distanz ebenso wie die professionelle Empathie. Deshalb werden die Erwachsenen von den Jugendlichen schnell in regressive Beziehungen verstrickt, was zu regressiven Reaktionen mit dyadischer Beziehungsqualität führt. Die Gegenübertragungen haben selten eine milde und positiv gestimmte Qualität, die eine günstige Voraussetzung für triadisch auf ein Thema fokussiertes Arbeitsbündnis abgeben würde. Im Gegenteil sind die Gegenübertragungsaffekte oft von solch extremer Intensität, dass am Ende der Eskalationsleiter nur mehr das Ruhen der Schulpflicht übrig zu bleiben scheint.

Diese Gruppe auffälliger Schüler/innen ist vor allem in den Haupt- und Sonderschulen zu finden. Meist entstammen sie sozial benachteiligten Herkunftsfamilien. Seit mehr als dreißig Jahren wissen wir, dass Schulversagen und Devianz auf dem Boden eines Milieus wahrscheinlich wird, dem der für eine erfolgreiche Schulkarriere so notwendige bürgerliche Habitus fremd ist. Zur Zeit weisen 80 % der männlichen Insassen der Jugendgefängnisse einen Migrationshintergrund auf (vgl. Brumlik 2007, 60). Bei 30 bis 45 % der Kinder im Vorschulalter, die der sozial benachteiligten Population angehören, werden Entwicklungsrückstände von mindestens einem Jahr und bei der Hälfte von ihnen ein dringender Erziehungshilfebedarf gesehen (von Freyberg, Wolff 2005, 19). Vielfach sind sozial deprivierte Eltern auf Grund eigener früh erlebter emotionaler Mangelerfahrungen nicht imstande, ihren Kindern die nötige Empathie entgegenzubringen, damit diese sich innerlich stabil entwickeln und den mittelschichtorientierten (schulischen) Anforderungen standhalten können. Dies berechtigt nicht dazu, vom Mythos der Unbehandelbarkeit von Problemfamilien zu sprechen und Armut zu pädagogisieren (vgl. Weiß 2008, 213; 2000, Klein 2002 32 ff.).

Kinderarmut ist in der Tat ein ernstzunehmender Faktor, der für die Beschneidung von Bildungschancen wie umgekehrt die Ausbildung antisozialer Tendenzen maßgeblich ist. Die deutsche Sonderschule ist die Schule der Ausgegrenzten. Es darf nicht übersehen werden, dass die Drohung von Lehrerseite an die Eltern: „entweder Ritalin oder Sonderschule" ihre pharmakologische Wirkung erzielt (vgl. Heinemann, Hopf 2006, 71). Einer Studie von McGrough u. a. zufolge sind Eltern mit persistentem ADHS in der Hauptsache unausgebildete Arbeitskräfte ohne College-Abschluss (vgl. McGrough 2007). Wenngleich sich auf der anderen Seite bei uns die

Indizien dafür häufen, dass ADHS besonders als Mittelschichtphänomen in Erscheinung tritt – die Problemlage bedarf lediglich anderer Umschreibungen –, so wird doch die klassenspezifische Bedeutung psychosozialer Auffälligkeiten durch solche Untersuchungen immer wieder bestätigt. Erziehungsberatungsstellen, Privatschulen und Internate werden überdurchschnittlich von Besserverdienenden auf- und ausgesucht. Die *real existierende* Präventionspraxis sieht wie folgt aus: Der Mittelstand kann sich besondere Unterstützungsangebote leisten *und* möchte ‚seine' Schule von verhaltensaufälligen Störern befreit sehen, der Unterschicht bleibt kaum eine Wahl. Dass diese Gleichung nicht immer aufgeht, steht auf einem anderen Blatt.

Armut und entfremdete Lebenserfahrungen abzuschaffen oder zumindest an ihrer Minimierung zu arbeiten wäre wahrscheinlich die effektivste Form der Prävention. Da dies politisch nicht durchsetzbar ist, muss man sich anders, d. h. heißt im positivistischen Sinne: kostengünstiger behelfen. Vor allem die Umstrukturierung des Schulsystems in Richtung mehr gemeinsamer Lernfelder bei gleichzeitigem Ausbau individueller Unterstützungsangebote ist politisch nicht gewünscht, so dass selbst hier dem Präventionsbegriff eine eigentümliche Umdeutung widerfährt. Im Vorzeigeland Finnland erhält ein Fünftel aller Schüler/innen im Laufe ihrer Schulkarriere irgendwann einmal sonderpädagogische Unterstützung – allerdings in der weit überwiegenden Zahl aller Fälle in der Allgemeinen Schule. In Deutschland sind es nur 5 % – fast ausschließlich in der Sonderschule. „Die Zahl der Abgänger, die die finnische Gemeinschaftsschule ohne Abschluss verlassen, ist mit unter 1 % für deutsche Verhältnisse unvorstellbar" (vgl. Katzenbach, Schroeder 2007, 206).

Meist wird die Frage nach den objektiven gesellschaftlichen Bedingungen, unter denen subjektives Leiden entsteht, nicht mehr gestellt. Dabei darf die Marxsche Theorie der Entfremdung durchaus noch immer Gültigkeit für sich beanspruchen, denn aus der Perspektive einer politischen Ökonomie der Arbeitskraft steht das „Produktionsverhältnis der Arbeitskraft als Ware zu sich als Lebewesen im Vordergrund" (vgl. May 2000, 107). Erst die Auftrennung der Dialektik von Individuum und Gesellschaft führt zur Ontologisierung der Entfremdung (vgl. Zepf 2000, 697). Sie hinterlässt Verhaltensstörung als quasi naturhafte Größe, die es auszumerzen gelte. Der strukturelle Zusammenhang einer Verhaltensstörung mit gesellschaftlichen Aussonderungsprozessen bleibt darin indessen als verschleierter zurück. Aus solchen Konzepten ist die konflikthafte Einbindung des Subjekts in gesellschaftliche Herrschaftsformen konsequent gelöscht. Eine deskriptive, d. h. äußerliche und vom gesellschaftlichen Kontext abgeschnittene Beschreibung von Verhaltensstörungen greift viel zu kurz. Bar jeder gesellschaftlichen Verortung wird das einzelne Subjekt für seine Entwicklung zum Störenfried selbst verantwortlich gemacht (Körner, Friedmann 2005, 27).

Jede ernsthafte Beschäftigung mit einer Behinderung oder Störung muss aber die Wechselwirkung mit den realen Sozialisationsbedingungen in den Blick nehmen, soll daraus eine präventive Praxis folgen, die diesem Anspruch tatsächlich gerecht wird. Prävention würde im Sinne Lorenzers bedeuten, die Sprachzerstörung wieder rückgängig zu machen. Wie anders sollte der gesellschaftliche Auftrag der Heilpädagogik gefasst werden?

6 Literaturverzeichnis

Aab, J. u. a.: Sonderschule zwischen Ideologie und Wirklichkeit. München 1974

ADHS-Konferenz: Konsenserklärung. In: http://www.ads-kritik.de/KONSENS.htm (Stand 27. 01. 2008)

Adler, A.: Studie über die Minderwertigkeit von Organen. Frankfurt 1977 (1907)

Adorno, Th.W.: Philosophische Terminologie. Bd. II. Frankfurt 1973

Adorno, Th.W.: Zur gegenwärtigen Stellung der empirischen Forschung. In: Gesammelte Schriften Bd. 8. Frankfurt 1990 a (1972)

Adorno, Th.W.: Negative Dialektik. Frankfurt 1990 b (1973)

Adorno, Th.W.: Minima Moralia. Reflexionen aus dem beschädigten Leben. Frankfurt 1994 (1951)

Ahrbeck, B.: Psychologisch-pädagogische Diagnostik zwischen Segregation und Integration. In: Behindertenpädagogik 2. 1993

Ahrbeck, B.: Erregte Zeiten, unaufmerksame und hyperaktive Kinder. In: Psyche 7. 2008

Ahrbeck, B.: Angewiesensein und innerer Konflikt – kritische Überlegungen zur empirischen Säuglingsforschung und einigen ihrer Folgen. In: Eggert-Schmid Noerr, A. u. a. (Hrsg.) 2007

Ahrbeck, B.; Henning, I.: Ist ein Paradigmenwechsel in der Hyperaktivitäts- bzw. AD(H)S-Forschung notwendig? In: Sonderpädagogische Forschung 4. 2004

Ahrbeck, B.; Rauh, B. (Hrsg.): Behinderung zwischen Autonomie und Angewiesensein. Stuttgart 2004

Aichhorn, A.: Verwahrloste Jugend. Bern, Stuttgart, Wien 1977 (1925)

Akhtar, S.; Kramer, S.; Parens, H. (Hrsg.): Die innere Mutter. Zur theoretischen und klinischen Bedeutung der Objektkonstanz. Frankfurt 1997

Albrecht, F. u. a. (Hrsg.): Perspektiven der Sonderpädagogik. Neuwied, Berlin 2000

Alexander, F.: Fundaments of psychoanalysis. London 1949

Allen, J. G.; Fonagy, P. (Hrsg.): Mentalisierungsgestützte Therapie. Stuttgart 2009

Altmeyer, M.: Dem Gespräch der Neuronen lauschen. Zu Eric Kandels Versuch einer Biologie der Seele. In: Psyche 7. 2007

Alvarez, A.: Frustration und Getrenntheit, Lust und Verbundenheit: Reflexionen über Bedingungen, unter denen böse oder gute Überraschungen zum Lernen anspornen. In: Kinderanalyse 2. 2001

Amft, H.; Gerspach, M.; Mattner, D.: Kinder mit gestörter Aufmerksamkeit. ADS als Herausforderung für Pädagogik und Therapie. Stuttgart, Berlin, Köln 2004 (2002)

Andreae, A.; Fischer, C.: Quantitative Messung von adoleszentärer Dissozialisation: der Dissozialisationsindex DINX. In: Vierteljahresschrift für Heilpädagogik und ihre Nachbargebiete 3. 1999

Antor, G.; Bleidick, U. (Hrsg.): Handlexikon der Behindertenpädagogik. Schlüsselbegriffe aus Theorie und Praxis. Stuttgart 2005

Arbeitskreis OPD (Hrsg.): Operationalisierte Psychodynamische Diagnostik. Grundlagen und Manual. Bern 1998

Arnold, R. (Hrsg.): Qualitätssicherung in der Erwachsenenbildung. Opladen 1997

Atkinson, L. u. a.: Cognitive coping, affective distress and maternal sensitivity: Mothers of children with Down-Syndrome. In: Developmental Psychology 31. 1995

Ayres, A. J.: Bausteine der kindlichen Entwicklung. Berlin, Heidelberg, New York, Tokyo 1984

Badry, E.: Anthropologie und Erziehung. In: Badry, E. u. a. (Hrsg.): Pädagogik. Grundlagen und Arbeitsfelder. Neuwied, Kriftel, Berlin 1994

Bäcker, A.: Risikogeborene: Entwicklung und Eltern-Kind-Beziehung. In: Psychosozial 46. 1991

Baier, H.: Zur schulpolitischen Geschichte des sudetendeutschen Hilfsschulwesens. In: Ellger-Rüttgardt, S. (Hrsg.) 1990

Balint, M.: Therapeutische Aspekte der Regression. Die Grundstörung. Stuttgart 1970

Bauer, A.: Verborgene Institutionskulturen in sozialen und klinischen Organisationen und ihre Bedeutung für das Verstehen in Supervisionsprozessen. In: Forum Supervision 8. 1996

Bauer, A.; Gröning, K.: Institutionskonzepte in der Supervision. In: Bauer, A.; Gröning, K. (Hrsg.): Institutionsgeschichten, Institutionsanalysen. Tübingen 1995

Bauer, A., Grohs-Schulz, M.: Symbole – Mythen – Rituale. Zugänge zum Unbewussten der Organisation und in der Organisation. In: Forum Supervision 13. 1999

Bauer, J.: Verbindungslinien zwischen Psychotherapie und Neurobiologie. In: Bvvp-magazin 3. 2003

Bauer, J.: Das Gedächtnis des Körpers. Frankfurt 2005 a

Bauer, J.: Warum ich fühle, was du fühlst. Intuitive Kommunikation und das Geheimnis der Spiegelneurone. Hamburg 2005 b

Bauer, J.; Kächele, H.: Das Fach „psychosomatische Medizin“: Seine Beziehungen zur Neurobiologie und zur Psychiatrie. In: Psychotherapie Band 10. Heft 1. 2005

Bauman, Z.: Ansichten der Postmoderne. Hamburg 1995

Baumgart, M.: Psychoanalyse und Säuglingsforschung. In: Psyche 9. 1991

Becker, S.: Gedanken über psychoanalytische Pädagogik heute. In: Hasenclever, W.-D. (Hrsg.): Pädagogik und Psychoanalyse. Frankfurt, Bern, New York, Paris 1990

Beland, H.: Die schwere soziale Geburt des psychosomatischen Menschen oder Das unbewusste Menschenbild in der psychosomatischen Medizin. In: Herold, R. u. a. (Hrsg.): Ich bin doch krank und nicht verrückt. Modernes Leiden – Das verleugnete Subjekt in der Medizin. Tübingen 1997

Benasayag, M.; Schmit, G.: Die verweigerte Zukunft. München 2007

Benz, U.: Zum Erregtsein verführt, zum Stillhalten gezwungen. Die Instrumentalisierung der kindlichen Unruhe. In: Ahrbeck, B. (Hrsg.): Hyperaktivität. Stuttgart 2007

Bergmann, W.: Innere Leere. In Frankfurter Rundschau vom 27. 04. 2009

Berner, W.: Zu den empirischen Ergebnissen der Neurowissenschaften und ihren Auswirkungen auf die Theorie des Mentalen und die Theorie und Technik der Psychoanalyse. In: Giampieri-Deutsch, P. (Hrsg.) 2002

Bernfeld, S.: Sisyphos oder die Grenzen der Erziehung. Frankfurt 1973 (1925)

Bernhard, A.: Kritische Theorie der Gesellschaft und Kritische Pädagogik: Die Bedeutung des Prinzips der Kritik in der Erziehungswissenschaft und seine Grenzen. In: Behindertenpädagogik 2. 2008

Berry, P.: Psychotherapie in einer therapeutischen Gemeinde. In: Heinemann, E.; de Groef, J. (Hrsg.) 1997

Bettelheim, B.: Der Weg aus dem Labyrinth. Leben lernen als Therapie. Stuttgart 1975

Bettelheim, B.: Die Geburt des Selbst. Frankfurt 1989 (1967)

Bieber, K.: Vom Machbaren, Möglichen und Fremden im Frühbereich. In: Frühförderung interdisziplinär 1. 2002

Biermann, I.: Formen der Aggression bei Patienten mit Störungen der Beziehung zum primären Objekt. In: Verein für psychoanalytische Sozialarbeit Rottenburg und Tübingen (Hrsg.): Vom Umgehen mit Aggression. Zur Bewältigung von psychotischer Angst, Depression und agierter Aggression. Tübingen 1997

Biesold, H.: Hörschädigung. In: Reichmann, E. (Hrsg.) 1984 a

Biesold, H.: Hörschädigung; systematische Aspekte. In: Reichmann, E. (Hrsg.) 1984 b

Bion, W.: Lernen durch Erfahrung. Frankfurt 1992 (1965)

Bittner, G.: „Weißt du, dass ich nicht so bin wie du?“ In: Bittner, G.; Thalhammer, M. (Hrsg.) 1989

Bittner, G.: Was kann man „aus Geschichten lernen“? In: Jahrbuch für Psychoanalytische Pädagogik 14. 2004
Bittner, G.; Ertle, Ch. (Hrsg.): Pädagogik und Psychoanalyse. Würzburg 1985
Bittner, G., Thalhammer, M. (Hrsg.): „Das Ich ist vor allem ein körperliches...“ Zur Selbstwerdung des körperbehinderten Kindes. Würzburg 1989
Bleidick, U.: Heilpädagogik – Sonderpädagogik – Pädagogik der Behinderten. In: Kluge, K. J.; Reinartz, A. (Hrsg.): Die Sonderpädagogik als Forschungsproblem in Deutschland. Darmstadt 1971
Bleidick, U. u. a.: Einführung in die Behindertenpädagogik. Bd. 1. Stuttgart, Berlin, Köln 1977
Bleidick, U. (Hrsg.): Handbuch der Sonderpädagogik. Bd. 1: Theorien der Behindertenpädagogik. Berlin 1985
Bleidick, U.: Schule für Gehörlose. In: Mühlum, A.; Oppl, H. (Hrsg.), Handbuch der Rehabilitation. Neuwied 1992
Bleidick, U.: Konstruktion und Perspektivität behindertenpsychologischer Theoriebildung. In: Borchert, J. (Hrsg.) 2000
Boban, I.; Hinz, A.: Persönliche Zukunftskonferenzen. Unterstützung für individuelle Lebenswege. In: Behinderte in Schule und Gesellschaft 4/5. 1999
Boban, I.; Hinz, A.: Qualitätsentwicklung des Gemeinsamen Unterrichts durch den „Index für Inklusion“. In: Behinderte 4/5. 2003
Böhme-Bloem, C.: Das Ergriffene im Begriff. Gedanken zum Symbolisierungsprozess. In: Zeitschrift für psychoanalytische Theorie und Praxis 4. 2002
Bohleber, W.: Krieg um Freud. In: Psyche 7. 1996
Borchert, J. (Hrsg.): Handbuch der sonderpädagogischen Psychologie. Göttingen, Bern, Toronto, Seattle 2000
Bollnow, O. F.: Die anthropologische Betrachtungsweise in der Pädagogik. Essen 1975
Bovensiepen, G.: Mentalisierung und Containment. Kritische Anmerkungen zur Rezeption der Entwicklungs- und Bindungsforschung in der klinischen Praxis. In: Analytische Kinder- und Jugendlichen-Psychotherapie 1. 2008
Boyles, S.: Does Ritalin Increase Cancer Risk in Children? In: http://webmd.com/add-adhd/news/20050301/does-ritalin-increase-cancer.risk-in-children (Stand 16. 04. 2009)
Brazelton, T.; Cramer, B.: Die frühe Bindung. Stuttgart 1994
Brede, K.: Unbewusstes – und sonst gar nichts? Stellungnahme zu Reimut Reiche „Von innen nach außen?“ In: Psyche 3. 1995
Brumlik, M.: Durch Unterwerfung zur Freiheit. Bernhard Buebs reaktionäre Vergangenheitsbewältigung. In: Brumlik, M. (Hrsg.): Vom Missbrauch der Disziplin. Antworten der Wissenschaft auf Bernhard Bueb. Weinheim, Basel 2007
Brunkhorst, H.: Theodor W. Adorno. Dialektik der Moderne. München 1990
Bruns, G.: Vorbildlichkeit als Auftrag. In: Büttner, Ch.; Finger-Trescher, U. (Hrsg.) 1991
Buber, M.: Ich und Du (1923). In: Das dialogische Prinzip. Heidelberg 1984
Buber, M.: Das Problem des Menschen. In: Buber, M.: Dialogisches Leben. Zürich 1947
Buchholz, M.: Dreiecksgeschichten. Göttingen 1993
Buchholz, M.: Profession und empirische Forschung in der Psychoanalyse – ihre Souveränität und Integration. In: Psyche 5. 2006
Buchholz, M.; Streeck, U.: Psychotherapeutische Interaktion: Aspekte qualitativer Psychotherapieforschung. In: Buchholz, M., Streeck, U. (Hrsg.) 1994 a
Buchholz, M.; Streeck, U. (Hrsg.): Heilen, Forschen, Interaktion. Opladen 1994 b
Buchka, M. (Hrsg.): Intuition als individuelle Erkenntnis- und Handlungsfähigkeit in der Heilpädagogik. Luzern 2000
Bürli, A. (Hrsg.): Sonderpädagogische Theoriebildung. Vergleichende Sonderpädagogik. Luzern 1977

Bürli, A.: Heil-/Sonderpädagogik im Rahmen des schweizerischen Bildungswesens. Bern 2005
Büttner, Ch.; Ende, A. (Hrsg.): Lebensräume für Kinder. Weinheim, Basel 1989
Büttner, Ch.; Finger-Trescher, U. (Hrsg.): Psychoanalyse und schulische Konflikte. Mainz 1991
Busch, H.-J.: Psychoanalytische Sozialpsychologie in Frankfurt – eine Tradition und ihre Zukunft. In: Busch, H.-J. (Hrsg.): Spuren des Subjekts. Positionen psychoanalytischer Sozialpsychologie. Göttingen 2007
Busch, H.-J.; Leuzinger-Bohleber, M.; Prokop, U. (Hrsg.): Sprache, Sinn und Unbewusstes. Zum 80. Geburtstag von Alfred Lorenzer. Tübingen 2003
Calvet-Kruppa, C.: Feinfühligkeit als Interaktionsqualität: Ein Leitfaden entwicklungspsychologischer Intervention. In: Decker, O.; Borkenhagen, A. (Hrsg.): Psychoanalyse. Texte zur Sozialforschung. Leipzig 2001
Cierpka, M. u. a.: Zur Validität der Operationalisierten Psychodynamischen Diagnostik (OPD). In: Psychotherapeut 2. 2001
Cohen, N. J.; Muir, E.; Lojkasek, M.: „Watch, Wait and Wonder". Ein kindzentriertes Psychotherapieprogramm zur Behandlung gestörter Mutter-Kind-Beziehungen. In: Kinderanalyse 1. 2003
Ciompi, L.: Die emotionalen Grundlagen des Denkens. Göttingen 1997
Cloerkes, G.: Soziologie der Behinderten. Eine Einführung. Heidelberg 2001
Clos, R.: Offener Unterricht an der Schule für Lernbehinderte – Didaktik oder Therapie? In: Büttner, Ch.; Finger-Trescher, U. (Hrsg.) 1991
Crain, F.: Fürsorglichkeit und Konfrontation. Psychoanalytisches Lehrbuch zur Arbeit mit sozial auffälligen Kindern und Jugendlichen. Gießen 2005
Cuomo, N.: Die Integration – Gelegenheit für Lernprozesse. In: Behindertenpädagogik 3. 1987
Dahms, M.: Ein stolzer Spanier. In: Berliner Zeitung vom 21. 03. 2009
Dammasch, F.: Das Vaterbild in den psychoanalytischen Konzepten zur kindlichen Entwicklung. In: Analytische Kinder- und Jugendlichen-Psychotherapie 2. 2001
Dammasch, F.; Katzenbach, D. (Hrsg.): Lernen und Lernstörungen bei Kindern und Jugendlichen. Zum besseren Verstehen von Schülern, Lehrern, Eltern und Schule. Frankfurt 2004
Dannenbeck, C.: Vom Integrations- zum Inklusionsparadigma. In: Gemeinsam leben 4. 2008
Datler, W.: Vom Tiefenpsychologiedefizit in der Arbeit mit geistig Behinderten. In: Datler, W. u. a.: Interdisziplinäre Aspekte der Heil- und Sonderpädagogik. München 1984
Datler, W.: Sie sind wie Novellen zu lesen – Zur Bedeutung von Falldarstellungen in der Psychoanalytischen Pädagogik. In: Jahrbuch für Psychoanalytische Pädagogik 14. 2004
Davies, M.: Gedanken über die Psyche, das Gehirn und ein Kind mir früher Deprivationserfahrung. In: Analytische Kinder- und Jugendlichen-Psychotherapie 3. 2002
Dederich, M.: Exklusion. In: Dederich, M. u. a. (Hrsg.). Gießen 2006
Dederich, M.: Die Universalisierung der Ökonomie – Ursachen, Hintergründe und Folgen. In: Vierteljahresschrift für Heilpädagogik und ihre Nachbargebiete 4. 2008
Dederich, M. u. a. (Hrsg.): Inklusion statt Integration? Heilpädagogik als Kulturtechnik. Gießen 2006
Demuynck, J.: Debilität: Fragen nach der Struktur. In: Heinemann, E.; de Groef, J. (Hrsg.) 1997
Deneke, F.-W.: Psychische Struktur und Gehirn. Stuttgart, New York 1999
Devereux, G.: Angst und Methode in den Verhaltenswissenschaften. Frankfurt 1984 (1967)
Diebold, G.: Auf der Suche nach dem Objekt. In: Koch-Kneidl, L.; Wiesse, J. (Hrsg.): Frühkindliche Interaktion und Psychoanalyse. Göttingen 2000
Dlugosch, A.: Professionelles Handeln im Kontext von Verhaltensstörungen zwischen ethischer Begründbarkeit und Berufsmoral? In: Vierteljahresschrift für Heilpädagogik und ihre Nachbargebiete 2. 2009
Döpfner, M.: „Kinder mit ADHS fallen heute früher auf – die Nachfrage nach Therapie ist enorm". In: Ärzte Zeitung vom 20. 4. 2007/In: http://www.aerztezeitung.de (Stand 04. 10. 2007 a)

Döpfner, M.: Was bringt die medikamentöse Therapie wirklich? Neue Erkenntnisse aus der MTA-Studie. In: http://www.zentrales-adhs-netz.de (Stand 10. 10. 2007 b)

Döpfner, M.; Lehmkuhl, G.: Evidenzbasierte Therapie von Kindern und Jugendlichen mit Aufmerksamkeitsdefizit-/Hyperaktivitätsstörung (ADHS). In: Praxis der Kinderpsychologie und Kinderpsychiatrie 6. 2002

Dohmen-Burk, R.: Gestörte Interaktion und Behinderung von Lernen. Heidelberg 1992

Dornes, M.: Der kompetente Säugling. Frankfurt 1993 a

Dornes, M.: Psychoanalyse und Kleinkindforschung. In: Psyche 12. 1993 b

Dornes, M.: Können Säuglinge phantasieren? In: Psyche 12. 1994

Dornes, M.: Margaret Mahlers Theorie neu betrachtet. In: Psyche 11. 1996

Dornes, M.: Die frühe Kindheit. Frankfurt 1997

Dornes, M.: Bindungstheorie und Psychoanalyse. In: Psyche 4. 1998 a

Dornes, M.: Plädoyer für eine Neubetrachtung des Unbewussten. In: Trautmann-Voigt, S.; Voigt, B. (Hrsg.): Bewegung ins Unbewusste. Frankfurt 1998 b

Dornes, M.: Das Verschwinden der Vergangenheit. In: Psyche 6. 1999 a

Dornes, M.: Spiegelung – Identität – Anerkennung: Überlegungen zu kommunikativen und strukturbildenden Prozessen der frühkindlichen Entwicklung. In: Jahrbuch für Psychoanalytische Pädagogik 10. 1999 b

Dornes, M.: Die emotionale Welt des Kindes. Frankfurt 2000

Dornes, M.: Rezension von Fonagy, P.: Attachment Theory and Psychoanalysis. New York 2001. In: Psyche 2. 2003

Dornes, M.: Theorien der Symbolbildung. In: Psyche 1. 2005

Dornes, M.: Zwischenmenschliche Interaktion und Symbolbildung. In: Analytische Kinder- und Jugendlichen-Psychotherapie 4. 2006

Dornes, M.: Der kompetente oder der omnipotente Säugling? Einige Bemerkungen zu Bernd Ahrbecks Kritik der Säuglingsforschung. In: Eggert-Schmid Noerr, A. u. a. (Hrsg.) 2007

Diagnostisches und Statistisches Manual Psychischer Störungen: DSM-IV. Göttingen, Bern 1998

du Bois, R.: Psychoanalytische Modelle zur Entstehung, Verarbeitung und Behandlung des ADHS. In: Praxis der Kinderpsychologie und. Kinderpsychiatrie 4. 2007

Dupont, A.: Gegenwärtige Trends in der Arbeit mit geistig behinderten Menschen und das Problem der „dual diagnosis". In: Gaedt, Ch. u. a. (Hrsg.) 1993

Eberwein, H. (Hrsg.): Behinderte und Nichtbehinderte lernen gemeinsam. Handbuch der Integrationspädagogik. Weinheim, Basel 1994 a

Eberwein, H.: Zur dialektischen Aufhebung der Sonderpädagogik. In: Eberwein, H. (Hrsg.) 1994 b

Eberwein, H.: Verzicht auf Kategoriensysteme in der Integrationspädagogik. In: Albrecht, F. u. a. (Hrsg.) 2000

Eberwein, H.; Knauer, S.: Handbuch Lernprozesse verstehen. Wege einer neuen (sonder-) pädagogischen Diagnostik. Weinheim, Basel 1998

Eckermann: Gespräche mit Goethe. Frankfurt 1981

Eckert, A. R.: Menschen psychomotorisch verstehen und begleiten. In: Eckert, A. R.; Hammer, R. (Hrsg.) 2004

Eckert, A. R.: Trauma – Gewalt – Autonomie. Psychomotorische Gewaltprävention als Hilfe zur Verarbeitung erlebter Traumatisierung. In: Motorik 1. 2008

Eckert, A. R.; Hammer, R. (Hrsg.): Der Mensch im Zentrum. Beiträge zur sinnverstehenden Psychomotorik und Motologie. Lemgo 2004

Eggert, D.: Von der Testdiagnostik zur qualitativen Diagnose in der Sonderpädagogik. In: Eberwein, H.; Knauer, S. (Hrsg.) 1998

Eggert-Schmid Noerr, A.; Finger-Trescher, U.; Pforr, U. (Hrsg.): Frühe Beziehungserfahrungen. Gießen 2007

Ehlers, W.: Abwehrmechanismen. In: Mertens, W.; Waldvogel, B. (Hrsg.) 2000
Elias, N.: Über den Prozess der Zivilisation. Bd. 2. Frankfurt 1976
Ellger-Rüttgardt, S. (Hrsg.): Bildungs- und Sozialpolitik für Behinderte. München, Basel 1990
Emde, R.: Fortschritte erzielen: Integrative Einflüsse affektiver Prozesse und deren Bedeutung für die Entwicklung und die Psychoanalyse. In: Zeitschrift für psychoanalytische Theorie und Praxis 2. 1999
Engelhardt, H. D.: Wozu nützt Sozialmanagement? In: Gemeinsam leben 1. 1999
Erdheim, M.: Die gesellschaftliche Produktion von Unbewusstheit. Frankfurt 1984
Erikson, H. E.: Kindheit und Gesellschaft. Stuttgart 1971 (1950)
Erlich, S.; Blatt, S.: Narzissmus und Objektliebe. In: Psyche 11. 1990
Ermann, M.: Gegenübertragung. In: Mertens, W.; Waldvogel, B. (Hrsg.) 2000
Eyferth, H. u. a. (Hrsg.): Handbuch der Sozialarbeit/Sozialpädagogik. Neuwied, Darmstadt 1984
Ferber, L. von u. a.: Methylphenidatgebrauch in Deutschland: Versicherungsbezogene epidemiologische Studie über die Entwicklung von 1998 bis 2000. In: Deutsches Ärzteblatt 100. 2006/In: http://www. aerzteblatt.de (Stand 08. 09. 2006)
Ferenczi, S.: Das unwillkommene Kind und sein Todestrieb. In: Ferenczi, S.: Bausteine zur Psychoanalyse Bd. 3. Bern 1964 (1929)
Feuser, G.: Entwicklungspsychologische Grundlagen und Abweichungen in der Entwicklung. In: Zeitschrift für Heilpädagogik 7. 1991
fib e. V. (Hrsg.): Leben auf eigene Gefahr?! Geistig Behinderte auf dem Weg in ein selbstbestimmtes Leben. München 1995
Figdor, H.: „Pädagogisch angewandte Psychoanalyse" oder „Psychoanalytische Pädagogik"? In: Jahrbuch für Psychoanalytische Pädagogik 1. 1989
Figdor, H.: Psychoanalytische Pädagogik und Kindergarten: Die Arbeit mit der ganzen Gruppe. In: Steinhardt, K.; Büttner, Ch.; Müller, B. (Hrsg.): Kinder zwischen drei und sechs. Bildungsprozesse und Psychoanalytische Pädagogik im Vorschulalter. Gießen 2006
Finger, U. (Finger-Trescher, U.): Narzissmus und Gruppe. Frankfurt 1977
Finger-Trescher, U.; Trescher, H.-G. (Hrsg.): Aggression und Wachstum. Mainz 1992
Fischer, W.: Über den Mangel an Skepsis in der Pädagogik. In: Zeitschrift für Pädagogik 5. 1990
Flick, U.: Qualitative Forschung, Reinbek 1995
Foerster, H. von: Erkenntnistheorien und Selbstorganisation. In: Schmidt, S. J.: Der Diskurs des Radikalen Konstruktivismus. Frankfurt 1994
Fonagy, P.: Die Bedeutung der Entwicklung metakognitiver Kontrolle der mentalen Repräsentanzen für die Betreuung und das Wachstum des Kindes. In: Psyche 4. 1998
Fonagy, P.: Bindungstheorie und Psychoanalyse. Stuttgart 2003
Fonagy, P.; Target, M.: Mit der Realität spielen. Zur Doppelgesichtigkeit psychischer Realität von Borderline-Patienten. In: Psyche 9/10. 2001 a
Fonagy, P.; Target, M.: Mentalisation und die sich ändernden Ziele der Psychoanalyse des Kindes. In: Kinderanalyse 2. 2001 b
Fonagy, P.; Target, M.: Neubewertung der Entwicklung der Affektregulation vor dem Hintergrund von Winnicotts Konzept des „falschen Selbst". In: Psyche 9/19. 2002 a
Fonagy, P.; Target, M.: Zum Verständnis von Gewalt: über die Verwendung des Körpers und die Rolle des Vaters. In: Kinderanalyse 3. 2002 b
Fonagy, P.; Target, M.: Psychoanalyse und die Psychopathologie der Entwicklung. Stuttgart 2006
Fonagy, P. u. a.: Affektregulierung, Mentalisierung und die Entwicklung des Selbst. Stuttgart 2004
Fornefeld, B.: Einführung in die Geistigbehindertenpädagogik. München, Basel 2000
Fornefeld, B.: Heilpädagogen zwischen Individualanspruch und Systemzwang – Versuch einer ethischen Standortbestimmung. In: Vierteljahresschrift für Heilpädagogik und ihre Nachbargebiete. 1. 2009
Frankfurter Rundschau vom 18. 08. 2007 a. Wissen & Bildung

Frankfurter Rundschau vom 11. 04. 2007b. „Den geborenen Verbrecher gibt es nicht". Interview mit H. Dreßing

Frankfurter Rundschau vom 17. 04. 2009. Wissen & Bildung

Frankfurter Rundschau – Aktuell. http://www.fr-online.de vom 11. 08. 08 (Stand 12. 10. 2008)

Franz, S.: Gewaltpräventive Aspekte der sinnverstehenden psychomotorischen Entwicklungsbegleitung. In: Motorik 1. 2008

Frei, E. X.: Betreuung Geistigbehinderter mit psychischen Störungen: Aufgabe oder Zumutung. In: Frei, E. X. u. a. (Hrsg.) 2001

Frei, E. X. u. a. (Hrsg.): Geistig behindert und psychisch krank. Eine interdisziplinäre Auseinandersetzung. Luzern 2001

Freud, S.; Breuer, J.: Studien über Hysterie. Gesammelte Werke Bd. 1 (1895d)

Freud, S.: Die Freudsche psychoanalytische Methode. Gesammelte Werke Bd. 5 (1904a)

Freud, S.: Über infantile Sexualtheorien. Gesammelte Werke Bd. 7 (1908c)

Freud, S.: Die zukünftigen Chancen der psychoanalytischen Therapie. Gesammelte Werke Bd. 8 (1910d)

Freud, S.: Formulierungen über die zwei Prinzipien des psychischen Geschehens. Gesammelte Werke Bd. 8 (1911b)

Freud, S.: Zur Dynamik der Übertragung. Gesammelte Werke Bd. 8 (1912b)

Freud, S.: A note on the Unconscious in Psycho-Analysis (Einige Bemerkungen über den Begriff des Unbewussten in der Psychoanalyse). Gesammelte Werke Bd. 8 (1912g)

Freud, S.: Totem und Tabu. Gesammelte Werke Bd. 9 (1912–13)

Freud, S.: Ratschläge für den Arzt bei der psychoanalytischen Behandlung. Gesammelte Werke Bd. 8 (1912e)

Freud, S.: Die Disposition zur Zwangsneurose. Gesammelte Werke Bd. 8 (1913i)

Freud, S.: Das Interesse an der Psychoanalyse. Gesammelte Werke Bd. 8 (1913j). Nachdruck in: Freud, S.: Darstellungen der Psychoanalyse. Frankfurt 1970a

Freud, S.: Weitere Ratschläge zur Technik der Psychoanalyse. Gesammelte Werke Bd. 10 (1914g)

Freud, S.: Triebe und Triebschicksale. Gesammelte Werke Bd. 10 (1915c)

Freud, S.: Vorlesungen zur Einführung in die Psychoanalyse. Gesammelte Werke Bd. 11 (1916–17)

Freud, S.: Eine Schwierigkeit der Psychoanalyse. Gesammelte Werke Bd. 12 (1917a). Nachdruck in: Freud, S.: Darstellungen der Psychoanalyse. Frankfurt 1970b

Freud, S.: Psychoanalyse und Libidotheorie. Gesammelte Werke Bd. 13 (1923a)

Freud, S.: Das Ich und das Es. Gesammelte Werke Bd. 13 (1923b)

Freud, S.: Die infantile Genitalorganisation. Gesammelte Werke Bd. 13 (1923e)

Freud, S.: Geleitwort zur ersten Auflage (1925). In: Aichhorn, A. 1977

Freud, S.: Die Frage der Laienanalyse. Gesammelte Werke Bd. 14 (1927a)

Freud, S.: Nachwort zu: Die Frage der Laienanalyse. Gesammelte Werke Bd. 14 (1927a)

Freud, S.: Die Zukunft einer Illusion. Gesammelte Werke Bd. 14 (1927c)

Freud, S.: Über die weibliche Sexualität. Gesammelte Werke Bd. 14 (1931b)

Freud, S.: Die endliche und die unendliche Analyse. Gesammelte Werke Bd. 16 (1937c)

Freyberg, Th. von: Von der Notwendigkeit und den Grenzen pädagogischen Fallverstehens – exemplarisch am Fall Alberto. In: Freyberg, Th. von; Wolff, A. (Hrsg.) 2005

Freyberg, Th. von; Wolff, A.: Störer und Gestörte – Aus einem Forschungsprojekt über nicht beschulbare Jugendliche. In: Dammasch, F.; Katzenbach, D. (Hrsg.) 2004

Freyberg, Th. von; Wolff, A. (Hrsg.): Störer und Gestörte. Bde 1 und 2. Frankfurt 2005, 2006

Friebertshäuser, B.: Interviewtechniken – ein Überblick. In: Friebertshäuser, B.; Prengel, A. (Hrsg.) 1997

Friebertshäuser, B.; Prengel, A. (Hrsg.): Handbuch Qualitative Forschungsmethoden in der Erziehungswissenschaft. Weinheim, München 1997

Fries, A.; Weiß, H.: Zum Problem der „Teilleistungsstörung" – Anmerkungen zu neuropsychologischen Konzepten und ihrem Stellenwert in der Heilpädagogik. In: Behindertenpädagogik 2. 1995
Fritzsche, A. u. a.: Boden unter die Füße kriegen. Schritte eines Autonomieprozesses in der Frühförderung. In: Frühförderung interdisziplinär 12. 1993
Fröhlich, V.; Kannicht, A.: Erschwerte Entwicklungsbedingungen bei körperbehinderten Kindern. In: Bittner, G.; Thalhammer, M. (Hrsg.) 1989
Fröhlich, V.: Psychoanalyse und Behindertenpädagogik. Würzburg 1994
Fuchs, G.: Kinderanalyse. In: Mertens, W.; Waldvogel, B. (Hrsg.) 2000
Funk, H., Das nicht-gehörte Kind. Frankfurt 2004
Furman, L. M.: Attention-Deficit Hyperactivity Disorder (ADHD): Does New Research Support Old Concepts? In: Journal of Child Neurology 7. 2008. In: http://jcn.sagepub.com (Stand 16. 04. 2009)
Gaedt, Ch. Hrsg.): Psychotherapie bei geistig Behinderten. Neuerkerode 1987
Gaedt, Ch. (Hrsg.): Selbstentwertung – depressive Inszenierungen bei Menschen mit geistiger Behinderung. Neuerkerode 1990
Gaedt, Ch.: Psychische Störungen bei Menschen mit geistiger Behinderung aus Sicht der psychoanalytischen Entwicklungspsychologie. In: Soziale Psychiatrie 59. 1992
Gaedt, Ch.: Autonomie und soziale Strukturen. Kritische Gedanken zu modernen Betreuungskonzepten für Menschen mit geistiger Behinderung. Neuerkerode 1995
Gaedt, Ch.: Das Verschwinden der Verantwortlichkeit – Gedanken zu dem Konzept des Individuums in der postmodernen Gesellschaft und seine Konsequenzen für Menschen mit geistiger Behinderung. In: Behindertenpädagogik 1/2. 2003
Gaedt, Ch.: Risiko Psychiatrie. In: Mesdag, Th.; Pforr, U. (Hrsg.) 2008
Gaedt, Ch.; Jäkel, D.; Kischkel, W.: Psychotherapie bei geistig Behinderten. In: Gaedt, Ch. (Hrsg.) 1987
Gaedt, Ch.; Gärtner, D. (Hrsg.): Selbstentwertung – depressive Inszenierungen bei Menschen mit geistiger Behinderung. Neuerkerode 1990
Gaedt, Ch. u. a. (Hrsg.): Psychisch krank und geistig behindert. Dortmund 1993
Gärtner, A.: Szenen verstehen in der Supervision – Praxis cum research. In: Forum Supervision 18. 2001
Gärtner, D. u. a.: Einführende Beispiele. In: Gaedt, Ch. (Hrsg.) 1987
Galić, B.: Integration in die Normalität, oder: Wie (un)normal ist es eigentlich gehörlos zu sein? In: Behindertenpädagogik 4. 2004
Galić, B.: Gehörlosigkeit: Stigma oder Lebensform? – eine Frage der Perspektive! In: Zeitschrift für Heilpädagogik 4. 2005
Gehde, E.; Emrich, H.: Kontext und Bedeutung: Psychobiologie der Subjektivität im Hinblick auf psychoanalytische Theoriebildungen. In: Psyche 9/10. 1998
Gergely, G.: Ein neuer Zugang zu Margaret Mahler: Normaler Autismus, Symbiose, Spaltung und libidinöse Objektkonstanz aus der Perspektive der kognitiven Entwicklungstheorie. In: Psyche 9/10. 2002
Gerspach, M.: Kritische Heilpädagogik. Überlegungen zu einer Neuorientierung aus psychoanalytischer Sicht. Frankfurt 1981
Gerspach, M.: Vom klassischen zum psychoanalytischen Paradigma in der Heilpädagogik. In: Reiser, H.; Trescher, H.-G. (Hrsg.) 1987
Gerspach, M.: Erlebensstruktur und Behinderung. In: Psychosozial 57. 1994 a
Gerspach, M.: Zur Methodik des szenischen Verstehens Behinderter. In: Behindertenpädagogik 4. 1994 b
Gerspach, M.: König Schwellfuß. Der ödipale Konflikt ums behinderte Kind. In: Werkstattgruppe familienorientierte Frühförderung (Hrsg.) 1994 c

Gerspach, M.: Wohin mit den Störern? Stuttgart, Berlin, Köln 1998
Gerspach, M.: Zur Diskussion „Michaelas letzte Chance". Stellungnahme des Arbeitskreises Psychoanalyse und Geistige Behinderung zu dem gleichnamigen Dokumentarfilm. In: Orientierung – Fachzeitschrift für Behindertenhilfe 1. 2001
Gerspach, M.: Der Beitrag der Psychoanalyse zum Dialog. In: Warzecha, B. (Hg.): Zur Relevanz des Dialogs in Erziehungswissenschaft, Behindertenpädagogik, Beratung und Therapie. Münster, Hamburg, London 2002
Gerspach, M.: „Was mach' ich bloß mit diesem Kind?" Verhaltensstörungen als Selbstmitteilung verstehen lernen. In: Theorie und Praxis der Sozialpädagogik 7. 2003
Gerspach, M.: Unkonzentrierte Kinder verstehen lernen. In: Amft, H., Gerspach, M., Mattner, D. 2004 a
Gerspach, M.: Kinder mit sonderpädagogischem Betreuungsbedarf. In: Seidenstücker, B.; Mutke, B. (Hrsg.): Praxisratgeber zur Betreuung und Beratung von Kindern und Jugendlichen. Problemsituationen, Unterstützungsangebote und rechtliche Möglichkeiten in besonderen und schwierigen Lebenslagen. Mering 2004 b
Gerspach, M.: Nachdenkliche Anmerkungen zum Aufmerksamkeitsdefizitsyndrom. In: Sonderpädagogische Förderung. Integration und pädagogische Rehabilitation 4. 2004 c
Gerspach, M.: Betreuungsarbeit in der Institution. In: Gerspach, M.; Mattner, D. 2004 d
Gerspach, M.: Die Idee vom Kind und seine Behinderung. In: Mainkrokodile (Hrsg.) 2004 e
Gerspach, M.: Aufmerksamkeits-Defizit-Hyperaktivitäts-Syndrom. In: Antor, G.; Bleidick, U. (Hrsg.) 2005
Gerspach, M.: Elementarpädagogik. Eine Einführung. Stuttgart 2006
Gerspach, M.: Vom szenischen Verstehen zum Mentalisieren. Notwendige Ergänzungen fürs pädagogische Handeln. In: Eggert-Schmid Noerr, A.; Finger-Trescher, U.; Pforr,U. (Hrsg.) 2007
Gerspach, M.: Grundzüge einer psychoanalytischen Heilpädagogik. In: Mesdag, Th.; Pforr, U. (Hrsg.) 2008 a
Gerspach, M.: Kindliche Entwicklung aus Sicht der Psychoanalytischen Pädagogik. In: Gilde Rundbrief 1. 2008 b
Gerspach, M.: Kritische Anmerkungen zum Störungsbegriff. In: Schröder, A.; Rademacher, H.; Merkle, A. (Hrsg.): Handbuch Konflikt- und Gewaltpädagogik. Schwalbach/Ts. 2008 c
Gerspach, M.: Übertragung/Gegenübertragung und die gesellschaftliche Institution „Verhaltensstörungen". In: Beck, I. u. a. (Hrsg.): Handbuch Behindertenpädagogik. Stuttgart 2009 a (in Vorbereitung)
Gerspach, M.: Über den heimlichen Zusammenhang von Bildung und Aufmerksamkeitsstörungen. In: Herz, B.; Dörr, M. (Hrsg.): Unkulturen in Bildung und Erziehung. 2009 b (in Vorbereitung)
Gerspach, M.: Schuld, Schuldgefühle und Ritalin. 2009 c (in Vorbreitung)
Gerspach, M.; Mattner, D.: Institutionelle Förderprozesse von Menschen mit geistiger Behinderung. Stuttgart 2004
Giampieri-Deutsch, P. (Hrsg.): Psychoanalyse im Dialog der Wissenschaften. Band 1: Europäische Perspektiven. Stuttgart, Berlin, Köln 2002
Göppel, R.: Die Bedeutung der frühen Erfahrungen oder: Wie entscheidend ist die frühe Kindheit für das spätere Leben? In: Jahrbuch für Psychoanalytische Pädagogik 10. 1999
Göppel, R.: „Die Kultur der Affekte ist das eigentlich schwerste Bildungsziel" (A. Mitscherlich) – Möglichkeiten, Probleme und Grenzen einer „Bildung der Gefühle". In: Dörr, M.; Göppel, R. (Hrsg.): Bildung der Gefühle. Gießen 2003
Görlich, B.: Grenzüberschreitungen. Alfred Lorenzers Wissenschaft vom Unbewussten. In: Busch, H.-J. u. a. (Hrsg.) 2003
Goffman, E.: Asyle – Über die soziale Situation psychiatrischer Patienten und anderer Insassen. Frankfurt 1973

Graf-Deserno, S.: Gestörtes Lernen – gestörte Beziehungen. Bensheim 1988 (1981)
Green, A.: Science und Science-fiction in der Säuglingsforschung. In: Zeitschrift für psychoanalytische Theorie und Praxis 4. 2000
Greffrath, M.: Und wo bleibt die Gerechtigkeit? In: Frankfurter Rundschau vom 03. 03. 2001
Greving, H.: Von der Erziehung zur Assistenz – Wandel der Sprache oder Verwandlungen der Botschaften? In: Greving, H. u. a. (Hrsg.) 2004
Greving, H.; Gröschke, D. (Hrsg.): Geistige Behinderung – Reflexionen zu einem Phantom. Ein interdisziplinärer Diskurs um einen Problembegriff. Bad Heilbrunn 2000
Greving, H.; Gröschke, D. (Hrsg.): Das Sisyphos-Prinzip. Gesellschaftsanalytische und gesellschaftskritische Dimensionen der Heilpädagogik. Bad Heilbrunn 2002
Greving, H.; Mürner, Ch.; Rödler, P. (Hrsg.): Zeichen und Gesten – Heilpädagogik als Kulturthema. Gießen 2004
Gröschke, D.: Praxiskonzepte der Heilpädagogik. München 1989
Gröschke, D.: Psychologische Grundlagen der Heilpädaogik. Bad Heilbrunn 1992
Gröschke, D.: Praktische Ethik der Heilpädagogik. Bad Heilbrunn 1993
Haas, E.: Kinderschändung: Dramatisieren der Krise. Zeitgemäße Betrachtungen zu einem alten Thema. In: Zeitschrift für psychoanalytische Theorie und Praxis 1. 2000
Habermas, J.: Zur Logik der Sozialwissenschaften. Frankfurt 1971
Habermas, J.: Technik und Wissenschaft als ‚Ideologie'. Frankfurt 1973
Habermas, J.: Theorie des kommunikativen Handelns. Bde. 1 und 2. Frankfurt 1988 a und b
Habermas, J.: Vorbereitende Bemerkungen zu einer Theorie der kommunikativen Kompetenz. In: Habermas, J.; Luhmann, N.: Theorie der Gesellschaft oder Sozialtechnologie – was leistet die Systemforschung? Frankfurt 1990 (1971)
Hackenberg, W.: Abwehr und Bewältigung in der Auseinandersetzung mit Behinderung. In: Frühförderung interdisziplinär 11. 1992
Hackenberg, W.: Psychische Störungen bei Menschen mit geistiger Behinderung. In: Zeitschrift für Heilpädagogik 1. 1996
Hackenberg, W.: Beziehung in der Frühförderung – Konsequenzen für die Ausbildung. In: Frühförderung interdisziplinär 1. 2003
Hackenberg, W.: Geschwister von Menschen mit Behinderung. Entwicklung, Risiken, Chancen. München 2008
Haeberlin, U.: Einführung in die Heilpädagogik. Bd. 1.: Allgemeine Heilpädagogik. Bern 1985
Hafeneger, B. u. a.: Jugendhäuser als Verstärker von Gewalt? – Kritische Anmerkungen zu einer Studie von Christian Pfeiffer, Susann Rabold und Dirk Baier. In: Zeitschrift für Jugendkriminalrecht und Jugendhilfe 4. 2008
Hanly, Ch.: Über Einheitlichkeit und Verifizierbarkeit in der Psychoanalytischen Theorie. Vortrag auf der Joseph Sandler Research Conference am 2. 3. 2008 in Frankfurt (unveröffentl. Manuskript; übersetzt von C. Bonath)
Hanselmann, H.: Grundlinien zu einer Theorie der Sondererziehung (Heilpädagogik). Zürich 1941
Hanses, A.: Biographische Diagnostik in der Sozialen Arbeit. In: Neue Praxis 4. 2000
Hartmann-Kreis, S.: Der Unterschied zwischen Sportwagen und sozialen Dienstleistungen. In: Bernath, K. (Hrsg.): Qualitätsmanagement – vom Unterschied zwischen Sportwagen und sozialen Dienstleistungen. Luzern 2000
Haubl, R., Liebsch, K.: Mit Ritalin leben. Zur Bedeutung der AD(H)S-Medikation für die betroffenen Kinder. In: Psyche 7. 2008
Häußler, M.: Skepsis als heilpädagogische Haltung. Bad Heilbrunn 2000
Haupt, U.: Wie Lernen beginnt. Grundfragen der Entwicklung und Förderung schwer behinderter Kinder. Stuttgart 2006

Heeg, P.: Informative Forschungsinteraktionen. In: Breuer, F. (Hrsg.): Qualitative Psychologie. Opladen 1996

Heimann, P.: On countertransference. International Journal of Psychoanalysis 31. 1950

Heilmann, J.: „Kein Grund zu schreien". Szenisches Verstehen in der heilpädagogisch-therapeutischen Arbeit mit autistischen Menschen. In: Zeitschrift für Heilpädagogik 2. 1999

Heinemann, E.: Szenisches Verstehen und fördernder Dialog im Unterricht der Sonderschule für Erziehungshilfe. In: Jahrbuch für Psychoanalytische Pädagogik 3. 1991

Heinemann, E.: Psychoanalyse und Pädagogik im Unterricht der Sonderschule. In: Heinemann, E.; Rauchfleisch, U.; Grüttner, T. (Hrsg.), Gewalttätige Kinder. Frankfurt 1992

Heinemann, E.; de Groef, J. (Hrsg.): Psychoanalyse und geistige Behinderung. Mainz 1997

Heinemann, E.; Hopf, H.: AD(H)S. Symptome, Psychodynamik, Fallbeispiele, psychoanalytische Theorie und Therapie. Stuttgart 2006

Heinemann, E.; Hopf, H.: Psychische Störungen in Kindheit und Jugend. Symptome – Psychodynamik – Fallbeispiele – psychoanalytische Therapie. Stuttgart 2008

Heitmeyer, W.: Der doppelte Kontrollverlust. In: Die Tageszeitung vom 10. 03. 2009

Hengstenberg, H. E.: Zur Anthropologie des körperlich und geistig behinderten Kindes und Jugendlichen. In: Hilfe für das behinderte Kind. Kongressbericht, hrsg. Vom Bundesausschuss für gesundheitliche Volksbelehrung. Stuttgart 1966

Herold, R.; Weiß, H.: Übertragung. In: Mertens, W.; Waldvogel, B. (Hrsg.) 2000

Heuves, W.: Frühe Adoleszenz, Sexualität und Behandlung. In: Analytische Kinder- und Jugendlichen-Psychotherapie 3. 2008

Hillenbrandt, C.: Paradigmenwechsel in der Sonderpädagogik? Eine wissenschaftstheoretische Kritik. In: Zeitschrift für Heilpädagogik 51999

Hintermair, M.: Sozial-emotionale Probleme hörgeschädigter Kinder und Jugendlicher an einer sozialen Brennpunktschule – Daten zur Prävalenz und erste Analysen zu möglichen Hintergründen und Zusammenhängen. Unveröffentl. Manuskript 2005

Hintermair, M.: Elterliches Belastungserleben, elterliche Ressourcen und psychische Entwicklung hörgeschädigter Kinder. In: Vierteljahresschrift für Heilpädagogik und ihre Nachbargebiete 1. 2006

Hintermair, M.: Ethische Fragen der Sonderpädagogik: Diskursarena Hörschädigung. In: Vierteljahresschrift für Heilpädagogik und ihre Nachbargebiete 2. 2008

Hinz. A.: Vom sonderpädagogischen Verständnis der Integration zum integrationspädagogischen Verständnis der Inklusion? In: Schnell, I.; Sander, A. (Hrsg.): Inklusive Pädagogik. Bad Heilbrunn 2004

Hinz, A.; Boban, I.: Inklusion. Schlagwort oder realistische Perspektive für die Geistigbehindertenpädagogik? In: Geistige Behinderung 3. 2008

Hinz, H.: Zur klinischen Leichtgewichtigkeit des Diskurs-Diskurses. Was Sie schon immer über „sex and life" wussten und doch nicht glaubten. In: Psyche 2. 2001

Hirblinger, H.: Einführung in die psychoanalytische Pädagogik der Schule. Würzburg 1991

Hirsch, M.: Schuld und Schuldgefühle. Zur Psychoanalyse von Trauma und Introjekt. Göttingen 2007

Hirschmüller, B.: Von der Säuglingsbeobachtung zur analytischen Psychotherapie von Müttern mit Säuglingen und sehr kleinen Kindern. In: Analytische Kinder- und Jugendlichen-Psychotherapie 4. 2000

Höhne, R.: Frühe Krankengymnastik – überschätzte Therapie, überforderte Therapeuten. In: Arbeitsgemeinschaft „Eltern für Integration" (Hrsg.): Integration in Hamburg. Hamburg 1985

Hofmann, Ch.: Psychoanalytische Aspekte der Lernstörungen und Lernverweigerung. In: Büttner, Ch.; Finger-Trescher, U. (Hrsg.) 1991

Hofmann, Ch.: Förderungsdiagnostik als Reformsemantik? In: Albrecht, F. u. a. (Hrsg.) 2000

Hofmann, Ch.: Selbstkonzept und geistige Behinderung: Zum Stand der Forschung. In: Zeitschrift für Heilpädagogik 8. 2001
Honig, M.-S.; Liegle, L.: Erziehung in früher Kindheit und lebenslange Bildungsprozesse – Internationale Perspektiven der frühpädagogischen Forschung. In: Fatke, R.; Merkens, H. (Hrsg.): Bildung über die Lebenszeit. Wiesbaden 2006
Honneth, A.: Kampf um Anerkennung. Zur moralischen Grammatik sozialer Konflikte. Frankfurt 1994
Hopf, H.: Aggression in der analytischen Therapie mit Kindern und Jugendlichen. Göttingen 1998
Horkheimer, M.; Adorno, Th. W.: Dialektik der Aufklärung. Frankfurt 1969 (1944)
Horn, K.: Das psychoanalytische als Teil eines sozialwissenschaftlichen Krankheitskonzepts. In: Muck, M. u. a., Information über Psychoanalyse. Frankfurt 1974
Horn, K.: Prometheus als Menschenmaterial? Zur gesellschaftlichen Funktion politischer Psychologie. In: Schülein, J. A. u. a.: Politische Psychologie. Entwürfe zu einer historisch-materialistischen Theorie des Subjekts. Frankfurt 1981
Hoven-Buchholz, K.: Zu dumm zum Leiden? Psychoanalytische Überlegungen zur geistigen Behinderung. In: Psychosozial 86. 2001
http://bildung.twoday.net/storie/905 100 (Stand 31. 01. 2009)
http://www.abda.de/adhs.html (Organ der Bundesvereinigung Deutscher Apothekerverbände) (Stand 16. 04. 2009)
http://www.aerzteblatt.de/v4/news/news.asp?id=32 287 (Stand 12. 05. 2008)
http://www.aerztezeitung.de/politik_gesellschaft/default.aspx?sid=538 998 (Stand 17. 04. 2009)
http://www.gbm.info/files/pdf/2004brandenburg/2004 – 05 – 13-frietsch.pdf (Stand 21. 04. 2009)
http://www.paritaet-bw.de/lgst/fachberatung/rehabilitation/anlagen/icf_ass_gromann08.pdf (Stand 21. 04. 2009)
http.//www.presseportal.de/pm/34 021/1 200 369/kbv_kassenaerztlic. . . (Presseportal der Kassenärztlichen Vereinigung) ((Stand 04. 06. 2008)
http://www.projectsmart.co.uk/smart-goals.html (Stand 21. 04. 2009)
Huber, M.: Erinnerung als dynamischer Prozess. Einige neurobiologische Überlegungen zu den Funktionsweisen des Gedächtnisses und der Bedeutung des Unbewussten für die Erinnerung. In: Dammasch, F.; Katzenbach, D. (Hrsg.) 2004
Hüther, G.: Und nichts wird fortan so sein wie bisher. . . Die Folgen traumatischer Kindheitserfahrungen für die weitere Hirnentwicklung. In: Analytische Kinder- und Jugendlichen-Psychotherapie 4. 2002
Hüther, G.: Woher kommt die Lust am Lernen? Neurobiologische Grundlagen intrinsisch und extrinsisch motivierter Lernprozesse. In: Dammasch, F.; Katzenbach, D. (Hrsg.) 2004
Hüther, G.: Die nutzungsabhängige Herausbildung hirnorganischer Veränderungen bei Hyperaktivität und Aufmerksamkeitsstörungen. In: Leuzinger-Bohleber, M. u. a. (Hrsg.) 2006
Iben, G.: Begriffe und Selbstverständnis der Heil- und Sonderpädagogik. In: Iben, G. (Hrsg.): Heil- und Sonderpädagogik. Einführung in Problembereiche und Studium. Kronberg/Ts. 1975
Iben, G. (Hrsg.): Das Dialogische in der Heilpädagogik. Mainz 1988
Jakobs, H.: Mikrologische Heilpädagogik – Heilpädagogische Mikrologie? Oder: „Nur wenn, was ist, sich ändern lässt, ist das, was ist, nicht alles“. In: Greving, H. u. a. (Hrsg.) 2004
Jantzen, W.: Sozialisation und Behinderung. Gießen 1974
Jantzen, W.: Konstitutionsprobleme materialistischer Behindertenpädagogik. Lollar 1977
Jantzen, W.: Abbild und Tätigkeit. Studien zur Entwicklung des Psychischen. Solms-Oberbiel 1986
Jantzen, W.: Allgemeine Behindertenpädagogik. Band 1. Sozialwissenschaftliche und psychologische Grundlagen. Weinheim, Basel 1987
Jantzen, W.: „Verhaltensgestört“ – Was tun? In: Behindertenpädagogik 3. 1992

Jantzen, W.: Bestandsaufnahme und Perspektiven der Sonderpädagogik als Wissenschaft. In: Zeitschrift für Heilpädagogik 8. 1995

Jantzen, W.: Geistige Behinderung ist kein Phantom – Über die soziale Wirklichkeit einer naturalisierten Tatsache. In: Grevin, H.; Gröschke, D. (Hrsg.) 2000

Jantzen, W.: Unterdrückung mit Samthandschuhen – Über paternalistische Gewaltausübung (in) der Behindertenpädagogik. In: Müller, A. (Hrsg.): Sonderpädagogik provokant. Luzern 2001

Jantzen, W.: Methodologische Aspekte einer postmodernen Ethik. In: Greving, H.; Gröschke, D. (Hrsg.) 2002

Jantzen, W.: Diagnostik und Rehistorisierung: Probleme und Strategien einer verstehenden Diagnostik. In: http://members.aol.com/basaglia/linz.html. 2003 a (Stand 30. 4. 2004)

Jantzen, W.: Rehistorisierende Diagnostik: Verstehende Diagnostik braucht Erklärungswissen. In: Ricken, G.; Fritz, A.; Hofmann, Ch. (Hrsg.): Diagnose: Sonderpädagogischer Förderbedarf. Lengerich, Berlin, Bremen 2003 b

Jantzen, W.: Zur politischen Philosophie der Behinderung. In: Behindertenpädagogik 3. 2008

Jantzen, W.; Mertens, N.: Psychische Störungen bei geistig behinderten Menschen und die Methode der Rehistorisierung. Online im Internet: URL: http://members.aol/basaglia/hephata.html. 2003

Johnson, H.: Qualitätsmanagement in der Betreuung behinderter Menschen. In: Gemeinsam leben 2. 1999

Jonas, M.: Behinderte Kinder – behinderte Mütter? Frankfurt 1990

Jonas, M.: Trauer und Autonomie bei Müttern schwerstbehinderter Kinder. Mainz 1991

Kant, I.: Kritik der reinen Vernunft. Stuttgart 1978 (1781)

Katzenbach, D.: Kognition, Angstregulation und die Entwicklung der Abwehrmechanismen. In: Jahrbuch für Psychoanalytische Pädagogik 10. 1999

Katzenbach, D.: Anerkennung, Missachtung und geistige Behinderung. Sozialphilosophische Perspektiven auf den so genannten Paradigmawechsel in der Behindertenpädagogik. In: Ahrbeck, B.; Rauh, B. (Hrsg.) 2004 a

Katzenbach, D.: Wenn das Lernen zu riskant wird. Anmerkungen zu den emotionalen Grundlagen des Lernens. In: Dammasch, F., Katzenbach, D. (Hrsg.); 2004 b

Katzenbach, D.: „Es schnackelt nicht…" Kontinuierliche und diskontinuierliche Prozesse beim Lernen und ihre emotionale Bedeutung. In: Eggert-Schmid Noerr, A. u. a. (Hrsg.): Lernen, Lernstörungen und die pädagogische Beziehung. Gießen 2006

Katzenbach, D.; Schroeder, J.: „Ohne Angst verschieden sein können". Über Inklusion und ihre Machbarkeit. In: Zeitschrift für Heilpädagogik 6. 2007

Kautter, H.: Das „Thema des Kindes" erkennen. Umrisse einer verstehenden pädagogischen Diagnostik. In: Eberwein, H.; Knauer, S. (Hrsg.) 1998

Kernberg, O.: Schwere Persönlichkeitsstörungen. Stuttgart 1988

Kerz-Rühling, I.: Die Methode der Überprüfung psychoanalytischer Hypothesen. In: Zeitschrift für psychoanalytische Theorie und Praxis 2. 1998

Klein, G.: Frühförderung für Kinder mit psychosozialen Risiken. Stuttgart 2002

Klein, G. u. a.: Integration im Kindergarten. In: Leserbrief der Fernuniversität Hagen. 1984

Klein, G. u. a.: Integrative Prozesse in Kindergartengruppen. Über die gemeinsame Erziehung von behinderten und nichtbehinderten Kindern. München 1987

Kleinbach, K.: Sehzwang als Blindheit – Versuch zum ‚diagnostischen Blick' in der Sonderpädagogik. In: Behindertenpädagogik 2. 1993

Kleinbach, K.: Zur ethischen Begründung einer Praxis der Geistigbehindertenpädagogik. Bad Heilbrunn 1994

Klitzing, K. von: Frühe Entwicklung im Längsschnitt: Von der Beziehungswelt der Eltern zur Vorstellungswelt des Kindes. In: Psyche 9/10. 2002

Kluge, F.: Etymologisches Wörterbuch der deutschen Sprache. Berlin, New York 2002

Kobi, E. E.: Personorientierte Modelle der Heilpädagogik. In: Bleidick, U. (Hrsg.) 1985
Kobi, E. E.: Heilpädagogische Daseinsgestaltung. Luzern 1988
Kobi, E. E.: Grundfragen der Heilpädagogik. Eine Einführung in heilpädagogisches Denken. Bern, Stuttgart, Wien 1993
Kobi, E. E.: Zur terminologischen Konstruktion und Dekonstruktion Geistiger Behinderung. In: Greving. H.; Gröschke, D. (Hrsg.) 2000
Kobi, E. E.: Inklusion: ein pädagogischer Mythos? In: Dederich, M. u. a. (Hrsg.) 2006
Kobi, E. E.: Alternative Integration als integrierte Alternative? In: Heilpädagogik online 02. 2008
Köhler, L.: Bindungsforschung und Bindungstheorie aus der Sicht der Psychoanalyse. In: Spangler, G.; Zimmermann, P. (Hrsg.): Die Bindungstheorie. Grundlagen, Forschung und Anwendung. Stuttgart 1995
Köhler, L.: Anwendung der Bindungstheorie in der psychoanalytischen Praxis. Einschränkende Vorbehalte, Nutzen, Fallbeispiele. In: Psyche 4. 1998
König, K.: Heilpädagogische Diagnostik. Arlesheim 1977
Körner, J.: Die Attraktivität der Psychoanalyse im 21. Jahrhundert. In: Geus-Mertens, E. (Hrsg.): Eine Psychoanalyse für das 21. Jahrhundert. Stuttgart 2007
Körner, J.: Der ressentimentgeladene Gewalttäter. In: Psyche 9/10. 2008
Körner, J.; Friedmann, Re.: Denkzeit für delinquente Jugendliche. Freiburg 2005
Körner, J.; Ludwig-Körner, Ch.: Psychoanalytische Sozialpädagogik. Freiburg 1997
Kohut, H.: Narzissmus. Frankfurt 1973
Kohut, H.: Die Zukunft der Psychoanalyse. Frankfurt 1975
Kohut, H.: Die Heilung des Selbst. Frankfurt 1981
Korff-Sausse, S.: Ein psychoanalytischer Ansatz bei geistiger Behinderung. In: Heinemann, E.; de Groef, J. (Hrsg.) 1997
Kornmann, R.: Psychologie der Lernbehinderten. In: Fengler, J.; Jansen, G. (Hrsg.): Heilpädagogische Psychologie. Stuttgart, Berlin, Köln 1987
Kornmann, R.; Neuhäusler, E.: Zum Schulversagen bei ausländischen Kindern und Jugendlichen in den Jahren 1998 und 1999. In: Die neue Sonderschule 5. 2001
Krause, M.: Elterliche Bewältigung und Entwicklung des behinderten Kindes. Frankfurt 1997
Krause, R.: Allgemeine Psychoanalytische Krankheitslehre. Bde. 1 und 2. Stuttgart, Berlin, Köln 1997, 1998
Krauß, Th.: Zum neuen Biologismus. In: Psychosozial 111. 2008
Krebs, H.: Emotionales Lernen in der Schule – Aspekte der Professionalisierung von Lehrerinnen und Lehrern. In: Jahrbuch für Psychoanalytische Pädagogik 13. 2002
Kreutz, A.: Die Füße des Ödipus – Psychoanalyse und Behinderung. In: Eckes-Lapp, R.; Körner, J. (Hrsg.): Psychoanalyse im sozialen Feld. Gießen 1998
Kreuzer, M.; Ytterhus, B. (Hrsg.): „Dabei sein ist nicht alles“. Inklusion und Zusammenleben im Kindergarten. München, Basel 2008
Kron, M.: Kindliche Entwicklung und die Erfahrung von Behinderung. Frankfurt 1988
Kron, M.: Integrative Prozesse in Kindergärten – Theorie und Erfahrungen aus der Praxis. In: Eberwein, H. (Hrsg.) 1994
Krüger, H.-H.: Entwicklungslinien und aktuelle Perspektiven einer Kritischen Erziehungswissenschaft. In: Sünker, H.; Krüger, H. H. (Hrsg.): Kritische Erziehungswissenschaft am Neubeginn?! Frankfurt 1999
Künzli, H.: Evidence-Based Coaching. In: Forum Supervision 29. 2007
Kummetat, V.: Bindung und ADHS. Kindliche und elterliche Bindungsrepräsentanzen bei Aufmerksamkeitsdefizit-Hyperaktivitätsstörung. Dissertation Köln 2007
Kutter, P.: Spiegelungen und Übertragungen in der Supervision. In: Pühl, H. (Hrsg.): Handbuch der Supervision 2. Berlin 1994
Ladan, A.: Kopfwandler. Die geheime Fantasie, eine Ausnahme zu sein. Frankfurt 2003

Lamnek, S.: Gruppendiskussion. Weinheim 1998
Landeswohlfahrtsverband Hessen (Hrsg.): Integrierter Hilfeplan – Hessen. In: LWV 01–3-290. 2007
Langer, S.: Philosophie auf neuem Weg. Das Symbol im Denken, im Ritus und in der Kunst. Frankfurt 1965
Laplanche, J.; Pontalis, J.-B.: Das Vokabular der Psychoanalyse. Frankfurt 1972
Laucken, U.: Wissenschaftliche Denkformen, Sozialpraxen und der Kampf um Ressourcen – demonstriert am Beispiel der Psychologie. In: Universität Oldenburg, Fachbereich 5 – Psychologie (Hrsg.): Berichte aus dem Institut zur Erforschung von Mensch-Umwelt-Beziehungen. Nr. 36. Februar 2001. http://www.uni-oldenburg.de/psychologie/mub/psych&komm.htm (Stand 19. 04. 2005)
Lazar, R. A.: Vorläufer der Triangulierung. In: Forum Psychoanal. 3. 1988
Lear, J.: The Shrink is in. In: Psyche 7. 1996
Leber, A.: Psychoanalytische Reflexion – ein Weg zur Selbstbestimmung in Pädagogik und Sozialarbeit. In: Leber, A.,; Reiser, H. (Hrsg.): Sozialpädagogik, Psychoanalyse und Sozialkritik. Neuwied, Berlin 1972
Leber, A.: Rückzug oder Rache. In: Jahrbuch der Psychoanalyse Bd. IX. 1976
Leber, A.: Psychoanalytische Aspekte einer heilpädagogischen Theorie. In: Bürli, A. (Hrsg.) 1977
Leber, A.: Die Sozialisation von Pflegekindern. In: Junker, R. u. a.: Pflegekinder in der Bundesrepublik Deutschland – ein Forschungsbericht. Frankfurt 1978
Leber, A.: Heilpädagogik – was soll sie heilen? In: Schneeberger, F. (Hrsg.): Erziehungserschwernisse. Antworten aus dem Werk Paul Moors. Luzern 1979
Leber, A.: Der Wilde von Aveyron und sein Lehrer. In: Kindheit 1. 1981
Leber, A.: Frühe Erfahrung und späteres Leben. In: Leber, A. u. a. 1983
Leber, A.: Heilpädagogik. In: Eyferth, H. u. a. (Hrsg.) 1984
Leber, A.: Wie wird man psychoanalytischer Pädagoge? In: Bittner, G.; Ertle, Ch. (Hrsg.) 1985
Leber, A.: Zur Begründung des fördernden Dialogs in der psychoanalytischen Heilpädagogik. In: Iben, G. (Hrsg.) 1988
Leber, A.: Der Zusammenhang zwischen emotionaler und kognitiver Entwicklung in der frühen Kindheit. In: Büttner, Ch.; Ende, A. (Hrsg.) 1989 a
Leber, A.: Ein Prototyp der Traumabewältigung? In: Psychosozial 37. 1989 b
Leber, A.: Der Konstruktivismus Jean Piagets in seiner Bedeutung für Theorie und Praxis der Psychoanalyse. In: Streeck, U.; Werthmann, H.-V. (Hrsg.): Herausforderungen für die Psychoanalyse. München 1990
Leber, A.: Ein Schlüssel zum Verständnis menschlichen Verhaltens. In: Piaget, J. 1995
Leber, A. u. a.: Reproduktion der frühen Erfahrung. Frankfurt 1983
Leber, A., Gerspach, M.: Geschichte der Psychoanalytischen Pädagogik in Frankfurt am Main. In: Plänkers, T. u. a. (Hrsg.): Psychoanalyse in Frankfurt am Main. Tübingen 1996
Lehmkuhl, G.; Döpfner, M.: Die Bedeutung multimodaler Therapieansätze bei Kindern mit Aufmerksamkeits-/Hyperaktivitätsstörungen. In: Leuzinger-Bohleber, M. u. a. (Hrsg.) 2006
Leuschner, W.; Hau, S.; Fischmann, T.: Couch im Labor – Experimentelle Erforschung unbewusster Prozesse. In Psyche 9/10. 1998
Leuzinger-Bohleber, M.: Gedächtnis. In: Mertens, W.; Waldvogel, B. (Hrsg.) 2000
Leuzinger-Bohleber, M.: Forschende Grundhaltung als abgewehrter „common ground" von psychoanalytischen Praktikern und Forschern? In: Sonderheft Psyche 2007
Leuzinger-Bohleber, M.; Garlichs, A.: Theoriegeleitete Fallstudien im Dialog zwischen Psychoanalyse und Erziehungswissenschaft. In: Friebertshäuser, B.; Prengel, A. (Hrsg.) 1997
Leuzinger-Bohleber, M.; Pfeifer, R.: Embodies Cognitive Science und Psychoanalyse – Ein interdisziplinärer Dialog zum Gedächtnis. In: Giampieri-Deutsch, P. (Hrsg.) 2002

Leuzinger-Bohleber, M. u. a.: Die Frankfurter Präventionsstudie. Zur psychischen und psychosozialen Integration von verhaltensauffälligen Kindern (insbesondere von ADHS) im Kindergarten – ein Arbeitsbericht. In: Leuzinger-Bohleber, M. u. a. (Hrsg.) 2006 a

Leuzinger-Bohleber, M.; Brandl, Y.; Hüther, G. (Hrsg.): ADHS – Frühprävention statt Medikalisierung.. Theorie, Forschung, Kontroversen. Göttingen 2006 b

Leuzinger-Bohleber, M. u. a.: Störungen der frühen Affektregulation: Klinische und extraklinische Annäherungen an ADHS. In: Psyche 7. 2008

Lévinas, E.: Die Spur des Anderen. Untersuchungen zur Phänomenologie und Sozialphilosophie. Freiburg, München 1983

Lichtenberg, J.: Psychoanalyse und Säuglingsforschung. Berlin 1991

Lichtenberg, J.; Lachmann, F.; Fosshage, J.: Das Selbst und die motivationalen Systeme. Frankfurt 2000

Liesen, Ch.; Felder, F.: Bemerkungen zur Inklusionsdebatte. In: Heilpädagogik online 3. 2004

Lindmeier, Ch.: Behinderung – Phänomen oder Faktum? Bad Heilbrunn 1993

Lindmeier, Ch.: Rehabilitation und Bildung – Möglichkeiten und Grenzen der neuen WHO-Klassifikation der Funktionsfähigkeit, Behinderung und Gesundheit (ICF), Teil 1. In: Die neue Sonderschule 6. 2002

Loch, W.: Die Krankheitslehre der Psychoanalyse. Stuttgart, Leipzig 1999

Lorenzer, A.: Zur Begründung einer materialistischen Sozialisationstheorie. Frankfurt 1972

Lorenzer, A.: Sprachzerstörung und Rekonstruktion. Frankfurt 1973

Lorenzer, A.: Die Wahrheit der psychoanalytischen Erkenntnis. Frankfurt 1974

Lorenzer, A.: Sprachspiel und Interaktionsformen. Frankfurt 1977

Lorenzer, A.: Das Konzil der Buchhalter. Frankfurt 1981

Lorenzer, A.: Sprache. Lebenspraxis und szenisches Verstehen in der psychoanalytischen Therapie. In: Psyche 2. 1983

Lorenzer, A.: Tiefenhermeneutische Kulturanalyse. In: Lorenzer, A. (Hrsg.): Kultur-Analysen. Psychoanalytische Studien zur Kultur. Frankfurt 1986

Lorenzer, A.: Hermeneutik des Leibes. Über die Naturwissenschaftlichkeit des Leibes. In: Lorenzer, A.: Die Sprache, der Sinn, das Unbewusste. Stuttgart 2002.

Lüpke, H. von: Die vielfältigen Dimensionen des Dialogs. In: Paritätisches Bildungswerk Bundesverband e. V. (Hrsg.), Von der Behandlung der Krankheit zur Sorge um Gesundheit. Entwicklungsförderung im Dialog. Frankfurt 1996

Lüpke, H. von: Neue Nachbarschaften – Neurobiologie im psychosozialen Kontext. In: Behinderte in Familie, Schule und Gesellschaft 4/5. 2000

Lüpke, H. von: Vorgeburtliche Bindungserfahrungen und Entwicklungschancen. In: Finger-Trescher, U.; Krebs, H. (Hrsg.): Bindungsstörungen und Entwicklungschancen. Gießen 2003

Lüpke, H. von: Hyperaktivität zwischen ‚Stoffwechselstörung' und Psychodynamik. In: Passolt, M. (Hrsg.) 2004 a

Lüpke, H. von: Welche Rolle spielen Ergebnisse der Hirnforschung bei der AD(H)S-Problematik? In: Sonderpädagogische Forschung 4. 2004 b

Lüpke, H. von: AD(H)S als medizinisches Modell: auf der Suche nach Halt. In: Appel, O.; Zeitlinger-Brückmann, G. (Hrsg.): So geht's! AD(H)S in der Schule. Speyer 2005 a. Nachdruck in: http://bidko.uibk.ac.at/library/luepke-ads.html. 2005 a (Stand 28. 08. 2008)

Lüpke, H. von.: Neuere Erkenntnisse zur Sprachentwicklung auf dem Hintergrund von Forschungen über Neurobiologie und frühe Kindheit. Mögliche Folgen für eine bilinguale Erziehung. In: http://bidok.uibk.ac.at/library/luepke-sprachentwicklung.html. 2005 b (Stand 28. 08. 2008)

Lüpke, H. von: „Ein Zeichen sind wir, deutungslos..." Kinder, die nicht stören können. In: http://www.inklusion.net 2. 2006 (Stand 26. 03. 2009)

Lüpke, H. von: Vorformen einer ADHS-Problematik. In. Eggert-Schmid Noerr, A.; Pforr, U. (Hrsg.) 2007

Mahler, M. u. a.: Die psychische Geburt des Menschen. Symbiose und Individuation. Frankfurt 1980

Maier, J.: Eine Pille für die Eins. In: Die Zeit vom 17. 12. 2008

Mainkrokodile gGmbH (Hrsg.): Die gespiegelte Behinderung. Gelungene Integration in Krabbelstube und Kindergarten. Lüneburg 2004

Mand, J.: Nach dem Paradigmenwechsel. Neue Aufgaben für die Arbeit mit auffälligen Kindern und Jugendlichen. In: Behinderte 1. 2003

Mannoni, M.: Das zurückgebliebene Kind und seine Mutter. Olten 1972

Marcuse, H.: Schriften Band 5. Triebstruktur und Gesellschaft. Frankfurt 1979

Mattner, D.: Wissenschaftstheoretische Grundlegung einer heilpädagogischen Anthropologie. In: Mattner, D.; Gerspach, M. 1997

Mattner, D.: Behinderte Menschen in der Gesellschaft. Zwischen Ausgrenzung und Integration. Stuttgart, Berlin, Köln 2000

Mattner, D.: Normative Aspekte heilpädagogischer Praxis. In: Gerspach, M., Mattner, D. 2004

Mattner, D: ADS – die Biologisierung abweichenden Verhaltens. In: Leuzinger-Bohleber, M. u. a. (Hrsg.) 2006

Mattner, D.: Geistige Behinderung in der gesellschaftlichen Perspektive. In: Mesdag, Th.; Pforr, U. (Hrsg.) 2008

Mattner, D.; Gerspach, M.: Heilpädagogische Anthropologie. Stuttgart, Berlin, Köln 1997

May, M.: Wider den Zynismus einer Luhmannisierung der Theorie Sozialer Arbeit. In: Widersprüche Heft 78. 2000

Mayring, Ph.: Qualitative Sozialforschung. Weinheim, Basel 2002

McGough, J. J. u. a.: Psychiatric comorbidity in adult attention deficit hyperactivity disorder: findings from multiplex families. In: American Journal of Psychiatry 9. 2005/In: http://www.ncbi.nlm.nih.gov (Stand 05. 08. 2007)

Mentzos, S.: Interpersonale und institutionalisierte Abwehr. Frankfurt 1990

Mertens, W.: Entwicklung der Psychosexualität und der Geschlechtsidentität. Band 1. Stuttgart, Berlin, Köln 1994

Mertens, W.: Psychoanalyse. Stuttgart, Berlin, Köln 1996

Mertens, W.; Waldvogel, B. (Hrsg.): Handbuch psychoanalytischer Grundbegriffe. Stuttgart. Berlin, Köln 2000

Mesdag, Th.; Hitzel, E.: Sage mir, wie Du leben möchtest (aber bedenke, was ich hören will!). In: Mesdag, Th.; Pforr, U. (Hrsg.) 2008

Mesdag, Th.; Pforr, U. (Hrsg.): Phänomen geistige Behinderung. Ein psychodynamischer Verstehensansatz. Gießen 2008

Metzger, H.-G.: Prolog: Vaterimago und realer Vater. In: Metzger, H.-G. (Hrsg.): Psychoanalyse des Vaters. Frankfurt 2008

Metzler, H.: Hilfebedarf von Menschen mit Behinderung. Fragebogen zur Erhebung im Lebensbereich „Wohnen"/Individuelle Lebensgestaltung. In: http:www.hamburger-gemeinschaftsstiftung.de/dateien/datei200 602 071 10 749–485.pdf (Stand 21. 04. 2009)

Meyer, A.; Pauli, U.: Entwicklungsverlauf und Familienklima bei Risikokindern. In: Jahrbuch der medizinischen Psychologie Bd. 4. Berlin, Heidelberg, New York, Tokyo 1991

Michaelis, D.: „Heute gehen wir Baby-Gucken, und morgen..." Psychoanalyse auf der Höhe des Zeitgeistes. In: Zepf, S. (Hrsg.): Diskrete Botschaften des Rationalen. Göttingen 1995

Milani-Comparetti, A.: Von der „Medizin der Krankheit" zu einer „Medizin der Gesundheit". In: Paritätisches Bildungswerk – Bundesverband e. V. (Hrsg.): Von der Behandlung der Krankheit zur Sorge um Gesundheit. Frankfurt 1986 (zusammenfassende Darstellung von E. Jäger)

Milch, W.; Hartmann, H.-P.: Selbstpsychologie. In: Mertens, W.; Waldvogel, B. (Hrsg.) 2000

Miller, A.: Das Drama des begabten Kindes. Frankfurt 1979
Mitscherlich, A.: Aggression und Anpassung. In: Marcuse, H. u. a.: Aggression und Anpassung in der Industriegesellschaft. Frankfurt 1969
Mitscherlich, A.: Auf dem Weg zur vaterlosen Gesellschaft. München 1971
Mitzlaff, S.: Bion und Lorenzer – Container/Contained und präsentatives Symbol. Überlegungen zur Zusammenführung und klinischen Relevanz für eine psychoanalytische Musiktherapie. In: Zeitschrift für psychoanalytische Theorie und Praxis 1. 2009
Möckel, A.: Geschichte der Heilpädagogik. Stuttgart 1988
Moor, P.: Heilpädagogik. Bern 1969
Moré, A.: Die Integration sensorischer, affektiver und kognitiver Fähigkeiten beim Säugling. In: Kinderanalyse 3. 1998
Morelle, C.: Selbstverletzung: Körper und geistige Behinderung. In: Heinemann, E.; de Groef, J. (Hrsg.) 1997
Moser, V.: Konstruktion und Kritik. Sonderpädagogik als Disziplin. Opladen 2003
Moser, V.; Loeken, H.; Windisch, M.; Saalow, M.: Sonderpädagogische Professionsforschung: Eine Skizze des Forschungsstands. In: Zeitschrift für Heilpädagogik 3. 2008
Muck, M.: Psychoanalytische Überlegungen zur Struktur menschlicher Beziehungen. In: Psyche 32. 1978
Muck, M.; Trescher, H.-G. (Hrsg.): Grundlagen der Psychoanalytischen Pädagogik. Mainz 1993
Müller, B.: Außensicht – Innensicht. Freiburg 1995
Müller, Th.: Schizophrenie. In: Mertens, W.; Waldvogel, B. (Hrsg.) 2000
Muth, J.: Integration von Behinderten. Über die Gemeinsamkeit im Bildungswesen. Essen 1986
Naumann, Th.: Sozialcharakter zwischen Spätkapitalismus und Postfordismus. In: Demirovic, A. (Hrsg.): Modelle kritischer Gesellschaftstheorie. Stuttgart 2003
Naumann-Lenzen, M.: Jenseits der Deutung. Zur Kontroverse um das Verhältnis von Deutungs-, Beziehungs- und Spielaspekten bei Psychopathologien. In: Analytische Kinder- und Jugendlichen-Psychotherapie 3. 1994
Neraal, T.: Derzeitige Theoriekonzepte. In: Neraal, T.; Wildermuth, M. (Hrsg.) 2008
Neraal, T.; Wildermuth, M. (Hrsg.): ADHS. Symptome verstehen – Beziehungen verändern. Gießen 2008
Neuhäuser, G.: Geistige Behinderung aus medizinischer Sicht. In: Greving, H., Gröschke, D. (Hrsg.) 2000 a
Neuhäuser, G.: Medizinische Diagnostik – Intuition und Algorithmus. In: Buchka, M. (Hrsg.) 2000 b
Neuhäuser, G.; Beckmann, D.; Pauli, U.: Psychologische Determinanten neurologischer Symptome und neurologischer Syndrome bei Kleinkindern. In: Jahrbuch der medizinischen Psychologie. Bd. 2. Berlin, Heidelberg, New York, Tokyo 1989
Neuhäuser, G.; Beckmann, D.; Pauli, U.: Zur Entwicklung sogenannter Risikokinder. In: Frühförderung interdisziplinär 9. 1990
Niedecken, D.: Die „Organisierung" von geistiger Behinderung. In: Heinemann, E.; de Groef, J. (Hg.) 1997
Niedecken, D.: Namenlos. Geistig Behinderte verstehen. München 1998 (1989)
Niederhofer, H.: Bindungsunterschiede zwischen geistig behinderten und nicht behinderten Kindern. In: Frühförderung interdisziplinär 4. 2001
Nissen, B.: Zur Bestimmung der Möglichkeiten klinisch-psychoanalytischer Forschung. Ein Beitrag zur Forschungsdiskussion. In Psyche 4. 2009
Nitzschke, B.: Der ewige Krieg um Freud. In: Die Zeit vom 12. 07. 1996
Ogden, Th.: Über den potentiellen Raum. In: Forum der Psychoanalyse 13. 1997
Orange, D. M.: Emotionales Verständnis und Intersubjektivität. Frankfurt 2004
Ornstein, A.; Ornstein, P.: Empathie und therapeutischer Dialog. Gießen 2001

Papousek, M.: Dysphorische Unruhe und Spielunlust in der frühen Kindheit: Ansatz zur Früherkennung und Prävention von ADHS. In: Papousek, M. u. a. (Hrsg.): Regulationsstörungen der frühen Kindheit. Bern 2004

Papousek, M.: Bindungssicherheit und Intersubjektivität. In: Brisch, K. H., Hellbrügge, Th. (Hrsg.): Kinder ohne Bindung. Deprivation, Adoption und Psychotherapie. Stuttgart 2006

Papousek, M.: Regulationsstörungen in der frühen Kindheit und ADHS (2007). In: http://www.charite.de (Stand 10. 02. 2008)

Papousek, M.; Wollwerth de Chuquisengo, R.: Auswirkungen mütterlicher Traumatisierungen auf Kommunikation und Beziehung in der frühen Kindheit. In: Brisch, K. H.; Hellbrügge, Th. (Hrsg.): Bindung und Trauma. Risiken und Schutzfaktoren für die Entwicklung von Kindern. Stuttgart 2003

Parin, P.; Parin-Matthèy, G.: Subjekt im Widerspruch. Gießen 2000

Passolt, M. (Hrsg.): Hyperaktivität zwischen Psychoanalyse, Neurobiologie und Systemtheorie. München 2004

Paulsen, S.: Wie entsteht Beziehung? Beitrag und Perspektive der Säuglingsforschung. In: Beiträge zur analytischen Kinder- und Jugendlichenpsychotherapie 76. 1992

Paulsen, S.: Affekt und Beziehung – theoretische und therapeutische Überlegungen. In: Analytische Kinder- und Jugendlichen-Psychotherapie 2. 1998

Pedrina, F.: Psychotherapien mit Säuglingen und Eltern. Gedanken zu den frühen Symbolisierungsprozessen. In: Kinderanalyse 0. 1992

Perelberg, R.: Gewalt und Sexualität bei männlichen Borderline-Patienten. In: Kinderanalyse 1. 2000

Petermann, F.; Natzke, H.: Aggressives Verhalten in der Schule. In: Zeitschrift für Pädagogik 4. 2008

Petermann, U.; Petermann, F.: Training mit Jugendlichen in Heimerziehung. In: Archiv für Wissenschaft und Praxis der sozialen Arbeit 2. 2000

Peterson, B.: Neurobiological perspectives on AD/HD: fMRI studies. Vortrag auf der Joseph Sandler Research Conference am 2. 3. 2008 in Frankfurt

Pfeffer, W.: Fremdverstehen auf der präreflexiven Ebene erzieherischer Interaktion. In: Eberwein, H. (Hrsg.): Fremdverstehen sozialer Randgruppen. Ethnographische Feldforschung in der Sonder- und Sozialpädagogik. Berlin 1987 a

Pfeffer, W.: Zur Entwicklung des Erziehers in der Erziehung bei schwerer geistiger Behinderung. In: Adam, G.; Husslein, E., Pfeffer, W. (Hrsg.): Erziehen als Beruf. Würzburg 1987 b

Pfeffer, W.: Förderung schwer geistig Behinderter. Eine Grundlegung. Würzburg 1988

Pfeiffer, Ch.; Rabold, S.; Baier, D.: Sind Freizeitzentren eigenständige Verstärkungsfaktoren der Jugendgewalt? In: Zeitschrift für Jugendkriminalität und Jugendhilfe 3. 2008 a

Pfeiffer, Ch.; Rabold, S.; Baier, D.: Fördert der Besuch von Freizeitzentren die Jugendgewalt? Eine Erwiderung auf die Kritik von Hafeneger und Kollegen. In: Zeitschrift für Jugendkriminalität und Jugendhilfe 4. 2008 b

Pforr, U.; Ising, A.: Möglichkeiten und Grenzen einer psychodynamisch orientierten Beziehungsarbeit mit Menschen mit einer geistigen Behinderung. In: Mesdag, Th.; Pforr. U. (Hrsg.) 2008

Piaget, J.: Das Weltbild des Kindes. München 1988

Piaget, J.: Abriss der genetischen Epistemologie. Olten und Freiburg 1970

Piaget, J.: Der Aufbau der Wirklichkeit beim Kinde. Stuttgart 1975

Piaget, J.: Die Äquilibration der kognitiven Strukturen. Stuttgart 1976

Piaget, J.: Intelligenz und Affektivität in der Entwicklung des Kindes. Herausgegeben und übersetzt von A. Leber. Frankfurt 1995

Plänkers, T.: Kann die Systemtheorie eine Metatheorie für psychoanalytische Theorie und Praxis sein? In: Zeitschrift für psychoanalytische Theorie und Praxis. 1. 1995.

Plänkers, T.: Überlegungen zum Verhältnis von Psychoanalyse und Neurowissenschaften. Koreferat zum Vortrag von Bradley Peterson über fMRI-Ergebnisse bei ADHS-Kindern. 4. 11. 2006 (unveröffentl. Manuskript)

Poscheschnik, G. (Hrsg.): Empirische Forschung in der Psychoanalyse – Einige Gedanken zur wissenschaftstheoretischen und methodologischen Standortbestimmung. In: Poscheschnik, G. (Hrsg.) 2005 a

Poscheschnik, G. (Hrsg.): Empirische Forschung in der Psychoanalyse. Grundlagen – Anwendungen – Ergebnisse. Gießen 2005 b

Poscheschnik, G.: Empirische Forschung in der Psychoanalyse – Vorbehalte und Vorurteile. In: Psyche 4. 2009

Preiß, H.: Ein psychoanalytischer Blick auf geistige Behinderung. Impulse für Theorie und Praxis der Geistigbehindertenpädagogik. Würzburg 2006

Preiß, H.: Psychoanalyse und geistige Behinderung – Entwicklungen und pädagogische Impulse. In: Jahrbuch für Psychoanalytische Pädagogik 16. 2008

Prengel, A.: Pädagogik der Vielfalt. Wiesbaden 2006 (Opladen 1995)

Puschke, M.: Die internationale Klassifikation von Behinderung der Weltgesundheitsorganisation. In: WeiberZEIT Nr. 72005

Racker, H.: Übertragung und Gegenübertragung. München, Basel 1993

Raue, J.: Aggressionen verstehen. Gießen 2008

Rauh, H.: Kindliche Behinderung und Bindungsentwicklung. In: Ahnert, L. (Hrsg.): Frühe Bindung. Entstehung und Entwicklung. München 2004

Rauh, H.: Kognitives Entwicklungstempo und Verhalten bei Kindern mit Down-Syndrom. In: http://www.down-syndrom-netzwerk.de/bibliothek/pdf/rauh.pdf (Stand 07. 04. 2009)

Reichmann, E. (Hrsg.): Handbuch der kritischen und materialistischen Behindertenpädagogik. Solms-Oberbiel 1984

Reik, Th.: Hören mit dem dritten Ohr. Die innere Erfahrung eines Psychoanalytikers. Frankfurt 1990 (1948)

Reiser, H.: Dialog im Gruppenprozess – Zur Vermittlung dialogischer Philosophie und pädagogischer Praxis. In: Iben, G. (Hrsg.) 1988

Reiser, H.: Entwicklung und Störung – Vom Sinn kindlichen Verhaltens. In: Behindertenpädagogik 3. 1993

Reiser, H.: Die Weiterentwicklung der sonderpädagogischen Förderung in der Bundesrepublik Deutschland – Möglichkeiten und Grenzen. In: Behindertenpädagogik 1. 1995

Reiser, H.: Lern- und Verhaltensstörungen als gemeinsame Aufgabe von Grundschul- und Sonderpädagogik unter dem Aspekt der pädagogischen Selektion. In: Zeitschrift für Heilpädagogik 7. 1997

Reiser, H.: Zur Bedeutung des Vergangenen, des Gegenwärtigen und des Zukünftigen in der psychoanalytischen Reflexion pädagogischer Interaktionen. In: Ahrbeck, B.; Körner, J. (Hrsg.): Der vergessene Dritte – Ödipale Konflikte in Erziehung und Therapie. Neuwied, Kriftel, Berlin 2000

Reiser, H.: Vom Begriff Integration zum Begriff Inklusion – was kann mit dem Begriffswechsel angestoßen werden? In: Sonderpädagogische Förderung 4. 2003

Reiser, H.: Psychoanalytisch-systemische Pädagogik. Stuttgart 2006 a

Reiser, H.: Machbarkeitsversprechungen und (sonder-)pädagogische Professionalität. In: Vierteljahresschrift für Heilpädagogik und ihre Nachbargebiete 4. 2006 b

Reiser, H.: Inklusion – Vision oder Illusion? In: Katzenbach, D. (Hrsg.): Vielfalt braucht Struktur. Heterogenität als Herausforderung für die Unterrichts- und Schulentwicklung. Frankfurt 2007

Reiser, H.; Trescher, H.-G. (Hrsg.): Wer braucht Erziehung? Mainz 1987

Reiser, H. u. a.: Beziehungskonstellation zwischen Beratern und Beratenen bei der Beratung für Erziehungshilfe in der Schule (BES). In: Behindertenpädagogik 1/2. 2003

Roedel, J.: Das heilpädagogische Experiment Bonneuil und die Psychoanalyse in Frankreich. Frankfurt 1986

Rösner, H.-U.: Auf der Suche nach einer anderen Gerechtigkeit – Behindertsein und Anerkennungspolitik –. In: Behindertenpädagogik 2. 1996

Rösner, H.-U.: Selbstsorge und Sorge für den Anderen. Ethische Überlegungen zum Behindertsein. In: Zeitschrift für Heilpädagogik 2. 1997

Rösner, H.-U.: Jenesits normalisierender Anerkennung. Reflexionen zum Verhältnis von Macht und Behindertsein. Frankfurt, New York 2002

Rösner, H.-U.: Inklusion allein ist zu wenig! Plädoyer für eine Ethik der Anerkennung. In: Dederich, M. u. a. (Hrsg.) 2006

Rosenthal, L.: Sie hört Musik nur, wenn sie laut ist. In: Frankfurter Rundschau vom 14. 01. 2006

Rohrmann, A.: Alternative oder Ergänzung – Strukturelle Perspektiven Offener Hilfen. In: Mesdag, Th.; Pforr. U. (Hrsg.) 2008

Roth, G.: Das Gehirn und seine Wirklichkeit. Frankfurt 1997

Roth, G.: Ist der Wille frei? Tutorial: Gehirn und Bewusstsein (3. Teil). In: Frankfurter Allgemeine Zeitung vom 19. 1. 2003

Rustad, A. K.: Von der Krokodilsschlucht zur Brückenbildung. In: Kinderanalyse 2. 2007

Sackett, L. u. a.: Was ist EBM und was nicht? In: htpp://www.ebm-netzwerk.de/grundlagen/wasistebm (Stand 30. 03. 2009)

Sahle, R.: Perspektiven qualitativer Forschung in der Sozialen Arbeit. In: Archiv für Wissenschaft und Praxis der sozialen Arbeit 1. 2001

Salber, L.: Der dunkle Kontinent. Freud und die Frauen. Reinbek 2006

Sand, A. u. a.: Therapeutischer Umgang mit Entwertungsprozessen. In: Gaedt, Ch. (Hrsg.) 1990

Sander, A.: Von der integrativen zur inklusiven Bildung. In: Hausotter, A. u. a. (Hrsg.): Perspektiven Sonderpädagogischer Förderung in Deutschland. Middelfart 2002

Sant'Unione, A.; Wildermuth, M.: Die Praxisstudie. In: Neraal, T.; Wildermuth, M. (Hrsg.) 2008

Sarimski, K.: Interaktion mit behinderten Kleinkindern. München 1986

Sarimski, K.: Zur Validität des Fragebogens zur Beurteilung der „Sozialen Orientierung von Eltern behinderter Kinder" (SOEBEK). In: Frühförderung interdisziplinär 1. 2001

Sautter, H.: Pädagogisch-psychologische Diagnostik und Intuition. In: Buchka, M. (Hrsg.) 2000

Schaab, U.: Psychoanalytische Pädagogik als Möglichkeit einer Dialogischen Heilpädagogik in der Arbeit mit geistig behinderten Menschen. In: Jahrbuch für Psychoanalytische Pädagogik 8. 1997

Schäfer, G. E.: Bildungsprozesse und Symbolisierung im frühen Kindesalter. In: Jahrbuch für Psychoanalytische Pädagogik 4. 1990

Schäfer, G. E.: Bildungsprozesse im Kindesalter. Selbstbildung, Erfahrung und Lernen in der frühen Kindheit. Weinheim 1995

Schäfer, G. E.: Beobachten und Dokumentieren in KiTas. Umsetzung des neuen Bildungsverständnisses. In: Kindergarten Heute. Zeitschrift für die Erziehung 8. 2004

Scherr, A.: Inklusion/Exklusion – soziale Ausgrenzung. Verändert sich die gesellschaftliche Funktion Sozialer Arbeit? In: Treptow, R.; Hörster, R. (Hrsg.): Sozialpädagogische Integration. Weinheim, München 1999

Schlee, J.: 30 Jahre „Förderdiagnostik" – eine kritische Bilanz. In: Zeitschrift für Heilpädagogik 4. 2008

Schleske, G.: Imaginiertes und reales Kind. Über den Einfluss mütterlicher Phantasien auf die frühkindliche Entwicklung und die Dynamik des Kindesmissbrauchs. In: Zeitschrift für psychoanalytische Theorie und Praxis 4. 1999

Schlücker, K.: Vom Text zum Wissen. Positionen und Probleme qualitativer Forschung. Konstanz 2008

Schmid Noerr, G.: Symbolik des latenten Sinns. Zur psychoanalytischen Symboltheorie nach Lorenzer. In: Psyche 5. 2000
Schmid Noerr, G.: Zur Sozialisation der Gefühle. In: Busch, H.-J. u. a. (Hrsg.) 2003
Schmid Noerr, G.: Gleichheit in der Vielfalt: Zur Ethik von Anerkennungsverhältnissen im Hinblick auf den Umgang mit Benachteiligten. In: Kreuzer, M.; Ytterhus, B. (Hrsg.) 2008
Schmidt, W.: Nuckelflasche am Ohr. Wenn das Handy zur Dauer-Nabelschnur wird. In: Frankfurter Rundschau vom 24. 03. 2009
Schmitt, Th.: Die Bedeutung der Neurowissenschaften für das Psychosoziale. 2005 (unveröffentl. Manuskript)
Schmitt, Th.: Das soziale Gehirn. Neurobiologie für psychosoziale Berufe. Bonn 2008
Schnell, I.: An den Kindern kann's nicht liegen ... Zum aktuellen Stand gemeinsamen Lernens von Mädchen und Jungen mit und ohne sonderpädagogischen Förderbedarf in der Bundesrepublik Deutschland. In: Gemeinsam leben 42006/http:/bidok.uibk.ac.at (Stand 22. 01. 2008)
Schnoor, H.: Die sozialisierende Funktion früher Dialoge zwischen Mutter und Kind. In: Frühförderung interdisziplinär 2. 1997
Schnoor, H.: Die Bedeutung früher Interaktionen zwischen Mutter und Kind als Basis langfristig wirksamer Beziehungsmuster. In: Kühl, J. (Hrsg.): Autonomie und Dialog – kleine Kinder in der Frühförderung. München, Basel 2005
Schnoor, H.: Julia Tavaloro: „Das Gemüse muss gewickelt werden". In: Schnoor, H. (Hrsg.) 2007 a
Schnoor, H.: Unterstützte Kommunikation. In: Schnoor, H. (Hrsg.) 2007 b
Schnoor, H. (Hrsg.): Leben mit Behinderungen. Eine Einführung in die Rehabilitationspädagogik anhand von Fallbeispielen. Stuttgart 2007 c
Schon, L.: Entwicklung des Beziehungsdreiecks Vater – Mutter – Kind. Stuttgart, Berlin, Köln 1995
Schröder, A.: „Beziehungsarbeit" mit Jugendlichen – emanzipatorische Vorstellungen zur Gestaltung der Intersubjektivität (I und II). In: Deutsche Jugend 7/8 und 9. 1999
Schubarth, W.: Gewaltprävention in Schule und Jugendhilfe. Neuwied, Kriftel 2000
Schülein, J. A.: Selbstbetroffenheit. Über Aneignung und Vermittlung sozialwissenschaftlicher Kompetenz. Gießen 1986
Schumann, B.: Schonraumfalle für Migrantenkinder. In: Hessische Lehrerzeitung, Heft 1/2. 2007
Seewald, J.: Am Leitfaden von Körper und Bewegung – Motologische Sichten auf die Sonderpädagogik. In: Vierteljahresschrift für Heilpädagogik und ihre Nachbargebiete 1. 1998
Seewald, J.: Über die Genese des „Verstehenden Ansatzes" in der Motologie. In: Eckert, A. R.; Hammer, R. (Hrsg.) 2004
Seiffge-Krenke, I.: Psychotherapie und Entwicklungspsychologie. Heidelberg 2009
Senckel, B.: Paul – geistig behindert und dazu psychisch gestört? In: Zeitschrift für Heilpädagogik 8. 1997
Senckel, B.: Entwicklungsdynamische Betrachtung psychischer Störungen bei geistig behinderten Menschen. In: Frei, E. X. u. a. (Hrsg.) 2001
Simmen, R.: Konzepte zum Qualitätsmanagement in sozialen Institutionen – Wege und Irrwege. In: Vierteljahresschrift für Heilpädagogik und ihre Nachbargebiete 3. 2001
Sinason, V.: Geistige Behinderung und die Grundlagen menschlichen Seins. Neuwied, Kriftel, Berlin 2000
Speck, O.: System Heilpädagogik. Eine ökologisch reflexive Grundlegung. München, Basel 2003 (1988)
Speck, O.: Selbstauflösung der Sonderpädagogik als gesellschaftliche Konsequenz? In: Ellger-Rüttgardt, S. (Hrsg.) 1990
Speck, O.: System Heilpädagogik – ein ökologischer Ansatz. System – ein verfremdender Begriff? In: Heilpädagogik 4. 1997

Speck, O.: Hirnforschung und Erziehung. Eine pädagogische Auseinandersetzung mit neurobiologischen Erkenntnissen. München, Basel 2008

Stein, A..-D.: Integration als Möglichkeitsraum der Vergesellschaftung von Individuen. In: Behindertenpädagogik 3. 2008

Stemmer-Lück, M.: Beziehungsräume in der Sozialen Arbeit. Stuttgart 2004

Stern, D.: Die Lebenserfahrung des Säuglings. Stuttgart 1992

Stern, D.: Die Mutterschaftskonstellation. Stuttgart 1998

Stern, D.: Die Relevanz der empirischen Säuglingsforschung für die psychoanalytische Theorie und Praxis. In: Zeitschrift für psychoanalytische Theorie und Praxis 4. 2000

Stern, D.: Der Gegenwartsmoment. Veränderungsprozesse in Psychoanalyse, Psychotherapie und Alltag. Frankfurt 2005

Stern, D. u. a.: Nicht-deutende Mechanismen in der psychoanalytischen Therapie. Das „Etwas-Mehr" als Deutung. In: Psyche 9/10. 2002

Stern, M.: Trauma, Todesangst und Furcht vor dem Tod. In: Psyche 12. 1972

Stern, M.: Das Problem der Aggression. In: Psyche 6. 1974

Stinkes, U.: Zur schwierigen Frage nach der Anerkennung – Fürsorge *oder* Solidarität für Menschen mit Behinderung? In: Greving, H.; Gröschke, D. (Hrsg.) 2002

Stork, J.: Kommentar zur Arbeit von Donald W. Winnicott: Hass in der Gegenübertragung. In: Kinderanalyse 1. 1997

Stork, J.: Ein Beitrag über das Schreien im frühen Säuglingsalter. In: Kinderanalyse 3. 1999

Strassmann, B.: Ein Licht für mehr Leben. In: Die Zeit vom 23. 12. 2008

Straßmeier, W.: Geistige Behinderung aus pädagogischer Sicht. In: Greving, H.; Gröschke, D. (Hrsg.) 2000

Streeck-Fischer, A.: „Neglekt" bei der Aufmerksamkeitsdefizit-und-Hyperaktivitäts-Störung. In: Psychotherapeut 2. 2006

Sturny-Bossart, G.: Separation – Integration – Inklusion: Zur (Dis)Harmonielehre eines heilpädagogischen Dreiklanges. Luzern 2005

Theunissen, G.: Gewalt gegen (geistig-)behinderte Menschen in Vollzeiteinrichtungen. In: Behindertenpädagogik 3. 1996

Theunissen, G.: Empowerment – Wegweiser einer kritisch-konstruktiven Heilpädagogik. In: Behindertenpädagogik 4. 1997 a

Theunissen, G.: Pädagogik bei geistiger Behinderung und Verhaltensauffälligkeiten. Bad Heilbrunn 1997 b

Theunissen, G.: Inklusion – Schlagwort oder zukunftsweisende Perspektiven? In: Theunissen, G.; Schirbort, K. (Hrsg.): Inklusion von Menschen mit geistiger Behinderung. Stuttgart 2006 a

Theunissen, G.: Verstehende Diagnostik. In: Wüllenweber, E.; Theunissen, G.; Mühl, H. (Hrsg.): Pädagogik bei geistigen Behinderungen. Stuttgart 2006 b

Theunissen, G.: Empowerment durch Positive Verhaltensunterstützung? Zum Umgang mit herausforderndem Verhalten bei Menschen mit geistiger Behinderung. In: Zeitschrift für Heilpädagogik 10. 2008

Thimm, W.: Humangenetische Beratung und pränatale Diagnostik. Zur Pädagogisierung einer medizinischen Domäne. In: Ellger-Rüttgardt, S. (Hrsg.) 1990

Thomä, H.: Zur Theorie und Praxis von Übertragung und Gegenübertragung im psychoanalytischen Pluralismus. In: Psyche 9/10. 1999

Thomä, H.: Gemeinsamkeiten und Widersprüche zwischen vier Psychoanalytikern. In: Psyche 2. 2000

Tönnesmann, M.: Frühe emotionale Entwicklung: Von Ferenczi zu Winnicott. In: Zeitschrift für psychoanalytische Theorie und Praxis. 3. 1995

Trescher, H.-G.: Sozialisation und beschädigte Subjektivität. Frankfurt 1979

Trescher, H.-G.: Theorie und Praxis der Psychoanalytischen Pädagogik. Frankfurt, New York 1985
Trescher, H.-G.: Handlungstheoretische Aspekte der Psychoanalytischen Pädagogik. In: Muck, M.; Trescher, H.-G. (Hrsg.) 1993
Trescher, H.-G.; Finger-Trescher, U.: Setting und Holding-Function. In: Finger-Trescher, U.; Trescher, H.-G. (Hrsg.) 1992
Trippel, R.: Wer oder was macht Integration möglich? In: Mainkrokodile (Hrsg.) 2004
Treurniet, N.: Was ist Psychoanalyse heute? In: Psyche 2. 1995
Treurniet, N.: Über eine Ethik der psychoanalytischen Technik. In: Psyche 1. 1996
Tyson, Ph.; Tyson, R.: Lehrbuch der psychoanalytischen Entwicklungspsychologie. Stuttgart, Berlin, Köln 1997
Übereinkommen über die Rechte von Menschen mit Behinderungen. In: http://www.beb-ev.de/content/artikel_324_9.html; http://www.bmas.de/coremedia/generator/2888/übereinkommen_... (Stand 28. 03. 2009)
Urban, W.: Selbstbestimmt leben mit hohem Hilfebedarf. In: Mesdag, Th.; Pforr, U. (Hrsg.) 2008
University of Texas Medical Branch of Galveston (Hrsg.): Study shows Metylphenidate Linked to Chromosomal Changes (2005). In: http://www.ahrp.org/infomail/05/03/11.php (Stand 16. 04. 2009)
van Elst, L.: Alles so schön bunt hier. Gehirn-Scans sagen viel weniger aus, als in sie hineininterpretiert wird. In: Die Zeit vom 16. 8. 2007
Walter, U.: Anmerkungen zu: Mentalisation und die sich ändernden Ziele der Psychoanalyse des Kindes. In: Kinderanalyse 2. 2001
Warsitz, R.-P.: Die widerständige Erfahrung der Psychoanalyse zwischen den Methodologien der Wissenschaften. In: Psyche 2. 1997
Weber, S.: Heilpädagogische Intervention zur Förderung der Selbständigkeit bei jungen Erwachsenen mit geistiger Behinderung. In: Behindertenpädagogik 3/4. 2003
Weiß, H.: Diskussionsanstöße und Orientierungslinien zur Eltern- und Familienarbeit. In: Speck, O.; Warnke, A. (Hrsg.): Frühförderung mit den Eltern. München 1989
Weiß, H.: Bedingungs- und Wirkungszusammenhänge in der Frühförderung. In: Frühförderung interdisziplinär 14. 1995
Weiß, H. (Hrsg.): Frühförderung mit Kindern und Familien in Armutslagen. München, Basel 2000
Weiß, H.: Was wirkt in der Frühförderung? – Eine Analyse aus einem pädagogischen Blickwinkel. In: Frühförderung interdisziplinär 2. 2002
Weiß, H.: Entwicklungsgefährdete Kinder in Armut und Benachteiligung – der Beitrag der Frühförderung. In: Vierteljahresschrift für Heilpädagogik und ihre Nachbargebiete 3. 2008
Wellendorf, F.: Verstehen in der Supervision. In: Supervision 1. 1982
Wendeler, J.: Geistige Behinderung. Weinheim 1993
Werkstattgruppe Frühförderung (Hrsg.): Frühförderung und Psychoanalyse. Heidelberg 1994
Wied, U.: Kunsttherapeutische Gruppenarbeit in der psychoanalytischen Heilpädagogik. Berlin, Heidelberg, New York, London, Paris, Tokyo 1988
Wiggershaus, R.: Die Frankfurter Schule. München 1993
Wilken, E. (Hrsg.): Frühförderung von Kindern mit Behinderung. Stuttgart, Berlin, Köln 1999
Wilken, E.: Therapie in der Frühförderung. In: Wilken, E. (Hrsg.) 1999
Wilken, U.: Die Rückgewinnung einer (sozialen) Gerechtigkeitsperspektive angesichts von Individualisierung und Ökonomisierung des Sozialen. In: Greving, H.; Gröschke, D. (Hrsg.) 2002
Winkler, M.: PISA und die Sozialpädagogik. In: Otto, H.-U.; Rauschenbach, Th. (Hrsg.): Die andere Seite der Bildung. Wiesbaden 2004
Winnicott, D. W.: Von der Kinderheilkunde zur Psychoanalyse. München 1976 (1958)
Winnicott, D. W.: Reifungsprozesse und fördernde Umwelt. München 1990 (1965)

Winnicott, D. W.: Vom Spiel zur Kreativität. Stuttgart 1993
Winnicott, D. W.: Die menschliche Natur. Stuttgart 1994
Winnicott, D. W.: Hass in der Gegenübertragung. In: Kinderanalyse 1. 1997 (1976)
Wisotzki, K. H.: Gehörlosigkeit, Gehörlose, Gehörlosenpädagogik. In: Antor, G.; Bleidick, U. (Hrsg.) 2005
Wocken, H.: Leistung, Intelligenz und Soziallage von Schülern mit Lernbehinderungen. In: Zeitschrift für Heilpädagogik 12. 2000
Wocken, H.: Andere Länder, andere Schüler? Vergleichende Untersuchungen von Förderschülern in den Bundesländern Brandenburg, Hamburg und Niedersachsen. Forschungsbericht. Potsdam 2005. In: http:/bidok.uibk.ac.at (Stand 15. 07. 2006)
Wolff, S.: Innovative Strategien qualitativer Sozialforschung im Bereich der Psychotherapie. In: Buchholz, M.; Streeck, U. (Hrsg.) 1994
Wolke, D.: Regulationsprobleme im Säuglingsalter und Aufmerksamkeits-Hyperaktivitätsstörung (ADHS) im Schulalter (2002). In: http://www.forum-jugendmedizin.de (Stand 10. 02. 2008)
Wolke, D.: Frühkindliche Störungen führen oft zu Aufmerksamkeitsproblemen (2005). In: http://www.kinderkrankenpflege-netz.de (Stand 10. 02. 2008)
Zepf, S.: Allgemeine psychoanalytische Neurosenlehre, Psychosomatik und Sozialpsychologie. Gießen 2000
Zepf, S.: Die „empirische" Beforschung der psychoanalytischen Therapie – Einige epistemologische und methodologische Anmerkungen. In: Poscheschnik, G. (Hrsg.) 2005
Zimmer, R.: Handbuch der Psychomotorik. Freiburg 2006
Zizek, L.: Der Ethikrat. In: Die Zeit vom 15. 08. 2001

Markus Dederich
Wolfgang Jantzen (Hrsg.)

Behinderung und Anerkennung

2009. 320 Seiten. Kart. € 32,-
ISBN 978-3-17-019631-5

Behinderung, Bildung, Partizipation
Enzyklopädisches Handbuch
der Behindertenpädagogik

Das Enzyklopädische Handbuch der Behindertenpädagogik „Behinderung, Bildung, Partizipation" tritt mit dem Anspruch auf, das Gesamtgebiet der Behindertenpädagogik hinsichtlich ihrer konstitutiven Begriffe, Aufgaben und Problemstellungen, Konzepte und Handlungsansätze darzustellen. Dabei wird der grundlegende, auf aktuellen Wissensbeständen beruhende Forschungs- und Entwicklungsstand der Disziplin aus interdisziplinärer Perspektive berücksichtigt. Getragen von einem Bildungsverständnis, das Bildung als Möglichkeit zur selbst bestimmten Lebensführung, zur umfassenden Persönlichkeitsentwicklung und gesellschaftlichen Teilhabe betrachtet, werden in 10 Bänden mit mehr als 400 Einzelartikeln die Grundfragen nach Bildung und Partizipation angesichts behindernden Bedingungen geklärt.

Im Mittelpunkt dieses Bandes steht die Kategorie Behinderung, die durchgängig in der Perspektive von „Partizipation und Anerkennung" unter sozial- und kulturwissenschaftlichen, ethischen und rechtlichen Aspekten betrachtet wird. Die Auseinandersetzung mit grundlegenden Dimensionen von sozialer und personaler Anerkennung, aber auch historische, philosophische, psychologische und sozialwissenschaftliche Analysen von Mechanismen, die zu Diskriminierung und sozialem Ausschluss führen, zeichnen ein fundiertes sozial- und humanwissenschaftliches Bild von Behinderung als sozialer Konstruktion.

Die Autoren:
Prof. Dr. Markus Dederich lehrt „Theorie der Pädagogik und Rehabilitation bei Behinderung" an der Universität Dortmund.
Prof. Dr. Wolfgang Jantzen lehrte „Allgemeine Behindertenpädagogik" an der Universität Bremen.

W. Kohlhammer GmbH · 70549 Stuttgart · www.kohlhammer.de

Kohlhammer

Kohlhammer

Heike Schnoor (Hrsg.)

Leben mit Behinderungen

Eine Einführung in die Rehabilitationspädagogik anhand von Fallbeispielen

2007. 274 Seiten. Kart.
€ 28,–
ISBN 978-3-17-019810-4

In diesem Lehrbuch stellen autobiographische Texte behinderter Personen den Ausgangspunkt dar für eine Einführung in zentrale Themen der Rehabilitationspädagogik. Mit diesem Vorgehen erhalten Studierende nicht nur einen wirklichkeitsnahen Einblick in die realen Lebenslagen der Betroffenen; gleichzeitig wird deutlich, wie medizinische, soziale und psychosoziale Probleme die schädigungsbedingten Einschränkungen überlagern und die Hilfen zur Unterstützung mit interdisziplinären Strategien auf all diesen Ebenen ansetzen müssen. Indem das Buch von exemplarischen Fallbeispielen ausgeht, werden zentrale Fragen rehabilitativer Arbeit und mit ihnen die Anforderungen in den beruflichen Aufgabenfeldern gerade für den Studienanfänger auf eingängige Weise anschaulich.

Die Herausgeberin:
Prof. Dr. Heike Schnoor lehrt an der Philipps-Universität Marburg mit dem Schwerpunkt „Pädagogik und Psychologie abweichenden Lern- und Sozialverhaltens“.

W. Kohlhammer GmbH · 70549 Stuttgart · www.kohlhammer.de

Evelyn Heinemann/Hans Hopf

Psychische Störungen in Kindheit und Jugend

Symptome – Psychodynamik – Fallbeispiele – psychoanalytische Therapie

3., überarb. Auflage 2008
354 Seiten mit 22 Abb. Kart. € 27,-
ISBN 978-3-17-020089-0

Psychische Störungen im Kindes- und Jugendalter sind weit verbreitet; doch nur wenige der Betroffenen erhalten die notwendige pädagogische und therapeutische Unterstützung. Das Buch gibt einen Überblick über die Symptome und die zugrundeliegende Psychodynamik der verschiedenen Störungen. Es führt in die psychoanalytische Theorie und Behandlung von Kindern und Jugendlichen ein, behandelt Störungsbilder der Neurosen, narzisstische Störungen, psychosomatische Störungen, Borderline-Störungen und Psychosen sowie Sprachstörungen. Jede psychische Störung wird mit einem ausführlichen Fallbeispiel dargestellt. In der Diskussion um das Fallbeispiel werden sowohl die Psychodynamik als auch die pädagogischen und therapeutischen Implikationen diskutiert.

Die Autoren:
Prof. Dr. Evelyn Heinemann, Sonderpädagogin und Psychoanalytikerin, lehrt Allgemeine Sonderpädagogik an der Universität Mainz.
Dr. Hans Hopf ist Kinder- und Jugendlichen-Psychotherapeut und Kontrollanalytiker.

W. Kohlhammer GmbH · 70549 Stuttgart · www.kohlhammer.de